구약의 숲

느헤미야 기독교 입문 시리즈 **1**

구약의 숲

지은이	김근주
초판발행	2014년 4월 15일
초판6쇄	2023년 10월 02일
펴낸이	배용하
책임편집	배용하
등록	제364-2008-000013호
펴낸곳	도서출판 대장간
	www.daejanggan.org
등록한 곳	충청남도 논산시 가야곡면 매죽헌로1176번길 8-54
편집부	전화 (041) 742-1424
영업부	전화 (041) 742-1424 전송 0303-0959-1424
분류	성서신학	구약
ISBN	978-89-9071-323-6 04230
SET	978-89-9071-322-9 04230(세트)

 값 16,000원

느헤미야 기독교 입문 시리즈 **1**

구약의 숲

김 근 주

구약의 숲

머리말

　대부분의 경우 우리가 전하는 복음은 구약과 그리 상관이 없다. '예수 믿고 구원 받으세요'로 대표되는 '복음'에서, '예수를 믿는다'는 의미가 무엇인지, 그리고 '구원받다'의 의미가 무엇인지 구약을 통해 풀어져야 하지만, 실제로 그렇게 되지 않는다. 그러다보니, 구약과는 아무런 상관없이, 누구든지 자기 죄를 예수님의 이름으로 고백하고 회개하면 용서 받고 나중에 하늘나라에 가게 된다는 것이 그리스도인들의 저변에 깔린 생각이 되어버렸다.

　오늘날에 한국교회가 세상의 지탄거리가 되면서, 이제는 윤리를 강조하고 변화된 삶을 강조하지만 이렇게 강조된 윤리조차도 철저하게 개인적이고 사적인 차원으로 국한된다. 여기에는 구약의 성취로서의 예수님을 간과한 까닭이 크다고 할 수 있다. 예수께서 구약을 성취하셨다는 것은 예수 그리스도를 통해 구약이 전하고 약속하고 선포한 것의 그 온전한 의미가 이루어졌음을 의미할 것이다. 그러므로 예수 그리스도가 누구이시며 어떤 일을 하셨는지를 알기 위해서 반드시 필요한 작업은 구약이 무엇을 말하고 있는가를 파악하는 것이라고 할 수 있다. 구약이 그리고 꿈꾸고 전파하는 세상이 무엇이며 어떤 삶을 말하는 지를 충분히 파악하게 될 때에, 그 모든 구약의 약속과 선포가 예수 안에 성취되고 현실이 되었음을 이해하게 되며, 우리가 참으로 전할 복음으로서의 하나님나라를 깨닫게 될 것이다.

이책은 쉽게 풀어 쓴 구약개론을 시도한 것이다. 이전에 신학을 배워본 적이 없더라도 이책을 읽으면서 구약 전체의 흐름과 기본적인 내용들에 열린 마음으로 접근할 수 있도록 돕는 것이 이책의 목적이다. 구약이라는 커다란 숲은 근본적으로 하나님나라, 하나님의 통치를 보여주고 있다고 할 수 있다. 이책은 커다란 숲의 구석구석을 살피면서 이 큰 숲을 이루는 작은 숲들을 찾아보고, 그리고 그 작은 숲 속에 들어가서 나무 한 그루 한 그루들을 만져 보려고 하였다. 내가 만진 나무가 어떤 나무인지 알고 느끼고, 동시에 이 나무가 어떤 숲에 들어있으며, 그렇게 하나의 숲에 모여서 어떤 것을 전달하는지 파악하고자 하였다.

이책의 처음 형태는 필자가 근무하였던 웨스트민스터신학대학원대학교에서 했던 구약개론 강의였다. 부족한 강의에 열심히 참여하고 질문을 나누어주었던 학생들 덕분에 강의안이 그래도 더 나아질 수 있었다. 기독연구원 느헤미야에서 진행되고 있는기독교입문과정에서의 강의는 이책을 지금과 같은 형태로 만들어 주었다. 하나님나라를 향한 뜨거운 열망을 품고 저녁 늦은 시간까지 강의에 참여하였던 분들의 그 눈빛과 진지함이 아직도 생생하다. 그리고 이렇게 마련된 강의안을 토대로 매주 토요일마다 진행되었던 성경공부 역시 이책이 만들어지는데 결정적인 시간들이었다. 바쁜 중에도 매주 성경공부에 참여한 토요성경공부 형제자매들에게 깊이 감사드린다. 그리고 이책을 열심히 읽고 교정도 하고 조언해주었던 아내 김선희와 아빠의 책을 읽지는 않지만 궁금해하던 두 딸 하영, 영진에게 고마움과 사랑을 전한다.

기독연구원 느헤미야는 하나님나라의 구현과 한국 기독교의 재구성이라는 비전을 품고 있다. 이를 위해 하나님의 온 백성을 위한 신학교육을 소망하며 기독교입문과정시리즈를 차근차근 준비하고 있다. 출판계의 사정이 쉽지않은데도, 이 시리즈를 출판하기로 결정해주신 대장간출판사 그리고 배용하대표님에게 깊은 감사를 드린다. 비록 우리의 첫걸음이 작고 미약하지만, 우리가 품고 소망하는 가치는 이땅에 임하는 하나님나라이다. 이책이 하나님나라를 소망하고 꿈꾸며 살아가는 이들을 돕는 하나의 불쏘시개가 될 수 있다면 더 바랄 것이 없을 것이다.

1. 신구약 성경을 읽는 자세와 기대

숲과 나무

우리가 가진 성경은 크게 구약과 신약으로 이루어져 있다. 구약성경은 모두 39권이며, 신약은 27권이다. 즉, 한 권의 성경책에는 모두 66권의 별개의 책이 포함되어 있다. 성경은 책들로 이루어진 책이라고 할 수 있다. 성경을 배운다는 것은 여러 책을 배운다는 것이며, 이 여러 책이 어떻게 한 권의 책인지를 배우는 것이다. 그런 점에서 신구약성경 전체가 하나의 숲이라면, 성경에 포함된 66권의 책은 이 숲을 구성하는 작은 나무 집단들이라고 비유할 수 있다. 각각의 나무 집단에는 여러 그루의 나무들이 심겨져 있고, 이 나무들이 모여서 전체의 숲을 이룬다. 숲 전체의 모습을 염두에 두면서, 개별적인 작은 나무들이 심겨진 지역을 유심히 보고, 각각의 나무들에 대해서도 살펴보는 것이 필요할 것이다. 숲 전체의 방향과는 다른 방향으로 놓인 나무들이 있을 수 있고, 비슷한 나무들이 모인 곳에 전혀 특이하게 보이는 나무들이 있을 수도 있다. 그런데 그러한 나무들이 모여 숲을 이루는 것이다. 나무들의 개별적인 모습을 쫓아다니다가 전체 숲을 잃어버리게 되지 않도록, 전체 숲의 모양을 꽉 붙잡고 있느라, 개별 나무들의 그 독특함을 희생시키지 않도록, 숲과 나무를 함께 음미해 가자.

신구약 성경의 처음과 끝

우리가 지닌 성경의 첫 책은 창세기이며, 마지막 책은 요한계시록이다. 창세기 1장은 무엇을 말하는가? 이 책은 세상의 처음에 하나님께서 천지를 지으신 것으로 시작하고 있다. 하나님이 천지를 창조하실 때에, 땅은 혼돈하고 공허하며 흑암이 깊음 위에 있었다고 하였다. 이와 비슷한 표현이 쓰인 본문으로 예레미야 4장 23-26절을 들 수 있다. 땅이 혼돈하고 공허하며 하늘에는 빛이 없고, 산들이 요동하며, 사람과 새도 날아가 버린 현실을 그리는데, 이것은 하나님께서 그 땅을 심판하신 결과로 되어 있다. 그런 점에서, 창세기 1장 2절은 하나님께서 천지를 지으실 때의 상황이 참으로 혼돈 상태였음을 증거하고 있다. 그러나 그 혼돈과 깊음 위에 하나님의 바람, 하나님의 영이 불고 있었다. 시작과 끝을 알기 어려우나 바람이 불어오듯이, 하나님께서 혼돈과 공허의 깊음 가운데 역사하신다. 그리고 하나님의 말씀이 선포되니 하늘과 땅, 피조세계가 형성된다. 하나님의 바람이 불고, 하나님의 말씀이 선포되니 세상이 그 말씀에 따라 지어지고 그 지어진 세상은 하나님 보시기에 좋았다.

하나님은 또한 애굽에서 강제노동으로 신음하던 이스라엘을 부르시고 그들을 예루살렘으로 대표되는 약속의 땅으로 인도하셨다. 하나님께서 그들에게 주신 말씀은 출애굽기 19장 5-6절에 잘 드러나 있다.

"세계가 다 내게 속하였나니 너희가 내 말을 잘 듣고 내 언약을 지키면 너희는 모든 민족 중에서 내 소유가 되겠고 너희가 내게 대하여 제사장 나라가 되며 거룩한 백성이 되리라 너는 이 말을 이스라엘 자손에게 전할지니라"

하나님 백성으로의 부르심과 약속이야말로 하나님이 지으신 세상 속에서 하나님께서 그 백성들에게 이르시는 말씀의 핵심이다.

그에 비해 성경의 마지막 책인 요한계시록은 마지막 때에 이루어질 일들을 다루고 있다. 요한계시록의 주제가 마지막 때에 관한 것이지만, 여기에서 뺄 수 없는 것이 극심한 환난이라는 주제이다. 마지막 때는 환난의 때이고 이 환난은 참으로 크고 깊다. 이 환난은 마귀의 역사와 연관되어 있다. 요한계시록 21장 1-8절을 보라. 이에 따르면 그날에 새 하늘과 새 땅이 있다. 이 표현은 명백히 창세기 1장에 있는 하늘과 땅에 대조된다는 점에서, 새로운 창조, 새로운 세상을 가리킨다고 볼 수 있다. 그리고 이러한 새로운 창조에 하나님께로부터 새 예루살렘이 하늘에서 내려온다고 되어 있다. 그 마지막 날이 되면 사람들이 하늘로 올라가게 되는 것이 아니라, 새 예루살렘이 하늘에서 여기로 내려온다고 말씀하는 것이다.

이 새 예루살렘에서 어떤 일이 일어나는가?

> "내가 들으니 보좌에서 큰 음성이 나서 이르되 보라 하나님의 장막이 사람들과 함께 있으매 하나님이 그들과 함께 계시리니 그들은 하나님의 백성이 되고 하나님은 친히 그들과 함께 계셔서 모든 눈물을 그 눈에서 닦아 주시니 다시는 사망이 없고 애통하는 것이나 곡하는 것이나 아픈 것이 다시 있지 아니하리니 처음 것들이 다 지나갔음이러라" 계 21:3-4

새 하늘과 새 땅의 중심은 하늘에서 내려오는 새 예루살렘이며, 이곳에서 하나님 백성으로의 새로운 삶이 이루어지게 된다. 이 새로움에 참여하는 이들은 눈물과 애통 가득하던 백성들이었다. 그런 점에서, 요한계시록은 처음 창조, 처음 부르심과 연관된다. 하나님께서 하늘과 땅을 지으시고 그 백성 이스라엘을 예루살렘으로 인도하셨으니, 그 땅에서 노예이던 이스라엘이 새로운 삶을 살게 되었다. 이제 하나님께서 새 예루살렘으로 그 백성들을 인도하시니 애통과 곡함이 다시 없을 것이다. 그리고 그들은 하나님의 백성이 될 것이며, 하나님께서 그들과 함께 하실 것이다.

창세기와 요한계시록은 하늘과 땅, 예루살렘을 배경으로 한 하나님의 백성을 공통되게 다루고 있다. 하나님께서 다스리시고 주관하시는 세상으로서의 하늘과 땅, 예루살렘이 존재하며, 그러한 하나님의 다스리심 가운데 살아가는 눈물 흘리던 백성이 존재한다. 그러므로 창세기와 요한계시록은 모두 하나님의 다스리심, 하나님의 통치를 다루고 있다. 그리고 이것이야말로 "하나님의 나라"가 의미하는 바이다.

이렇게 볼 때, 구약의 이스라엘은 신약의 그리스도인들에 대응됨을 알 수 있다. 이스라엘의 출발이 애굽에서 강제노동에 신음하던 이스라엘이었듯이, 새 하늘과 새 땅에 참여하는 이들은 땅에서 눈물 흘리고 애통하며 곡하던 이들이다. 하나님은 그들을 부르시며 그들로 하나님의 백성을 삼으시고 온 세상을 다스리신다. 그러므로 하나님의 다스리심, 하나님의 나라야말로 신구약성경 자체가 제시하는 근본 주제라고 말할 수 있을 것이다.

하나님 나라를 살아가는 삶

성경은 하늘과 땅의 창조로 시작해서 새 하늘과 새 땅의 도래로 끝맺고 있다. 오늘 우리는 처음 창조와 새 창조 사이 어딘가에 사는 것이다. 그런 점에서 성경을 믿고 살아간다는 것은 약속을 믿고 다가올 그날, 새

하늘과 새 땅을 바라며 살아가는 삶이라고 말할 수 있다. 죽음 이후에 지금 사는 땅 바깥의 어딘가로 옮겨질 것을 기대하며 살아가는 것이 아니라, 우리 사는 이곳에 임하게 될 새 하늘과 새 땅, 새 예루살렘을 바라며 살아가는 삶이다.

성경의 주제가 하나님 나라라는 것은 우리에게 무엇을 말해 주는가? 그것은 지금 사는 세상이 근본적으로 하나님께서 지으시고 다스리시는 세상이라는 점, 그리고 새 하늘과 새 땅을 향해 나아가고 있다는 점을 명심하게 한다. 이 땅은 선한 것이며 동시에 제한되어 있다. 땅에 있는 어떤 것도 영원하지 않되, 그 모든 것이 하나님께로부터 온 것이다. 지금 있는 땅에서 그러면 우리는 어떠한 자세로 살아가야 하는가? 이에 대해 로마서 12장 1-2절을 읽어보자.

> 그러므로 형제들아 내가 하나님의 모든 자비하심으로 너희를 권하노니 너희 몸을 하나님이 기뻐하시는 거룩한 산 제물로 드리라. 이는 너희가 드릴 영적 예배니라. 너희는 이 세대를 본받지 말고 오직 마음을

새롭게 함으로 변화를 받아 하나님의 선하시고 기뻐하시는 온전하신
뜻이 무엇인지 분별하도록 하라

　　바울이 권면하는 기초는 "하나님의 모든 자비하심"이다. '하나님의
모든 자비하심에 기초하여 권면하는 것' 의 반대말은 무엇일까? 그것은
두려움과 위협에 근거한 권면일 것이다. 하나님께서 우리에게 자비를
베푸시는 까닭은 무엇인가? 그것은 전적으로 아들 예수 그리스도의 순
종과 죽으심 때문이다. 내 행실이나 선행, 올바름 때문이 아니라, 예수
그리스도의 순종과 사랑으로 말미암아 하나님께서 우리에게 자비를 베
푸시는 것이다. 그래서 하나님의 자비는 모든 사람을 향한 것이다. 그 자
비하심에 근거하여 바울은 우리 몸을 하나님께 살아있는 제물로 드릴 것
을 권면한다. 여기에서 주목할 것은 "몸"이라는 단어이다. 우리가 하나
님을 섬기는 것은 정신으로 혹은 영혼으로 행하는 것이 아니라, 몸으로
행하는 것이다. 위협과 두려움에 직면하여 몸으로 순종하는 것이 아니
라, 하나님의 사랑에 힘입어 담대하고 용기 있게 우리 몸으로 하나님께
순종한다. 그것이 하나님을 높이고 경배하는 예배이다. 우리 몸을 하나
님을 위해, 하나님의 뜻을 위해, 하나님의 말씀을 따라 드리는 것, 그것
이 예배이다. 그러므로 우리가 늘 드리는 예배의 본질은 우리 몸 드리기
라고 할 수 있다.

　　2절에서 바울이 권하는 것은 이 세대를 본받지 않는 것, 그리고 변화
를 받는 것이다. 여기에 쓰인 동사들은 모두 '형태' 혹은 '모양' 이라는
뜻을 품고 있다. 이 세대, 이 세상의 형태를 따라갈 것이냐con-form 아니
면 그 형태, 그 모양을 변화시킬 것이냐trans-form의 문제가 2절 말씀에
놓여 있다. 이 세대를 인정한 채 열심히 착하게 살자가 아니라, 아예 형
태 자체를 바꾸는 것이 이 구절이 말하는 '변화' 의 본질이다. 그리고 이

것은 요한계시록에서 말하는바, 새 하늘과 새 땅, 새 예루살렘의 의미이기도 하다. 지금 사는 세상이 아닌, 기존의 틀이 아닌, 새로운 세계를 하나님께서 내려오게 하실 것이다. 그러므로 우리는 오늘 이 땅에 살면서 새로운 세상을 기대하고 소망한다. 그리고 그렇게 살아간다는 것은 이 세상의 형태와 틀이 아닌, 형태 자체가 변화되는 것을 의미한다.

이러한 변화는 "마음mind/attitude/will을 새롭게 함"을 통해 가능하다. 이를 통해 하나님의 선하시고 기뻐하시고 온전하신 뜻이 무엇인지 분별할 수 있다. 우리 뜻을 늘 새롭게 하면서 하나님께서 기뻐하시는 것이 무엇인지, 하나님의 다스리심에 합당한 것이 무엇인지 검토하고 확인해보고, 받아들여 가는 것, 그것이 하나님의 뜻을 분별하는 삶이다. 바울은 우리에게 마음을 새롭게 해서 분별하라고 권면하고 있다. 하나님을 믿고 신뢰한다는 것은, 하나님의 자비하심을 신뢰한다는 것은 이렇게 새롭게 하며 분별하는 것을 의미한다.

그리고 베드로전서 2장 21절에 따르면 예수 그리스도의 고난받으심은 우리로 하여금 그 발자국을 따라오도록 남겨 두신 본이라고 하였다. 여기서 "본"은 "휘포그람모스"로, 글씨나 그림을 그릴 때 따라 그리도록 제시된 모델 혹은 패턴을 의미한다. 주님이 걸어가신 길이야말로 성도들이 따라갈 밑그림이며 본이다. 이 세상의 틀을 따라 살지 말고, 주님의 본을 따라 살라.

성경을 읽는 자세

사도행전 17장 10-13절에는 베뢰아 사람들의 열심에 대해 알려 주고 있다. 이들은 베뢰아 지역에 살고 있던 유대인들로 바울이 그들의 회당에 찾아와서 예수 그리스도의 복음을 전했을 때에 진지하게 이를 들었던 이들로 묘사된다. 이들에 대한 다음의 설명을 보자.

> 베뢰아에 있는 사람들은 데살로니가에 있는 사람들보다 더 너그러워
> 서 간절한 마음으로 말씀을 받고 이것이 그러한가 하여 날마다 성경을
> 상고하므로행17:11

이들은 바울을 핍박했던 데살로니가 사람들보다 "너그러워서" 그 말씀을 받았다고 한다. 여기에 쓰인 헬라어 단어 "유게네스"는 '고귀하게 태어난', '고상한 마음을 지닌', '열린 마음의' 등의 의미를 지닌다. 좋은 집안 혹은 고귀한 집안에서 태어나 고상한 성품을 지니게 된 것을 의미한다고 볼 수 있을 텐데, 사도행전의 저자들은 베뢰아 사람들을 이 단어를 사용하여 한 마디로 표현하는 셈이다. 그러면 무엇이 고상하고 고귀한 것인가?

이에 대해 본문은 두 가지로 표현하는데, 우선 그들은 '간절한 마음으로 말씀을 받는' 이들이었으며, 두 번째로 '이것이 그러한가 하여 날마다 성경을 상고하는' 이들이었다. 바울을 통해 선포되는 예수의 복음에 대해 그들에게는 간절함과 열심이 있었다. 진리에 대한 근본적인 자세는 진리에 대한 열심이며 간절함이다. 진리를 찾고자 하는 이는 진리를 발견하게 된다. 진리에 대한 이러한 간절함이 있는 이들이야말로 그들의 핏줄이 무엇이든, 그들이 어떠한 일을 하고 어떤 지역에 살건 고귀하고 고결한 이들이다.

두 번째로 이렇게 말씀을 간절하게 들으면서 동시에 이들에게는 "이 것이 그러한가"라는 탐구가 있었다. 전하는 대로 곧이곧대로 듣는 것이 아니라 과연 그러한지 의문을 가졌다는 것이며, 이를 해결하기 위해 그들은 날마다 성경을 상고하였다고 한다. 여기서 '상고하다'로 쓰인 헬라어 "아나크리노"는 '의문을 제기하다', '심문하다'눅23:14; 행12:19;

28:18; 고전4:3, '판결하다' 고전2:15등의 의미가 있는 동사이다. 사도행전 11장 12절; 고린도전서 10장 25,27절에서 이 단어는 '의심하다', '의문을 제기하다' 의 의미로 쓰이고 있다. 자신에게 음식을 대접하는 이의 양심을 의심하지 말고 대접하는 대로 먹으라고 바울이 권면할 때에 이 단어가 쓰인다. 본 사도행전에서도 이 헬라어 동사는 이러한 의미로 쓰인다고 볼 수 있다. 다른 이가 차리는 음식은 의심하지 말고 그대로 먹어야 하지만, 회당에서 성경과 연관한 말씀을 들을 때에는 반드시 의문을 제기하면서 과연 그러한가 하며 성경을 살펴보아야 한다. 사도행전의 저자는 이렇게 의문을 제기하면서 성경을 열심히 살펴보는 이들을 가리켜 고귀하고 고결하다고 평가하는 것이다.

그러므로 베뢰아 사람들의 모습은 오늘날 성경을 탐구하고 연구하는 이들에게 두 가지 중요한 자세를 제시하고 있다. 하나님의 진리, 생명의 말씀에 대한 간절한 마음이 우리에게 요구되는 첫 번째이다. 진리에 대한 간절함이야말로 진리에 이르는 첫걸음이다. 아직 이들이 예수 그리스도를 몰랐음에도, 이들은 그러한 간절함을 지니고 있었다. 두 번째는 그 들은 바가 과연 그러한가 의문을 제기하는 자세이다. 오늘날의 표현으로 하자면 '비판적인' 자세라고 볼 수도 있을 것이다.

진리에 대한 간절함 그리고 그 들은 바에 대한 비판적 자세, 이 두 가지야말로 고귀하고 고결한 덕목이며, 성경을 공부하는 기본적인 자세라고 할 수 있을 것이다.

1. 성경은 한 권의 책이며, 여러 권의 책들로 이루어져 있다는 것은 어떤 의미인가?

2. 성경을 숲과 나무로 비유하여 설명해 보자.

3. 신구약 성경 전체를 연결하는 중심 흐름은 무엇이라고 말할 수 있을까?

4. 하나님의 자비하신 사랑에 굳게 서 있는 그리스도인들이 이 세상을 살면서 힘써야 할 두 가지는 무엇인지 로마서 12장 1-2절에 근거해서 말해 보자.

5. 베뢰아에 사는 유대인을 누가는 어떤 말로 칭찬하는가? 이들의 모습에서 우리는 무엇을 배울 수 있는가?

2. 성경의 특징

성경의 특징

신구약성경은 기독교의 경전 혹은 정경正經이다. 정경이라는 말은 '척도, 자'를 의미하는 단어에서 유래한 표현으로서, 한 종교의 기준 혹은 척도가 되는 책을 가리킨다고 할 수 있다. 성경 66권이 기독교의 정경이라는 것은 성경이 기독교 신앙의 기준이고 척도가 되는 책이며, 특히 그 전체가 하나님의 말씀으로 고백 되는 책임을 의미한다. 그런가 하면, 신구약 성경은 처음부터 정경을 목적으로 쓰인 책이라기보다는 역사의 상황 속에서 형성된 글들이었다고 할 수 있다. 그래서 이 안에는 딱딱한 법전 형태로 쓰인 글들이 있는가 하면, 시나 소설의 형태로 쓰인 책들도 있으며, 특정한 주제와 상황이 배경이 된 책들도 있다.

그러므로 신구약 성경은 한편으로는 하나님의 말씀을 담고 있는 신적인 특징을 지니는가 하면, 다른 한편으로는 사람들의 삶 속에서 형성된 사람의 글이라는 인간적인 특징을 지니고 있다고 말할 수 있다. 한편으로는 하나님 말씀을 담은 계시이면서, 다른 한편으로는 문학이기도 하다. 이러한 양면성을 바로 아는 것은 성경을 바르게 이해하기 위한 첫걸음이라고 할 수 있다.

계시로서의 성경

성경의 내용이 증거하는 것은 고대의 어떤 역사적 사실이 아니다. 구약 성경 안에 고대의 일들이 기록되어 있고, 심지어 최초 인류의 역사까지 있으나 성경은 역사책이 아니다. 최소한 역사책으로 의도되지 않았다고 볼 수 있다. 성경에는 세상이 어떻게 지어졌는지에 대한 설명이 나오기도 하지만, 성경이 지구와 인류의 기원을 설명하려는 과학 도서는 아니다. 요한복음 20장 31절은 이를 잘 보여준다: "오직 이것을 기록함은 너희로 예수께서 하나님의 아들 예수 그리스도이심을 믿게 하려 함이요 또 너희로 믿고 그 이름을 힘입어 생명을 얻게 하려 함이니라." 성경의 모든 기록의 목적은 하나님을 증거하는 것이다. 성경의 모든 인물은 신앙에 대해서 객관적으로 기술하려는 목적으로 글을 쓰지 않았다. 그들은 자신들이 경험한, 자신들이 이해한 하나님을 전하고 있으며 그를 통해 그들의 글을 읽고 듣는 사람들에게 같은 믿음을 전하려 했다. 그런 점에서 본질적으로 성경의 글은 신앙고백이고 자신들의 신앙에 대한 증언witness이다.

이러한 특징을 가진 글 가운데 성경을 특별히 구별시키는 것은 성경이 하나님의 계시로 고백 된다는 점이다. 계시啓示, revelation에는 여러 의미가 함축되어 있겠으나 무엇보다도 "하나님이 자신을 드러내심"이라는 의미로 포괄적으로 이해할 수 있을 것이다. 계시는 꿈이나 천사 같은 수단을 통할 수도 있을 것이고, 사람이나 사건을 통해서 드러날 수도 있을 것이다. 사람들이 알아낸 하나님지식이 성경에 실려 있다지만, 엄밀하게 말하면 스스로 사람들에게 자신을 알리시고 드러내신 하나님이 성경 안에 나타나 있다. 성경의 사람들은 자신들이 전하는 말의 원천이 하나님께로부터 온 것임을 분명히 밝히고 있다. 북왕국을 향해 심판의 말씀을 전하는 아모스는 자신의 말의 권위를 묻는 왕궁제사장에게 "… 양 떼를 따를 때에 여호와께서 나를 데려다가 내게 이르시기를 가서 내 백성 이스라엘에게 예언하라 하셨느니라"암7:15라고 대답한다. 하나님께서는 그의 종들을 선택하시고 그들에게 자신이 행할 일을 알리신다. "주여호와께서는 자기의 비밀을 그 종 선지자들에게 보이지 아니하고는 결코 행하심이 없느니라"암3:7

하나님께서는 특정한 행위를 통해서 자신을 알리신다. 가령 출애굽 사건은 바로 하나님이 자신을 드러내신 사건이다. 이러한 사건에는 반드시 그 사건의 의미를 알리시는 말씀이 수반된다. 그를 통해서 백성들은 사건의 의미를 이해하게 된다. 만일 말씀의 계시가 없다면 사람들은 사건의 의미를 알지 못할 것이고 놀라운 사건이라 해도 그저 일회적이고 우연적인 사건에 불과하고 말 것이다. 출애굽만이 아니라, 다른 많은 사건에서도 이러한 부분이 나타난다. 하나님의 계시의 말씀을 받고 들은 자들은 사건을 이해하고 그 사건이 차지하는 위치를 알게 되지만 그렇지 못한 사람들은 비록 하나님의 계시로 이루어진 사건일지라도 그 뜻을 알지 못하는 것이다. 달리 표현하면 사건에 대한 해석이야말로 그 특정한 사건을 하나님의 계시 사건으로 깨닫게 한다고 할 수 있다. 사실상 해석이야말로 사건을 특별하게 하는 본질적인 사항일 것이다. 해석되면 아무리 평범한 사건이라도 하나님의 계시가 드러난 특별한 사건이 된다. 그러나 해석되지 않으면 아무리 기적적 사건이라고 일회적인 우연한 일에 불과할 뿐이다.

그렇다면, 하나님이 사람들에게 계시하시는 까닭은 무엇인가? 즉 계시의 목적은 무엇인가? 하나님은 타락한 인간을 원래의 본성으로 회복시키고, 더 나아가서는 하나님에 대한 완전한 이해와 완전한 교제를 나누도록 인도하고자 하신다. 그러므로 하나님 계시의 목적은 구속救贖,

redemption이라고 말할 수 있다. 이 말은 한자나 영어 모두 '무언가를 대가로 치르고 되사서 구한다'는 의미를 담고 있다. 제사를 통해 이스라엘이 드린 소나 양의 제물을 받으시고 하나님께서는 그 백성의 허물을 용서하시고, 백성들은 하나님과의 관계가 회복되며, 하나님 앞에 나아갈 수 있다. 죄로 말미암아 파괴되고 단절된 관계는 드려진 대속물로 말미암아 회복되며, 이스라엘은 하나님 앞에서 정상적인 삶으로 돌아가게 된다. 그러므로 대속을 통해 하나님은 정상적인 삶을 회복하신다. 또한, 자신의 능력이 없이 땅과 몸을 팔아버린 이를 가까운 친척이 나서서 대신 값을 치르고 자유케 한다. 무르기를 통해 이스라엘은 자신이 살아갈 땅과 자신과 가족의 몸의 자유를 다시 회복하게 된다. 그러므로 무르기 역시 하나님께서 그 백성을 회복하시는 과정임을 알 수 있다. 대속과 무르기에서 보듯, 하나님은 죄로부터 또한 잃어버린 우리 기업과 몸의 얽매임으로부터 우리를 건져 내시고, 새로운 회복의 삶으로 이끄신다. 하나님의 "구속"은 죄로 말미암아 팔린 이들 혹은 경제적 곤경 때문에 종으로 팔린 이들을 값을 치르고 되사셔서 자유인으로 만드신 것을 의미한다. 하나님께서는 사람들을 되사시기를 원하신다. 아담이래로 타락하여 하나님과의 교제가 끊어진 사람들을 그의 계시 행위들을 통해 다시 돌이키시기를 원하시는 것이다. 그리고 이러한 되사는 일에는 대가가 지급된다. 그것이 구약성경에는 제사의 동물로 표현되고, 신약에서는 완성된 형태인 그리스도로 나타난다. 예수 그리스도는 우리 죄를 위해 드려진 대속물이면서, 팔려 버린 우리를 대신 값을 치르시고 기업과 몸을 되찾게 하시는 가장 가까운 친척이시다. 그래서 예수 그리스도는 하나님의 구속을 온전히 이루신 분이다. 구속된 이들은 창조 때와 마찬가지로 하나님과 더불어 거하게 되며, 하나님의 다스리심이 이루어지는 하나님나라의 자유한 백성으로 살게 된다. 이 백성들은 자유로운 몸과 자유로운 땅 위에서 살아간다. 오직 하나님만이 땅의 소유자이고 오직 하나님만이 몸의 소유자일 뿐, 세상 그 무엇에도 종이 되지 않고, 세상 그 무엇도 고유한 땅의 권리를 침해할 수 없다. 이것이야말로 하나님께서 아브라함에게 약속하신 내용의 핵심일 것이다.

그러므로 "구속"은 어떤 '영혼의 구원' 같은 것이 아니라, 완전한 몸의 구속을 의미한다. 하나님의 나라는 영혼들의 모임이 아니라 온전한 육체를 가진 이들이 모이는 곳이다. 그래서 예수께서 그를 따르는 이들에게 명하신 것은 하나님의 나라가 임하기를 기도하는 것이었다. 그런 점에서 계시의 일차적인 목적은 "구속"이지만, 이렇게 "구속"하시는 궁극적인 목표는 하나님 나라의 백성으로서의 삶이라고 할 수 있다: "세계가 다 내게 속하였나니 너희가 내 말을 잘 듣고 내 언약을 지키면 너희는 모든 민족 중에서 내 소유가 되겠고 너희가 내게 대하여 제사장 나라가 되며 거룩한 백성이 되리라"출19:5-6 이를 생각하면 하나님의 계시는 두 단계의 목적을 지닌다고 할 수 있다. 그 백성을 죄와 곤경의 상황에서부터 건져 내셔서 새로운 약속의 땅으로 이끄시는 것이 계시의 첫 번째 목적이라면, 그렇게 새로이 부름 받은 이들로 하나님의 백성으로 살게 하는 것은 계시의 두 번째 목적이요, 단계라고 할 수 있을 것이다. 기본적으로 곤경 중에 빠진 사람들을 향한 하나님의 긍휼히 여기심이야말로 하나님 계시의 원천이고 동기라고 할 수 있다. 그리고 계시의 궁극적인 목적은 하나님의 사랑을 통해 회복된 이들이 하나님의 다스리심 가운데 그 풍성한 삶을 누리며 살게 되는 것이라고 할 수 있다. 그러므로 홍해가 갈라지는 기적과 같은 엄청난 사건의 본질은 다름 아닌 사랑이다. 하나님의 사랑이야말로 이적을 이해하고 해석하는 기본 틀일 것이다. 거꾸로 말해 그 사랑을 발견하지 못한다면 이적 그 자체는 의미가 없다.

영감

하나님 계시의 목적이 하나님나라 백성으로 살아가는 삶임을 기억하는 것은 성경의 영감성을 이해하는 데에 결정적이다. 다음의 구절을 보라.

> "모든 성경은 하나님의 감동으로 된 것으로 교훈과 책망과 바르게 함과 의로 교육하기에 유익하니 이는 하나님의 사람으로 온전하게 하며 모든 선한 일을 행할 능력을 갖추게 하려 함이라" ;
>
> "All scripture is inspired by God and is useful for teaching, for reproof, for correction, and for training in righteousness, so that everyone who belongs to God may be proficient, equipped for every good work"(NRSV 딤후3:16-17)

성경이 하나님의 감동으로 되었다는 것은 성경이 하나도 틀린 데가 없다든지 성경의 형성이 굉장히 기적적이고 신비롭다든지 그러한 것을 의미하는 것이지 않다. 위의 구절에 따르면 성경이 감동되었다는 것 혹은 성경이 영감되었다는 것은 이를 믿는 성도들의 삶에 미치는 힘과 영향력과 연관된다. 성경은 하나님의 감동으로 되었기에, 성도들을 가르치고 바로잡고 하나님과 이웃과 올바른 관계를 맺게 하며, 하나님이 지으신 대로 세상 가운데서 선한 일을 행할 수 있는 능력을 갖추게 한다. 그러므로 성경이 감동되었으며 영감되었다는 것은 철저하게 삶의 변화와 연관된 표현임을 알 수 있다.

저자들이 글을 쓸 때부터 이 글이 성경이려니 하고 생각하지는 않았을 것이다. 이 글들은 얼마간의 시간이 지난 다음에 사람들에게 읽히고 그 글을 쓴 이들의 마음을 감동하신 성령의 동일한 감동으로 읽는 이들의 마음도 감동되었고 그로 말미암아 이 글은 특별한 가치를 지니게 되었다. 마침내 정경으로 인정되고 선포되기까지 이 글들은 이러한 동일한 감동과 인정을 받았을 것이다. 사람들이 정경으로 선포하여 어떤 글들이 정경으로 되었지만, 사실 성경이 정경으로 되게 된 가장 중요한 원인은 이 글들 자체가 지닌 특별한 힘일 것이며 그것은 바로 이 글 안에서 역사하시는 하나님의 영일 것이다.

　이러한 하나님의 영의 역사는 이미 위에서 말한 것처럼 성경이 이루어지는 모든 과정에서 작용하고 있다고 볼 수 있다. 성경의 많은 부분은 한동안 구전으로 전해지기도 했을 것이다. 어떤 이야기들이 계속 구전으로 전해지고 어떤 것들은 사라져 버렸는지 우리는 정확히 알 수 없다. 그러나 계속해서 전해진 구전들을 일정한 시기에 모았으며 이러한 구전을 모으고 그것을 하나의 글로 남긴 이에게도 하나님의 영이 작용하였으며, 그로 말미암아 한낱 고대의 전설로 치부될 수 있는 이야기들 속에 담겨 있는 하나님의 계시성과 그 구속사적 의미들이 부각되었고 그로 말미암아 하나님의 행하신 사건으로 기록되고 보존되었다. 다시 말하면, 하나님의 영감은 성경의 직접적인 저자들뿐 아니라, 여러 자료를 모으고 구성한 이들인 편집자들에게도 나타난다고 할 수 있을 것이다.

　성경이 하나님의 감동으로 된 책임을 기억할 때, 성경을 이해하고 깨닫는 가장 중요한 자세는 믿음의 자세일 것이다. 이 책을 감동하신 성령께서 오늘 이 말씀을 읽는 우리를 또한 감동시키셔서 그 말씀에 담긴 하나님의 뜻을 온전하게 깨닫고 우리의 삶이 변화될 수 있도록 기도하는 것도 바로 그 때문일 것이다.

사람의 글로서의 성경: 문학적 특징

하나님께서는 얼마든지 그 모든 뜻을 하늘로부터 책으로 담아 주실수 있었을 것이다. 그러나 우리가 가진 성경의 책들은 오랜 시간을 거쳐형성되어왔다. 누가복음 1장 1-4절은 한 권의 성경책이 어떻게 생겨나게 되는지를 잘 보여준다.

> 우리 중에 이루어진 사실에 대하여 처음부터 목격자와 말씀의 일꾼 된자들이 전하여 준 그대로 내력을 저술하려고 붓을 든 사람이 많은지라그 모든 일을 근원부터 자세히 미루어 살핀 나도 데오빌로 각하에게차례대로 써 보내는 것이 좋은 줄 알았노니 이는 각하가 알고 있는 바를 더 확실하게 하려 함이로라

누가는 여기에서 그가 누가복음을 기술하게 된 과정을 알려주고 있다. 그에 의하면, 누가복음은 하나님이 누가를 전적으로 사로잡아서 단어를 구술하신 것이 아니라, 데오빌로라는 이방인 고관에게 복음의 진수를 전하고자 하는 누가의 의도를 따라 이루어진 것이다. 물론 누가가그러한 마음을 품고 자료들을 모으고 선택하는 데에도 성령께서 역사하셨을 것이다. 그것은 이면에서 이루어지는 과정이고, 이 글의 첫머리에서 누가는 스스로 예수 그리스도에 관해 되어진 일들을 주의 깊게 관찰하면서 그가 안 대로 차례대로 사건을 기술하기로 하였다고 전하고있다. 그리고 그렇게 결정한 선택이 자신에게는 좋아 보였다고 적고 있다. "It seemed good also to me … to write to you in order" 아마도 누가는 자신의 기록이 성경 즉 하나님의 말씀으로 고백 되리라고는 짐작도 못했을것이다. 그리고 사도행전 1장 1절에서 그는 누가복음을 가리켜 "내가 먼

저 쓴 글"이라고 알리고 있다. 여기에서 성령의 감동이라는 것이 사람의 이성을 마비시키거나 그와는 전혀 상관없는 무엇을 쓰게 하는 것이 아님을 알 수 있다. 누가는 자신이 수집할 수 있는 자료들을 모아 나름대로 차례대로물론 누가복음의 순서가 정확한 역사적 순서인 것은 아니다 써 나간 것이다. 이것은 성경에 포함된 다른 책들 역시 이와 유사한 방법으로 기록되었으리라고 추측할 수 있게 한다.

이상을 볼 때, 성경은 어떤 신비스럽고 기적적인 과정을 거쳐 기록되었다기보다는 하나님의 특별한 택하심을 입은 사람들이 그들의 삶과 경험을 통해 알게 된 하나님에 대해 나름대로 깊이 연구하여 기록한 것임을 알 수 있다. 사실, 그런 과정으로 쓰인 글을 통해 하나님의 계시가 드러나고 능력이 나타난다는 점이야말로 참으로 신비스럽다. 물론 요한계시록처럼 전적으로 하나님께서 보이신 환상을 기록한 책들도 있다. 그렇지만, 이 역시 하나님께서 보이신 환상에 기초하여 요한의 손을 통하여 체계적이고 합리적으로 기술된 책이라고 말할 수 있을 것이다. 기적은 초자연적인 일들만을 가리킨다기보다는 너무 평범하고 연약한 이들과 그들이 깊이 살피고 연구하여 기록해간 글을 통해 전능하신 하나님이 증거되고 사람들이 변화되는 데에서도 나타난다. 기적은 우리 주위에서 흔히 볼 수 있을 것 같은 보통의 사람들이 변화되어 하나님의 충성스러운 일꾼으로 세워지는 데에서 나타나는 것이다.

그러므로 성경이 사람들에 의해 이렇게 긴 시간 동안 기록되고 형성되었다는 점은 우리가 받은 성경에 어떻게 접근해야 하는지에 대한 중요한 고려 사항이 된다. 성경을 볼 때에 무조건 하나님의 말씀을 받는 자세로 대하기보다는, 성경의 각 책과 글들이 어떤 문학적 양식을 가지고 표현되는지, 그리고 어떤 문학적 수사법을 사용하여 내용을 전달하는지

유의해서 살펴볼 필요가 있다. 가령 다음 구절을 읽어보자.

"해는 그의 신방에서 나오는 신랑과 같고 그의 길을 달리기 기뻐하는
장사 같아서 하늘 이 끝에서 나와서 하늘 저 끝까지 운행함이여 그의
열기에서 피할 자가 없도다" 시 19:5-6

위 구절에 근거하여 중세 교회는 태양이 지구를 돈다고 확고하게 믿
었으며, 지동설을 성경에 반대되며 하나님을 대적하는 학설이라고 정죄
하였다. 그러나 이러한 이해는 위 구절의 문학적인 양식이 "시"라는 점
을 전적으로 간과한 것에서 비롯된다. 시는 음미 되어야 하는 것이다. 시
는 예로부터 사람들이 자신들의 특정한 마음을 전달하기 위해 고안한 특
별한 방식이다. 그런데 시를 읽을 때에도 법전이나 역사책을 읽을 때와
똑같은 자세로 읽는다면 그것은 애써서 시의 양식으로 표현한 의도를 무
시하는 것이 되고 말 것이다. 그러므로 성경의 책들이 사람들에 의해 여
러 양식으로 쓰인 글 임을 이해할 때, 우리는 성경의 내용을 무조건 믿고
무조건 지키자고 덤벼들기보다는 차근차근 그 양식을 따지고 그 의미를
묵상할 필요가 있다는 것을 알게 된다.

오늘 배운 내용을 정리해 보자.

1. 성경의 양면적 특징은 무엇을 말하는가?

2. 하나님께서 자신을 드러내시는 계시의 목적은 무엇인가?

3. 성경이 하나님의 감동으로 되었다는 것은 무엇을 의미하는가?

4. 성경이 사람의 글이라는 점은 우리에게 어떤 의미를 주는가?

3. 문학으로서의 성경

성경은 하나님의 말씀이면서, 동시에 사람의 글이다. 성경이 하나님의 말씀이라는 것은 우리가 그 말씀을 대할 때에, 믿음으로 응답해야 함을 알려준다. 성경을 읽거나 공부할 때, 우리가 먼저 기도하는 것은 그 때문이라고 할 수 있다. 성경을 통해 하나님의 말씀을 깨닫게 하는 것은 성령의 역사이다. 성령은 진리의 영이다. "보혜사 곧 아버지께서 내 이름으로 보내실 성령 그가 너희에게 모든 것을 가르치고 내가 너희에게 말한 모든 것을 생각나게 하리라"(요 14:26)

한편으로 성경은 사람의 글로서, 문학적인 특징을 지니고 있다. 초월적이며, 언제 어느 시대에나 적용되는 하나님의 말씀은 특정한 시대를 살고 있던 특정한 사람들에 의해 특정한 고대적 문학 양식에 따라 기록되었다. 성경의 글을 살펴볼 때, 우리가 잘 알아야 하는 것은 지금으로부터 최소한 2천 년 전 사람들의 표현양식일 것이다. 어느 시대 어느 환경을 막론하고 사람들이 삶에 대해 느끼고 발견한 것을 표현하는 양식이 공통된 부분이 많다는 점은 성경의 시대로부터 수 천 년 세월의 간격을 둔 우리에게 큰 도움이 된다.

수사법: 직유와 은유

가령 다음의 구절을 보자. 이 구절들은 각각 어떤 의미를 표현하는 가?

- "하나님이여 사슴이 시냇물을 찾기에 갈급함 같이 내 영혼이 주를 찾기에 갈급하니이다" 시42:1
- "주의 멧비둘기의 생명을 들짐승에게 주지 마시며 주의 가난한 자의 목숨을 영원히 잊지 마소서" 시74:19
- "소멸하여 가는 달팽이 같게 하시며 만삭 되지 못하여 출생한 아이 가 햇빛을 보지 못함 같게 하소서" 시58:8

성경 본문들에 수사법이 사용되고 있다는 것은, 우리가 이 본문을 음 미하고 즐기면서 그 내용에 대해 상상력을 동원해야 한다는 것을 알려준 다. 아울러 수사법을 통하여 표현하고자 하는바를 곰곰이 생각해볼 필 요도 있다. 다음의 두 경우는 각각 무엇을 말하는가?

- "경우에 합당한 말은 아로새긴 은 쟁반에 금 사과니라" 잠25:11
- "너희는 세상의 소금이니 소금이 만일 그 맛을 잃으면 무엇으로 짜 게 하리요 후에는 아무 쓸데없어 다만 밖에 버려져 사람에게 밟힐 뿐이니라" 마5:13

위의 예에서 보듯이, 본문의 문학적 특징을 올바로 이해하는 것은 본 문 이해의 첫걸음이라고 할 수 있다.

문맥context

이와 더불어 우리가 읽는 구절이 속해 있는 맥락, 즉 문맥을 잘 살펴보는 것도 아주 중요하다. 가령, "내 칼을 받아랏!"이라는 말의 의미는 전적으로 문맥에 달렸다.

요한계시록 3장 20절을 읽어보자. 이 말씀은 보통 전도의 맥락에서 사용되지만, 이 구절의 문맥인 14절부터 살펴보면, 미지근하여 자신의 헐벗음을 알지 못하는 교회를 향한 주님의 경고의 맥락에서 주어진 것임을 알 수 있다. 문맥은 본문의 의미가 창출되고 이해되는 기본적인 틀이다. 나아가 본문이 배경으로 삼는 역사적 문맥 역시 본문의 의미를 결정하는 중요한 틀일 것이다. 그러므로 문학적 문맥과 역사적 문맥에 주의하여 성경을 읽을 필요가 있다.

평행법parallelism

다음 구절을 읽어보자.

> "그를 하나님보다 조금 못하게 하시고 / 영화와 존귀로 관을 씌우셨나이다"시8:5

이 구절은 하나님께서 사람에게 주신 영광과 은혜를 찬양하는 시의 한 부분이다. 언뜻 보기에 이 구절의 전반부는 사람의 연약함을 이야기하고 후반부는 사람의 영광을 노래하는 것처럼 보인다. 그러나 이 구절을 비롯하여 시편과 구약의 많은 내용들에 "평행법"이 사용되고 있다는 점을 고려하면 그 의미가 달라진다. 평행법은 두 행을 나란히 놓아 문학적인 효과를 증폭시키는 기능을 한다. 이렇게 나란히 놓인 두 행은 같은 의미를 비슷한 표현으로 달리하기도 하고, "너희 의인들아 여호와를 기뻐하며 즐거워할지어다 / 마음이 정직한 너희들아 다 즐거이 외칠지어다" 시32:11 특정한 교훈을 위해 서로 반대되는 표현을 대칭시키기도 한다. "지혜는 명철한 자 앞에 있거늘 / 미련한 자는 눈을 땅 끝에 두느니라" 잠17:24 시편 8편의 2절부터 8절까지의 내용은 모두 연약한 사람에게 두신 하나님의 크신 은혜와 영광을 노래하고 있다는 점에서, 5절 역시 같은 의미를 비슷한 표현으로 대칭시킨 것이라고 볼 수 있다. 이렇게 보면, 사람이 하나님보다 조금 못하다는 것은 사람의 한계를 말하는 데에 초점이 있는 것이 아니라, 사람의 존귀함에 초점이 있다고 할 수 있다. 하나님보다 조금 못하기에 사람은 고난을 겪는다. 그러나 그 고난을 통해 하나님께서는 우리에게 영광과 존귀의 관을 씌워 주신다. 우리의 못함이 못함이 아니라 영광과 존귀의 통로라는 것이다.

성경을 문학으로 읽는다는 것

그러므로 성경이 사람의 글이라는 점은 우리로 하여금 성경에 포함된 글들의 양식, 문맥과 수사법, 평행법 등에 대해 음미하고 신중히 검토할 것을 요구한다. 본문 자체가 보여주는 문학적 아름다움과 성스러운 분위기를 체험하고 자신들의 삶의 자세를 가다듬는 기회로 삼는 것이 본문에 대한 문학적 이해가 주는 의미라고 할 수 있다. 이를 위해 너무 성급하게 신앙적 교훈만을 찾으려 하지 말고, 본문의 아름다움을 음미하고, 그 안에 담긴 것을 상상하는 것이 필요할 것이다. 성경을 읽기 전에 먼저 성령께서 우리로 깨닫게 하시기를 구할 때, 우리는 본문에 담긴 모든 것을 깨닫고 느끼고 상상하도록 기도하는 것이다. 사람을 변화시키는 것은 어떤 교훈들만이 아니라, 아름다운 시, 잘 쓰인 소설을 통해 발견하는 정서적 감흥이기도 하다. 이런 과정을 통해 본문을 말하고 기록하였던 이들의 시대와 삶을 상상해 볼 때, 때로 우리는 마치 우리 눈앞에 그 시절의 사람들이 걸어 나오는 것 같은 것을 느낄 때가 있다. 그러할 때, 그때 그 사람들이 고민하여 기도하며 모색하던 상황과 문제들이 오늘 우리의 상황과 문제에 생생하게 적용될 수 있을 것이다.

구약성경에 포함된 책들의 분류

성경은 하나님 말씀이지만, 그 말씀은 여러 다양한 양식을 지닌 사람의 글로 표현되어 있으며, 책마다 특정한 표현 양식과 시대적 배경을 지니고 있다. 하루아침에 신구약 성경 66권이 우리에게 주어진 것이 아니라, 2천 년이 넘는 긴 세월 동안 성경의 내용이 말해지고 전해지고 기록되었다. 비교적 단시간에 형성된 신약성경에 비해, 구약성경은 수 천 년의 세월을 그 안에 고스란히 담고 있다. 오늘날 성경은 기독교의 정경이지만, 이미 오래전부터 구약 성경은 유대교의 정경이었다. 유대인들은 자신들의 정경을 다음과 같이 24권으로 간직하였다.

- **율법서토라 5권**; 창세기, 출애굽기, 레위기, 민수기, 신명기
- **예언서네비임 8권**; 여호수아, 사사기, 사무엘서, 열왕기서, 이사야, 예레미야, 에스겔, 12소예언서(호세아, 요엘, 아모스, 오바댜, 요나, 미가, 나훔, 하박국, 스바냐, 학개, 스가랴, 말라기)
- **성문서케투빔 11권**: 시편, 욥기, 잠언, 룻기, 아가서, 전도서, 예레미야애가, 에스더, 다니엘, 에스라-느헤미야, 역대기

그에 비해, 개신교 교회가 인정하고 간직한 구약 성경 39권은 유대교의 구약 정경과 개별 책들은 똑같지만, 배열과 위치에 차이가 있다.

– 오경 5권(창, 출, 레, 민, 신) – 역사서 12권(수, 삿, 룻, 삼상, 삼
하, 왕상, 왕하, 대상, 대하, 스, 느, 에) – 시와 지혜 5권(욥, 시,
잠, 전, 아) – 예언서 17권(사, 렘, 애, 겔, 단, 호, 욜, 암, 옵, 욘,
미, 나, 합, 습, 학, 슥, 말)

로마가톨릭 교회의 경우, 개신교의 성경 배열과 일치한 구약 정경과
더불어, 몇 권의 책을 더 지니고 있어 모두 46권을 정경으로 여기고 있
다.

– 오경 5권 – 역사서 16권(… 느헤미야, 토비트, 유딧, 긴 에스더, 마
카베오상, 마카베오하) – 시와 지혜 7권(… 아가서, 솔로몬의 지
혜, 집회서) – 예언서 18권(… 예레미야애가, 바룩, 긴 다니엘 …)

개신교 구약정경에는 없지만, 가톨릭에만 있는 7권의 책을 가리켜
흔히 "외경外經 Apocrypha"이라고 부르며, 가톨릭 교회에서는 이들을 가

리켜 "제2정경deuterocanonical books"이라고 부른다. 이 책들은 구약과 신약의 중간 시기에 쓰인 책들이며, 초기 교회에서는 널리 읽히던 책들이기도 하였다. 이 책들이 초기 교회의 교리 형성에 영향을 주기도 하였지만, 이 책들이 유대인들이 귀중하게 여기는 책들에 포함되어 있지 않다는 점에서, 나머지 구약 정경과는 구별되는 책으로 초대 교회 시절부터 인식되고 있었다. 초대 교회의 교부church father였던 제롬은 외경에 해당하는 책을 교육을 위해 사용될 수는 있지만, 교리와 실천의 규범이 될 수는 없다 여겼고, 이에 반해, 또 다른 교부 어거스틴은 외경들도 나머지 정경과 똑같은 권위를 가진 책으로 여겼다. 당시 서방 교회와 분리되었던 동방 교회가 외경의 책을 정경으로 여기고 있었고, 어거스틴은 교회의 연합을 향한 열망에서 외경을 정경으로 강조하였다고 한다. 어거스틴과 제롬의 입장은 이후의 교회 역사에서도 계속 이어져 간다. 루터와 칼빈의 종교개혁 세력들은 가톨릭 교회가 사용하던 외경의 정경적 지위를 거부하였고, 종교개혁 운동의 거부에 대한 반응으로 가톨릭은 외경 역시 정경임을 1546년의 트렌트 종교회의에서 더 확고하게 선포하였다.

　루터 같은 경우 외경의 정경성은 부정하였지만, 여전히 신앙과 도덕의 유익이라는 차원에서 외경의 가치를 인정하였고, 루터가 번역한 성경에 외경도 포함되어 있었다. 최초의 영역 성경인 킹제임스 번역 초판에서도 외경이 포함되어 있었지만, 점차 개신교 성경에서는 외경이 제외되었다. 그러나 초대 교회가 즐겨 읽던 책들이었으며, 구약과 신약 사이의 시대를 알려 주고, 그 사이 시대를 살아간 이들의 신앙을 보여준다는 점에서, 외경의 가치는 무시할 수 없다. 구약의 시대와 신약의 시대만이 아니라, 그 끼인 시대에도 여전히 하나님께서 살아계시며 그 백성들과 함께 하셨다. 그리고 이 시대의 변화와 발전은 구약과 신약을 연결해주는 결정적인 역할을 한다. 신약에서 명시적으로 발견되지만, 구약에서 잘 볼 수 없는 무엇인가가 있다면, 대부분 외경에 포함된 책들에서 그 변화를 발견할 수 있기 때문이다. 그런 점에서, 오늘날의 그리스도인들 역시 외경에 대해 알고 읽고 생각해 보는 것이 필요하다. 아울러, 전 세계의 기독교 가운데 로마가톨릭과 동방 정교회가 여전히 이 외경에 포함된 책을 정경으로 여기고 있음을 생각할 때, 예수 그리스도를 주로 고백하는 교회의 일치 차원에서 외경에 대한 존중이 필요하다고도 말할 수 있다.

유대교와 기독교 구약 성경의 배열의 의미

유대교와 기독교가 정경으로 간직한 구약의 내용은 같지만, 각 책의 배열에는 차이가 있다. 유대교의 경우, 율법서-예언서-성문서의 순으로 배열되어 있지만, 기독교는 오경-역사서-시와 지혜-예언서의 순으로 배열되어 있다. 성막에 중심을 둔 거룩한 백성으로서의 이스라엘이라는 이상적인 기본 질서를 전하는 것이 율법서라면, 예언서는 이러한 이상이 중단되고 실패한 현실을 고발하면서, 이 이상을 회복할 세상에 대한 기대를 담고 있다고 할 수 있다. 마지막에 놓인 성문서는 그러한 거룩한 이상을 따라 살아가는 삶의 일상을 표현하고 있다고 볼 수 있다.

그에 비해, 기독교에서 구약은 하나님께서 자신을 드러내신 첫 단계이며, 예수 그리스도의 초림으로 시작된 두 번째 단계와 재림으로 이루어질 세 번째 단계를 준비하고 있다. 네 부분으로 이루어진 기독교의 구약에서, 첫 부분 오경과 둘째 부분 역사서가 이스라엘의 형성과 그들에게 주어진 율법, 그리고 역사의 진전을 말하고 있다면, 세 번째 부분 시와 지혜서는 특정한 시간을 넘어서 무시간적인 현재 속에서 봉착하게 되는 근본적인 문제들을 다루고 있다. 마지막 네 번째 부분 예언서는 구약의 결론의 자리에 있으면서 이스라엘의 실패와 그들에게 임할 심판을 다루고 있다. 그러나 이러한 심판은 심판 이후에 임하게 될 새로운 회복의 약속과 기대를 포함하고 있다. 구약의 마지막에 놓인 예언서는 그러한 약속과 기대의 성취가 이루어지게 되는 현장으로 신약 성경을 바라보게 하며, 예수 그리스도야말로 이스라엘에게 주어진 이상과 현실의 실패를 극복하고 회복할 존재임을 부각시킨다. 그런 점에서 예언서는 그 전체로 주님의 길을 예비하는 글이라고 할 수 있다. 그리고 예수 그리스도는 구약 예언자들이 선포한 회복과 기대의 결론이며 답이다. 그러므로 예수 그리스도를 아는 것은 예언자들의 회복의 비전을 아는 것이다. 그들의 비전의 성취가 예수이기 때문이다. 예언서를 아는 것은 그리스도께로 이끌며, 그리스도가 하신 일의 의미를 알려면 예언자들의 선포로 돌아가야 한다.

이처럼 똑같은 내용을 지닌 책들이지만, 어떻게 배열되느냐에 따라 의도하는 의미가 달라질 수 있다는 점은 흥미롭다. 이러한 배열의 의미를 숙고하는 것은 구약성경이라는 큰 숲에 담긴 각각의 군집들의 모양과 의미를 이해하게 한다. 그리고 그러한 군집들로 이루어진 전체의 숲이 무엇을 지향하고 있으며, 어디로 지향하는지를 생각하게 한다. 구약이 그리스도를 향하고 있다는 말을 하기는 쉽지만, 이를 위해서는 구약이 전하는 이상과 실패, 회복에 대한 기대를 아는 것이 중요하다. 그것이 없다면, 예수 그리스도는 갑자기 등장하셔서 우리를 구원하시며 우리 문제를 해결하시는 분이 되고 말 것이다. 예수는 우리의 소망이라는 고백의 의미는 구약의 숲에 대한 이해가 그 기초이기 때문이다.

오늘 배운 내용을 정리해 봅시다.

1. 성경을 읽을 때 문맥이 중요한 까닭은 무엇일까요?

2. 문학으로서의 성경의 특징을 고려할 때, 어떤 이들은 성경이 '창문'이나 '비디오 테이프'가 아니라 '거울' 혹은 '스테인드글라스'라고 비유하기도 한다. 창문을 볼 때와 거울을 볼 때, 우리의 자세는 어떻게 달라지는가? 그리고 비디오테이프를 볼 때와 스테인드글라스를 볼 때 우리의 자세는 어떻게 달라지는가?

3. 평행법과 수사법을 아는 것은 성경 이해에 어떤 도움을 줄까요?

4. 개신교 구약 정경 39권을 순서대로 말해 봅시다.

5. 구약 성경이 예수 그리스도를 향하고 있다는 말은 무슨 의미입니까?

4. 출애굽

구약이 다루는 역사

　구약 성경이 배경으로 삼는 시기는 세상의 창조에서 바벨론 포로 귀환의 시기에 이르는 수 천 년이 넘는 긴 세월이다. 구약 성경은 이 긴 시간을 균형적인 비율로 다루어가지 않는다. 어떤 부분은 마치 망원경으로 그 부분만 들여다보는 것처럼 아주 자세하게 표현하고 다루는가 하면, 다른 부분에서는 굉장히 긴 시간을 한두 문장으로 훌쩍 건너뛰기도 한다. 성경은 일어난 일들의 객관적인 실체를 편견 없이 전달하는 데 목적이 있는 글이 아니라, 일어났던 수많은 사건 가운데, 하나님께서 사람에게 드러내시고 알리신 사건을 중심으로 서술되어 있기 때문이다. 많은 사건보다 더 중요한 것은 그 사건들에 대한 해석이라고 할 수 있으며, 이러한 해석의 관점에 따라 구약 성경은 기나긴 세월과 그 세월 속의 사건들을 선별하여 보존하고 전달하고 있다.

　사실 일반적인 관점에서 볼 때, 구약 성경에 담겨 있는 이스라엘의 역사는 다른 나라들의 역사에 비해 별반 특이할 것이 없다. 오히려 이스라엘은 세계적인 강대국도 아니었고, 남다른 발달한 문명을 도입하고 시작한 민족도 아니다. 구약 성경 안에 인류문명의 화려한 발전과 성장이 기술되어 있는 것도 아니다. 엄밀하게 말해, 이스라엘은 세계역사의 거대한 흐름 안에서 중동의 조그마한 지역을 차지한 작은 시냇물에 불과

하다. 그런데 오늘날 구약 성경과 구약의 주인공 민족인 이스라엘을 온 세상의 사람들이 주목하는 까닭은 무엇인가? 그것은 구약 성경이 증거하는 여호와 하나님과 그분이 행하시는 일에 대한 내용 때문이라고 할 수 있다. 실질적으로는 하나님의 행하심과 그분의 부름을 받은 이스라엘 백성들이 하나님께 어떻게 응답했는지에 대한 내용이 지닌 힘과 능력이 오랜 세월 동안 사람들로 하여금 구약 성경에 특별하게 주목하게 하였다고 볼 수 있을 것이다. 그저 오래전에 일어난 사건이나 신화를 다룬 내용이라면, 구약은 고고학적 관심의 대상이었을 뿐이었을 것이다. 오히려 구약 안에는 부름 받은 사람들과 민족의 실망스러운 모습들이 상당히 많이 나타나고 있다는 점에서, 고대의 영웅 신화와는 거리가 멀다. 구약을 찬란하게 빛나게 하는 것은 그 안에 등장하는 등장 인물들의 찬란함에서 오지 않는다. 구약이 증거하는바, 온 세상의 하나님이신 여호와 하나님과 그의 통치, 그리고 그 하나님께 대한 믿음의 관점에서 다루어진 이스라엘의 역사야말로 구약을 빛나게 하고 특별하게 만든다. 달리 말해, 평범하고 별것 아닐 수 있는 이스라엘의 역사를 하나님께서 자신을 드러내신 특별한 사건으로 해석하여 제시한다는 점이야말로 구약의 특별한 점이라고 할 수 있다. 이렇게 구약을 읽고 이해할 때, 오늘 구약을 읽는 독자인 우리의 평범하고 일상적인 삶 역시 온 세상의 하나님이신 여호와의 통치가 구현되고 드러나는 현장이 될 수 있음을 깨닫게 된다. 그럴 때, 구약을 읽는다는 것은 단지 오래된 책을 읽는 것이 아니라, 어제나 오늘이나 동일하신 여호와 하나님의 통치가 드러나는 역사의 현장에 발을 들여 놓게 되는 것이다. 다시 한 번 기억할 것은 사건을 빛나게 하는 것은 믿음에 입각한 해석이라는 점이다.

출애굽의 중요성

　그러면 구약에 드러나는 하나님의 통치의 결정적인 국면은 무엇이라고 할 수 있을까? 하나님께서 그 뜻을 알리시고 드러내시며 하나님의 백성들로 부르시고 세우시는 결정적인 장면, 그래서 이후의 모든 사건을 이해하고 해석하는 데 기준이 될 수 있는 부분은 어디라고 볼 수 있을까? 우리가 지닌 구약 성경은 온 세상의 창조로부터 그 내용을 시작한다. 창조야말로 하나님의 통치의 결정적인 사건이며, 이후의 사건을 해석하고 이해하는 기준이 되는 사건일까?

　여호와 하나님께서 그 뜻을 행하시고 드러내시기 위해 부름 받은 이들은 이스라엘이다. 이스라엘의 역사야말로 구약의 대부분 내용이 다루는 공통 소재이다. 그러면 이스라엘을 이스라엘 되게 만든 결정적인 사건은 무엇인가? 그것은 창조라기보다는 출애굽이라고 할 수 있을 것이다. 창조가 온 인류의 존재를 설명하는 사건이라면, 출애굽은 하나님의 통치의 백성으로서 이스라엘의 형성을 알리는 사건이다. "이스라엘"은 야곱의 별명으로, 한 개인을 가리키는 이름이었다. 그러나 출애굽 사건을 통해, 야곱의 자손은 "이스라엘 자손" 혹은 "이스라엘"로 불리면서, 이 이름은 한 개인을 넘어 특정한 민족, 특정한 국가를 가리키는 개념으로 확장되었다. 애굽에 살던 이스라엘 자손들이 특별한 하나님의 백성으로 정체성을 지니게 된 것은 바로 이 출애굽 사건의 결과이다. 출애굽기는 애굽에 살던 노예들을 향한 하나님의 구원을 아브라함과 이삭, 야곱에게 행하신 약속의 실현으로 제시한다.출2:24-25 사실 구약성서는 하나님의 천지창조로부터 내용이 전개되지만, 이것은 어디까지나 구원을 경험한 이스라엘이 믿음으로 고백하는 내용이라고 할 수 있다. 이것은 오늘의 우리가 믿음으로 돌아보는 것에 비견될 수 있다. 태어나는 순간부터 자신을 하나님께서 지으셨다 믿는 이들은 거의 없을 것이다. 그러나 이렇게 태어난 이가 자라서 어떤 시점에 살아계신 하나님의 은혜를 경험하게 될 때에, 그는 이미 하나님께서 오래전에 그 계획과 뜻 가운데 자신을 지으셨음을 깨닫고 고백하게 된다. 우리 중의 누구도 하나님의 창조를 믿고 그리스도에게로 나온 이는 없다. 삶의 어떤 시기에 예수 그리스도의 구원의 복음을 접하고 거듭난 사람들은 그제야 하나님이 이전에 행하신 일들을 알게 되며, 자신의 이전 인생들에 일어났던 사건들의 의미를 깨닫게 된다. 그리고 믿음으로 그 모든 일이 자신을 위한 하나님의 구원 계획의 일부임을 받아들인다. 구약의 이스라엘 역시 출애굽을 경험하면서 이전에 조상들이 받았던 약속의 의미를 깨닫게 되고, 이미 오래전에 하나님께서 이스라엘과 온 세상을 그 뜻대로 지으셨음도 깨닫게 되었다는 것이다. 이사야 40장에서는 곤궁 가운데 있는 이스라엘을 건지시고 구원하실 하나님을 굳게 신뢰하게 하려고 하나님께서 온 세상을 지으신 창조주이심을 강력하게 증거하고 있다(사 40:12-31). 즉, 이미 하나님을 알고 있는 이들에게 하나님의 창조가 의미를 지니게 된다. 달리 말해, 이스라엘을 건지실 하나님께 대한 신뢰와 믿음이야말로 창조 사건을 이해하는 기본적인 틀이라는 것이다.

출애굽 사건의 의미

그러면 출애굽의 의미는 무엇인가? 하나님께서 애굽에서 강제노역에 시달리는 이스라엘을 건져내시는 까닭은 다음의 구절에서 잘 드러나 있다.

"5 이제 애굽 사람이 종으로 삼은 이스라엘 자손의 신음 소리를 내가 듣고 나의 언약을 기억하노라 6 그러므로 이스라엘 자손에게 말하기를 나는 여호와라 내가 애굽 사람의 무거운 짐 밑에서 너희를 빼내며 그들의 노역에서 너희를 건지며 편 팔과 여러 큰 심판들로써 너희를 속량하여 7 너희를 내 백성으로 삼고 나는 너희의 하나님이 되리니 나는 애굽 사람의 무거운 짐 밑에서 너희를 빼낸 너희의 하나님 여호와인 줄 너희가 알리라"출6:5-7

하나님의 건지시는 사건의 출발은 이스라엘 자손의 신음이다. 삶의 고통과 곤경 가운데 달리 도움을 구할 길 없는 이들의 부르짖는 소리야말로 긍휼에 풍성하신 하나님을 움직인다. 무거운 짐 밑에서 시달리는 이들을 건지시기 위해 하나님께서는 그의 팔과 공의로운 판결로 이스라엘을 회복하신다. 그래서 최종적으로는 이스라엘은 하나님의 백성, 여호와는 이스라엘의 하나님이라는 관계가 이루어지게 된다. 너희는 하나님의 "내 백성", 여호와는 "너희의 하나님"이라는 이 '내 백성-너희 하나님' 도식이 의미하는바는 무엇인가?

하나님께서는 건져낸 이스라엘을 "주의 거룩한 처소"출15:13 혹은 "주의 기업의 산"출15:17으로 인도하신다. 여호와 하나님께서 거하시려고 예비하신 처소이기에 거룩한 "성소"인 이곳으로 이스라엘을 인도하시어, 이제 여호와께서 "영원무궁하도록 다스리"실 것이다.출15:18 그러므로 하나님께서 이스라엘을 예비하신 땅으로 인도하시는 까닭, 하나님께서 거하시는 땅으로 인도하시는 까닭은 그들을 그 땅에 거하게 하고 여호와께서 영원토록 다스리시기 위함이라고 할 수 있다. 하나님의 다스리심, 하나님의 통치 그리고 그 통치 가운데 거하는 하나님의 백성으로서의 이스라엘이야말로 하나님께서 이스라엘에게 베푸신 속량의 목적이라고 할 수 있다. 그러므로 "내 백성-너희 하나님" 도식이 의미하는 것은 바로 하나님의 통치, 하나님나라의 설립임을 알 수 있다. 하나님의 나라야말로 출애굽 사건의 본질이다. 이스라엘의 출발로서의 출애굽은 하나님 나라의 이 땅에서의 구현이다. "편 팔"로 표현된 하나님의 놀라우신 능력과 "여러 큰 심판들"로 표현된 하나님의 공의로우심의 모든 목적은 '내 백성—너희 하나님' 관계 즉 하나님의 통치, 하나님 나라의 실현이라고 할 수 있다. 그리고 이 도식은 출애굽기부터 시작해서 구약의 거의 마지막 시기인 스가랴서에 이르기까지 구약 성경 전체에서 줄기차게 반복되고 환기된다. 레26:12; 신29:13; 시33:12, 100:3; 렘7:23, 11:4, 24:7, 30:22, 31:1,33; 겔11:20, 14:11, 34:30, 36:28, 37:23,27; 호1:9,10, 2:23; 슥8:8 등 출애굽에서부터 시작된 이 간결한 표현이 구약 전체에서 반복된다는 것은 출애굽 사건이 지닌 결정적인 중요성을 보여준다. 구약 전체에서 면면히 흐르는 것은 출애굽 때 맺은 언약 관계의 회복이며, 이러한 출애굽의 회복 혹은 새로운 출애굽에 대한 갈망은 이러한 관계의 회복, 하나님 통치의 회복이라는 것을 알 수 있다.

출애굽과 창세기

그런데 하나님의 이러한 행하심은 갑작스럽게 이루어진 일이거나 순식간에 결정된 것이 아니다. 앞에서도 언급하였듯이, 출애굽기의 구절들은 이 일들이 이미 아브라함과 이삭과 야곱에게 행하신 여호와의 언약의 성취임을 분명히 밝히고 있다:

> "하나님이 그들의 고통 소리를 들으시고 하나님이 아브라함과 이삭과 야곱에게 세운 그의 언약을 기억하사 하나님이 이스라엘 자손을 돌보셨고 하나님이 그들을 기억하셨더라"출2:24-25
> "내가 아브라함과 이삭과 야곱에게 주기로 맹세한 땅으로 너희를 인도하고 그 땅을 너희에게 주어 기업으로 삼게 하리라 나는 여호와라"

출6:8

약속의 제시와 그 성취라는 점에서, 출애굽기는 창세기를 통해 전해지는 이전의 역사와 연관된다. 출애굽기 1장의 서술들은 이스라엘이 애굽에 산 지 그다지 오래되지 않아서 핍박의 상황이 벌어지는 것처럼 보이지만, 실제로는 1장 7절과 8절 사이에 400년이 넘는 세월을 담고 있다. 모세에게 나타나신 하나님은 자신이 족장들에게 나타나셨던 분임을 확인시키신다.출3:6, 6:3 출애굽 사건과 이전의 족장들의 역사를 연결하는 또 하나의 틀은 요셉의 시체에 대한 처리이다.출13:19 요셉과 족장들은 땅의 약속을 받았고, 이제 출애굽하는 이스라엘은 그 약속의 성취를 목전에 두고 있으며 그들이 요셉의 유언대로 그 해골을 메고 나가는 것이다.

이러한 예는 또 찾아볼 수 있다.

"이는 아브라함이 내 말을 순종하고 내 명령과 내 계명과 내 율례와 내 법도를 지켰음이니라 하시니라"창26:5

이 구절은 하나님께서 이삭을 축복하시는 말씀이다. 하나님께서 명하신 것을 일러 "명령, 계명, 율례, 법도"라고 부르는 것은 신명기와 같은 책에서 흔히 볼 수 있는 방식이다. 그런 점에서, 창세기의 저자는 모세 율법의 관점에서 아브라함의 삶을 평가하고 있다는 것을 알 수 있다. 족장들의 이야기는 이미 일정한 형태로 존재했을 것이지만, 창세기의 저자는 출애굽 시대의 관점으로 족장들의 삶을 바라보는 것이다. 아브라함에게 주어진 땅과 자손의 약속26:3-4이 아브라함에게 주어진 율법과 계명에 대한 준수와 결부되어 있다는 점은 시내산에서 이루어진 언약과 그대로 일치한다.

　이스라엘의 실질적인 출발이 출애굽이라는 것은 출애굽보다 이전 시기를 다루는 창세기의 내용이 출애굽에 근거한 언약 백성의 시작이라는 관점에서 기술되었음을 의미한다. 이에 따르면, 출애굽기 이후의 내용은 창세기에서 제시되고 선언된 하나님의 뜻과 약속의 성취와 실현이라고 볼 수 있다. 그렇다면, 창세기는 세상의 첫날들을 알린다는 점에서 중요하다기보다는 하나님께서 그 백성들에게 제시하고 베푸시는 뜻과 약속, 기대를 담고 있다는 점에서 중요하다. 그러므로 우리가 창세기를 읽을 때에, 언약 백성을 향한 하나님의 뜻과 약속, 기대에 주의하며 읽어가야 한다.

새로운 출애굽에 대한 기대

　출애굽 사건은 이처럼 창조와 같은 과거의 일을 이해하고 해석하는 기준이면서, 현재에 언제나 새롭게 적용되고 회복되는 기준이 되기도 한다. 이스라엘은 그들의 곤경 가운데 하나님의 도우심과 회복을 구할 때, 그 옛날 있었던 출애굽 사건에 견주어 새로운 회복을 구하곤 하였다.

　　"바다를, 넓고 깊은 물을 말리시고 바다 깊은 곳에 길을 내어 구속받은 자들을 건너게 하신 이가 어찌 주가 아니시나이까 여호와께 구속받은 자들이 돌아와 노래하며 시온으로 돌아오리니 영원한 기쁨이 그들의 머리 위에 있고 슬픔과 탄식이 달아나리이다" 사51:10-11

　또한, 출애굽때에 하나님께서 주신 언약은 시간이 지난 오늘의 백성들과 맺은 언약으로 현재화되기도 한다. 신명기 5장 1-3절을 읽어보자. 광야 40년 생활을 끝맺는 시점의 모압 산지에서 설교하는 모세는 출애굽

직후 조상들과 맺은 하나님의 언약을 지금 살아있는 현재의 세대와 맺은 언약으로 해석한다. 과거에 일어난 사건이지만 오늘 그들을 위한 사건으로 해석해내는 것이다. 출애굽을 경험한 이스라엘은 이러한 하나님의 구원이 순간적인 구원행동이 아니라, 오래전에 행하신 약속의 성취임을 알게 된다. 이것은 마치 그리스도의 십자가가 하나님의 피치 못할 행하심이 아니라, 만세 전에 정하신 하나님의 계획의 성취인 것과 같다. 그래서 출애굽을 경험한 이스라엘은 이러한 믿음으로 이전의 조상들의 역사를 돌아보며 이해하고 해석, 수용하게 된 것이다.

'길 떠남'

출애굽은 이후의 이스라엘의 역사에서도 본질적인 중요한 사건이 된다. 많은 경우에 출애굽은 과거 회상의 기준점이었고, 하나님이 주실 새로운 미래의 표상이기도 하였다. 실제로 구약의 후대 부분들에서 하나님의 창조가 기려지기보다는 이스라엘을 선택하시고 건져내신 출애굽의 하나님이 칭송되는 것을 수없이 발견할 수 있다. 출애굽이야말로, 이스라엘의 출발점이다. 그리고 이 출애굽의 근본에 놓여 있는 것은 여호와 하나님과 그 백성 이스라엘 즉, 하나님의 통치, 하나님의 나라이다. "출애굽"이라는 말은 구약의 두 번째 책의 내용에서 나온 번역이라고 할 수 있는데, 영어 제목은 "엑소더스Exodus"이다. 이 말은 "엑소도스"라는 헬라말에서 유래한 단어로, 이 헬라말을 직역하자면, '길로부터out of a way' 즉, "길 떠남"이라고 할 수 있다. 즉, 출애굽은 길을 떠나는 것을 다룬다. 애굽에서의 삶을 떠나 하나님께서 이끄시는 새로운 삶으로 떠나는 것이며, 억압과 압제로 상징되는 삶에서 떠나, 하나님의 통치 가운데 거하는 삶으로 나아가는 것이다. 그러므로 하나님 나라를 구현하는 삶이라는 것은 언제나 길을 떠나는 삶이다. 어떤 특정한 곳이 애굽인 것이 아니라, 신음과 부르짖음이 있다면, 그것이야말로 우리가 벗어나고 변화되어야 할 애굽의 실상일 것이며, 언제든 그러한 삶으로부터 떠나 하나님의 참된 통치 가운데로 나아가는 것이 출애굽이 오늘 의미하는 바라고 할 수 있을 것이다.

이와 연관해서 주목할 것은 예수께서 이 단어에 대해 언급하고 있다는 점이다. 변화산에서 주님은 모세, 엘리야와 더불어 "엑소더스"에 대해 말씀을 나누셨다.눅9:31 개역성경은 이를 일러 "별세"라고 옮겼지만, 예수님의 길 떠남에 대한 내용이었을 것이다. 그리고 그 길 떠남은 이제 예수께서 걸어가실 고난과 십자가의 길을 가리킨다고 볼 수 있다. 하늘 보좌를 버리시고 길을 떠나 사람이 되어 사람 가운데 사셨던 예수님은 이제 이 땅에서도 고난과 십자가를 향해 길을 떠나신다. 그리고 주님의 길 떠남은 주님을 믿고 신뢰하는 수많은 힘겹고 연약한 사람들에게 구원과 생명이 되었다. 그러므로 주님의 출애굽은 모든 사람을 살리기 위한 고난과 십자가에로의 순종이었다. 그렇다면, 오늘 우리의 출애굽은 무엇일까? 오늘 우리가 떠나야 할 길은 무엇일까?

출애굽에 기반을 둔 역사

그러므로 출애굽 이전의 역사가 제대로 모이고 그 의미를 지니게 된 것은 분명히 출애굽 이후의 일일 것이다. 이제 이스라엘은 이전의 사건과 약속의 의미를 알게 된 것이다. 창세기는 애굽에 이르기 전 이스라엘이 어떠한 상태에 있었는지, 어떻게 해서 애굽에까지 이르게 되었는지, 그들을 건지신 하나님께서 어떻게 처음에 이스라엘과 관계를 맺으셨는지에 대해 알려 주는 책이다. 출애굽기와 레위기, 민수기는 애굽땅에서 떠나 하나님의 통치, 하나님 나라의 새로운 길을 가는 이스라엘의 여정을 다루면서, 하나님 나라의 원칙과 법에 대해 알려 주고 있다. 아울러,

신명기는 이제 약속의 땅을 눈앞에 둔 상태에서, 지난 광야 시절을 회고하면서 약속의 땅의 삶과 윤리에 대한 모세의 고별 설교라고 할 수 있다. 한 걸음 더 나아가면, 여호수아서는 마침내 하나님이 약속하신 땅에 이스라엘이 정착하게 되었음을 보여준다는 점에서, 출애굽의 목적이 실현되는 순간이라고 할 수 있으며, 창세기의 조상들로부터 이어져 온 약속의 최종적인 성취를 보여준다고 할 수 있다. 그래서 많은 이들은 여호수아서까지를 포함하여 "육경"이라고 부르기도 한다.

구약 역사의 시대 구분

이스라엘 백성이 출애굽하여 가나안에 정착하고 난 이후부터 이전과는 뚜렷이 구별되는 민족적 단일성과 정체성을 지니게 되므로, 일단 가나안 정착 이전과 정착 이후의 시기를 구분할 수 있을 것이다. 가나안 정착 이전시기라 해도 그 안에는 원 역사의 시기, 족장들의 시기, 애굽에 머무르던 시기로 나뉠 것이다. 그리고 가나안 정착 이후의 시기 역시, 출애굽과 광야시기, 사사시대, 왕정시대, 바벨론 포로기, 포로 이후 시대로 나뉠 것이다. 이러한 이스라엘의 각각의 시대 속에서 구약성서가 형성되고 이스라엘의 삶에 영향을 미치고 동시에 이스라엘의 삶이 도리어 구약성서의 형성과 발전을 독촉하기도 한다.

오늘 배운 내용을 정리하며 나누어 봅시다.

1. 창조 사건이 아니라, 출애굽 사건이 이스라엘의 역사를 이해하고 평가하는 기준이 되는 까닭은 무엇일지 설명해 봅시다.

2. 출애굽 사건의 목적은 무엇입니까?

3. 출애굽기 이후의 내용과 창세기는 어떻게 서로 연관됩니까?

4. 오늘 우리에게 출애굽은 어떤 의미일까요?

5. 출애굽을 통해 보는 창조

원역사原歷史 primitive history

"원역사"는 창세기 1장에서 11장을 가리키는 이름이다. 정확히 언제 일어난 사건인지를 객관적으로 확인하는 것이 불가능한 시기를 다루고 있다는 점에서 그러한 이름으로 불린다. 세상이 어떻게 존재하게 되었으며, 인류는 어떻게 시작하였는가를 보여주는 내용들이 있지만, 이 본문의 주된 관심은 인류의 기원이 아니다. 이 부분에 사용되는 소재들은 고대 중동 지방이나 다른 지역의 고대 역사 이야기에 흔히 등장하는 내용들인 경우가 많다. 오늘날의 역사가들은 이러한 내용들을 '신화'라고 하며 허구로 치부할 수 있지만, 창세기는 이를 통해 하나님께서 어떻게 세상의 주도권을 지니시고 그 뜻을 이루어가는지를 보여준다. 역사를 쓰는 사람들은 가능한 객관적으로 그 시대에 일어난 일들을 기술하려고 하지만, 창세기의 저자는 역사라는 소재를 통해, 역사가들이 다루기를 회피하는 죄의 문제를 직접적으로 다룬다. 이 본문은 이 땅에 존재하는 사람이 얼마나 존귀하게 하나님의 뜻에 따라 지어졌으며, 어떻게 사람의 생명이 유한해졌는지, 그리고 사람들 가운데 시작된 죄가 어떤 결과를 가져오는지를 보여주고 있다. 무엇보다도 1-11장은 하나님께서 이스라엘에 행하신 출애굽 사건이 어떻게 해서 일어나게 되었는지를 이해하는 실마리를 제공한다. "창세기"의 영어 제목인 "Genesis"는 '기원'

이라는 의미가 있는 헬라말에서 유래한 단어이다. 여기에서 '기원'은 인류의 기원이라기보다는 이스라엘의 기원, 하나님의 약속 백성의 시작에 대해 말하고 있다고 할 수 있다.

이 부분은 하나님의 천지창조1-2장, 타락3장, 아담의 후손4-5장, 노아 홍수6-9장, 셈의 후손10장, 바벨탑11장과 같은 내용으로 이루어진다. 이에 따라, 창조, 타락죄악, 죄의 확산이라는 주제를 따라 원역사를 살펴보도록 한다.

창조

원역사 안에서도 하나님의 천지창조이야기는 사실 오경 전체에 대한 서문적 선언이라고 할 수 있다. 칠일 구조 속에 하나님의 천지창조가 장엄하게 그려져 있으며, 제 칠일은 안식일로 규정된다. 그런데 안식일 규례가 시내산에서 주어진 모세 율법에 등장하고 그 이후에 의미를 지닌다는 점에서, 창세기 1장은 단지 창세기만의 서문이 아니라 오경 전체의 서문이라고 할 수 있다. 이스라엘은 애굽에서 노예였던 이들이고, 그들이 들어가는 팔레스타인은 주변의 강대국들에 둘러싸인 작은 나라에 불과했지만, 이들은 이 모든 세상을 그들의 하나님 여호와께서 지으셨다고 선언한다.

창세기 1장은 아주 잘 짜인 문학적인 틀 속에 놓여 있다. 창세기 1장 1-5절을 읽으면서 다음의 짜임새를 확인해보자.

하나님의 명령: "하나님이 이르시되"

존재들의 형성: "그대로 되니라"

평가: "하나님의 보시기에 좋았더라"

시간적인 틀: "저녁이 되고 아침이 되니 이는 … 날이니라"

이러한 틀이 엿새의 창조 동안 대체로 반복된다. 이 점에서 우리는 무엇을 깨달을 수 있을까?

창세기 1장의 본문은 지극히 신학적인 의도로 쓰인 글이라고 할 수 있다. 다시 말해 이 본문은 이러한 진술을 통해 하나님과 사람, 세상에 대해 말하고 싶은 것이 많다. 그래서 이 본문은 창조에 대한 객관적인 진술이나 묘사에 그리 관심이 없다. 이 본문은 하나님께서 온 천지를 지으셨다는 것, 그리고 그렇게 조성된 만물이 하나님 보시기에 좋았음을 명쾌하게 선언하고 있다. 이 본문에서 제시하는 신학적 선언들은 그 외에도 많다:

1. 하나님의 말씀은 세상 만물을 존재케 하는 근원이다.
2. 온 세상은 하나님의 뜻 가운데 조화롭게 형성되었다.
3. 세상의 모든 만물은 하나님께서 만드신 것들이다.
4. 하나님이 지으신 세상 가운데 모든 생물과 인간은 생육하고 번성하도록 지음 받았다.
5. 엿새째 되는 날에 지어진 인간은 하나님의 형상과 모양대로 지음 받았으며, 하나님의 보시기에 "심히" 좋았다.
6. 인간은 동물들과는 달리 세상을 정복하고 다스리도록 부름 받았다.
7. 하나님의 창조 질서에서 인간은 채소와 과일을 먹도록 지어졌다.
8. 하나님께서는 일곱째 날에 쉬셨으며, 그날을 거룩하게 하셨다. 하나님의 창조 사역은 일곱째 날의 안식으로 완성되었다.

"창조과학": 창세기 1장에 대한 '과학적' 접근

성경을 하나님의 말씀으로 고백한 이들은 창세기 1장의 진술이 실제 창조 과정을 사실적으로 진술하고 있다고 여겼다. 그로 말미암아, 하나님이 오늘날의 24시간으로 이루어진 7일에 걸쳐 세상을 만들었다고 여겨서 지구가 6천 년 전에 만들어졌다고 여기고, 태양이 지구의 둘레를 돈다고 여겼다. 아울러 하나님께서는 처음에 생명체들을 각기 종류대로 지으셨기에, 생명의 진화를 주장하는 진화론은 성경에 반대되는 주장으로 오랜 세월 동안 교회에 의해 배격되어왔다. 이러한 논리가 19세기 미국의 보수적인 교회를 중심으로 구체화하여 주장된 것이 이른바 "창조과학"이다.

창조과학의 주장들이 성경 본문에 대한 최대한의 존중에서 나왔다는 것은 분명하지만, 본문의 성격을 고려하지 않은 채 본문을 과학적 주장의 근거로 삼는 것은 아주 위험하다. 과학은 본문의 문자적 이해를 뒷받침할 때가 있지만, 정 반대를 주장하는 때도 있다. 그럴 경우, 본문과 일치하는 것은 과학적 증거로 사용하고, 본문과 차이가 날 경우 과학의 주장을 틀린 것으로 결론 내리는 경우가 허다한데, 이것은 지극히 아전인수적인 과학사용일 것이다. 이것은 고고학에 대한 성경의 관계와도 비슷하다 창세기는 근본적으로 신학적이고 신앙적인 진술을 담고 있으며, 이러한 신앙적 진술을 고대의 세계관에 따라 진술하고 있다는 것을 유념해야 할 것이다. 아담과 하와가 선악을 알게 하는 나무 열매를 먹으면 죽는다고 하였지만, 실제 그들은 육체적 죽음을 당장 맞지 않고 아담의 경우 930세까지 살았으나 우리는 이 본문들을 문제 삼지 않는다. 왜냐하면, 선악과를 먹으면 죽는다는 본문을 문자적으로 이해하지 않고 달리 '해석' 하기 때문이다. 앞서 시편 19편 5-6절이 천동설의 근거로 이해된 예에서 보았듯이, 구약 말씀의 신학적 성격과 문학적 양식을 고려하지 않은 채 구약 본문을 문자적으로 읽게 되면, 얼토당토않는 주장이 나오게 된다. 그러므로 구약의 본문은 '해석'될 필요가 있다. 해석하지 않으면 본인의 입장에 맞는 것은 문자적으로 읽고, 그렇지 않은 것은 해석해야 한다고 하며, 일관적이지 못한 자세로 성경을 대하게 된다. 이럴 때 성경은 내 생각을 뒷받침해주는 도구가 되어 버린다.

오늘날의 과학은 우주가 137억 년 전에 만들어졌고, 지구는 46억 년 전에 만들어졌다는 것을 정설로 여기고 있다. 흔히 진화론과 하나님의 존재에 대한 인정, 그리고 과학과 신앙은 양립 불가능하다고 주장된다. 지구가 46억 년 전에 만들어졌다는 과학적 주장의 타당성이 하나님은 존재하지 않는다는 주장과는 무관하듯이, 과학의 타당성 여부에 기독교 신앙의 존립이 달려 있지 않다. 진화론을 비롯한 과학은 "어떻게"의 문제를 다루고 있다면, 창조에 대한 신앙을 고백하는 성경은 "누가" 그리고 "왜"의 문제를 다루고 있다는 점에서, 과학과 신앙은 서로 다른 범주를 대상으로 하고 있다. 그러므로 자연현상의 인과관계를 밝히는 것은 무신론과는 아무런 상관이 없는 것이다. 오히려 하나님의 창조를 믿는 과학자들에 의한 과학적 탐구야말로 하나님의 창조 질서의 오묘함을 더욱 드러낼 수 있을 것이다. 과학은 창조를 훼손하는 것이 아니라, 창조를 빛나게 하고 깊이 깨닫고 음미하게 한다. 다윈을 비롯한 많은 진화론자도 자연이 빚어내는 놀라운 광경에 대해 경탄한다. 신앙은 그러한 놀라움을 하나님의 손길로 깨닫는다. 그렇지만, 그것은 설득될 수 있는 것이 아니다. 평범한 사건도 하나님의 뜻을 구하고 찾은 이에게는 기적이지만, 그렇지 않은 이에게는 당연히 늘 일어나는 흔한 일에 불과하기 때문이다. 그러므로 어떤 사건을 특별하게 만드는 것은 사건 자체가 아니라, 사건에 대한 해석이며, 그 해석의 기반에 기독교 신앙의 자리가 있다. 그러므로 우리가 싸워야 하는 것은 진화론과 과학이지 않다. 진화론과 과학이 주장하는 사실이 문제가 아니라, 그러한 사실에 근거한 그릇된 해석, 그것이 문제이다. 과학을 두려워하는 것은 복음의 능력을 과소평가하는 것이다. 가령 사회적 진화론Social Darwinism을 주장하는 어떤 이들은 경쟁과 적자생존을 질서로 여긴다. 많은 그리스도인은 이것을 당연시하며 기도로 이 세상에서 승리하기를 꿈꾼다. 이를 볼 때 우리의 싸움은 진화론 자체에 대한 것이 아니라 진화론에 근거한 잘못된 해석에 대한 것임을 알 수 있다.

이제껏 성경의 문자적 읽기가 지닌 한계를 지적했지만, 진화론을 비롯한 과학의 주장을 수용하는 데에서 가장 큰 장애는 무엇보다도 진화론의 주장이 성경에서 글자 그대로 말하는 바와는 충돌된다는 점일 것이다. 더 나아가서 성경을 문자적으로 읽지 않는다면 어느 부분까지 어느 정도까지 그렇게 해야 하는지의 문제도 생겨난다. 이에 대해서 우리는 간단하고 손쉬운 정답을 말할 수는 없다. 중세의 시기를 살던 그리스도인은 성경의 문자가 확고하게 가리키는 천동설이 무너지면 성경의 권위가 무너지리라 여겼지만, 이후로도 성경은 여전히 지동설과 공존한 채 생생하게 그 권위가 살아 있다는 점을 유념해야 할 것이다. 교회를 지킨 것은 천동설로 대표되는 당시의 체계가 아니라, 하나님 말씀의 능력이었다.

근본적으로 성경은 우주관이나 지구의 연대를 알려 주는 책이지 않다. 성경은 "하나님의 사람으로 온전하게 하며 모든 선한 일을 행할 능력을 갖추게" 하는 하나님의 말씀이다.딤후3:16-17 구약성경은 거침없이 당대의 세계의 모습이나 우주의 모습에 대한 견해를 사용하되, 이를 통해 하나님과 하나님의 부름을 받은 그 백성들의 삶을 일러 주고 있다는 점에서 현대 과학을 바라보는 그리스도인의 출발점이 될 것이다. 당대의 우주관 속에서 고대 중동의 사람들은 태양을 섬기고 달을 섬기고 우상에 굴복하지만, 구약의 말씀은 하나님이 모든 경배의 대상이며 사람이 얼마나 존귀한지를 일러주고 죄를 대적한다. 이것은 오늘에도 마찬가지일 것이다.

창조신앙

하나님 나라는 말에 있지 않고 능력에 있다. 창조신앙의 힘은 무엇일까? 기독교 교회는 오랫동안 "무로부터의 창조"를 믿음으로 고백해 왔는데, 이에 대한 구약 성경의 근거를 찾기는 어렵다. '무로부터의 창조'가 명시적으로 언급되는 가장 오래된 문서는 주전 2세기에서 1세기경에 쓰인 제2 마카비서가톨릭 성경의 "마카베오하"이다.

안티오커스 에피파네스의 박해로 순교를 목전에 둔 어머니와 일곱 형제의 순교 장면을 다루는 7장에서, 이 어머니는 죽어 가는 아들들을 격려하는데 이 가운데 하나님의 창조에 대한 언급이 있다: "너희가 어떻게 내 배 속에 생기게 되었는지 나는 모른다. 너희에게 목숨과 생명을 준 것은 내가 아니며, 너희 몸의 각 부분을 제자리에 붙여 준 것도 내가 아니다. 그러므로 사람이 생겨날 때 그를 빚어내시고 만물이 생겨날 때 그것을 마련해 내신 온 세상의 창조주께서, 자비로이 너희에게 목숨과 생명을 다시 주실 것이다. 너희가 지금 그분의 법을 위하여 너희 자신을 하찮게 여겼기 때문이다."7:22-23 마지막으로 막내아들이 남았을 때에도, 이 어머니는 아들에게 순교를 격려한다: "얘야, 너에게 당부한다. 하늘과 땅을 바라보고 그 안에 있는 모든 것을 살펴보아라. 그리고 하느님께서, 이미 있는 것에서 그것들을 만들지 않으셨음을 깨달아라. 사람들이 생겨난 것도 마찬가지다. 이 박해자를 두려워하지 말고 형들에게 부끄럽지 않게 죽음을 받아들여라. 그래야 내가 그분의 자비로 네 형들과 함께 너를 다시 맞이하게 될 것이다."7:28-29 주목할 것은 '무로부터의 창조'라는 신앙이 명시적으로 고백 되어 있다는 점인데, 이러한 고백이 박해와 순교의 맥락에서 등장한다는 점이다. 하나님의 창조와 무로부터의 창조는 핍박과 박해를 직면한 하나님의 백성들에게 크나큰 위로와 격려가 된다는 것이다. 특히 시편 74편에서도 박해와 창조 신앙이 결합하여 있다. 74편은 대적들에 의해 시온의 성소가 온통 짓밟혀진 현실을 배경으로 하고 있다: "… 주께서 계시던 시온산도 생각하소서 영구히 파멸된 곳을 향하여 주의 발을 옮겨 놓으소서 원수가 성소에서 모든 악을 행하였나이다."시74:2-3 대적들이 성소의 모든 조각품을 쳐서 부수고 성소를 불사르며 하나님의 이름이 있는 곳을 더럽혔고, 이 땅에 있는 하나님의 모든 회당까지 불살랐다시74:5-8는 진술은 안티오커스 에피파네스에 의한 성전 침탈의 상황을 떠올리게 한다. 이러한 끔찍한 상황을 이야기한 시편 기자가 의지하는 것은 왕이신 하나님께서 온 세상을 지으셨음을 고백하는 창조 신앙이다.74:12-17 여기에서도 창조신앙이야말로 현실의 극심한 환난과 박해를 견디고 이겨낼 수 있는 원천인 것을 볼 수 있다.

그러므로 창조신앙을 말한다는 것은 단지 교리나 조직신학적 선언을 말하는 것에서 그치지 않는다. 하나님의 창조를 말한다는 것은 세상에서 우리 생명을 주시고 주관하시는 분이 하나님임을 선언하는 것이며, 그래서 창조신앙이야말로 세상을 따르지 않고 오직 하나님 한 분을 따르며 살아가게 하는 힘이 된다. 노예생활로부터의 출애굽을 경험한 이들에게 창조신앙은 자신들의 모든 환난 속에서 참된 생명과 근거가 하나님께 있음을 확고하게 일러주는 역할을 하였다.

하나님의 형상

창세기 1장은 세상의 모든 존재가 하나님께서 지으신 피조물들임을 보여주고 있다. 그 지어진 것들은 하나님 보시기에 좋았다. 세상을 지으신 하나님의 창조의 절정은 엿새째 되는 날 사람의 창조였다. 창세기 1장 24-31절을 함께 읽어보자. 바다의 물고기, 하늘의 새, 가축과 온 땅에 기는 모든 생명체는 각기 종류대로 지어졌으며 하나님의 보시기에 좋았다. 그리고 엿새 째 되는 날, 다른 피조물들과는 달리, 하나님의 형상과 모양을 따라 사람이 지어졌다.

여기서 하나님의 형상, 하나님의 모양이 의미하는 것은 무엇인가? 우선 창세기 1장에서 하나님께서 그 말씀을 선포하고 선언하시는 분으로 등장한다는 점에서, 왕으로 세상을 주관하시는 분임을 볼 수 있다. 또한, 고대의 통치자들이 지방의 곳곳에 자신의 상징 형상을 세워 그 지방에 미치는 자신의 통치를 표현하였다는 점을 고려할 때, 이 땅에 세워진 하나님의 형상으로서의 사람은 세상에 미치는 하나님의 통치를 상징한다고 볼 수 있다. 결국, 왕이신 하나님의 중재 역할을 감당하도록 임명하여 보내어졌다는 것이 26절에 있는 하나님의 "형상"과 "모양"의 의미라고 볼 수 있다. 26절과 28절 역시 사람으로 하여금 온 세상을 다스리라는 명령을 전하고 있다는 점에서도, 사람은 이 땅에 임하시는 하나님의 통치, 하나님의 나라를 드러내는 왕적인 존재라고 할 수 있다. 이를 일러 신약 성경의 베드로전서는 "왕 같은 제사장royal priesthood"이라고 표현하기도 하였다.2:9 우리말 번역은 오해의 여지가 있지만, 이 표현은 왕이면서 제사장임을 의미한다. 그러므로 구약에 등장하는 왕정이라는 제도를 볼 때에, 고대 중동과는 달리 모든 인간의 대표 혹은 기준으로서의 왕을 생각해야 한다. 그 점에서 다윗은 가장 훌륭한 왕이면서, 신실한 하나님의 사람의 대표로서 그 왕 역할을 감당했다고 볼 수 있다. 시편의 많은 내용이 다윗의 이름으로 전해지는 것을 볼 수 있는데, 여기서도 다윗은 높은 지위의 왕이라기보다는 왕인 모든 사람의 대표요 전형으로 이해되고 있음을 알 수 있다. 그렇기에 왕의 기도와 탄식, 찬양이 두고두고 이스라엘 가운데 회자하고 전해진 것이다.

그런데 여기에서 흥미로운 것은 하나님이 지으신 세상을 다스리고 통치할 사람의 사명에 대한 말씀의 가운데에 놓여 있는 27절이다.

> "하나님이 자기 형상 곧 하나님의 형상대로 사람을 창조하시되 남자와 여자를 창조하시고"

이것은 5장 1-2절에서도 볼 수 있다.

> "이것은 아담의 계보를 적은 책이니라 하나님이 사람을 창조하실 때에 하나님의 모양대로 지으시되 남자와 여자를 창조하셨고 그들이 창조되던 날에 하나님이 그들에게 복을 주시고 그들의 이름을 사람이라 일컬으셨더라"

이 두 본문은 하나님의 형상을 남자와 여자의 존재를 결부시키고 있다. 이에 따르면 사람이 하나님의 형상을 따라 지음 받았다는 것은 남자와 여자로 만들어진 것과 직접적으로 연관된다. 즉, 하나님의 형상은 혼자가 아닌, 남녀의 함께 존재하는 관계를 통해 나타난다는 것이다. 창세기 1장과 2장에서 하나님께서는 그 지으신 모든 것을 보시고 좋다고 말씀하신다. 창세기의 첫 두 장에서 유일하게 '좋지 않다' 라는 평가가 내려지는 것이 "사람이 혼자 사는 것"창2:18이었다는 점도 이와 연관해서 생각해 보아야 할 것이다. 혼자 지내는 것은 하나님 보시기에 좋지 않은 것이며, 하나님의 형상과 어울리지 않는 것이다. 아울러, 남자와 여자의 창조가 사람이 행하여야 할 사명에 대한 구절들 사이에 있다는 점은 이러한 사명의 감당이 남자 혼자서 할 일이 아니라, 남자와 여자의 관계 안에서 함께 감당해야 하는 것임도 잘 보여준다. 그러므로 관계야말로 하나님께서 지으신 사람의 최초 상태이며, 하나님의 형상이라고 말할 수 있다. 사람은 함께 존재하며 이 땅에서 하나님 나라를 이루어갈 사명을 받았다. 이것을 생각하면, 사람의 창조에서 하나님께서 '가정' 혹은 '부부'를 만드셨다는 말보다 훨씬 중요한 것은 하나님께서 하나님 나라를 이루어갈 관계를 만드셨다는 말임을 알 수 있다.

결론적으로, 창세기 1-2장에 그려지는 하나님의 모습이야말로 '하나님의 형상과 모양'의 핵심이라고 말할 수 있을 것이다. 하나님께서 행하시고 존재하시는 방식이 하나님이 어떤 분이신지를 보여준다. 사람이 하나님의 형상이라는 것은 하나님께서 행하시고 존재하시는 방식을 본받고 따르는 존재임을 의미할 것이다. 하나님께서는 왕으로서 세상을 지으시고 질서를 잡으시고 보시기에 좋게 하셨으며, 관계 안에 거하셨다. 그러므로 하나님의 형상으로 지어진 사람 역시 하나님의 세상에 왕으로 존재하며, 관계 안에 존재한다.

최후의 심판과 천지 창조─미켈란젤로

고대 중동의 창조 이야기

신이 흙으로 사람을 만들었다는 내용은 구약에만 있는 독특한 것이지 않다. 구약 성경보다

꽤 오래전에 기록된 것으로 여겨지는 수메르 신화와 바벨론 신화들에도 이와 유사한 내용들이 전해진다. 이에 따르면, 작은 신들이 강바닥에 가라앉은 침전물들을 건져 내는 일을 하는데, 이 일이 너무 고되어 불평하거나 반란을 일으킨다. 그로 말미암아 큰 신들이 이들의 불평을 달래려고 흙으로 사람을 만들어 작은 신들이 하던 강바닥 퍼내는 일을 하게 했다고 한다. 또한, 어떤 이야기에는 신들 사이의 싸움을 통해 이긴 신이 패한 신의 몸으로 인간과 세상을 만들었다고 전하기도 한다. 이런 신화들에 공통된 것은 신들을 위해 일하고 봉사하는 존재로 사람을 만들었다는 점이다.

고대 중동 지방의 신화들은 세상의 창조가 신들의 싸움에서 비롯된 것이라고 하지만, 구약성경은 하나님의 말씀으로 세상이 창조되었다고 말한다. 사실, 바벨론의 신화들은 수없이 많은 신의 각축장이지만, 구약은 오직 한 하나님을 말하고 있다. 또한, 바벨론을 비롯한 고대 중동에서 신으로 여겨지던 많은 존재들해, 달, 별, 용 따위은 구약에서 이제 더는 신적인 존재가 아니라, 하나님의 피조물 중의 하나에 불과할 뿐이다. 인간의 창조 역시, 하나님의 의도적인 창조로 나타나며, 신들 간의 변덕이나 싸움에서 나온 것이 아니다. 고대의 사람들이 신성한 존재로 여기고 숭배했던 태양과 달, 커다란 물고기, 그리고 피조 세계의 모든 것이 모두 하나님께서 지으신 것이며, 사람에게 이 모든 것을 다스리도록 맡기셨다는 것은 사람이 살아가는 세상을 철저하게 비신화화非神話化하도록 이끈다. 그 어떤 것도 신적인 존재가 아니다. 사람들이 피조 세계에 대해 지니는 공포와 두려움은 하나님의 창조 앞에서 사라지게 된다. 사람을 위협하는 그 어떤 인간의 제도나 폭군, 억압과 박해라 할지라도, 창조주 하나님께 대한 고백 앞에서 상대화되어 버린다. 사람을 덮는 휘장들을 모두 치워 버릴 때에, 비로소 하나님이 지으신 세상의 아름다움을 있는 그대로 즐거워할 수 있게 될 것이다. 그런 점에서 비신화화가 제대로 일어나게 되면, 온 피조물에 깃들인 하나님의 솜씨를 발견하게 되며, 만물에 담겨 있는 하나님의 뜻을 깨닫게 된다. 그러할 때 울려 퍼지는 찬양이 바로 시편 8편일 것이다.

무엇보다도 결정적인 차이는 인간은 신들의 종으로 만들어진 것이 아니라, 하나님의 형상과 모양을 따라 창조되었으며, 모든 피조 세계를 다스릴 임무를 갖게 되었다는 점이다. 고대 중동 신화들에서 노동은 가능한 한 피해야 하며, 하층에 있는 존재들이 하는 일이지만, 구약에서 노동은 그 처음부터 하나님께서 모든 사람에게 부여하신 것이었다. 사람이 살아가는 공간을 경작하고 지키는 것, 개발과 보존이야말로 인간의 기본적인 사명이다. 그러므로 구약의 하나님을 믿는다는 것은 노동의 가치를 따르는 것이다. 관계를 지으신 하나님께서는 노동을 통해 왕으로서 인간의 사명을 감당하게 하셨다. 노동은 하나님께서 지정하신 거룩한 것이며, 사람은 노동을 통해 하나님의 창조역사에 참여한다.

중동의 창조 이야기는 신들을 위해 노동력을 제공하는 존재로서 인간을 설정하며, 이를 통해 신과 신의 대행자로서의 왕, 그리고 신과 왕을 위해 일을 하는 일반 하층민이라는 수직적 질서 체계를 합법화시키고 정당화한다. 그러나 구약은 왕들만이 신의 형상인 것이 아니라 모든 사람이 하나님의 형상임을 선언한다. 그런 점에서 구약의 창조 이야기는 고대 중동 지방의 문화와 사상에 대한 강력한 대응이며 새로운 가치의 선언이라고 볼 수 있다. 이어지는 가인과 아벨의 이야기, 바벨탑에 관한 이야기 등을 통해, 구약 성경은 농사와 부의 확대, 그로 인한 도시 의 번성으로 나타나는 문명에 대해, 아벨로 대표되는 유목민, 중심이 아닌 변방에 대한 강조로 대응한다. 그리고 결정적으로 아브라함은 중심부라고 할 수 있는 갈대아로부터 주변부인 팔레스타인으로 부름 받는다는 점에서 원역사는 믿음의 조상들 이야기의 배경을 이루는 동시에, 주변 문화들에 대해 새로운 대안문화를 제시하고 선언하고 있다.

사람은 하나님께서 조성하신 땅에 거하면서 그 땅의 청지기로 존재하는 것이다. 사람의 이러한 존재양식은 레위기의 희년법의 근본정신레위기 25장이기도 하다. 모든 땅은 하나님의 것이며, 사람은 그 위에 우거하는 자로 존재한다. 그리고 이 점은 사람이 하나님의 형상대로 지음 받았다는 점과 연관된다. 사람은 하나님의 종으로 만들어진 것이 아니라, 하나님의 형상, 하나님을 닮은 자로 만들어졌다. 그래서 하나님을 알게 되면 사람은 가장 사람다워진다. 하나님과 깊은 교제를 나누는 모세나 예언자들의 모습은 가장 사람다운 모습, 하나님의 형상을 닮은 사람의 모습이 어떠한지를 확실히 보여준다. 하나님이 없는 세계는 피조물을 숭배하고 피조물에 굴복하는 세상이며, 사람의 존귀함과 영광을 온통 썩어질 것에 매어 버리는 세상이다. 그 세상을 향해 창세기는 사람이 얼마나 존귀한지, 사람답게 살고 사람다워지는 것이 무엇인지 선언하고 있다. 그리고 창세기의 선언의 완성은 이 땅에 오신 예수님이다. 예수님은 하나님께서 지으신 사람의 그 온전한 모습을 보여주고 있다. 사람으로 오신 주님은 사람의 표본이며, 동시에 연약하고 타락한 사람들을 위해 자신의 삶을 드림을 통해 그 온전한 삶으로 사람들을 회복하시는 하나님의 사랑이다.

파스칼의 팡세에 다음과 같은 내용이 있다.

"The last thing one settles in writing a book is what one should put in first." Pensees, 1.19

창조 이야기는 성경의 가장 처음에 놓여 있지만, 파스칼의 숙고처럼 구약 성경이 형성되는 가장 마지막 시기에 혹은 구약 성경 전개의 결정적인 시기에 지금처럼 가장 첫머리에 놓였다고 볼 수 있다. 이것은 창조 이야기에 대한 이해가 단지 무대의 세팅 정도가 아니라, 구약 전체를 내다보고 조망하는 중심 부분으로 이해해야 함을 일러 준다.

오늘 내용을 정리하며 나누어 봅시다.

1. 창세기의 원역사가 다루는 내용은 무엇입니까?

2. 창세기 1장을 비롯한 구약의 내용을 과학적 주장의 근거로 삼는 견해의 장단점은 무엇일까요?

3. 사람이 하나님의 형상과 모양을 따라 지음 받았다는 말의 의미는 무엇입니까?

4. 관계가 하나님의 형상이라는 말의 의미는 무엇일까요? 이것은 우리가 맺고 있는 관계에 대해 어떤 빛을 줍니까?

5. 고대 중동의 창조 이야기와 구약의 창조 이야기의 공통점과 차이점은 무엇입니까?

6. 천지를 창조하신 하나님에 대한 고백과 믿음은 우리 삶에 어떤 변화를 가져올까요?

6. 타락과 죄의 확산

성경의 첫 부분은 하나님 보시기에 아름다운 창조를 보여주었다. 그러나 곧바로 이 아름다운 세상은 죄악으로 얼룩진 세상으로 바뀌고, 이 세상에는 하나님의 심판이 임하게 된다. 그 점에서 구약 성경이 보여주는 세상은 매우 현실적이다. 동화 속의 세상이 아니라, 지금도 바로 곁에서 발견할 수 있을 것 같은 참혹한 현실이다. 참혹한 현실의 뿌리는 죄이다.

죄의 시작: 자기애

선악을 알게 하는 나무 실과를 먹지 말라는 명령은 아담에게 주어졌다. 이때는 아직 여자가 만들어지기 전이었다. 그런 점에서 3장에 나오는 여자의 행동을 다시 생각해볼 필요가 있다. 만지지도 말라는 여자의 말은 그가 남자에게서 들은 말일 수도 있다. "죽을까 하노라"고 번역된 표현창3:3은 그저 "너희가 죽으리라"로 옮기는 것이 낫겠다. 이 말씀은 하나님께서 남자에게 이르신바, "정녕 죽으리라"보다는 훨씬 약화한 표현이다. 남자가 약화시켜 여자에게 전한 것일 수 있고, 남자는 제대로 전했지만, 여자가 축소한 것일 수도 있다. 하나님께서 그들의 죄에 대해 책망하실 때, 아담에게는 유독 먹지 말라 명하셨던 명령을 되새기신다는 점창3:17에서, 아담이 사태의 원인일 가능성이 커 보인다. 어쨌든, 뱀에게 여자가 이같이 대답할 때, 함께 있던 남자창3:6는 암묵적으로 동조한다. 뱀과 여자의 대화, 여자와 함께 있는 남자의 침묵은 인류의 첫 범죄의 장면을 극적으로 보여주고 있다. 뱀과 여자의 대화의 본질은 하나님께서 주신 명령에 대한 왜곡이라고 할 수 있다. 뱀이 말하는바, '하나님께서 전부를 금하시더냐?' 라는 질문이나, 여자가 말하는바, '먹지도 만지지도 말라' 는 대답은 하나님의 금지 명령에 대한 불만과 반항을 공통되게 담고 있다. 그리고 함께 있는 남자는 침묵을 통해 이들의 반항에 동조한다.

놀라운 점은 뱀과 여자, 남자의 이러한 모습이 타락 이전의 상태라는 점이다. 뱀을 일러 창세기는 "간교"하다고 표현한다. 여기에 쓰인 히브리말 단어 "아룸"은 '교활하다', '간교/간사하다' 의 의미가 있기도 하지만욥5:12, 15:5, 잠언에서는 한결같이 '슬기롭다' 라는 긍정적인 의미로 쓰인다. 12:16,23; 13:16; 14:8,15,18; 22:3; 27:12 이를 보건대, '간교' 와 '슬기' 는 그야말로 종이 한 장 차이일 수 있다. 어떤 이는 이를 통해 자신

에덴동산의 아담과 하와-벤첼 페테르

의 한계와 부족함을 발견하고 겸손하고 신중하게 되는가 하면, 뱀은 그를 통해 하나님께서 주신 명령을 왜곡한다. 그런 점에서 하나님은 뱀을 교활하여 하나님의 명령을 어기도록 짓지 않으셨으되, 뱀이 그것을 왜곡하는 교활함으로 사용한 것이라고 할 수 있다. 이것은 여자와 남자의 경우도 마찬가지일 것이다. 선악을 알게 하는 열매를 바라볼 때에 여자의 마음에는 탐내는 마음, 탐심이 솟았다. "먹음직도 하고 보암직도 하고 지혜롭게 할 만큼 탐스럽기도 한 나무인지라"(창3:6) 타락 이후에 탐심이 생긴 것이 아니라, 타락 이전에 이미 여자의 마음에는 탐심이 있었다는 것이다. 이를 보면, 하나님께서는 순진무구하여 아무런 탐심도 아무런 유혹도 없는 존재로 사람을 지으신 것이 아님을 알 수 있다. 사실 하나님께서 순진무구하여 일체의 죄를 생각도 할 수 없고, 아무런 탐욕도 품지 않는 인간을 의도하신 것이라면, 아예 선악을 알게 하는 나무 열매 자체를 조성하지도 않으셨을 것이다. 그러나 태초의 에덴동산에는 먹는 것이 허용되지 않는 나무가 있었고, 그 나무를 바라보는 여자의 마음에는 탐심이 있었다. 그리고 그 여자의 곁에 있는 뱀에게는 교활함도 있었다. 하나님은 순결한 백지의 상태를 만드신 것이 아니라, 얼마든지 악용될 소지가 있는 참으로 자유로운 인간과 세계를 만드신 것이다. 그를 통해 여자와 남자는 스스로 하나님의 말씀에 순종하고 따를 자유가 주어졌다고 볼 수 있다. 가인에게 이르신 하나님의 말씀이 여기에도 해당될 수 있을 것이다: "죄가 너를 원하나 너는 죄를 다스릴지니라."창4:7 그러므로 하나님의 창조는 참으로 완전하시다. 하나님은 사람에게 완전한 자유를 주셨다. 그러나 뱀은 그에게 주어진 슬기를 교활로 바꾸어 하나님의 말씀을 왜곡하였고, 여자는 탐심의 충족을 위해 말씀을 왜곡하더니 어겨버렸다. 그리고 여기에 남자도 한 치의 다름이 없었다. 스스로의 욕망, 스스로의 탐심의 충족을 위해 하나님을 떠나는 것, 그 욕망과 탐심의 충족을 위해 주어진 말씀을 왜곡하는 것이 죄의 출발이요 본질이라고 말할 수 있겠다. 탐욕을 행하는 것은 하나님의 은혜 안에 살아가는 삶의 정반대이다. 탐욕으로 행하는 것은 자기 속에 있는 것을 하나도 내려놓거나 직시해서 성찰하지 않고, 오직 자기 안의 욕망을 그대로 충족시키려고 한다는 점에서, 철저한 자아집착이라고 할 수 있다. 그런 점에서 탐욕의 근원은 자기애 自己愛이다. 자아 정체성을 여기에서 찾으려고 하는 한, 그는 탐욕을 버릴 수가 없고, 이를 위해서라면 다른 이들을 배제해 버리기도 하고 말 것이다. 오늘날 "원죄"라는 애매한 표현이 교리적으로 널리 쓰이고 있지만, 사실 원죄는 어떤 추상적인 것이 아니다. 오늘날에도 여전히 우리의 욕망을 위해 하나님의 말씀을 왜곡하고, 내 탐심의 충족을 위해 하나님을 떠나는 것이 허다하다는 점에서, 아담과 하와 안에 있던 죄가 생생하게 우리 안에도 살아 있다고 인정할 수밖에 없다. 그러므로 자기애야말로 말 그대로의 '원죄original sin'이다.

선악을 알게 하는 나무 열매뿐 아니라, 하나님께서 만드시고 아담과 하와에게 허락되었던 나무와 열매들 역시 보기에 아름답고 먹기에 좋은 것들이었다. 창2:9 그리고 아담은 하나님께서 그에게 이끌어 오신 모든 동물의 이름을 지어줄 수 있는 지혜를 지녔다. 각각의 동물을 보고 그 차이를 인식하며 각자에게 가장 어울리는 이름을 지어줄 수 있었다. 그리고 그는 하와를 보고서 자신에게 꼭 맞는 짝임도 알아볼 수 있었다. 그는 참으로 지혜로운 이였다. 그러므로 하나님께서는 이미 아담에게 먹고 보고 지혜롭게 하고에 해당하는 것들을 충분히 주셨다. 그러므로 선악을 알게 하는 나무는 인간의 또 다른 지혜를 점검하게 하는 것이다. 하나님이 아니기에, 하나님의 명령을 따라 하지 말아야 할 것이 있음을, 인간에게 제한된 영역이 있음을 돌아보게 하는 것이다. 인간의 참된 존엄함은 자유로운 결단과 선택으로 하나님께 나아가는 것이다. 자신의 제약속에 묶여 있는 것이 아니라, 하나님이 하시는 일에 동의하고 마음을 같이하는 것이다.

하나님께서 지으신 세상은 보기에도 먹기에도 좋고 아름다운 세상이었다. 사람들은 그러한 것을 보면 좋고, 바라고 갈망하게 된다. 그것은 너무 당연하다. 인간에게는 미를 음미하고 즐길 능력이 주어져 있다. 선악을 알게 하는 나무 열매를 볼 때에도 똑같은 능력이 발동되었다. 무엇인가를 바라고 추구하고 즐긴다는 것은 문제 될 것이 없다. 문제는 하나님의 지경을 넘어서, 인간의 존엄함을 넘어서 그 욕망의 충족을 위해, 자기 안의 욕망 충족을 위해 어디든, 무엇이든 해치워 버린다는 데에 있다.

뱀은 미를 알고 추구하며 욕망을 성취하는 것을 자극하되, 하나님의 명령을 어기고 넘어서 행하게 한다. 그 결과는, 욕망을 따라 명령을 넘어선 결과는 관계의 파괴이다.

욕망을 위해 말씀을 왜곡하고 버린다는 점에서, 이러한 죄악은 하나님 말씀을 지니고 있다고 자부하는 교회와 신앙 공동체 내부에서 일어나는 현실이기도 하다. 성경 전체에 명시적인 표현이 언급조차 되지 않는 "원죄"를 교리적으로 굳게 붙잡는 것보다 훨씬 중요한 것은 말씀을 욕망을 위해 사용하는 우리의 현실에 대한 주목과 자각이다.

하나님은 사람을 하나님의 형상으로 지으셨다. 그래서 사람은 하나님의 통치의 대행자로서 하나님이 지으신 땅 위에 존재한다. 그들에게 주어진 선악을 알게 하는 나무는 그들이 하나님의 형상이되, 하나님은 아님을 보여주는 상징이었다고 할 수 있다. 이 나무를 볼 때마다, 하나님의 형상으로서의 사람은 자신들의 한계를 직면해야 한다. 그러나 뱀이 사람에게 유혹한 '하나님처럼 되기'는 바로 그 한계를 넘어서, 하나님의 명령을 자신의 욕망을 위해 왜곡시키는 것이었다. 이후 하나님처럼 되어 버린 인간의 역사는 자기애적 욕망을 위해 하나님의 말씀과 진리를 왜곡하고 거부해간 역사라고 말할 수 있을 것이다. 그리고 그러한 자기 애적 욕망은 갈수록 강렬해지고 잔혹해진다. 그런 점에서 창세기가 전하는 죄에 대한 인식은 지극히 사실적이고 현실적이다.

죄의 확장

죄는 강하다. 죄는 살아 있다. 한 번 들어온 죄는 사람을 지배하며 다스리고 사람을 그 원대로 끌고 간다. 이 죄는 사람으로 하여금 자신을 가리게 하고 하나님께로부터 숨게 하고, 부부의 관계를 깨버린다.

아담과 하와에게 두 아들이 있었는데, 가인은 농사하는 이였고, 아벨은 목축하는 이였다. 어찌 된 일인지, 하나님께서는 아벨의 제사를 받으시되, 가인의 제사는 받지 않으셨다. 가인은 "땅의 소산"을 드렸고, 아벨은 "양의 첫 새끼와 그 기름"을 드렸다는 점에서, 본문의 진술 자체는 아벨의 제사가 후대의 제사 규정에 보다 부합된, 올바른 제물이었다고 전하는 것으로 보인다. 신약성경의 히브리서 기자는 아벨의 제사는 믿음으로 드려진 더 나은 제사였다고 전하고 있다.히11:4 이로 보건대, 가인의 제사는 살아계신 하나님께 믿음으로 드려진 제사가 아니었다고 생각해 볼 수 있을 것이다. 가인은 그로 말미암아 자신을 돌아보고 살폈어야 하지만, 가인의 눈에 들어온 것은 오직 아벨뿐이었다. "가인"이라는 이름은 그를 낳은 후에 어머니 하와가 외쳤던 "내가 여호와로 말미암아 득남하였다"에서 사용된 "카나"라는 동사에서 유래한 것으로 여겨진다. 그에 비해 "아벨"이라는 이름은 원래 히브리어 발음으로는 "헤벨"로서, 전도서에서 집중적으로 다루어지는 단어이며, '증기', '호흡', '무가치함', '헛됨' 같은 의미를 지니고 있다. 두 아들의 이름으로 보자면, 가인은 여호와로 말미암아 출생한 아주 중요한 인물이고, 아벨은 전혀 그렇지 못하며 별것 없어 보이는 아들이라고 할 수 있다. 그런 점에서 어편 이들은 가인은 큰 땅을 지닌 부유한 농부였던 반면, 아벨은 얼마 되지 않은 양떼를 먹일 수 있을 정도에 불과한 작고 척박한 땅을 지닌 가난한 사람이라고 풀이하기도 한다.미로슬라브 볼프, 『배제와 포용』, IVP, 2012, 144-145에서 사용된 게제(Hartmut Gese)의 견해 하나님이 자신과 같은 중요한 존재를 중히 여기셔야 하나, 아벨과 같은 하찮은 이의 제사를 존중하셨다는 점을 참지 못하던 가인은 결국 하나님께서 받으시는 제사를 드리는 아벨을 제거, 배제함을 통해 자신의 갈등과 고통을 해결해 버린다.볼프, 145-146 그리고 이것은 그 아벨을 중시하신 하나님을 배제하는 행동이기도 하였다. 자신의 탐욕 성취를 위해 금지된 열매를 먹어버린 아담이 하와에게 책임을 전가하는 것과 본질적으로 똑같은 일을 가인이 행하는 셈이다. 죄로 말미암아 모든 관계가 파괴된다. 하나님이 지으시고 보시기에 좋았던 모든 것이 이제는 좋지 않다. 파괴된 관계의 대표적인 대답은 가인의 답이다. "내가 형제를 지키는 자니이까?" 가인에게 물으신 하나님의 말씀은 "네 아우가 어디 있느냐"이고 가인의 대답은 "내가 아우를 지키는 자니이까" 였다. 그러므로 가인과 아벨 이야기의 본질에는 형제, 혹은 이웃에 대한 사랑과 책임이 있다. 인간은 근본적으로 형제를 지키는 자이며, 하나님께서 이것을 우리에게 물으신다.

죄는 살아 있어서, 그 문 앞에서 기어다니며 꿈틀거리고 있고 기회를 엿보고 있다.창4:7 이후 창세기의 원역사는 이러한 죄의 확장을 보여준다. 문명을 만들어가는 가인의 후예는 이를 단적으로 보여준다:

"라멕이 아내들에게 이르되 아다와 씰라여 내 목소리를 들으라 라멕의 아내들이여 내 말을 들으라 나의 상처로 말미암아 내가 사람을 죽였고 나의 상함으로 말미암아 소년을 죽였도다 가인을 위하여는 벌이 칠 배일진대 라멕을 위하여는 벌이 칠십칠 배이리로다"창4:23-24

라멕이 이렇게까지 행할 수 있는 것은 그에게 힘과 능력이 있기 때문일 것이다. 그들의 무력과 폭력을 자랑하기 위해 하나님의 완전하심을 상징하는 숫자 7이 사용되고 있다는 점도 의미심장하다. 가인의 후예들에게서 권력과 힘은 자신이 당한 작은 상처를 몇 배로 갚아내게 한다. 가인의 삶은 하나님을 떠난 삶이다. 하나님의 보호가 여전히 그에게 있지만, 지킬 형제가 없는 삶은 하나님과는 무관한 삶이다. 라멕의 말은 그것을 적나라하게 보여준다.

이들은 문명을 발전시키기도 하지만, 힘에 기반을 두어 사람을 죽이고 억누르는 계급과 계층 구조도 발전시킨다. 가족 간에 시작된 죄는 이렇게 모든 사람에게 전파된다. 마침내 노아의 당시에는 온 땅이 부패한 지경까지 이른다.

> "그 때에 온 땅이 하나님 앞에 부패하여 포악함이 땅에 가득한지라 하나님이 보신즉 땅이 부패하였으니 이는 땅에서 모든 혈육 있는 자의 행위가 부패함이었더라" 창6:11-12

여기에서 "포악함"으로 옮겨진 단어는 '폭력'이라고 이해할 수 있다. 힘센 이가 약한 이에게 행하는 폭력 그리고 그로 말미암는 피흘림이 이 단어가 가리키는 실체라고 볼 수 있다. 가인의 아벨을 향한 폭력과 피흘림이 라멕이 그를 건드린 이들에게 행하는 폭력으로 확장되더니, 급기야는 온 땅에 가득한 지경까지 이른 것이다. 노아를 일러 "의인"이며 "하나님과 동행"하였다고 평가하는 것은 이러한 맥락에서 이해될 수 있다. "의로움"의 근본적인 의미가 이웃과의 올바른 관계, 이웃과 마음을 같이함이라고 할 때, 노아는 하나님과 마음을 같이하며 하나님의 뜻을 따른 인물이었으며, 이웃과도 마음을 같이하여 불쌍히 여긴 사람이었다고 볼 수 있다. 그에 비해 당대에 온 땅에 폭력이 가득하였다니, 그 사람들은 서로 죽이고 누르고 압제하였음을 알 수 있다. 아벨에 대한 가인의 행동, 자기에게 상처 준 이에 대한 라멕의 행동이 온 인류에게 확장되는 것이다. 하나님의 형상의 의미 가운데 관계 안에 존재하는 사람이 있음을 보았거니와, 서로에 대해 행하는 폭력은 이러한 형상을 파괴하고 부정하는 것이다.

하나님은 공의로운 분이시기에 불의한 죄악에 대해 심판하신다. 주목할 것은 하나님께서 가인을 심판하시고, 노아 시대를 홍수로 심판하시는 것은 좁은 의미의 종교적 이유가령, 여호와를 믿지 않고 우상을 섬겼다는 식가 아니었다는 점이다. 그것은 그들이 저지른 이웃에 대한 폭력 때문이었다. 땅 위에 가득한 폭력이야말로 하나님께서 세상을 심판하시는 까닭이다. 이것은 예언자들의 선포와도 연관된다. 예언자들의 공평과 정의에 대한 외침은 하나님의 본성과 세상 다스리심의 본질과 잇닿는다. 이를 생각하면, 오늘의 우리는 죄악을 너무 좁은 종교적 의미로만 국한하고 있음을 발견하게 되고, 그 결과 기독교 교회의 수는 날로 늘어가는데 사회의 도덕과 가치는 극심하게 붕괴하는 해괴한 상황에 이르게 되었다.

바벨탑: 죄의 절정

원래 "바벨"이라는 말은 "하나님의 문"이라는 의미이다. '하늘에 이르는 문'의 의미로 이해할 수 있다. 바벨론 지역에 세워졌던 높은 건축물인 지구라트들 가운데는 '하늘과 땅의 기초의 집'이라는 이름의 건축물도 있었다. 바벨이라는 이름도 사실상 이와 같다고 할 수 있을 것이다. 그런 점에서 바벨은 상징적이다. 이것은 하나님께로 나아가는 문이다.

이들은 시날 평지에 거하는 이들이었고, 당연히 상당한 경제력이 축적될 수 있었을 것이다. 그들이 사용할 수 있던 역청과 벽돌은 그들이 지녔던 경제력과 발달한 문명을 보여준다. 당연히 여기에는 수많은 사람이 모여들었고, 엄청난 경제력과 문명은 사람들로 하여금 자신의 성취와 업적에 도취하게 한다. 결국, 이들은 하늘에까지 닿는 탑, 하늘에까지 미치는 인간의 영광을 드러내고 자랑하기에 이른다. 그러므로 바벨은 하나님께로 나아가는 인간적인 방법의 절정이다. 하나님의 도움과 통제 없이 인간 스스로의 힘으로 그 자리에 나아갈 수 있는 힘이 바벨이다. 하나님 없이 하나님같이 되고자 하였던 아담과 하와, 뱀의 유혹이 가시적으로 드러난 것, 그것이 바벨의 실체라고 할 수 있다. 그래서 성경 전체에서 바벨을 가리키는 "바벨론"이 하나님을 대적하는 세력의 상징으로 쓰이는 것을 이해할 수 있다. 가령, 이사야 13-14장; 요한계시록 바벨론은 하나님께 나아가는 또 다른 방법이며, 인간적인 방법이라고 할 수 있

바벨탑-루카스 반 발켄보르흐

을 것이다. 바벨론으로 상징되는 힘과 권력과 문명은 인간의 승리를 상징하며 인간의 노력과 성취를 통해 하늘에 닿으려는 시도라고 볼 수 있을 것이다. 이 점을 생각하면 성경이 일관되게 바벨론을 대적하는 것을 이해할 수 있다. 바벨론은 하나님을 대적하여 높아진 세력이며 하나님을 대신하려는 세력이다. 그들은 여러 사람을 동원할 수 있는 힘, 제국의 힘을 지니고 있으며 그 힘을 사용하여 사람을 모으고 하나님을 대적하게 한다. 바벨론은 도시를 중심으로 한 지역이며 탑을 쌓으려고 사용한 재료들은 당대의 최고의 문명과 기술의 발전을 상징한다.

바벨탑은 그 자체로 흩어지는 것을 막고 사람을 모아내려는 방편이었지만, 이미 수많은 무리가 모였기에 가능한 일이기도 하다. 이러한 연합을 가능하게 하는 가장 중심적인 장치는 언어이다. 그들 모두가 같은 언어를 쓰고 있다는 점이 바벨탑 같은 엄청난 일을 가능하게 했다. 그런 점에서, 다른 나라를 침략한 제국들이 약소국의 언어를 금지하고 제국의 언어만을 사용하게 하는 것을 이해할 수 있다. 언어의 통일이 사실상은 폭력이었고, 지배의 수단이었다. 이것은 일제시대를 통해서도 확인될 수 있다. 피정복민으로 하여금 그 나라의 언어를 쓰지 못하게 하고 제국의 언어를 쓰게 하는 것이야말로 가장 효과적인 지배 수단일 것이다. 그리고 그럴 때에야 바벨탑 건설과 같은 강제 노동에 효율적으로 인력을 동원할 수도 있다. 그러므로 각 민족들이 각기 자기 나라, 자기 민족의 말을 쓰게 되었다는 성경의 진술은 제국과 지배의 해체의 원동력이라고 볼 수 있다. 그런 점에서도, 성경은 끊임없이 당시의 지배적인 가치관과 세계관에 대항하며 대안적인 세상을 그려가고 있다고 할 수 있다.

하나님께서는 이러한 바벨론의 우르에서 한 사람 아브라함을 불러 내신다. 당대 문화와 힘의 중심지이던 바벨론으로부터 변방에 해당할 가나안 땅으로 불러 내신다. 제국의 힘이 아니라 한 사람을 통하여 하나님의 구원의 역사를 이루어 가신다. 도시의 번영이 아니라 유목하며 떠도는 한 사람과 그 후손을 통하여 인류 전체를 구원할 뜻을 이루어 가신 것이다. 그래서 이 계획은 천천히 진행되는 계획이며 멀리 바라보는 계획이다. 한순간에 일시에 이루어지는 것이 아니라 오랜 기간에 걸쳐 조금씩 진행되어 가는 계획이다. 가인과 아벨의 이야기에서도 볼 수 있듯이, 농사로 상징되는 도시의 문명과 유목으로 상징되는 변방에 대한 성서의 선호가 있다. 나그네에 대한 성서의 선호는 애굽땅에 노예가 된 히브리 민족에 대한 출애굽기의 말씀에서도 볼 수 있고, 최종적으로 신약성경 히브리서에서는 구약의 모든 인물을 나그네로 해석하고 있다. 그들은 이 땅에 정착한 사람들이 아니라 평생을 나그네로 살면서 하나님을 바라 본 사람들이다. 정착과 떠돎의 대조는 11장과 12장에서 명백하게 드러난다. 비록 아브라함과 이삭 등이 재물이 풍성했다고는 하나, 이들의 삶에서 훨씬 중시되어야 할 것은 떠도는 유목의 삶이라고 할 수 있다. 유목하는 아브라함과 그 후손의 삶에 비해, 바벨탑은 도시 문명을 상징한다. 도시의 기본은 정복과 확장, 전쟁일 것이다. 그러므로 가나안으로, 유목으로의 부름은 이에 대한 근본적인 반대이다.

아브라함 이야기가 바벨론에서 불러내신 민족의 조상에 관한 이야기라면, 출애굽은 또 다른 세계의 중심인 애굽에서 불러낸 민족에 대한 이야기라고 할 수 있을 것이다. 결국, 구약은 바벨론과 애굽이라는 세계의 양대 중심축으로부터 불러내신 하나님 백성의 이야기라고 할 수 있을 것이다.

바벨탑 사건의 또 하나의 의미는 흩어버리심이다. 하나님이 사람을 처음에 창조하시고 그들에게 주신 명령의 하나는 "땅에 충만하라"였다. 그러나 바벨탑은 사람들을 한 곳으로 모으기 위한 노력이다. 그들이 모이는 까닭은 이를 통해 사람의 영광을 드러내고 더더욱 모이려는 것이다. "흩어짐"을 면하려는 것이었다. 하나님께서는 그들의 언어를 혼잡하게 하여서 그들을 흩어버리셨다. 흩어짐이 하나님의 뜻이고, 모임은 하나님을 거역하는 일이었다. 흩어짐 자체가 문제라기보다는 흩어지지 않음을 통해 하나님 아닌 자신의 힘을 의지하며 자신의 힘을 과시하려는 것이 문제라고 할 수 있다.

생명나무

세계 어디에나 있을 법한 '생명 나무'는 창세기에도 등장한다. 그렇지만, 창세기에서의 생명 나무는 다른 나라나 민족에 등장하는 생명 나무와는 전혀 다른 역할을 하고 있다. 생명 나무를 가리키는 히브리말에는 정관사가 붙어 있어서, 이 나무의 존재가 알려졌음을 보여준다. 고대 중동에서 오랜전에 형성된 길가메쉬 서사시라는 이야기에도 이러한 생명나무 혹은 영생에 관한 내용이 있다. 고대인들의 사고 속에 영생에 대한 추구가 공통으로 나타나는데, 창세기에서도 반영된 것이다. 사실 모든 고대 인류와 문명에서 영생과 불로불사에 대한 관심은 기본적이고 보편적인 현상이라고 할 수 있고, 창세기의 생명나무 역시 그러한 관심을 반영하고 있다. 그러나 이러한 고대 이야기에서 영생에 대한 추구가 이야기의 결론이고 초점인 데 비해, 창세기에 등장하는 생명 나무의 역할은 구약 전체에서 아주 주변적이다. 최초의 창조질서에는 포함되어 있지만, 사람의 범죄 이후에 곧바로 생명나무로 가는 길은 차단되어 버린다. 그 점에서 생명 나무는 잃어버린 질서, 잃어버린 복으로 다루어지고 있다고 할 수 있다.

그렇다면, 고대중동이나 다른 지역에 공통으로 등장하는 영원한 생명에 대한 관심은 더는 성경적이지 않다고 말할 수 있다. 진시황이 영생불사를 추구하였다지만, 그것은 구약적이지 않다. 생명 나무로 가는 길은 철저히 봉쇄되었고 차단되었다. 영생은 거기에서 얻을 수 없다. 아담을 비롯한 노아나 아브라함 역시 결코 영생을 찾아 나선 사람들이지 않으며, 그들의 삶에서 영생에 대한 아무런 관심도 언급도 찾아볼 수 없다. 그들은 모두 죽음을 맞이한 사람들이며, 그들에게 있어서 죽는다는 것은 너무 당연한 질서였다. 구약의 관심은 영생만이 아니라 이 땅에서 하나님과 동행하는 삶에 있다. 에녹은 이 땅에서 삼백 년간 하나님과 동행한 인물이며창5:22 노아 역시 하나님과 동행한 사람이었다.6:9 그러나 인류의 많은 순간은 이 봉쇄된 길에 관심을 기울인다. 진시황뿐 아니라 헬레니즘 역시 그러한 관심의 일면을 반영하며 영혼 불멸을 추구하고 주장한다. 하나님께서는 에덴동산에서 사람을 쫓아내시고 생명 나무로 가는 길을 막으셔서, 영생을 얻을 생명 나무로부터 확실하게 격리시키셨다. 그러므로 에덴에서의 추방의 의미는 인간이 유한한 존재가 되었다는 것을 의미한다. 비록 에덴에서는 쫓겨나지만, 여전히 아담과 하와, 그들의 후손은 하나님과 함께하는 삶을 살아간다. 사는 동안 하나님과 동행하지만, 반드시 그 삶에는 끝이 있다. 구약의 기자들은 이러한 인간의 한계에 대해 전혀 의문을 제기하지 않는다. 인간이 죽는다는 것은 이후로 인간은 유한한 존재가 되었다는 것을 의미한다. 여전히 하나님과 함께 살고 하나님을 섬기지만, 그는 언젠가는 죽게 된다. 그러므로 창세기 첫 내용들은 왜 우리가 유한한지, 우리 사는 땅에서의 삶이 어떻게 비롯되었는지를 일러 준다고 할 것이다.

생명나무와 유사한 표현은 잠언에서 몇 차례 등장하지만 모두 정관사가 없다는 점에서, 창세기의 그것과는 구별된다. 칠십인경에서도 창세기는 정관사가 있지만, 잠언의 표현들은 정관사 없이 옮겨져서 그 점이 명확하게 표현되어 있다. 정관사를 지닌 생명나무가 다시 등장하는 것은 요한계시록이다.2:7; 22:14,19 특히 마지막 22장에 두 차례 등장하면서, 창세기의 첫머리에 등장하고 사라졌던 생명나무와 짝을 이루고 있으며, 신구약 성경 전체를 인클루지오처럼 여닫고 있다고 할 수 있다. 생명나무로 가는 길이 차단되었던 백성들, 그리고 생명나무에 참여하게 될 백성들에 대한 이야기, 그것이 신구약 성경이다.

구약의 믿음의 사람들은 이 땅에서 나그네로 살아간 사람들이다. 하나님의 약속을 붙잡고 나그네로 그 약속의 성취를 구하며 살아가는 삶이야말로 제대로 살아가는 것임을 보여주는 것이 구약의 믿음의 조상들이라고 할 수 있다. 그런 점에서 죽음과 영생에 대한 창세기의 진술은 이 땅에서의 삶에 대한 구약의 강조를 확연하게 드러내 주고 있다. 이 땅에서의 삶에 대한 강조와 음미가 없다면 사실 죽은 다음의 세상에 대한 그 어떤 진술도 이 땅에서의 삶을 회피하는 방편이 될 수밖에 없을 것이다.

〈참고문헌〉

• 미로슬라브 볼프, 박세혁 옮김, 『배제와 포용』, IVP역간, 2012.

오늘 공부한 내용을 정리하며 나누어 봅시다.

1. "원죄는 자기애이다"라는 말을 쉽게 풀어 이야기해 봅시다.

2. 부부의 연합이 가져오는 좋은 점과 나쁜 점을 아담과 하와 부부를 예로 들어 이야기해 봅시다.

3. 노아 시대에 홍수 심판이 임하는 까닭이 무엇인지 살펴보고 오늘 우리에게 주는 교훈이 무엇인지 이야기해 봅시다.

4. 바벨탑을 쌓는 시대와 사람들의 이면에 무엇이 놓여 있는지 나누어 봅시다.

5. 바벨탑 사건에 이어지는 것이 바벨탑의 인근 동네인 갈대아 우르에 사는 아브라함을 불러낸 사건입니다. 바벨탑 사건과 아브라함을 불러 내심 사이에 어떤 대조가 있는지 이야기해 봅시다.

6. 생명나무에 대해 구약이 주는 교훈은 무엇입니까? 이와 연관하여 창세기 4장 16-22절에 나오는 가인의 족보와 5장 3-31절에 이르는 아담과 셋의 족보의 두드러진 차이점을 찾아봅시다.

7. 심판 그리고 은혜

첫머리에 하나님의 창조와 보시기에 아름다운 세상에 대한 말씀이 놓여 있지만, 곧바로 그렇게 아름답게 지음 받은 사람들이 저지르는 죄악들이 창세기의 첫 부분을 가득 채우고 있다. 그런 점에서, 창세기는 지독할 정도로 현실적이다. 이 장들에 반복되어 등장하는 것은 죄악만이 아니다. 그 죄악들에 대한 하나님의 심판 역시 반복적으로 소개되고 있다. 그리고 심판 사이에서 하나님의 은혜가 빛을 발하고 있다.

심판

하나님은 아담을 찾으신다. 이 장면은 특이하다. 전지전능하신 하나님께서 아담이 어디 있는지 모르실 리 없지만, 하나님은 아담을 찾으신다. 또한, 숨었다고 말하는 아담에게 하나님은 "네게 먹지 말라 명한 그 나무 열매를 네가 먹었느냐?" 물으신다. 이 역시 아담의 행동을 모르실 리 없지만, 하나님은 굳이 아담에게 물으신다. 하나님의 전지전능하심은 하나님께서 모든 것을 알아서 다 하신다는 것을 의미하지 않는다. 인생을 먼저 살았다는 이유로 먼저 꽤 많은 것을 경험한 부모들이 종종 아이들의 장래에 대해서 알아서 다 처리해 버리는 경우들이 있다. 그러나 참으로 전지전능하신 하나님께서는 끊임없이 아담을 찾으시고 아담에게 물으신다. 사람을 찾으시고 사람에게 물으신다. 하나님은 참으로 사람을 "상대하신다."

그러나 아담 즉 사람은 하나님이 몰라서 물으신다고 착각한다. 그래서 변명하고 핑계하고 책임을 전가한다. 아담은 "하나님이 주셔서 나와 함께 있게 하신 여자" 때문이라고 핑계 대고, 여자는 "뱀이 나를 꾀므로" 먹었다고 핑계 댄다. 보시기에 좋던 그 관계가 이렇게 황폐해지고 말았으니, 이미 심판은 시작되었다!

남자, 여자, 뱀의 순으로 물으셨던 하나님은 역순으로 그들에게 임할 일을 선언하신다. 우선 뱀은 배로 기어다니는 존재가 되었고, 이것은 하나님의 저주에서 비롯된 결과이다. 뱀의 후손과 여자의 후손은 대대로 원수가 되며, 서로서로 상하게 하고 죽이는 관계가 될 것이다. 여자에게는 임신과 출산의 고통과 수고가 더하게 될 것이며, 남편에게 의존하게 될 것이다. 남자는 먹을 것을 얻으려고 땀 흘려 수고해야 할 것이며, 땅에서 나는 가시덤불과 엉겅퀴는 이러한 수고를 더욱 크게 할 것이다. 남자를 향한 책망과 선언의 말씀이 가장 길다는 점에서, 남자는 인류의 대표로서 하나님의 책망을 듣고 있다고 볼 수 있다. 남자 때문에, 사람 때문에 땅은 저주를 받았으며, 저주의 결과 수고에도 불구하고 엉겅퀴와 가시덤불이 땅에서 나게 되었다. 결국, 불순종 이후, 여자와 남자 모두 "수고"하게 되었다. 여자는 해산의 수고, 남자는 노동의 수고가 그들에게 임하게 되었다.

이러한 심판 선언에는 몇 가지 의미가 있다. 먼저 짚어 두어야 할 것은 하나님께서 반드시 죄를 책망하시고 심판하시는 분이라는 점이다. 하나님이 베푸시는 사랑은 좋게 좋게만 지내는 사랑이지 않다. 우리가 지닌 성경의 첫 책인 창세기의 첫 장들은 죄에 대해 물으시고 반드시 심판하시는 하나님을 증거하고 있다. 두 번째, 여기에 열거된 심판들은 출애굽을 경험한 이들로 하여금 그들이 사는 현실에서 일어나는 삶의 질곡에 대한 설명으로 작용하고 있다고 볼 수 있다. 다시 말해, 이러한 말씀들을 통해, 왜 뱀은 저런 모양으로 존재하게 되었는지, 인간에게 있는 뱀에 대한 근본적인 것으로 보이는 혐오와 두려움은 어디에서 기인한 것인지, 그리고 왜 여자와 남자의 관계가 이러한지, 왜 그렇게 남자가 그토록 수고하고 애쓰는데도 풍성한 결실을 거두기 쉽지 않은지 설명되고 있다는 것이다.

이 본문이 지닌 가장 중요한 설명은 아마도 인간의 유한함에 대한 내용일 것이다. 모든 사람은 궁극적으로 다시 흙으로 돌아간다. 히브리말로 "땅"은 "아다마"이다. "아담"은 "아다마"에서 취한 존재이다. 땅인 "아다마"에 있는 흙 혹은 먼지(히브리말로 "아파르")가 인간의 근본 재료이기에, 인간은 결국 다시 흙 혹은 먼지로 돌아갈 것이다. 남자와 여자의 불순종과 책임 전가 이후, 모든 사람은 큰 수고를 감당해야 했고, 언젠가는 그 지어진 흙으로 다시 돌아가야 한다.

아담과 하와의 범죄로 말미암아 땅이 저주받았고, 그로 말미암아 가시덤불과 엉겅퀴가 나게 되고, 큰 수고를 기울여야 소출을 먹을 수 있게 되었다. 상황은 가인에게서 더욱 악화된다. 시기심과 질투로 동생을 죽여 버린 가인을 향해 하나님께서는 억울하게 죽임당한 아벨의 피로 말미암아 가인이 땅에서 저주를 받게 된다고 선포하신다. 그 결과 가인이 열심히 밭 갈아도 더는 땅에서는 아무런 소출을 거둘 수 없게 된다. 결국, 가인은 땅에 정착할 수 없고 평생 떠도는 신세가 될 것이다.

아담과 하와에 대한 하나님의 책망, 가인에 대한 하나님의 책망에도 불구하고 사람들의 죄악은 나날이 전파되고 확장된다. 하나님께서 지으신 사람이었는데, 놀랍게도 사람들의 죄악이 세상에 가득하고, 그 마음에 생각하는 궁리와 계획이 오로지 악뿐인 것을 하나님께서 보셨다. 그로 말미암아 하나님께서는 "사람 지으셨음을 한탄"하셨고, 그것이 하나님의 마음에 근심이 되었다. 마치 그 낳은 자식들이 끊임없이 악을 행하고 나쁜 짓을 일삼으며 다른 사람을 괴롭히고 학대할 때, 그로 말미암아 한탄하며 마음이 찢어질 듯 고통스러웠을 부모처럼, 하나님께서는 한탄하시며 고통스러워 하신다. 하나님께서는 마침내 땅 위에 지어진 모든 사람, 하나님께서 창조하신 모든 사람을 진멸하기로 결정하셨으며, 그 방법은 온 땅에 임하는 홍수였다. 고대 중동에도 홍수로 세상에 임하는 심판을 전하는 많은 이야기가 전해진다. 성경의 홍수 이야기와 거의 흡사한 짜임새를 지니고 있다는 점에서, 이러한 홍수 이야기는 태고적에 있던 홍수에 대한 공통의 기억을 반영하고 있다고 볼 수 있을 것이다. 그러나 고대 중동의 홍수는 대부분 신의 변덕의 산물인 데 비해, 창세기의 홍수는 철저히 죄에 대한 심판이다. 그리고 그 죄의 본질은 폭력, 하나님의 형상대로 지음 받은 사람들이 서로를 향한 관계를 파괴하고 서로가 서로에게 행하는 폭력이었다. 온 땅의 모든 생명 있는 육체를 진멸하기 위해 하나님께서는 하늘의 창을 열고 땅에 있는 깊음의 샘이 터지게 하셨으니, 온 땅이 물에 잠기게 되었다. 이러한 표현들은 고대의 우주관을 그대로 반영하고 있다. 창세기의 표현들은 하늘에 창문이 있음을 전하고 있지 않다. 창세기는 고대의 우주관을 사용하여, 온 땅에 임하는 하나님의 진노와 두려운 심판을 증거하고 있다. 그러므로 노아 홍수 사건의 본질은 하나님의 공의로우심이다. 사람들은 하나님의 심판을 두려워하지 않고, 이 땅에서 누리고 즐기는 인간의 모든 영광과 권세가 영원할 줄 알며, 심판의 날이 오지 않으리라 여기지만, 하나님께서는 반드시 그 죄를 물으시며 진노하시고 심판하신다.

홍수를 견뎌낸 노아의 후손들에게 하나님께서는 다시금 복을 주시며 "생육하고 번성하여 땅에 충만하라" 말씀하신다.창9:1 이러한 축복의 명령은 첫 번 지은 사람들에게 주셨던 것과 거의 흡사하다. 그러므로 노

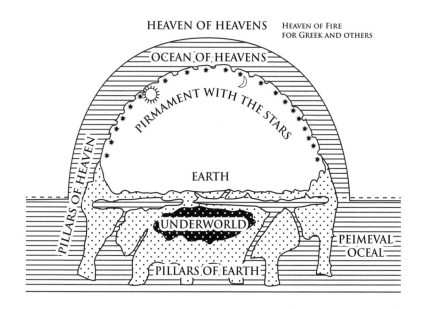

아와 더불어 두 번째 창조, 새로운 창조가 시작된 것이라 볼 수 있을 것이다. 그러나 구약 성경은 낭만적이지 않다. 그렇게 새로 시작된 인류이지만, 첫 번째 인류가 그러했듯이, 죄의 시작은 다시금 가족이었다. 홍수 이후 새롭게 거둔 포도 농사의 결실을 거두고 노아가 그만 술에 취해 벌거벗은 채 잠들었을 때, 이것을 본 노아의 아들 함은 아버지의 부끄러운 모습을 형제들에게 말하였다. 나중에 잠이 깬 노아는 함의 행동으로 말미암아 함의 자손들이 다른 두 아들의 후손의 종이 될 것이라 예고한다. 이 본문은 그리 단순하지 않다. 기본적으로 이 본문은 아버지로 대표되는 부모의 명예를 더럽히는 일이 매우 심각한 죄임을 보여준다고 할 수 있다. 십계명에도 이 부분이 반영되어 있다 그러나 이 본문의 가장 중요한 역할은 왜 함의 후손인 가나안이 셈의 후손인 이스라엘의 지배하에 놓이게 되는지에 대한 설명이라고 할 수 있다. 출애굽하여 가나안 땅으로 들어가는 이스라엘은 그 땅에 사는 가나안 족속들을 정복하고 지배하게 되는

것이 오래전에 계획된 하나님의 뜻임을 깨닫게 되었다. 노아 홍수 이후의 가족 안에도 다시금 죄로 말미암아 뒤틀려진 상황이 생겨나고 있음은 주목할 만하다. 죄는 심판을 이긴다.

노아 홍수라는 거대한 심판을 경험한 인간들의 대응은 하늘에까지 이르는 탑이었다. 마치 하나님과 시합이라도 하는 양, 사람들은 끊임없이 하나님을 대적하고 하나님께 맞선다. 그러므로 창세기의 원역사는 근본적인 물음을 제기한다. 이렇게 죄를 범하며 하나님을 대적하는 인간을 어떻게 할 것인가? 에덴에서 쫓아내고 땅에서 떠돌고 심지어 홍수로 심판하여도 줄어들지 않는 이 죄성 가득한 인간을 어떻게 할 것인가? 대체 사람들은 구원받을 수 있을까? 이 땅 위에 하나님의 대행자로 지음받았으나, 도리어 하나님을 대적하고 서로의 관계를 파괴하는 인간들을 향한 하나님의 계획은 무엇인가? 그러므로 누군가 말하였듯이, 창세기 1-11장은 커다란 물음표라고 할 수 있다. 우리는 이러한 근본적인 질문을 안은 채 12장을 읽어가야 한다.

은혜

세상과 동물 그리고 사람이 지어지게 된 근본적인 까닭은 하나님의 뜻이었다. 그리고 그 지어진 모든 것은 하나님 보시기에 좋았다. 전지전능하신 하나님께서 보시기에 좋았다는 것은 온 세상 가운데 하나님의 선하심이 가득하였음을 의미할 것이다. 인간의 불순종과 왜곡에도 불구하고 그 지으신 세상과 사람을 향한 하나님의 선하심은 진실하시다.

하나님의 명령을 왜곡시키고 불순종한 아담과 하와가 발견한 것은 자신들의 부끄러운 벗은 모습이었다. 자신들이 구한 무화과나무 잎으로 겨우 자신들의 수치를 가렸지만, 하나님께서 그들을 위해 가죽 옷을 지어 입히셨다고 창세기는 증거한다.3:21 옷을 만드는 여인네처럼, 하나님께서는 동물의 가죽으로 두 사람을 위해 옷을 만드시고 친히 입혀 주셨다. 스스로 수치를 가리고 부끄러움을 가리느라 분주한 사람을 위해 하나님께서 친히 그들의 부끄러움을 가려 주신 것이다. 구약 시대를 살아간 하나님의 사람들은 자신들의 수치와 부끄러움을 가리시고 덮으시는 하나님을 경험하고 노래한다. 그들은 수치를 겪어 마땅한 이들이나, 하나님께서 그들을 덮어 주신다.

> "허물의 사함을 받고 자신의 죄가 가려진 자는 복이 있도다 … 내가 이르기를 내 허물을 여호와께 자복하리라 하고 주께 내 죄를 아뢰고 내 죄악을 숨기지 아니하였더니 곧 주께서 내 죄악을 사하셨나이다"시 32:1,5

범죄한 이들을 향한 하나님의 불쌍히 여기심은 가인에게서도 찾아볼 수 있다. 하나님의 낯을 떠나 떠돌며 살아가는 삶으로 말미암은 공포에 사로잡힌 가인을 위해 하나님께서는 그를 보호하는 표를 주신다.4:15 이것은 하나님을 떠난 삶은 근본적으로 두려움에 사로잡혀 사는 삶일 수밖에 없음을 보여주며, 하나님의 보호하심만이 우리의 진정한 보호가 됨을 일러준다. 아울러 그 형제 아벨을 죽인 가인조차도 하나님의 은혜의 품 안에 거할 수 있음을 보여주기도 한다. 하나님은 가인을 포용하시며, 표를 주심을 통해 보복으로부터 그를 지키신다. 궁극적으로 가인은 십자가에서 자신을 내어 주신 주님의 사랑으로 치유될 수 있을 것이다. 그러나 이를 위해서 그는 십자가에 달리신 분을 사랑하는 법을 배워야 할 것이다.볼프, 152 대부분은 자신을 용납하지 못하며, 스스로를 학대하고 다른 곳에서 만족과 기쁨을 찾으려고 해버린다. 라멕의 노래는 그 대표적인 예일 것이다. 그러나 자신과 같은 이조차도 용납하시고 사랑하시는 하나님께 나아와 그 앞에 자신을 내어 놓으며 십자가에 죽으신 분 예수님을 사랑해야 하며, 그분의 발자취를 따라 걷기 시작할 때에만 주님에 의해 참된 치유를 경험하게 될 것이다. 그러므로 가인에게는 아직 선택이 남아 있다. 그는 주님의 은혜에서 배제된 자가 아니며, 주님의 사랑받은 자로, 그 사랑에 의해 치유될 기회와 선택이 남아 있다.

하나님의 은혜는 노아에게도 볼 수 있다. 노아를 일러 의인이라고 하지만, 이것은 노아의 행동이 완벽하였다는 의미만은 아닐 것이다. 그의 의로움은 하나님과의 관계의 올바름을 의미한다는 점에서, 그는 하나님을 신뢰하고 하나님과 마음을 같이한 자라고 볼 수 있다. 하나님과 마음을 같이하고 신뢰하였기에 노아는 하나님의 은혜를 입는 자이다. 하나님께서 그 백성들에게 찾으시는 것은 완벽한 삶이지 않다. 하나님께 대한 신뢰, 하나님의 행하심에 마음을 같이하는 것, 달리 말해 하나님과 함께 걸어가는 것이다. 그렇게 할 때 그는 하나님의 은혜를 경험하게 될 것이다. 온 세상에 홍수가 범람해도, 하나님의 은혜로 말미암아 그는 두려움 없이 서게 될 것이다. 노아를 통하여 온 세상의 호흡 있는 생물들이 존속할 수 있었고, 사람들은 새롭게 다시 시작할 수 있었다.

바벨에서 탑을 쌓은 이들에 대해 그들의 언어를 흩어 버리신 하나님의 결정은 심판인 동시에 그들을 향한 은혜이기도 하다. 하나님은 언제나 사람들로 다시 시작하게 하신다. 그들은 두려움에 싸여서 커다란 탑을 만드는 것으로 두려움을 피하려고 한다. 하늘에까지 올라감을 통해 공포를 벗으려고 한다. 대단한 도시를 건설하는 것으로 위로와 힘을 얻고 자신들을 확인하려고 한다. 그러나 하나님께서는 그들의 언어가 달라지게 하셨고, 그들은 커다란 탑과 대단한 도시 건설로부터 놓여나게 되었다: "여호와께서 거기서 그들을 온 지면에 흩으셨으므로 그들이 그 도시를 건설하기를 그쳤더라"11:8

그들은 큰 도시와 높은 탑이 그들에게 힘과 평안과 위로를 주리라 여겼지만, 하나님은 그 노역과 불안에서 그들을 놓여나게 하셨다. 그들을 향한 하나님의 위로와 은혜, 구원하심의 놀라운 역사는 높고 큰 탑과 도시에 있지 않았다. 바벨탑을 쌓다가 흩어진 사람들에 대한 내용에 이어지는 것은 셈으로부터 시작되는 족보였으며, 그 마지막은 데라, 그리고 그의 아들 아브람, 나홀, 하란이었다.11:10-26 자신이 살던 곳을 떠나게 된 한 사람, 한 가족을 통해 온 인류를 향한 하나님의 은혜가 절정에 달하게 된다.

〈참고문헌〉

• 미로슬라브 볼프, 박세혁 옮김, 『배제와 포용』, IVP역간, 2012.

오늘 배운 내용을 정리하며 나누어 봅시다.

1. 선악을 알게 하는 나무 열매를 따 먹은 이후, 사람들에게 일어난 변화에 대해 정리해 보고, 그 내용들의 의미에 대해 생각을 나누어 봅시다.

2. 땅에서 떠도는 나그네 삶에도 두 종류가 있습니다. 아브라함으로 대표되는 나그네 삶과 가인으로 대표되는 나그네 삶은 어떤 차이가 있습니까?

3. 노아 홍수 사건의 본질은 무엇이라고 말할 수 있을까요?

4. 원역사는 하나님과 인간에 대한 근본적인 문제 제기라고 볼 수 있다는 말의 의미는 무엇일까요?

5. 원역사에 나타난 하나님의 은혜에 대해 이야기해 봅시다.

8. 약속을 따라 사는 삶

축복의 통로로서의 아브라함

아담과 하와로부터 시작된 죄는 하나님의 엄청난 심판에도 사라지지 않는다. 홍수를 경험했음에도 다시 악해진 인간들은 이제 새로운 차원의 죄를 도모한다. 그들이 함께 모이기 시작한 것이다. 바벨탑 사건은 공동체적인 음모의 차원을 보여준다. 여기에서 문화의 힘도 나타난다. 문화적 소산이라 할 술에 취한 노아의 실수를 보라. 사람들이 이룬 엄청난 문화적 업적인 거대한 탑은 그대로 하나님께 대한 공동체적인 도전이다. 죄가 사람들을 모은다. 그래서 원역사는 비극으로 결말을 짓는다. 죄의 강한 힘 앞에서 모든 사람은 무기력하다. 죄는 사라지지 않고 오히려 더 강해져 갈 뿐이다. 혼을 내도, 때려도 사람들 속에 있는 죄성은 죽지 않고 더욱 강렬하게 발산되고, 더욱 집단적으로 대처한다. 바벨탑에서 느끼는 절망은 오늘을 살아가는 우리가 매일의 삶에서 느끼는 현실이기도 하다. 죄의 본능과 본성 앞에서 어찌할 바를 알지 못하는 사람들, 이제 어찌할 것인가?

바벨탑의 결과로 흩어진 사람들 내용에 이어지는 것은 셈의 족보이다. 거의 천 년을 살았던 노아에 비해950세, 셈은 602년을 살았고, 그 후로 갈수록 수명은 줄어들며, 아브라함의 아버지 데라는 205세를 향유한다. 셈으로부터 이어지는 족보는 길고 긴 세월이 흘러감을 보여준다. 바

본향을 떠나는 아브라함–돌로스 크리스투

벨탑까지의 본문이 제기하는 근원적인 질문과 함께 인류의 역사가 흐르고 시간도 흐른다. 아무 일도 일어나지 않는 것 같지만, 흘러가는 세월과 사람들 가운데 하나님께서 계획하시고 뜻하시는 일들이 이루어지며 나타난다. 셈의 족보는 데라에게로 이어진다. 데라는 아브람, 나홀, 하란, 세 아들을 낳았는데, 하란은 그들이 살던 곳 갈대아 우르에서 죽고, 그의 딸 밀가는 나홀과 결혼한다. 아브람은 사래와 결혼하는데 그녀는 임신하지 못하였다. 데라의 가족에 대한 간단한 소개는 갈대아 우르에서 그들의 삶이 곤고한 삶임을 언뜻 보여준다. 아버지보다 먼저 죽은 아들, 아이를 낳지 못하는 첫째 며느리, 그 가운데서 데라는 오래도록 살던 곳을 떠나 가나안 땅으로 가기로 한다. 이동하던 데라의 가족은 하란이라는 곳에 도착하는데, 데라는 더는 옮겨가기를 원치 않았고, 그곳에 눌러앉는다. 그러나 하나님께서는 데라의 아들 아브람에게 아버지가 머문 곳을 떠나 하나님께서 보여 줄 땅으로 갈 것을 명령하신다. 셈으로부터 흘러오던 세월과 역사는 이제 아브람에게서 그 의미를 찾게 된다. 그 살던 곳에서 떠나 하나님이 보이실 땅으로 이동하라는 말씀에 순종하는 아브람이라는 개인과 그 가족을 통해 하나님께서는 바벨탑으로 상징되는 거대한 질문에 답하신다. 하나님의 대답은 순종하여 길을 떠나는 한 사람이었다.

창세기 12장 1-4절을 읽어보자. 1절에서 두 번 "땅"이라는 단어가 나오는데, 앞의 것은 '너의 땅'이고 마지막에 나오는 것은 '내가 보일 땅'이다. 아브람이 살던 땅과 하나님께서 보이실 땅이 대조되어 있으며, 하나님께서는 아브람에게 익숙하고 오래 살아왔고 너무나 당연한 그 땅을 떠나 알지도 못하고 익숙하지도 않은, 하나님께서 보이실 땅으로 가라 명령하신다. 1절이 명령이라면, 2-3절은 이제 하나님께서 아브람을 위해 하실 일이라고 할 수 있다. 하나님은 그로 큰 민족을 이루게 하시고, 복을 주어 창대하게 하시며, 복이 되게 하신다. 1절에서 하나님께서 보이실 땅을 고려하면, 하나님은 아브람에게 땅과 자손이라는 두 가지의 약속을 하신 것이라고 볼 수 있다. 그리고 이 약속은 이후에 계속 반복된다. 창12:7, 13:14-17, 15:5, 18-21 등 아브람이 복이 된다는 말씀의 의미는 그를 축복하는 자를 축복하고 저주하는 자를 저주하실 것이니, 땅의 모든 민족이 아브람으로 인하여 복을 받게 될 것이라는 것이다. 아브람으로 말미암아 다른 모든 사람이 복을 받게 되는 것, 그것이야말로 축복된 삶일 것이니, 아브람은 그러한 삶으로 부름 받았다. 그리고 4절은 아브람이 하나님의 명령대로 갔다고 간결하게 진술한다. 그러므로 가라 말씀하시는 하나님께 따른 아브람의 순종과 삶이야말로 하나님께서 땅의 모든 민족, 바벨탑을 짓고 죄 된 본성으로 헤메던 모든 민족을 복 주시고 건지시는 통로가 된 것이다. 그것이 하나님께서 한 사람을 선택하셨다는 말씀의 의미이다. 하나님 백성의 선택 받음은 열방을 위한 순종으로의 선택이요, 부르심이다.

데라와 아브람의 차이

창세기에 따르면 데라는 아브라함과 롯을 데리고 가나안 땅으로 가고자 갈대아 우르를 떠났지만, 하란에 도착하여 거기에 머물렀다. 결국, 데라는 이곳에서 생을 마치게 된다. 그렇지만, 아브라함은 데라의 나이 145세 되던 해에 하나님의 부르심을 따라 새로운 땅으로 떠나게 된다. 다음 구절들을 읽어보자.

> "데라가 그 아들 아브람과 하란의 아들인 그의 손자 롯과 그의 며느리 아브람의 아내 사래를 데리고 갈대아인의 우르를 떠나 가나안 땅으로 가고자 하더니 하란에 이르러 거기 거류하였으며"창11:31
> "아브람이 그의 아내 사래와 조카 롯과 하란에서 모은 모든 소유와 얻은 사람들을 이끌고 가나안 땅으로 가려고 떠나서 마침내 가나안 땅에 들어갔더라"창12:5

위에서 알 수 있듯이 두 구절의 문장 구조는 완전히 같다. '데리고 가다' 라는 의미의 동사, 함께 가는 동행자들에 대한 언급, 그리고 '가다' 동사와 함께 목적지 가나안 땅에 대한 언급, 마지막으로 그들이 도착한 곳에 대한 언급까지 똑같다. 이것을 보면, 창세기는 데라와 아브람을 의도적으로 대조시키고 있다고 할 수 있다. 데라는 처음부터 가나안을 목적으로 길을 떠났다. 아마도 데라의 이주는 당시 그 지역에 살던 민족아모리족의 대이동과 맞물린 이동이었을 것이다. 그렇지만, 그는 하란에 도착하자, 더 이상 이주하기를 포기하였다. 그 이유를 알 수 없지만, 그에게는 단지 새로이 거주할 공간이 필요하였을 뿐이었기 때문일 것이다. 하나님께서는 아브라함에게 나타나셔서 하란을 떠나 하나님께서 보이시는 새로운 땅으로 가도록 부르신다. 그리고 아브라함은 아비 집을 떠나 새로운 땅 가나안으로 가게 된다. 그러므로 데라와 아브라함의 차이는 자신의 필요인가 아니면 하나님의 약속인가에 있다고 할 수 있을 것이다. 자신의 필요와 욕망을 따른 이들은 삶의 힘겨움과 질곡이 사라지거나 나아지면 어디든 눌러 앉게 되지만, 하나님의 약속을 붙잡은 이들은 끝까지 나아가게 된다. 결국, 우리 삶을 변화시키는 것은 하나님의 약속이다. 하나님이 주신 말씀을 붙잡는 삶은 하나님의 약속을 경험하게 된다. 목적이 뚜렷하지 않은 사람은 중도에 멈추게 되고 하나님께서 주신 목적과 비전을 붙잡은 사람은 마침내 그곳에 도달하게 된다. 물론 그 땅은 주인 없는 땅도 아니었고, 결국 아브라함 평생에 누리고 차지할 수 있는 땅도 아니었지만, 하나님나라의 역사는 이를 통해 시작된 것이다.

약속을 따라 살아가는 아브라함, 야곱, 이삭, 요셉

땅과 자손, 복이 되리라는 약속의 말씀을 받은 아브라함과 그 후손들은 이제 그 약속을 붙잡고 믿음으로 그들에게 주어진 길을 걸어간다. 하나님은 이들을 통해 땅의 모든 백성을 복 주실 것이다. 그러므로 아브라함과 이삭과 야곱, 요셉의 이야기는 단지 그들 개인의 이야기가 아니라, 믿음의 백성의 본보기라고 할 수 있다. 그러나 이들은 평생에 이 약속이 완전히 성취되는 것을 경험하지 못하였다. 그들은 약속을 지니고 살았고, 멀리서 이 약속의 성취를 보면서 살았다. 아브라함이 죽은 후에 하나님은 아브라함에게 주신 약속을 확인시켜 주신다. 26장에서 이삭은 기근으로 말미암아 애굽에 내려가려고도 하고, 우물 때문에 블레셋과 분쟁이 생기기도 했다. 그때마다 하나님은 나타나셔서 바른길을 알리시고 이러한 돌보심의 연유가 아브라함과 맺은 언약임을 알리신다.26:5, 24 이삭이 야곱에게 주는 축복도 하나님께서 아브라함에게 주신 언약과 동일하며27:29, 벧엘의 야곱에게 주신 약속도 그러하다.35:11 애굽에서의 야곱은 가나안이 약속의 땅임을 굳게 믿으며 이것을 요셉에게 알린다.48:3,4 요셉도 이러한 약속을 따라 자신의 뼈를 가나안으로 가져갈 것을 당부한다.50:25 이것은 창세기 전체가 사실 하나님의 선택과 약속이라는 주제를 가진다고 말할 수 있게 하며, 이것이 출애굽기를 비롯한 다른 오경의 책들과 연결되는 점일 것이다.

약속의 중요성은 창세기의 다른 사건들 속에서도 중심적인 위치를 차지한다. 사라가 아닌, 하갈을 통해 이스마엘이 출생하게 된 것, 애굽에서 사라가 겪은 봉변, 이삭의 아내를 얻기 위해 먼 곳으로 길 떠나는 종, 에서와 야곱의 싸움, 야곱의 파란만장한 일생, 요셉에게 닥쳐오는 계속되는 고난, 이 모든 것은 하나님이 주신 약속을 위태하게 하는 요소들이라고 할 수 있다. 창세기의 내용들은 이러한 위기 속에서 보존되고 지켜지는 하나님의 약속을 보여준다. 하나님의 약속을 붙잡고 살아가는 것이 순식간에 결정되는 그런 것이 아니라, 이러한 위태로움과 아슬아슬함 속에서 길고 긴 세월 속에서 차근차근 진행되고 이루어져 가는 것임을 알 수 있다.

창세기의 마지막이 요셉의 유언으로 끝맺는다는 점은 창세기가 기다림의 책이라는 점을 잘 부각시켜준다. 이스라엘의 조상들은 약속을 받았으나 그 성취는 보지 못한 이들이다. 그들은 평생에 이 약속을 붙잡고 그 성취를 기다리며 살아간 백성이다. 비록 가시적으로 그 성취를 보지 못했지만, 믿음으로 그들은 그 땅을 이미 받은 이들이다. 이것은 하나님이 야곱에게 주시는 말씀에서 잘 드러난다: "내가 아브라함과 이삭에게 준 땅을 네게 주고 내가 네 후손에게도 그 땅을 주리라".창35:12 아브라함과 이삭은 땅을 받지 못했으되, 이미 그 땅은 '주신' 땅으로 설명되는 것이다. 이러한 점들은 믿음의 본질에 대해 시사하는 바가 크다. 믿음은 약속이 핵심이다. 약속을 받은 순간 이미 그것은 성취된 것이다. 왜냐하면, 하나님은 약속에 신실하신 하나님이시기 때문이다.민23:19 가시적으로 당대에 성취되고 안 되고는 약속의 신실함과 별 상관이 없다. 그리고 약속의 땅만이 참된 이스라엘의 땅이기에 아브라함은 스스로 땅을 사지도 소유하지도 않는다. 이것은 다른 믿음의 족장들에게도 마찬가지이다. 그들에게 땅을 살 능력이 있지만, 그들은 하나님이 주시기까지 기다린다. 그래서 신약의 히브리서 기자는 그들을 가리켜 "외국인, 나그네 … 본향 찾는 자"라고 표현한다.히11:13-14 이것이 약속을 바라고 사는 하나님 백성의 참된 모습일 것이다. 약속을 굳게 붙잡고 사는 조상들의 모습은 여러 부분에서 확인된다.

일상에서 약속을 붙잡는 삶의 예들: 이삭의 아내 구하기창24장

1. 아브라함은 그 종을 보내어 이삭의 부인을 구한다. 왜 그는 갈대아에 있는 그의 족속에게서 이삭의 아내를 구하는 걸까? 아브라함은 가나안 땅으로 하나님의 인도하심을 받았고 그곳에서 하나님께서 범사에 복을 주셨지만, 그는 그곳의 생활에 젖어들지 않았다. 하나님께서 약속으로 주신 아들 이삭을 위하여 그가 행하는 일은 여호와 신앙을 지닌 이들 가운데서 그 배필을 찾는 일이었다. 그곳에 있던 라반 역시 여호와 신앙을 가진 이였다.24:31,50-51 그 아들에게 가나안의 문화를 물려주는 것이 아니라 하나님 앞에서 믿음으로 사는 삶을 물려주고 있다. 종이 만일 이삭의 아내로 택한 여인이 안 따라오려 한다면 어떻게 할 것인가 묻는 말에 대해 아브라함의 생각은 확고하다. 아무리 그 여인이 적당하다할지라도 이곳 가나안으로 와서 함께 살 수 없다면 안 되는 것이다. 7절은 이 점을 잘 보여준다. 아브라함의 삶에 있어서 원칙은 하나님께서 그 본토를 떠나게 하신 것 그리고 가나안 땅을 그 후손에게 주시겠다고 약속하신 것이라는 점이다. 여러 상황 속에서도 이 원칙이 분명하였고 이에 따라 그는 일을 판단하였다. 그래서 이삭의 아내로 택한 여인이 이 땅으로 오려고 하지 않는다면 그는 하나님께서 예비하신 이일 리가 없는

것이다. 아직 아브라함에게 한 뼘의 땅도 하나님이 주신 일이 없지만, 그에게 일을 결정하는 원칙은 확고하였다. 그의 삶은 일어난 상황에 따라 이루어진 것이 아니라 주신 약속에 따라 이루어진다. 그에게는 아무런 땅이 없지만, 그의 삶은 주신 약속을 따르는 삶이었다. 다른 사람들은 아브라함에게 아직도 아무 땅이 없다는 이유로, 하나님을 따라 땅을 떠난 지 60년이 지난 지금까지 땅이 없다는 이유로, 그의 원칙을 우습게 볼 수 있겠지만, 아브라함은 약속을 따라 살아가는 사람이다. 우리 삶에 하나님이 주신 약속은 무엇인가? 우리는 약속을 따라 사는 사람인가 아니면 그때그때 상황을 따라 이렇게 저렇게 하는 사람인가? 우리의 삶에 중요한 원칙은 무엇인가?

2. 종이 이삭의 아내감을 구하는 원칙은 무엇인가? 그가 물 달라 하였을 때, 자신에게만 아니라 그 약대들을 위한 물까지도 배려하는 것이 원칙이었다. 그리고 자신과 함께 가나안으로 따라가겠다는 것이었다. 두 번째 원칙은 약속의 땅인 가나안과 연관된 원칙이고 첫 번째 원칙은 다름 아닌 나그네를 대접하는 자세와 연관된 원칙일 것이다. 아브라함은 그를 찾아온 나그네를 극진히 대접하였고, 롯 역시 소돔성을 찾아온 나그네를 대접하였다. 즉, 하나님 여호와를 섬기는 이들의 삶의 중요한 공통점은 나그네를 대접하는 자세였다. 아브라함의 종이 먼 길을 찾아가서 그 주인의 친척을 만날 때 한 사람 한 사람에게 물어서 찾는 것이 아니라 먼 길을 떠나온 나그네에게 어떻게 대접을 하는가를 가지고 찾아간 것이다. 나그네를 대접하는 것은 하나님 백성의 특징이다. 자신의 동네 사람이 아닌 사람, 낯선 사람, 연약한 사람을 대접하는 것이 하나님 백성의 특징이다.

아브라함을 부르신 목적

아브라함에게 주신 약속은 땅과 자손, 열방에 미치는 복이다. 창세기 18장 18-19절은 이 약속의 의미에 대하여 보여주고 있다. 비록 지금은 아브라함이 한 가족에 불과하고 자신의 땅도 없는 사람이지만, 마침내 아브라함은 강대한 나라가 되고 천하 만민은 아브라함 때문에 복을 받게 된다. 아무도 이 한 사람과 이 한 가족에게 주목하지 않지만, 오직 하나님의 눈이 그들에게 있다. 하나님께서 그에게 땅과 자손의 약속을 주시는 까닭은 무엇인가?

> "내가 그로 그 자식과 권속에게 명하여 여호와의 도를 지켜 의와 공도를 행하게 하려고 그를 택하였나니 이는 나 여호와가 아브라함에게 대하여 말한 일을 이루려 함이니라" 창18:19

이 구절에서 보면 하나님께서 아브라함을 부르신 까닭은 그로 하여금 여호와의 도 즉 "의와 공도"를 행하게 하려는 목적에서였다. 즉, 아브라함이 자녀에게 명하여 의와 공도 혹은 정의와 공평을 행함으로 여호와의 도를 지키게 하려고 하나님께서 아브라함을 선택하셨다는 것이다. 그러므로 하나님께서 아브라함에게 자녀를 주시는 까닭은 공평과 정의를 행할 주인공, 사람이 필요한 까닭이며, 땅에 거하게 하시는 까닭은 공평과 정의를 행하고 이루어갈 공간이 필요한 까닭이라고 할 수 있다. 아브라함이 이러한 삶을 살 때에 열방이 아브라함으로 말미암아 복을 받게 된다. 하나님이 아브라함을 아셨다는 것은 바로 이러한 것을 의미한다. 그러므로 아브라함의 특권은 천하 열방을 위하여 공평과 정의를 행하는 삶으로 부름 받았다는 점이다. 우리는 특권 그러면 흔히 우리만이 누릴 수 있는 어떤 혜택 같은 것을 생각하지만, 실상 이스라엘의 특권은 하나님의 규례와 법도를 행하는 삶으로의 특권인 것이다. 구약의 여러 구절에서 공평과 정의는 하나님께서 세상을 다스리시는 원칙으로 소개된다.시33:5, 89:14, 97:2, 99:4 아울러 공평과 정의는 다윗의 뒤를 이을 왕의 통치 원칙이라는 점에서 메시아의 통치 원칙이라고 할 수 있다.사9:7; 렘23:5 그러므로 공평과 정의를 행하는 삶은 하나님을 닮는 삶Imitation of God이요, 하나님 나라를 이루는 삶인 것을 알 수 있다.

아브라함에게 주어진 땅과 자손의 약속은 그 자체를 위해 존재하지 않는다. 땅과 자손의 약속은 그 주어진 땅에서 주어진 자손에게 명하여 이루어지는 공평과 정의의 나라로 연결되며, 하나님 나라로 연결된다. 그러므로 아브라함은 하나님 나라를 이루도록 하나님께 부름 받은 존재라고 말할 수 있다. 공평과 정의의 삶은 하나님을 닮아가는 삶이라는 점에서, 어떤 특정한 형태의 삶을 지시하는 것이지 않다. 공평과 정의의 삶은 우리가 살아가는 모든 일상 속에서 하나님을 닮아 다른 이웃을 긍휼히 여기고 이웃의 슬픔과 괴로움에 동참하며, 하나님께서 주신 각자의 기업과 자유를 누리며 살도록 돕는 삶을 의미한다고 할 수 있다. 그런 점에서 공평과 정의는 한마디로 "하나님의 의"를 이 땅에서 구하는 것이라고 할 수 있을 것이다. 아브라함부터 이어져 가는 약속은 단지 한 가족한 민족에 대한 약속만이 아니라, 하나님 나라에 대한 약속이 이어져 가는 것이라고 할 수 있다. 아울러, 아브라함에게 이러한 사명을 주시며 세상에 보내신 분이 하나님이심을 기억할 때, 인류를 향한 하나님의 선교 mission of God, 하나님의 보내심, 하나님의 일이 시작된 것으로 아브라함 사건을 이해할 수 있을 것이다. 흔히 선교는 신약적인 개념이라고 생각하지만, 이미 아브라함에서부터 온 세상을 향한 하나님의 선교의 시작을 우리는 확연하게 볼 수 있다.

많은 백성의 생명을 구원케 하시는 하나님

요셉은 형들의 미움과 시기 때문에 몇 푼 돈에 애굽 땅에 종으로 팔려가는 신세가 되고 만다. 당시에 그의 나이는 17세로 소개된다. 어린 나이에 애굽의 보디발이라는 사람의 종이 되지만, 요셉은 그곳에서 하나님께서 그와 함께 하심을 경험하였고, 사람들도 요셉의 하나님이 요셉과 함께하시는 것을 알 수 있었다. 그러자 요셉으로 말미암아 보디발 집의 모든 일에 복이 내렸다. 그러나 다시 요셉은 누명을 뒤집어쓰고, 이번에는 감옥에 갇히고 만다. 하나님과 함께 행하고, 맡긴 일을 제대로 감당하지만, 요셉에게는 계속해서 억울하고 고통스러운 일이 생긴다. 감옥에서도 요셉은 충실하였고, 하나님이 그와 함께 하시니 감옥의 모든 일들에 하나님의 복이 임하였다. 감옥에서의 시간을 통해 요셉은 옥에 갇힌 애굽 관리를 도와주게 되었고, 관리는 요셉이 나갈 수 있도록 돕겠다 했지만, 막상 자신이 밖으로 나가자 그는 이 모든 사실을 모두 잊어버렸다. 요셉은 꼼짝없이 3년의 세월을 더 옥에서 보내야 했다. 애굽의 왕 바로가 꾼 꿈을 해석하게되어 마침내 감옥에서 나가 애굽의 총리 대신이 된 요셉은 총리로서 자신에게 맡긴 일, 7년의 풍년과 7년의 흉년을 관리하는 일을 지혜롭게 해낸다. 풍년 동안 곡식을 충분히 저장하고, 흉년이 닥쳐오자 사람들에게 곡식을 배분한 것이다. 그리고 그와 더불어 애굽의 모든 토지를 사들여서 전부 왕의 토지로 삼았다. 대신 누구든 농사짓기를 원하면 20퍼센트의 세금을 내는 조건으로 원하는 농지를 빌려 주었다. 이제 애굽은 토지 소유의 많고 적음에 따른 불평등이 사라져 버린 것이며, 누구든 일하고 싶은 사람은 땅을 얻을 수 있게 된 것이다. 아울러, 곡식을 잘 관리하고 나누어 줌을 통해, 7년 흉년 동안 굶어 죽을 뻔했던 수많은 사람의 생명을 살릴 수 있었다. 참으로 요셉은 엄청난 고생을 겪었으나, 하나님은 요셉을 통해 그가 가는 곳마다 생명을 풍성하게 하셨고, 마침내는 수많은 사람의 생명을 살리신 것이다. 그러므로 요셉에게는 보디발의 집에 종으로 있으나, 감옥에 죄수로 있으나, 나라의 총리로 있으나, 별반 큰 차이가 없었다. 어디에서건 하나님은 요셉과 함께하셨고, 그는 자신에게 맡긴 일을 잘 감당함을 통해, 주변의 많은 사람에게 복이 임하게 하였다. 그리고 이 요셉은 아브라함에게 주신 약속, 요셉의 올바른 삶으로 말미암아 땅의 모든 사람이 복을 받게 되는 일이 실제로 이루어졌음을 보여주고 있다. 그러므로 요셉은 하나님의 약속대로 사는 삶의 결과요, 열매라고 할 수 있다.

　야곱이 죽은 후에 형들은 요셉에게 복수를 당하는 것은 아닌지 불안에 떨게 된다. 그들은 하나님의 약속도 모르고 하나님이 어떻게 행하시는지 무엇을 원하시는지도 모르기 때문에 그러한 두려움에 사로잡히게 된다. 그러나 요셉에게는 전혀 형들을 해칠 의도가 없었다. 왜냐하면, 그는 자신의 삶에 두신 하나님의 뜻을 알았고, 하나님께서 아브라함과 그 자손에게 두신 뜻을 알았기 때문이다. 그것은 그로 말미암아 "많은 백성의 생명을 구원"하는 것이었다.창50:20 아브라함의 후손은 세상에서 공평과 정의를 행하며 살고 그로 말미암아 열방이 구원을 경험하게 된다. 이러한 구원은 단지 요셉과 야곱의 후손들에게만 미치는 것이 아니라 그야말로 모든 열방에게 미친다. 그렇기에 요셉은 어디에 가든지 한결같은 자세로 살아간다. 애굽의 총리대신이 되었을 때에도 애굽의 흉년을 이용하여 애굽 백성 전체의 사유재산을 거두어 들이고 왕 앞에서 공평하게 그 땅의 경작권을 나누어 지니게 한다. 하나님께서 주신 약속과 그 약속을 붙잡고 살아간 하나님의 사람의 모습이 아브라함과 요셉에게 담겨 있다.

오늘 배운 내용을 정리하며 나누어 봅시다.

1. 아브라함은 축복의 통로로 부름 받았습니다. 이 말의 의미는 무엇일까요?

2. 똑같이 가나안 땅으로 가고자 했던 데라와 아브라함의 차이는 무엇입니까?

3. 하나님께서 아브라함을 부르신 목적, 땅과 자손의 복을 주시는 목적은 무엇입니까?

4. 아버지 야곱이 죽은 후에 형들은 요셉에게 보복당할까 두려워합니다. 그러나 요셉은 형들을 해칠 마음이 없었고, 진작에 형들을 용서했습니다. 요셉이 이렇게 형들을 용서할 수 있는 까닭은 무엇입니까?

9. 출애굽기

출애굽에서 모압 평지까지

출애굽기에서부터 신명기까지의 내용은 대략 다음과 같이 크게 나누어볼 수 있다.

출애굽 이야기: 출 1:8-15:21

광야 여정의 시작: 15:22-18:27

시내산 언약: 19:1-레, 민 10:10

40년 광야 방황: 민 10:11-20:13

요단 동편을 경유한 진격: 20:14-신 33

모세의 죽음: 신 34:1-12

부르짖음을 들으시고 기억하시는 하나님

구약성경의 두 번째 책인 출애굽기는 애굽에 내려간 야곱의 열두 아들들의 이름을 열거하는 것으로 시작한다. 훗날 이 열두 명의 아들들이 이스라엘의 열두 지파를 이루게 된다는 점에서, 출애굽기의 시작은 이스라엘 민족의 시작을 알리고 있다. 이 열두 명과 더불어 애굽에 머무르는 야곱의 후손들은 모두 칠십 명이었고, 애굽에서 이들은 생육하고 번성하여 그 수가 커졌다. 이들의 번성에 두려움을 느낀 애굽은 이에 대해

"지혜롭게" 대처할 필요를 느끼게 되고, 그 결과로 이스라엘 자손들을 가혹한 강제 노동으로 혹사하고 학대한다. 당시 애굽의 바로pharaoh는 국가의 양식 등을 저장해둘 필요로 비돔과 라암셋을 건축하였고, 이 성들의 건축에 이스라엘 자손들을 동원하였다. 학대와 강제 노동 등으로도 모자라, 새로 태어나는 이스라엘 남자 아이들을 무조건 죽이라는 참혹한 명령까지 내려지지만, 그럼에도 이스라엘 자손의 수는 날로 불어났다. 폭력적인 권세를 지닌 이들은 억압과 학대를 통해 사람들을 위축시키고 짓밟고 지배할 수 있다고 생각하지만, 항상 역사는 그들의 생각과는 정 반대로 흐르기 마련이다. 가인이 죽인 아벨의 피, 노아 시대에 가득하던 폭력으로 말미암아 심판하시는 하나님은 애굽의 폭력과 억압에 대해 새로운 역사를 이루어가신다. 그 출발은 이스라엘의 부르짖음이다:

> "여러 해 후에 애굽왕은 죽었고 이스라엘 자손은 고된 노동으로 말미암아 탄식하며 부르짖으니 그 고된 노동으로 말미암아 부르짖는 소리가 하나님께 상달된지라 하나님이 그들의 고통 소리를 들으시고 하나님이 아브라함과 이삭과 야곱에게 세운 그의 언약을 기억하사 하나님이 이스라엘 자손을 돌보셨고 하나님이 그들을 기억하셨더라"출2:23-25

가혹하고 극심한 노동으로 말미암아 고통스러운 지경에 처한 이스라엘 자손이 신음하며 부르짖을 때, 그 고통으로 인한 부르짖음은 하나님께 올라가게 된다. 여기에서 하나님은 노예들이 강제 노동으로 인하여 내뱉는 탄식과 한숨, 그리고 그로 인한 부르짖음을 들으시는 분이며, 가혹한 억압과 압제 속에 신음하는 이들을 들으시는 분이다. 그때 하나님은 아브라함과 이삭과 야곱에게 세우셨던 언약을 기억하셨다.출2:24 하나님은 무엇을 잊어버리는 분이 아니시다. 하나님이 기억하셨다는 표현은 하나님의 놀라우신 구원 행동의 시작을 알리는 것이다.

25절을 직역하면, '하나님께서 이스라엘 자손들을 보셨고, 하나님께서 아셨다'라고 할 수 있다. 하나님은 그들의 고통 소리를 들으셨고, 그들이 어떤 처지에 있는지 보셨고, 그들을 아셨다. 사람들의 귀는 목청 높은 큰 소리를 따라가고, 눈은 크고 화려한 것을 쫓아가지만, 하나님께서는 강제 노동으로 신음하는 노예들의 숨죽인 부르짖음과 탄식 소리를 들으시며, 하나님께서는 그들의 형편과 눈물을 보시고, 그들을 알아주신다. 이제 하나님께서 이들을 위해 행하실 것이다.

모세

이스라엘을 건지려고 하나님께서는 한 사람 모세를 부르신다. 출애굽 과정에서 모세가 차지하는 역할은 두드러진다. 그러나 이것은 모세 개인의 위대성을 돋보이게 하려는 것과는 상관 없다. 창세기에서 아브라함은 아주 중요한 인물이지만, 그가 그저 완벽한 한 인간임을 보이는 것이 아니라, 약속을 따라 살아가는 삶이 무엇인지 그를 통해 드러나게 된다. 그리고 그를 통해 열방이 복을 받게 된다. 마찬가지로, 모세는 이스라엘을 위해 하나님께 부름을 받으며, 그의 순종과 삶을 통해 이스라엘이 하나님께로 나아가게 된다. 실제로 그는 하나님의 소명에 대해 여러 차례 거부하며 주저한다. 그가 부름 받던 나이가 80세였다는 점, 그가 이미 나이 40에 실패를 한 경험이 있다는 점도 그의 주저함의 원인이었을 것이다. 하나님의 부르심에 대해 모세는 "내가 누구이기에 이스라엘 자손을 애굽에서 인도하여 내리이까"출3:11, "나는 본래 말을 잘 하지 못하는 자니이다 … 나는 입이 뻣뻣하고 혀가 둔한 자니이다"4:10, "보낼

만한 자를 보내소서"4:13 라고 대답하는데, 자신의 부족함과 한계가 그의 주저와 머뭇거림의 최대의 원인들이다. 그에 대해 하나님은 "내가 반드시 너와 함께 있으리라"3:12, "이제 가라 내가 네 입과 함께 있어서 할 말을 가르치리라"4:12로 답하시며, 모세의 형 아론을 함께 일할 동역자로 세워주신다. 하나님께서 명령하시는 것을 감당할 때, 우리는 언제나 우리 스스로의 부족함을 보지만, 하나님은 언제나 하나님께서 함께하심을 확인시켜 주신다. 능력은 우리 자신에게 있는 것이 아니라, 하나님의 함께 하심에 있다. 그러므로 출애굽 과정에서 드러나는 것은 모세가 아니라, 약속을 기억하신 하나님이 행하신 놀라운 구원사역이다. 그리고 모세는 이러한 하나님의 위대한 구원의 대행자였으며, 그 길에 아론도 동행하고 있다.

열 가지 재앙

모세와 아론은 애굽의 바로를 찾아가서 "내 백성을 보내라"고 선포한다. 당연히 바로는 이들의 말을 무시하고 거절하며, 일이 없으니 이런 소리를 한다면서, 이스라엘 자손에게 더더욱 가혹하게 일을 시킬 것을 명령한다. 이로 말미암아 이스라엘 백성들은 불평하고 원망하지만, 이제 바로와 애굽, 그리고 이스라엘 자손은 하나님께서 모세를 통해 행하시는 놀라운 일들을 경험하게 된다. 말씀을 따라 하나님과 함께 시작할 때, 도리어 힘겹고 안 좋은 일이 생길 수 있지만, 그것은 하나님께서 행하시는 놀라운 일들의 시작에 불과하다.

모세가 지팡이를 애굽의 물 위에 내밀매, 모든 물이 피로 변하였다.7:19-25 모세가 물 위에 지팡이를 내밀매 이제 모든 물마다 개구리들이 뛰쳐나와 육지에 가득하였다.8:1-7 지팡이로 땅을 치니 땅의 티끌이 다 이가 되어 사람과 가축에게 올랐다.8:16-19 파리떼가 온 애굽 집집에 가득하였다.8:20-24 가축들에게 돌림병이 생겨 다 죽었고9:1-7, 애굽 온 사람들과 짐승에게 악성 종기가 생겼으며9:8-12, 애굽 온 땅에 우박과 불덩이가 내려 모든 곡식을 상하게 하였다.9:13-35 모세가 애굽 땅 위에 지팡이를 내미니, 온 땅에 메뚜기가 습격하여 우박에 상하지 않은 채소와 나무 열매를 먹어 버렸다.10:12-15). 애굽 온 땅에 삼 일간 어둠이 임하였고10:21-23, 마지막으로 애굽의 모든 첫째 소생들이 죽임을 당하기에 이르렀다.12:29-30 첫 번째, 네 번째, 일곱 번째 재앙들은 모두 모세가 아침에 바로에게 나아가서 경고한 것으로 시작하고, 두 번째, 다섯 번째, 여덟 번째 재앙들은 모두 모세가 바로에게 경고하는 것으로 시작하며, 세 번째, 여섯 번째, 아홉 번째 재앙들은 경고 없이 모세가 바로 재앙이 임하게 하는 것으로 시작한다. 그러므로 각 재앙은 셋씩 한 묶음이라고 볼 수 있을 것이며, 열 가지의 재앙들이 일정한 패턴을 따라 정리 배열되었다고 말할 수 있다. 7일간의 창조가 문학적 패턴을 따라 서술되었듯이, 열 가지 재앙 역시 잘 다듬어 지고 손질되어 있다고 볼 수 있다. 이러한 패턴을 통해 하나님께서 애굽의 모든 영역을 주관하시고 장악하고 계심이 증거되고 있다. 그리고 열 번째 재앙은 이상의 패턴과 분리되어 서술되고 있다는 점에서, 재앙의 절정이라고 할 수 있다. 그 밤에 하나님께서 애굽의 모든 처음 난 것들을 죽이시되, 어린 양의 피를 문에 바른 이스라엘 자손들의 집은 건너가셨다. '건너가다' 라는 말에서 나온 것이 이날 밤을 기념하는 절기인 "유월절Passover"이다. 유월절은 본디 유목민들의 봄축제와 연관된 것이다. 한 해의 첫 목축을 시작하면서 어린 동물을 잡아먹고 누룩을 넣지 않은 빵과 사막의 나물을 먹었던 것이다. 그러나 이스라엘은 이러한 유월절 절기를 지키면서 그 의미를 변화시키고 있다. 그들에게 있어서 유월절은 하나님이 행하신 구원을 기념하는 날이며 그들의 해방을 기리는 날인 것이다. 이방의 유목민들은 액운을 막느라 어

구약의 숲

린 동물을 잡지만, 이스라엘은 그들이 먹은 어린 양의 피를 문에 바르면서, 이것이 자신들의 집을 구원하는 표징이 된다고 여긴 것이다.

열 가지 재앙이라지만, 사실 한 가지 재앙이 더 남아 있다. 그것은 열 번째 재앙 이후 이스라엘이 애굽을 떠나지만, 이를 후회하여 다시 이들을 추격한 바로와 애굽 군대가 홍해에 수장되어 버린 사건이다. 이러한 사건의 의미에 대해 성경은 "애굽 사람들이 나를 여호와인 줄 알게 하리라"로 풀이하고 있다.14:4 그리고 그를 통해 이스라엘 자손은 하나님의 큰 능력을 보게 되었고, 하나님을 경외하게 되고 하나님의 종 모세를 믿게 되었다.14:31 결론적으로 열 가지 재앙을 비롯해 하나님께서 홍해를 가르셔서 이스라엘을 건져 내시고 애굽에게 재앙을 내리신 것은 하나님의 하나님 되심, 하나님의 능력과 권세를 증거하시고, 이스라엘 자손으로 그 하나님을 신뢰하게 하는 데에 그 뜻이 있었다고 할 수 있다. 열 가지 재앙과 홍해 사건에서 때로 바로는 자신의 마음을 완악하게 먹기도 하고, 하나님께서 그의 마음을 완악하게 하시기도 하는 것을 볼 수 있다. 재앙 초반에는 스스로 마음을 완악하게 하지만, 재앙 후반으로 가면서 하나님께서 그의 마음을 완악하게 하신다. 이것은 하나님과 진리를 거

역하다 보면 "will not" 순종하려해도 할 수 없게 된다 "cannot"는 것을 말해준다고 볼 수도 있다. 혹은 스스로 마음을 완악하게 하면, 하나님께서는 그들의 마음을 갈수록 완악하게 하신다고 말할 수도 있을 것이다. 사람의 마음과 그에 따른 결정이 우리의 자유로운 선택이지만, 그 선택 역시 전적으로 하나님의 통제 아래 있음을 보여준다.

출애굽 시기

출애굽의 연대에 대해서는 아직도 확정적으로 말할 수 없다. 주전 1720년 이래 애굽 외부에서 진격해온 이들에 의해 애굽이 지배되었는데, 이 시기를 힉소스 시대라고 부른다. 주전 1550년경에 애굽 토착 왕조가 회복되어 18 왕조를 열었으며, 주전 1305년 세토스 1세에 의해 19 왕조가 시작되었다. 이 왕조의 두 번째 왕인 라암세스에 의해 대규모 건축 공사가 이루어졌다.

이스라엘 민족의 애굽 체류기간이 400년 혹은 430년이라고 할 때, 요셉이 총리대신이 된 것과 요셉의 가족들에 대한 애굽 바로의 호의는 요셉 당시의 바로가 요셉과 똑같은 셈족인 힉소스 통치자 중의 하나가 아닐까라는 가능성을 제기한다. 그리고 요셉을 알지 못하는 바로는 이러한 힉소스를 몰아낸 18 왕조나 19 왕조의 바로일 가능성이 있을 것이다. 출애굽기는 이러한 일들이 얼마 안되는 짧은 시간에 일어난 것처럼 그리고 있지만, 실제로 400여 년의 세월이 그 안에 담겨 있다. 그리고 출애굽기 1장은 이스라엘이 애굽의 국고성인 비돔과 라암세스를 짓는데 동원되었다고 알리고 있다. 이러한 점은 이스라엘을 압제한 바로가 19 왕조의 세토스 1세일 가능성을 보여준다.

아울러 이 시기의 문헌들에 빈번히 나타나는 표현 가운데 "하비루/하피루"는 일찍부터 학자들의 주목을 끌었다. 이들에 대해서는 미에룹의 설명으로 충분할 것이다.

"대개의 경우 이들은 빚에 허덕이다가 도시를 탈출한 노동자들이나 노예들이었다. 그들이 몸담았던 공동체와 연을 끊고 국가의 관리가 미치지 않는 도망자들의 무리에 합류하여 쉽게 접근하기 어려운 유목 지역에 머물렀다. 당시 근동의 모든 나라들은 이들의 존재를 알고 있었으며, 민족이나 부족 집단이 아니라 자신의 나라나 마을을 탈출한 '사회적 무리'였다. 이들에 대한 도시민들의 태도는 적대적이었으며, 이들 하비루들이 마을이나 도시를 습격하는 사례들이 잦았다. 동시에 도시는 이들의 노동력을 필요로 하기도 하였다"마르크 미에롭, 『고대 근동 역사』, 252-253

이러한 정황은 출애굽기가 다루는바, 애굽을 탈출한 노예 집단으로서의 이스라엘을 연상시킨다. 출애굽의 연대 문제가 명확하지 않지만, 메르넵타의 석비는 출애굽 연대의 하한선이라고 할 수 있다. 이 석비에는 다음과 같은 내용이 실려 있는데, 이 석비의 연대인 주전 1230년경에 이스라엘이 가나안땅에 존재했다는 점을 보여주고 있다.

"방백들은 꿇어 엎드리며 "자비를"이라고 외친다 / 무릎꿇은 아홉 명 가운데서 머리를 드는 자가 하나도 없다 / 테헤누는 황폐해졌고, 하티는 평정되었다 / 온갖 악이 횡행하던 가나안은 약탈되었다 / 아스글론은 사로잡혔고, 게셀은 장악되었다 / 야노암은 아예 존재하지 않은 것처럼 되었다 / 이스라엘은 황무해졌고, 그 씨가 말랐다 / 후루는 이집트를 위한 과부가 되었다 / 온 땅이 평정되었다 / 소요를 일으켰던 자들은 모두 결박되었다"J.M 밀러, J.H. 헤이스, 『고대 이스라엘 역사』72-73

출애굽 연대의 정확한 설정의 어려움으로 말미암아, 어떤 이들은 단번에 이루어진 출애굽이 아닌 여러 번에 걸쳐 이루어진 출애굽을 말하기도 한다. 성경은 출애굽 사건을 한 번에 일어난 사건으로 그리고 있지만, 실제의 출애굽은 지속적으로 일어난 사건일 수 있다는 것이다. 이 경우 "출애굽"은 하나 혹은 두 개의 출애굽 사건들, 심지어는 수백 년 동안 애굽으로부터 이스라엘 백성들이 점진적으로 이동한 사건 전체를 포함한다는 말이 된다. 이러한 견해를 고려한다면 출애굽의 특정한 날을 찾으려는 것은 무익한 시도일 것이다. 이 경우, 주전 15세기부터 12세기에 이르는 동안 전체가 출애굽의 배경이 될 수 있을 것이다.

시내산에서: 하나님의 이름

애굽으로부터 피신해 미디안에 거하던 모세는 하나님을 만나게 된다. 자신을 이스라엘 자손에게로 보내시는 하나님의 이름을 모세가 물을 때에, 하나님께서는 "나는 스스로 있는 자이니라 I AM WHO I AM"고 대답하신다.3:14 이 이름의 의미에 대해, '있게 하시는 하나님' 이라고 풀이하기도 하고, '존재하시는 하나님' 으로 보기도 한다. 한편, '나는 있을 것이다' 로 번역하기도 한다. 이러한 각각의 이해는 창조주 하나님, 하나님의 주권, 동행하시며 초월해 계시는 하나님의 모습을 각각 담고 있다. 아울러 하나님께서는 그 이름을 알리셨지만, 여전히 사람들에게 종속되지 않으신다는 점도 유의해야 할 것이다. 사람들은 하나님의 이름을 알지만, 그 이름의 의미는 명확하지 않다. 오히려 하나님의 이름은 그 이름을 꾸며주는 내용이 무엇이냐에 따라 좌우된다고 할 수 있다. 달리 말해, 하나님은 그 무엇에도 규정되지 않으시고 오직 하나님만이 스스로가 어떤 분이신지를 규정한다고 표현할 수 있다.

한 가지 더 언급할 것은 하나님의 이름을 구성하는 동사가 "하야"인데, 이 동사는 존재를 나타내는 동사라는 점이다. 그에 비해 우상을 가리키는 히브리말 단어엘릴의 의미는 '아무것도 아님'이다. 우상은 실체를 갖지 않은 허상인데 비해, 하나님은 이 땅에 구체적인 실재로 존재하신다. 하나님은 추상 가운데 계시는 것이 아니라 실재 가운데 계신다. 그러므로 여호와 하나님을 섬긴다는 것은 피와 살을 가진 구체적인 존재로서 이 땅에서의 삶을 주목하며, 이 땅에서 이루어져 가는 역사에 주목하는 것과 연관된다. 그에 비해 우상은 존재하지 않는 허상을 가시적인 형태로 만들어낸 것이다 보니, 역사에 관심이 있을 수 없다. 있다면, 사람들의 욕망의 투영으로서의 우상이기에, 역사에 대한 관심은 오직 욕망의 대상으로서의 역사뿐일 것이다. 그래서 우상 숭배와 연관된 역사는 오직 승리하고 정복하고 군림하고 차지하는 역사에 대한 추구뿐이라고 할 수 있다. 우상 숭배는 본질적으로 물질을 숭배하고 가시적인 결과를 숭배하게 될 수밖에 없다. 여호와 하나님 역시 보이지 않는 분이시지만, 그분은 존재하시는 분이며, 이 땅의 부르짖는 노예들의 신음 가운데 함께하시는 하나님이시다. 그래서 하나님은 역사 안에 현존하신다.

시내산에서: 법과 언약

출애굽기 18장까지가 애굽에서의 노예 생활과 애굽을 떠나 광야를 거쳐 시내산까지 이르기는 과정을 다루고 있다면, 19장부터는 시내산에 도착한 이스라엘을 다루고 있다. 이스라엘을 건지신 하나님께서는 시내산에서 이스라엘과 언약을 맺으신다. 하나님은 이스라엘을 하나님의 소유, 제사장 나라, 거룩한 백성으로 삼으시면서, 이스라엘 편에서는 하나님께서 명령하시는 율법을 지킬 것을 요구하신다.19:5-6 이것은 하나님 백성이 되는 조건으로 무엇을 요구하시는 것이 아니라, 하나님의 은

십계명이 새겨진 돌판을 든 모세

혜로 건짐을 받고 노예에서 해방된 백성들로 하나님의 백성, 하나님의 다스리심을 받는 백성으로 살아갈 것을 명령하는 것이라고 할 수 있다. 율법은 은혜를 받기 위해 지켜야 할 것이 아니라, 은혜를 받아 자유케 된 후 하나님의 통치 아래 사는 영광스러운 삶의 길을 걸어가게 하는 지침들이다.

출애굽기 20장 1-17절은 십계명을 소개하고 있다. 십계명은 하나님 나라 백성의 삶의 기본적이고 근본적인 원칙들을 제시하고 있다. 20장 22절부터 23장 33절까지는 구체적으로 이스라엘의 일상에서 지켜야 할 보다 세부적인 지침과 명령들을 소개하는데, 이 부분을 가리켜 "언약서"24:7 혹은 '언약 법전'이라고 부른다. 십계명의 원칙을 세부적인 법들에 적용시킨 것이라고 볼 수 있다. 십계명은 하나님께 대한 명령1-4계명과 이웃에 대한 명령5-10계명으로 요약할 수 있다. '하나님을 사랑하라' 그리고 '이웃을 사랑하라'라고 할 수 있을 것이다. 이것들은 무서운 금지 조항과 사람을 얽매는 법률로 주어진 것이 아니다. 십계명의 서언은 하나님께서 이스라엘에게 행하신 위대한 구원을 전제로 하고 있다. 즉, 율법은 조건 없는 하나님의 은혜를 전제로 한 것이다. 은혜에 대한 응답으로서 율법은 주어진다. 포로 후기의 느헤미야서에서는 율법을 가리켜 "사람이 준행하면 그 가운데에서 삶을 얻게 하는 주의 계명"이라고 표현한다.느9:29

시내산에서: 성막과 금송아지

25장부터 31장 11절까지는 성막과 그 안에 비치되는 물품들을 어떻게 만들어야 하는지에 대한 지침들이 다루어진다. 그리고 35장 4절부터 39장까지는 그러한 지침을 따라 실제로 성막과 그 물품들을 만들었다는 내용이 이어진다. 성막에 대해 이렇게 많은 분량이 할애되고 내용이 반복되어 있다는 것은 성막이 하나님의 명령 그대로를 따라 지어졌음을 강조한다. 이스라엘 제도의 기원은 하나님께로부터 온 것이며, 모세는 이를 그대로 순종하여 성막을 짓는다. 사실 이것이야말로 모세의 위대함 중의 하나일 것이다.

성막은 이동할 수 있는 성소로서, 성소와 지성소의 두 부분으로 이루어진다. 지성소에는 언약궤가 들어 있고, 성소에는 향단, 촛대, 진설병이 있다. 성소 바깥의 뜰에는 번제단과 대야가 있다. 성막은 모형론적으로 여러 가지로 해석되었다. 무엇보다도 성막은 그의 백성들 가운데 거하시기를 원하시는 하나님의 바람을 그리고 있다. 신약의 사도 요한은 그리스도의 성육신을 보면서 "말씀이 우리 가운데 거하시니"라고 표현한다. 여기에서 '거하다'로 옮겨진 단어는 원래 '천막을 치다'는 의미를 지닌 동사라는 점에서, 구약 광야 시절의 성막과 연관된다고 볼 수 있다. 즉 주님께서는 그분의 육체로 우리 가운데 천막을 치셨다는 것이다.

하나님의 말씀을 따라 성막이 완성되고 세워졌을 때, 하나님의 영광이 성막에 임하였다. 40장 34-36절을 읽어보자. 성막에 임하시는 하나님의 영광은 이제 후로 이스라엘의 진로를 결정하게 된다. 성막은 하나님의 임재를 상징한다. 이곳에서의 제사를 통해 하나님은 이스라엘을 용납하시고 이스라엘은 하나님의 말씀과 은혜를 받는다. 하나님의 거룩성과 초월성에도 불구하고, 하나님은 그 나타남의 자리를 백성들 가운데 두신 것이다.

성막 단락의 한가운데인 32-34장에는 금송아지 사건이 놓여 있다. 모세가 시내산에 오른 동안 그 시간을 제대로 기다릴 수 없었던 이스라엘 자손은 아론을 충동하여 금으로 된 눈에 보이는 형상을 만든다. 그리고 이렇게 만들어진 금송아지의 핵심은 "우리를 위하여 우리를 인도할 신"32:1, "자기를 위하여 송아지를 부어 만들고 그것을 예배"하는 것32:8, "자기들을 위하여 금 신을 만들었"던 것32:31이었다. 이러한 신의 존재 목적은 본문이 알려 주는 대로 "우리를 위하여"이다. 우리를 위한 신, 나를 위한 신, 나의 목적과 바람을 성취하는 신, 그것이 지금 이 백성들이 아론에게 요구하는 내용의 본질이었다. 그렇다고 하여 이 백성들이 여호와 하나님을 버린 것인가? 꼭 그렇지만은 않다. 백성들의 요구는 모세는 전혀 소식이 없으니 우리에게 응답하고 우리를 이끌어갈 신의 형상을 만들어 달라는 것이며, 이렇게 만들어진 금으로 된 송아지 형상을 향해 이 백성들이 예배하며 여호와의 축제를 지키는 것을 볼 수 있다는 점에서, 여전히 이들은 여호와를 섬기고 있음을 알 수 있다. 지금 이들이 요구하는 것은 여호와를 예배할 테니 눈에 볼 수 있는 그의 형상, 그의 상징을 만들어 달라고 요구하는 것이라고 할 수 있다. 그들에게는 절하고 엎드릴 대상이 필요했다. 자신들의 삶을 맡기고 인생의 좋은 길을 알려 주도록 예배하고 절할 누군가가 필요했다. 어쩌면 그것이야말로 종교의 근본적인 목적일 수 있겠다. 그래서 사람들은 종교를 가지고 자신의 마음과 삶을 거기에 의지하는 것을 볼 수 있다. 그리고 이를 위해서라면 자신의 귀한 재물도 얼마든지 내어 놓을 수 있다. 아론이 백성들에게 각자가 지닌 금 고리를 가져오라 명하였더니 모든 백성이 가져왔고, 그것으로 금 송아지를 만들었다. 그리고 그 앞에서 이 백성들은 제물을 드리고 제사를 드리고 기뻐한다. 얼마든지 이 종교를 위해 자신의 재물을 드리고 자신에게 소중한 것들을 드릴 수 있는 것이다. 이 모든 드림과 헌신의 근본에 있는 것이 무엇인가? "우리를 위하여"이다. "자기를 위하여"이다. 자신을 위한 신, 자신의 만족과 기쁨을 위한 신, 자신의 욕망을 충족시키고 채우게 하는 신이야말로 이들의 바람이며, 이때 만들어진 금송아지 형상의 하나님의 의미이다. 하필 이 하나님을 만드는 재료가 금이라는 점도 의미 깊다. 동서고금을 막론하고 금 혹은 금덩어리는 사람들이 바라고 추구하는 것의 핵심이었고, 자신들의 금을 내어놓은 이들은 이제 금으로 된 번쩍거리는 하나님을 보며 기뻐하고 즐거워한다. 그리고 이 금덩어리로 된 하나님이 자신들보다 앞서 행하며 자신들이 갈 길을 인도하길 기대하고 구하는 것이다. 31절은 아예 이를 가리켜 "금 신"이라고까지 표현한다. 우리를 위한 신, 자기를 위한 신, 황금에 대한 모든 욕망과 갈망을 담은 신이 바로 이 금 신일 것이다. 더 큰 것을 얻기 위해서라면 먼저 자신의 금까지라도 포기할 수 있고, 예배할 수 있는 것이 사람들의 종교심일 것이다. 그리고 그것은 엄밀하게 말하면 종교심이라기보다는 욕망의 절정이라고 해야 할 것이다. 그래서 이왕이면 금으로 된 신, 금신을 보며 기뻐하는 것이다.

성막 본문 사이에 금송아지 사건이 놓여 있어서, 하나님의 성소로서 금송아지와 성막이 확연하게 대조되고 있다. 하나님께서는 이동형 성막을 세우시되 금송아지는 확고하게 배격하셨다. 하나님을 금을 이용하여 형상화하는 것은 철저하게 거부하시되, 하나님께서 그 영광의 임재를 드러낼 이동형 성소는 허락하신 것이다. 하나님은 그들 가운데 거하시기를 기뻐하시되, 어떤 형상으로 임하시지 않는다. 하나님은 사람을 통해 역사하시지만, 금으로 만들어진 송아지를 통해 역사하지 않는다. 비록 아론의 금송아지 역시 성막 재료들만큼이나 이스라엘의 드림을 통해 만들어졌음에도 하나님께서는 금으로 된 형상을 거부하셨다.

참고문헌

- 마르크 반 드 메에룹, 김구원 옮김, 『고대 근동 역사』, 기독교문서선
  교회역간, 2010.
- J.M. 밀러, J.H. 헤이스, 박문제 옮김, 『고대 이스라엘 역사』, 크리스
  찬다이제스트 역간, 1996.

오늘 배운 내용을 정리하며 나누어 봅시다.

1. 애굽에서 신음하는 이스라엘 백성들의 부르짖음을 하나님께서 들으신다는 것은 우리에게 어떤 의미일까요?

2. 모세의 위대함은 어떤 면에서 찾아볼 수 있을까요?

3. "나는 스스로 있는 자니라"는 하나님 이름의 의미는 무엇입니까?

4. 하나님께서 사람의 마음을 완악하게 하신다면, 사람에게는 책임이 없을까요?

5. 십계명과 율법의 근본정신에 대해 이야기해 봅시다.

6. 성막과 금송아지의 공통점과 차이점을 말해 봅시다.

10. 레위기와 제사

출애굽기 19장에서 시내산에 도착한 이스라엘에게 십계명으로 대표되는 규례들이 주어졌고, 하나님께서는 그들 가운데 거하심을 알리시는 성막을 세우게 하셨다. 당연히 다음에 다루어질 내용은 이 성막에서 이스라엘이 어떻게 하나님께 나아갈 것인가 이며, 이 내용은 레위기에서 다루어진다.

레위기

창세기의 히브리말 제목은 "베레쉬트" 처음에이고, 출애굽기는 "쉐모트"이름들였으며, 레위기는 "봐이이크라"이다. 이 말의 의미는 '그리고 그가 부르셨다' 인데, 레위기를 시작하는 첫 문장 첫 단어이다. 하나님께서 성막 혹은 회막에서 모세를 부르셨고, 모세에게 이제 회막에서 드려져야 할 제사와 규례들에 대해 말씀하실 것이다. 그런 점에서, 레위기의 제목은 레위기에서 다루는 내용의 출처가 바로 여호와 하나님임을 강조하고 있다고 할 수 있다. 영어 성경을 통해 한글 성경에까지 이른 제목인 "레위기"는 성소에서 제사 관련 기능을 담당하는 이들이 레위인이었다는 데에 착안하여 신구약 중간기에 붙여진 이름인 것으로 여겨진다.

레위기에는 매우 세밀하고 정교한 제사 제도가 소개되고 있어서, 이 책을 읽을 때에 인내심이 필요할 때가 많다. 그리고 여기에 실린 제사제도를 오늘날에는 더 이상 행하지 않는다는 점에서도 본문을 읽는 데에 거리감이 느껴진다. 그렇지만, 구약 이스라엘과 신약의 그리스도인들은 레위기를 하나님의 말씀으로 고백하고 간직하여 후대에 전하였다는 점에서, 레위기는 결코 포기하거나 등한시되지 않아야 할 하나님의 말씀이라고 할 수 있다.

실제로 레위기가 차지하는 중요성은 생각보다 훨씬 두드러진다. 구약 성경의 토대이며 근본을 이루는 책들이 오경창, 출, 레, 민, 신이라면 이 다섯 권의 책의 가운데에 놓인 책이 레위기라는 점에서, 자연스럽게 레위기는 오경의 중심이라고 생각할 수 있다. 창세기가 출애굽 사건의 배경을 보여주고 있다면, 신명기는 가나안 땅에 들어가서 행하여야 할 삶에 대한 모세의 고별설교를 다루고 있다는 점에서, 창세기와 신명기는 오경에 따로 분리되는 독자적인 위치를 지니고 있다고 할 수 있다. 그 사이에 놓인 출애굽기부터 민수기에 이르는 책들은 애굽 시절과 출애굽, 광야 방랑을 통해 하나님 백성의 형성, 그리고 하나님께서 그들과 맺으신 언약의 내용을 보여주고 있다. 출애굽한 이스라엘이 출애굽기 19장에서 시내산에 도착하게 되고, 민수기 10장 11절에서 드디어 시내산을 떠난다. 그렇다면 출애굽기 19장부터 민수기 10장 10절까지가 시내산에서 있었던 일, 시내산에서 주어진 하나님의 규례를 소개하는 부분이 되며, 그 가운데 레위기는 전부 시내산에서 주어진 율법을 소개한다. 이렇게 보면 오경의 중심이 시내산 본문이며, 시내산 본문의 중심이 레위기라고 말할 수 있을 것이다. 나아가 구약의 근본이 오경임을 고려할 때, 구약의 근본 중의 근본, 핵심 중의 핵심은 레위기라고 말할 수 있다. 그런 점에서, 한 율법학자가 예수께 나아와 구약의 핵심이 무엇인지를 물었을 때에, 예수께서 레위기의 한 구절을 인용하신 것마22:39은 결코 우연이 아닐 것이다.

하나님께서 아브라함과 맺으신 언약은 땅과 자손, 그로 말미암아 열방이 복을 받게 될 것이라는 내용을 담고 있다. 이를 위해 하나님은 아브라함을 부르셔서 하나님이 주신 땅 위에서, 하나님이 주신 자손에게 명하여 의와 공도, 공평과 정의를 행하는 삶을 살도록 명령하셨다. 공평과 정의는 하나님께서 세상을 다스리시는 원칙들이라는 점에서, 공평과 정의를 행하는 삶은 하나님의 나라, 하나님의 다스리심을 따르는 삶임을 이미 살펴본 적이 있다. 출애굽기에서도 그와 같은 내용이 있었다. 출애굽기 6장 6-7절은 하나님께서 애굽에서 신음하는 이스라엘 백성을 건져내시려는 까닭이 그들과 "너희를 내 백성으로 삼고 나는 너희의 하나님이 되리니"의 관계를 맺기 위함임을 알려 주고 있다. '내 백성-너희 하나님'은 하나님의 나라, 하나님의 통치 가운데 살아가는 이스라엘을 표현하고 있다. 그러므로 출애굽으로 이끄시는 하나님의 뜻은 아브라함에게 주신 언약의 성취라고 말할 수 있다. 그러면 하나님의 다스리심, 하나님의 나라 가운데 살아간다는 것은 무엇을 의미하는가? 십계명으로 대표되는 규례들은 하나님 주신 땅에서 하나님 나라의 백성으로서 이스라엘이 행하고 지켜야 할 삶의 내용으로 주어진 것들이라고 할 수 있다. 레위기의 말씀 역시 하나님의 나라 가운데 살아가는 백성들에게 주시는 규례라는 틀에서 이해되어야 할 것이다. 레위기는 하나님께서 이스라엘 가운데 마련하신 거처인 회막을 중심으로, 회막 앞에서 즉 여호와 하나님 앞에서 살아가는 삶의 내용들을 중점적으로 다루고 있다. 이스라엘의 모든 삶이 회막을 중심으로 이루어진다는 것은 그들의 모든 삶이 그들 가운데 거하시는 하나님을 중심으로 이루어진다는 것을 의미한다.

거룩

하나님을 중심으로 두고 살아가는 삶, 하나님의 백성으로 따로 구분된 삶을 가리키는 핵심적인 용어는 "거룩"이다. 이에 해당하는 히브리말의 가장 기본적인 의미는 '따로 떼어둠', '구별'이라고 할 수 있다. 같은 물건이지만, 특정한 목적을 위해 따로 떼어두면 그 물건은 '구별'된 것이며, '거룩'하다. 그러므로 '거룩'은 그 물건 안에 원래 들어있는 어떤 성질이지 않다고 할 수 있다. 원래부터 거룩한 것이 있는 것이 아니라원래부터 거룩한 존재는 오직 하나님 한 분이시다, 평범하던 것인데 특정한 목적을 위해 따로 떼어 두면 거룩하게 되는 것이다. 이스라엘에게 있어서 거룩의 유일한 원천은 하나님이시다. 그러므로 원래 거룩한 것이 아니었는데, 거룩하신 하나님을 위해 따로 떼어두면 그것은 거룩해진다.

이를 달리 표현하면, '거룩은 내재적이지 않고, 관계적이다'라고 할 수 있다. 어떤 물건이 일상생활에 사용되면 그냥 보통의 정상적인 물건이지만, 그 물건이 회막에서 사용되면 그 물건은 거룩하다. 회막 즉 하나님의 임재하심과 관계되면서 그 물건이 거룩하게 여겨지는 것이며, 그런 점에서 거룩은 관계적이다고 말하게 된다. 제사장들은 거룩한데, 그것은 그들의 성품의 문제가 아니라, 그들이 하나님께 제사하는 데 구별된 사람들이라는 점에서 비롯된 것이다. 모든 날이 다 의미가 있지만, 하나님께서 구별하시고 하나님께 제사하도록 명령받은 날들은 거룩한 날들인 절기가 된다.레위기 23장, 25장 어떤 특정한 행동이 거룩한 것이 아니라, 하나님의 명령을 따라 행하는 모든 것이 거룩하다. 그래서 레위기를 통해 주어지는 하나님의 명령은 다음과 같은 구절에서 명확하고 명료하게 드러난다:

"너희는 거룩하라 이는 나 여호와 너희 하나님이 거룩함이니라"레19:2

그런 점에서 레위기가 명하는 거룩한 삶의 근본에는 '구별된 삶'이 놓여 있다고 할 수 있고, 쉽게 말하면 이것은 하나님께서 이스라엘에게 요구하시는 '다른 삶'이라고 할 수 있다.

거룩을 주제로 지닌 레위기는 16장을 경계로 크게 구분된다. 1-16장은 어떻게 거룩하신 하나님 앞에 제사를 통해 나아갈 것인가를 다루고 있다면, 17장 이후는 하나님 앞에서 어떻게 거룩한 삶을 살아갈 것인지를 보여준다. 16장까지는 하나님께로 나아감을 다룬다면, 17장부터는 하나님 앞에서 세상을 향해 나아감을 다룬다고 말할 수도 있겠다. 이 가운데서도, 17-26장의 내용은 하나님께서 요구하시는 거룩한 삶의 내용들을 담고 있다는 점에서 흔히 "성결법전"이라고 불린다.

제사와 정결

이스라엘이 하나님께 자원하는 마음으로 예물을 드리고자 할 때에는 하나님이 정하신 규례를 따라야 한다. 하나님을 향한 자원하는 마음이 하나님의 정한 규례를 따라 표현되어야 한다는 것이다. 정해진 예물의 가축을 데려와서 그 위에 안수하고 직접 도살해야 하며, 제사장은 그 피를 제단에 뿌리고, 도살된 가축의 전부 혹은 일부를 제단 위에 올려놓고 불태운다. 제물이 불타는 향기가 하늘로 올라갈 때, 하나님께서는 그 향기를 기뻐 받으신다. 가축을 안수하여 하나님께 드린다는 것은 이렇게 드려진 가축이 예배하는 이를 대신하고 있음을 보여준다. 마땅히 자기 자신을 하나님께 드려야 할 것이지만, 자신을 대신하여 자신이 지닌 가축을 준비하여 하나님께 드린다. 그런 점에서 가축으로 드리는 제사의 본질은 자기 자신을 하나님께 드리는 것이라고 할 수 있다. 레위기 제사에서 빈번하게 쓰이는 '속죄하다'에 해당하는 히브리말 표현 "키페르"는 이러한 대신, 대체를 가리킨다고 여겨진다. 가령 레 1:4; 17:11

자원으로 드리는 제사들로는 번제, 소제, 화목제를 들 수 있다. 그에 비해 자신이 행한 일이 하나님의 규례를 어겼음을 뒤늦게야 깨달았을 때에 드려야 하는 제사는 속죄제와 속건제이다. 자신의 죄를 깨달았음에도 불구하고 제사를 드리지 않는다면, 자신의 죄로 제단과 공동체를 더럽히는 것이 될 것이며, 하나님의 심판을 받게 될 것이다. 그러므로 속죄제와 속건제는 이스라엘을 부지중에 지은 죄로부터 회복하고 정결케 하는 기능을 한다.

1-7장이 다섯 제사에 대한 규례였다면, 8-10장은 대제사장과 제사장이 최초로 세워지는 장면을 다루고 있다. 그리고 11-15장은 정결규례를 소개한다. 하나님의 부름을 받은 백성으로서 이스라엘은 자신들의 상태를 구별하여 하나님 앞에서 정결하게 살아야 한다. 그리고 이 일의 분별에는 제사장이 중대한 역할을 한다. 이것이 10:10이 의미하는 바이고, 11장 이후는 어떻게 제사장이 정과 부정을 판정할지를 일러 주고 있다.

하나님께 구별된 상태를 거룩이라고 한다면, 일상적인 상태를 일러 '속되다'라는 말로 표현할 수 있다. 통상적인 인상과는 달리 '속되다'는 말에는 부정적인 뉘앙스가 전혀 들어 있지 않다. 한편, 이스라엘과 어떤 짐승들의 일상적인 상태는 달리 '정결'이라고 표현된다. 정한 상태에 있는 사람이 특정한 상황을 만나게 되면 부정하게 되기도 한다. 이스라엘은 자신이 정한 상태인지 부정한 상태인지 유의해야 했다. 그리고 정한 상태일 때에 하나님께 예물 드릴 수 있었다. 여기에 소개된 규례들은 이스라엘이 언제 부정해지고 어떻게 정결을 회복할 수 있는지를 다루고 있다. 하나님의 백성으로 산다는 것은 그냥 아무렇게나 사는 것이 아니라, 하나님의 규례를 따라 자신을 살피며 살아가는 것을 의미한다.

16장은 속죄일 규례이다. 속죄일은 매년 7월 10일로, 이스라엘 민족 전체의 죄악을 정결케 하는 날이다. 이 날에 선택된 한 마리의 염소 머리

위에 아론이 두 손으로 안수한 채 이스라엘 백성의 모든 죄를 고백한다. 그리고 이 염소는 사람이 살 수 없는 광야로 보내진다. 백성의 죄를 짊어진 염소가 사라져 가는 모습은 백성들의 모든 죄가 사라져 가는 시각적인 장면이라고 할 수 있다. 속죄일 제사를 통해 이스라엘은 새롭게 되어 다시금 하나님 백성으로 일상의 삶을 살아갈 은혜와 힘을 얻게 된다. 그런 점에서 16장은 1-15장까지에 실린 하나님께 나아가 제사하는 이스라엘을 다루는 본문들의 결론이라고 할 수 있다.

하나님 앞에서 거룩한 삶

하나님께 제사하는 이스라엘은 이제 그들의 모든 일상을 하나님 앞에서 살아가야 한다. 원래 "하나님 앞에서"는 '회막 앞에서' 혹은 '회막에 임재하시는 하나님 앞에서'를 가리키는 말이지만, 이스라엘의 일상 어느 순간이든 살아계시고 함께 하시는 하나님 앞에서 살아가는 순간이라는 점에서, 이스라엘의 일상 전체가 하나님 앞에서의 삶임을 의미하는 것이 되었다고 할 수 있다. 17장이 제사에 관한 규례를 다루고 있고, 18-20장은 이스라엘이 금해야 할 이방 풍속과 따라야 할 풍속을 집중적으로 다룬다. 21-22장은 제사장들이 지킬 규례를 다루며, 23-25장은 절기를 다룬다. 26장은 축복과 저주를 다루고, 27장은 일종의 부록으로서 서원과 헌물에 대해 다룬다.

이상을 보면, 17장 이후가 다루는 영역은 제사와 예배 영역만이 아니라, 일상에서의 올바른 관계들도 포함한다는 것을 알 수 있다. 이러한 다양함을 잘 담고 있는 것이 19장이다. 19장의 첫머리는 앞에서도 보았듯이, 하나님의 거룩하심처럼 이스라엘도 거룩할 것에 대한 명령으로 시작되고 있다.[19:2] 그러면 하나님을 본받는 거룩한 삶에는 어떤 것들이 있는가? 부모를 경외하고[19:3] 헛된 신들을 섬기지 않고[19:4], 화목제 제사를 바르게 드리는 것19:5-8도 거룩한 삶의 내용이며, 추수할 때에 내가 가진 밭의 한 모퉁이를 가난한 사람을 위해 남겨 놓는 것19:9-10, 이웃의 월급을 제날짜에 늦추지 않고 주는 것19:13, 재판할 때에 불의를 행하지 않는 것19:15, 네 이웃을 네 몸처럼 사랑하는 것19:18도 포함되고, 노인을 공경하며19:32, 우리 땅에 같이 사는 외국인 나그네들을 잘 대접하는 것19:33-34, 장사할 때 저울을 속이지 않는 것19:35-36도 거룩한 삶의 내용이다. 레위기의 나머지 장들은 모두 단일한 주제와 내용을 지니고 있지만, 19장은 거룩이라는 주제 아래 매우 다양한 삶의 국면을 다루고 있음을 알 수 있는데, 이를 통해 거룩이 단지 제의적인 영역에 국한되지 않음을 알 수 있다. 거룩은 제사나 예배에 대한 부분뿐 아니라 일상의 모든 직업 생활에도 적용된다는 것을 알 수 있다.

희년

레위기 23장과 25장은 이스라엘의 절기를 소개하고 있다. 절기는 일주일 혹은 일 년마다 반복되어 지키는 것이라는 점에서, 일상에서의 거룩한 삶의 대표적인 표현이라고 할 수 있다. 절기의 기본은 주일마다 반복되는 안식일이다. 7일마다 하루를 일하지 않고 쉬면서 이스라엘은 하나님을 기억하고 함께 살아가는 사람들과 쉼을 누린다. 이러한 안식일의 정신이 매년 마다 반복되는 절기들에도 고스란히 이어지고 있으며, 7년마다 반복되는 안식년에도 이어진다. 7년마다 농사를 쉬고 땅을 쉬게 하는 안식년을 통해, 이스라엘을 풍성히 거하게 하시는 이는 하나님임을 기억하게 될 것이다. 또한, 안식년에 땅을 쉬게 하더라도 저절로 자라나는 작물들이 있기 마련인데, 그것들은 그 마을에 함께 사는 가난한 사람들과 들짐승들의 몫이 된다는 점에서, 안식년은 이스라엘이 혼자 자기 것을 주장하며 사는 것이 아니라, 함께 살아가는 공동체임을 증거하고 있다.

7년 안식년이 일곱 번 지난 다음해, 50년째 해는 희년禧年Jubilee으로 선포된다. 희년이 시작되면 "자유"가 선포되고, 모든 이스라엘은 원래의 땅, 원래의 가족에게 돌아가게 된다. 하나님께서 모든 이스라엘에게 경작하며 살아갈 땅을 얻게 하셨지만, 살다 보면 가난으로 말미암아 지니는 땅을 팔아야 하는 때가 있다. 그리고 그럼에도 불구하고 가난을 벗어날 수 없으면, 별 수 없이 아버지부터 시작해서 모든 가족이 남의 집에 품을 팔고 종처럼 지내야 하는 상황도 생긴다. 그럴지라도 희년이 되면 아무런 조건 없이 이스라엘은 처음 자신들이 물려받았던 땅을 되찾게 되고, 여러 곳에 뿔뿔이 흩어져 종살이하던 이들도 무조건 자유의 몸이 되어 가족들이 다시 모일 수 있게 된다. 이러한 희년규례의 근본정신은 모든 토지가 하나님의 것이라는 점레25:23, 그리고 모든 이스라엘은 하나님의 종레25:55이라는 점을 들 수 있다. 모든 땅이 하나님의 것이지만, 하나님께서는 이 땅을 이스라엘에게 유업으로 주셨다. 모든 이스라엘은 하나님의 종이지만, 하나님께서는 이스라엘을 애굽에서 이끌어 내어 자유케 하셨다. 땅이 자신의 것이 아니라, 하나님의 것이며, 다만 우리는 이 땅에서 나그네로, 잠시 맡은 자로 살아감을 보여주는 것이 희년법이다.

이러한 긴장이야말로 이스라엘이 이 땅에서 살아가는 방식의 본질이다. 애굽에서 그들은 종이요 나그네의 신분으로 살았으나, 하나님께서 그들을 건져 내시매 그들이 자유하게 되었다. 그렇지만, 광야 시절 동안에는 하나님이 주신 땅으로 가면서 역시 거류민으로 거하여야 했다. 마침내 가나안땅, 약속의 땅에 들어가게 되고 하나님께서는 그들에게 약속하신 땅을 유업으로 주셨다. 그러나 이 땅에서도 여전히 땅의 진정한 소유자는 하나님이시며, 이스라엘은 거류민임을 분명히 하신다. 그러므로 이스라엘은 애굽에서도 약속의 땅에서도 거류민이다. 애굽에서는 자유가 없는 거류민이되, 약속의 땅에서는 자유민으로 바로 서서 걷게 되었지만, 땅에 있어서는 여전히 거류민인 것이다. 그 땅을 마음껏 경작하고 가꿀 수 있지만, 땅을 사고팔 수는 없다. 그러므로 이스라엘의 약속의 땅은 정착하였으되, 정착하지 아니한 것과 같다고도 할 것이다. 그런 점에서 가나안 땅에서 아브라함의 삶은 나그네와 거류민으로 살아가는 이스라엘의 삶의 본보기라고 할 수 있다. 그러므로 아브라함과 조상들의 이야기는 단순히 과도기가 아니라, 이스라엘 신앙의 본질적인 차원을 담고 있다고 할 수 있다. 신약 기자들이 이와 연관하여 그리스도인들의 삶을 나그네와 거류민에 비유한 것벧전2:11은 구약의 본질을 꿰뚫고 있다고 할 것이다. 베드로전서에 사용된 표현πάροικό κάι παρεπίδημό은 칠십인경 창세기 23장 4절에서 그대로 쓰였는데, 이 본문은 아브라함이 헷 족속 사람들에게 자신의 처지를 이르는 말로 쓰였다. 이 표현에 해당하는 히브리말이 레위기 25장 23절에 쓰인 "게르"와 "토샤브"이다. 약속의 땅을 받기 전 아브라함의 상태와 약속의 땅에 들어간 이스라엘의 상태가 똑같은 어휘들로 표현되는 것이다. 그리고 그 상태는 신약 시대 그리스도인의 상태를 표현하는 말로 쓰이고 있다. 레위기에서 약속의 땅에 사는 그들을 거류민과 동거하는 자로 부르는 것은, 이들에게 주어진 땅이 임시적임을 의미하지 않을 것이다. 그들에게 땅을 줬지만, 땅의 근본적인 소유자는 하나님이심을 보여준다. 그들은 그 땅을 받았다. 그러나 그 땅의 근본적인 소유자는 하나님이시기에, 그들은 자신의 땅을 마음대로 탐욕스럽게 처리할 수 없으며, 언제나 하나님의 뜻을 떠나면 그 땅을 이용할 권리를 빼앗기고 말 것이다. 이를 생각할 때, 신약의 그리스도인들을 거류민과 동거하는 자로 부르는 의미도 달리 생각해보게 된다. 흔히 이 베드로전서 구절은 이 땅에서의 삶이 임시적이고 이제 곧 죽음 이후의 영원한 나라로 떠날 것을 강조하는 이미지로 사용되지만, 구약과 비교하건대, 그 표현의 진정한 의미는 이 땅에서 우리가 지닌 것을 내 것이라 주장하지 않는, 하나님의 것임에 대한 강조에 있다고 볼 수 있다. 하나님께서 우리로 이 땅에 거하게 하셨다. 이것은 임시적이거나 헛되지 않다. 우리에게 주신 기업이기 때문이다. 그러나 이 땅의 모든 것은 근본적으로 하나님의 소유이기에 우리의 탐욕을 따라 사용되어서는 안될 것이다.

그래서 베드로전서의 언급은 "영혼을 거슬러 싸우는 육체의 정욕을 제어하라"는 권면으로 이어지면서, 이 땅에서 행실을 선하게 할 것에 대한 권면벧전2:11-12, 나아가 의를 위한 고난에 대한 권면벧전2:18-25으로 이어진다. 그러므로 '거류민과 나그네'로서의 정체성을 이 세상 살이의 덧없음만으로 풀이하는 것은 적절하지 않다. 그것은 하나님께서 주신 기업으로서의 땅을 너무 과소평가하는 것이다. 땅에 대한 과소평가는 실질적으로 이 땅에서의 욕심을 제어하는 데에 쓸모가 없었고, 이 땅이 아닌 죽음 이후의 천국에 대한 기대를 지나치게 부풀리게 하였다. 이것은 베드로전서가 의미하는 바와 전혀 무관하며, 레위기와 구약애서 말하는 의미와도 무관하다 할 것이다.

"게르"와 "토샤브"가 함께 쓰인 예들을 역대상 29장 5절, 시편 39편 12절에서도 볼 수 있으며, 이 본문들에서 인생의 짧음과 작음을 나타내느라 이 표현들이 쓰이고 있지만, 이 본문들을 인생의 덧없음과 내세에 대한 사모로 풀이할 수는 없다. 하나님께서 주신 땅에서 충성되고 열심히 희년을 실천하며 살아갈 때, 그리고 자신이 그 땅에 거류민으로 있음을 늘 기억하고 깨달을 때, 자신의 욕망으로 말미암아 희년의 법을 훼손하지 않게 된다. 그리고 이것이야말로 신약 시대를 살아가는 그리스도인의 자세이기도 할 것이다.

그리고 레위기 본문과의 연관을 생각하면, 베드로전서에서 언급하는 "육체의 정욕"은 좀 더 포괄적으로 이해될 필요가 있다. 그렇다면, 이 정욕은 단지 성적인 욕망과 같은 육체적인 욕망만을 가리킨다기보다는 나그네 같은 삶을 회피하고 이 땅에서 가능한 많은 것을 누리며 쌓으려고 하는 경향을 가리킨다고 보아야 할 것이다. 그래서 우리의 정욕에 대한 이해는 레위기에 비해, 지나치게 사적이고 개인적 차원으로 국한되어 있음을 보게 된다.

그런데 이러한 희년은 50년째 해 7월 10일 속죄일에 시작한다. 1-16장까지의 제사에 대한 내용은 16장에 있는 속죄일 규정으로 종합된다. 속죄일은 이스라엘 민족 전체가 하나님께로부터 그 죄사함을 받고 정결케 함을 입는 날이다. 한편, 17-26장에 이르는 성결법전은 23-25장에서 소개되는 절기 규정으로 마무리된다. 특이한 것은 이 절기 규정의 첫머리와 마지막을 안식일에 대한 말씀이 장식하고 있다는 점인데, 이스라엘의 절기의 근본에 안식일이 놓여 있음을 보여준다. 그리고 이 절기 규정은 매주 마다 반복되는 안식일부터 시작해서 매년 마다 반복되는 절기들을 거쳐, 7년마다 반복되는 안식년이 소개되고, 그 절정이 50년마다 반복되는 희년이라고 할 것이다. 그런 점에서 희년은 절기 규정의 절정이며 완성이라고 할 수 있다. 특히, 희년이 선포되는 것은 일곱 안식년이 지난 해의 대속죄일이다. 레위기 전체가 속죄일과 희년으로 요약될 수 있고, 희년이 속죄일에 선포된다는 것은 레위기의 모든 말씀이 희년으로 종합되고 있음을 말한다고 할 것이다. 그러므로 희년은 단지 사회적 차원의 법이 아니라, 하나님 앞에서 거룩한 삶의 본질에 있는 법이다.

속죄일은 이스라엘의 모든 죄가 용서받는 날인데, 그날에 땅과 몸의 자유가 회복된다는 점에서, 하나님께서 베푸시는 자유는 단지 정신적인 자유가 아니라 몸과 마음 전부의 자유임을 알 수 있다. 죄 가운데 머물러 사는 것은 정상적인 것이 아니며, 땅과 몸의 자유가 없는 채 살아가는 것도 정상적인 것이 아니라고 할 수 있다. 희년은 가난이 대물림되는 것을 근본적으로 반대하는 법이다. 그러므로 오늘날에 희년을 지키는 것은 하나님께서 우리에게 약속하신 풍성한 삶을 모든 사람이 누릴 수 있도록 하나님의 사랑을 전하는 것 뿐 아니라, 가난이 대물림되지 않는 세상을 위한 것도 되는 것이다.

희년이 일곱 안식년 다음해라는 점은 간과될 수 없다. 기계적으로 오십 년이 희년이라고 말하는 것은 적절하지 못하다. 희년의 참된 의미는 일곱 번의 안식년 다음에 있다. 희년이 오기까지 일곱 번의 안식년이 제대로 준수될 때에, 그 다음에 오는 희년의 필요성과 의미를 깊이 깨닫게 된다. 그리고 일곱 번의 안식년은 매주 마다 오는 안식일과 매년 마다 오는 절기들을 통해 채워진다. 그러므로 하루와 한 주와, 한 달, 한 해가 쌓여 나가는 것이 희년의 근본이다. 일상의 날들이야말로 희년의 참된 의미를 밝히 드러낸다. 하루하루의 삶 속에서 토지가 하나님의 것이라는 점, 하나님께서 모든 백성에게 고르게 기업을 주셨다는 점을 인정하고 실천하는 삶이 희년을 바라는 삶의 근본이다. 그렇지 않은 채, 무조건 50년째가 희년이라고 말하는 것은 무의미하다. 50에는 아무런 신비도 의미도 없기 때문이다. 그런 점에서 희년이 현실에서 지켜지지 않는 까닭의 근본은 하루 하루의 삶과 한 주일마다 오는 안식일, 매년 절기와 7년마다 오는 안식년이 제대로 지켜지지 않았기 때문임을 깨닫게 된다. 일상 속에서 순종과 실천이 이루어지지 않는다면 오십 년째의 희년은 그저 이상에 그칠 뿐이다.

자유한 이스라엘은 그들에게 주어진 유업 위에서 살아가되, 근본적으로는 여호와 하나님의 땅 위에서 여호와 하나님의 백성으로 존재하는 이들이다. 달리 표현하면, 이스라엘은 하나님 나라의 백성으로 부름 받은 이들이다. 하나님께서 아브라함에게 자손과 기업으로서의 땅을 약속하셨는데, 그 약속이 희년마다 새로 회복되는 것이며, 이를 통해 그 땅 위에서 그 자손들의 공평과 정의를 행하는 삶이 이루어지게 된다. 그래서 희년은 이 땅에 이루어지는 하나님의 통치, 하나님의 나라를 상징한다.

오늘 배운 말씀을 정리하며 나누어 봅시다.

1. 레위기의 중요성에 대해 이야기해 봅시다.

2. 거룩의 의미에 대해 정리하며 생각을 나누어 봅시다.

3. 레위기 전체의 짜임새에 대해 정리해 봅시다.

4. '거룩한 삶은 제사에 관한 것뿐 아니라 윤리적인 것도 포함한다'는 말의 의미는 무엇일까요?

5. 희년 규례가 오늘 우리에게 주는 의미는 무엇일까요?

11. 민수기: 광야에서

애굽에서 신음하는 히브리 노예들을 건지신 하나님께서는 이들과 언약을 맺으셨다. 시내산에서 주어진 율법의 말씀은 이스라엘을 하나님 백성으로 구별시키는 말씀이었다. 그리고 하나님께서 이스라엘 가운데 함께 거하심을 상징하는 성막이 세워졌고, 이 성막에서 봉사하는 제사장들이 세워졌으며, 성막에서 이루어질 제사 제도가 알려졌다. 이에 잇달아, 이스라엘의 일상적인 회막 앞에서 살아가는 삶, 여호와 앞에서 살아가는 거룩한 삶의 내용이 어떤 것인지에 대해서도 다루어졌다. 이제 이스라엘은 하나님 앞에서 살아가는 삶의 근본적인 토대들을 지니게 되었으며, 하나님과 더불어 그들에게 주어진 인생의 길을 걸어갈 수 있게 되었다. 구약 성경의 세 번째 책은 그렇게 하나님과 더불어, 하나님 앞에서 길을 가는 이스라엘의 모습을 다루고 있다.

민수기民數記 Numbers

이제 이스라엘은 하나님의 백성으로서 하나님 앞에서 길을 떠난다. 목표는 하나님께서 약속하시고 인도하실 가나안 땅이지만, 현재 그들이 걸어가야 할 길은 가나안을 향한 광야 길이었다. 히브리말 성경에서 민수기의 첫 단어는 "베미드바르"인데, 그 뜻은 "광야에서"이다. 이 제목은 광야 길을 걸어가야 했던 이스라엘의 현실을 잘 보여주는 제목이면서, 그와 비슷한 인생의 광야 길을 걸어가는 우리네 삶을 반영하는 제목이기도 하다. 한편으로 광야는 하나님과 함께 걸어가는 길이면서, 때로 하나님이 함께 계시는지 혼란스러운 길이기도 하였다.

히브리말 성경과 비교하면, 영어 성경들과 한글 성경의 제목은 숫자와 연관된다. 아마도 민수기 2장과 26장에 두 번의 인구 조사가 나온다는 이유로, 헬라말 성경에서 영향받은 영어권 성경들은 이 책의 제목을 "Numbers"라 하였을 것 같다. 한글 성경은 "민수기" 즉, '백성들의 수를 적은 책'으로 이름 붙였다.

여행을 출발하기에 앞서 먼저 하나님께서는 이스라엘의 수를 파악하게 하신다. 1-4장 광야 길을 가면서 위험도 맞서야 하고 다른 민족과 전쟁을 하게 될 수도 있기에, 전쟁에 나갈 수 있는 20세 이상의 남자들의 수를 파악하여야 했다. 한 지파에 대략 삼만에서 육만 명씩, 이스라엘 열두 지파 모두 603,550명이었다. 성막에서 봉사하도록 구별된 레위 지파는 따로 계수되었으며, 일 개월 이상 된 그들의 수는 모두 22,000명이었다. 레위 지파는 실제로 성막에서 봉사하는 삼십 세에서 오십 세까지의 남자들이었으며, 모두 3,200명이었다. 이러한 인구 조사는 하나님 앞에 서 있는 이들이 누구이며 몇 명인지를 확인하는 과정이었을 것이다. 레위 지파 역시 가족별로 성막에서 어떤 일을 감당해야 하는지가 세밀하게 규정되었다. 그러므로 인구 조사는 한 사람 한 사람이 하나님의 다스림 가운데 자신의 발과 다리로 서서 자신에게 맡긴 몫을 감당하기로 약속하고 책임을 지겠다는 의미를 담고 있다고 볼 수 있다.

세부적인 율법 규정에 대한 추가적인 설명5-6장 후에 제사장들이 이스라엘 자손에게 축복하는 내용에 대한 소개가 제시된다. 민수기 6장 22-27절을 함께 읽어 보자. 우리도 이러한 말씀으로 서로 축복하는 삶이 되어야겠다. 7장은 열두 지파를 대표하는 우두머리들이 하나님께 드린 헌물에 대한 내용을 싣고 있다. 열두 지파는 똑같은 예물을 하나님께 드렸으며, 똑같은 내용이 한결같이 열두 번 반복하여 열거되고 있다. 어찌 보면 굉장히 지루한 내용이지만, 열두 지파 가운데 어느 지파도 빠지지 않고, 어느 지파도 소홀히 취급되지 않고, 같은 예물을 하나님께 드리는 장면은 감동적이기까지 하다. 모두 함께 한 자리에 있고, 모두 함께 같은 예물을 드릴 수 있음은 은혜이다.

레위인과 유월절 준수에 대한 간략한 규례가 뒤따라 다루어지고 있으며8-9장, 10장은 이스라엘이 행진할 때 불게 될 나팔에 대한 내용이 언급된다.10:1-10 그리고 마침내 10장 11절 이스라엘은 시내산에서 출발하여 광야 길을 나서게 된다. 시내산에서의 일들은 상당히 상세하게 서술되었지만, 시내산을 떠나서 가데스까지 이르는 40년의 세월은 간략하게 다루어진다. 10장 11절에서 20장 13절은 바로 이 40년의 광야 세월을 함축해서 담고 있다. 20장 14절부터 마지막 36장까지는 가데스를 출발한 이스라엘이 요단 동편을 우회하여 진격해서, 아모리왕 시혼과 바산왕 옥을 무찌른 내용, 그리고 요단강을 건너기 직전에 모압 평지까지 이르게 된 여정을 다루고 있다. 26장은 모압 평지에서 다시 한 번 인구 조사한 자료를 싣는데, 20세 이상의 이스라엘 남자는 모두 601,730명이었고, 일 개월 이상 레위 지파의 수는 23,000명이었다. 첫 번째 인구 조사에서, 여호수아와 갈렙을 제외하고 누구도 두 번째 인구 조사에 포함되지 못한 채 광야에서 죽었다. 40년 사이에 이렇게 세대 교체가 일어나게 된 까닭은 무엇이었을까? 두 번의 인구 조사 사이에 어떤 일이 일어났던 것일까?

불평

40년 광야 시절의 이스라엘 하면 곧장 떠오르는 것은 그들의 불평이다. 어찌 보면 '광야에서In the wilderness'는 '불평하며In the complaints'라고 말해도 될 정도였다. 시내산에서 성막을 세우고 하나님의 함께 하심을 경험하며 출발한 여정이었지만, 여러가지의 상황들이 모두 불평의 상황이 되었다. 그들은 끊임없이 불평한다. 내용이 소개되지 않은 채, 그저 백성들이 악한 말로 원망하였다고 되어 있는 경우가 있었다.11:1-3 또한, 그들은 애굽에서 거저먹을 수 있었던 생선과 오이, 참외, 부추, 파, 마늘에 비해, 광야에서는 만나 외에는 먹을 것이 없어서 불평하는데, 각 사람이 자기 천막에서 울기까지 하였다.11:4-10 물이 없어서 불평하던 백성들은 차라리 다른 사람들이 죽을 때 같이 죽을 것을 이제 살아남아서 이렇게 물 없이 죽는다며 불평하기도 하였다.20:2-5 어떤 때에는 그들이 가야 하는 길이 너무 힘들고 팍팍해서 마음이 상하여 불평하기도 하였다. 왜 우리를 애굽에서 이끌어 내어 이렇게 고생을 시키는가 하며 하나님과 모세를 원망하며 불평한다.21:4-5

먹고 마시는 것으로 말미암은 불평과 원망, 걸어가는 길로 인한 곤고함에서 나온 불평에서 비롯되어, 더욱 심각한 불평과 갈등이 생기기도 하였다. 이렇게 광야 길 때문에 불평이 쌓이다 보니, 모세가 이끄는 것 자체에 대해서 문제를 제기하면서, 모세의 말을 듣기를 거부하며 반란을 일으키는 경우도 있었다.16:1-14 더욱 심각한 것은 약속의 땅에 대한 의심이었다. 하나님께서 주시기로 약속하신 가나안 땅이 어떤 곳인지를 미리 파악하기 위해 지파별로 한 명씩 모두 12명의 정탐군을 선발하여 가나안 땅에 들어가서 그 땅에 대해 파악해 오도록 하였다. 13:1-20정탐군들이 40일간 그 땅을 정탐하고 돌아와 보고하는데, 이에 따르면 정말 그 땅은 젖과 꿀이 흐르는 좋은 땅이었으되, 그 땅에 아주 강력한 원주민들이 살고 있으며, 여기저기에 이방 부족들이 사는 땅이었다는 사실이 보고되었다.13:25-29 이러한 보고 내용을 듣고 갈렙과 여호수아는 하나님께서 우리를 인도해 들이신 젖과 꿀이 흐르는 땅이니 하나님께서 우리와 함께 하심을 믿고 저들은 우리 먹이라 여기며 나아가자 격려하고 외치지만13:30; 14:6-9, 대다수의 사람은 겁에 질려서 자신들은 도저히 그 땅에 들어갈 수 없다고 말하기 시작한다. 그 땅의 거민들이 거인이라면, 자신들은 메뚜기와 같다 여겨졌으니, 가나안 땅은 좋은 땅이 아니라 사람을 삼키는 땅이라고 악평하기 시작하였고, 한 번 퍼져가기 시작한 두려움과 불평은 온 백성을 휩쓸어 버리게 되었다. 온 회중이 밤새도록 소리를 높여 불평하며, 울고 통곡하기에 이르렀고, 모세와 아론을 원망하며, 그렇게 죽느니 차라리 새로운 지도자를 뽑아 애굽으로 돌아가자는 움직임까지 일어났다.14:1-5

처음에 이렇게 불평하는 이들은 이스라엘 중에 섞여 사는 무리들이었지만11:4, 곧 불평은 전염되고 확산된다. 출애굽을 통해 하나님의 엄청난 구원을 경험한 이들이었지만, 불평이 확산되기 시작하자 걷잡을 수 없었고, 약속의 땅 가나안마저도 더 이상 좋은 땅이지 않게 되어 버린다. 이러한 불평의 결과로 끊임없이 사람들은 죽어 간다. 결국, 40일을 정탐하고 와서 차라리 애굽으로 돌아가자며 울고불고 불평한 것으로 말미암아, 하나님께서는 저들을 40년간 광야에서 방랑하게 하시며, 이 기간에 그때 불평하던 모든 세대가 죽게 되고, 앞에서 보았듯이 두 번째 인구조사에서는 처음 조사에 포함되었던 이들 가운데 여호수아와 갈렙을 제외하고 전부 없어지게 되었다. 약속의 땅에 들어갈 준비가 되어 있지 않은 이들은 아무도 들어가지 못하였다. 그 땅이 두려워 불평하며 원망한 이들은 그 땅을 경험할 수 없었다. 약속의 땅에 들어갈 준비는 다른 무엇도 아닌, 그들의 힘이나 군사력이 아닌, 오직 하나님의 약속에 대한 신뢰가 다였다. 그들의 불평은 실질적으로 하나님께서 그들과 함께 하심을 신뢰하지 못한 데에서 나오는 불평이었다. 물이 없을 때마다, 먹을 것이 단조로울 때마다, 가는 길이 험할 때마다, 그들은 하나님이 어디 계시느냐며 불평하고 원망하고 그렇게 죽어갔다.

하나님의 임재와 동행

하나님이 계시지 않는다는 이스라엘의 불평과는 대조적으로 민수기에서 우리는 하나님의 임재와 동행을 뜻하는 많은 상징을 찾아볼 수 있다. 하나님께서는 이스라엘과 함께 하셨다. 하나님의 함께 하심은 이스라엘의 진영에서 잘 드러난다. 광야의 이스라엘은 하나님의 거처인 회막을 둘러싸고 열두 지파가 진을 친 모습으로 상징된다.

이스라엘이 진을 칠 때에는 회막을 중심에 두고 사면에 둘러 진을 쳤다. 그리고 행군할 때에는 유다군대-성막의 시설구조에 해당하는 무거운 부분을 옮기는 게르손, 므라리-르우벤군대-성물을 어깨에 메고 운반하는 고핫-에브라임군대-단군대의 순으로 진행하였다. 고핫이 도착하기 전에 게르손, 므라리에 의해 이미 성막이 세워지게 된다. 게르손, 므라리는 그들이 옮기는 것의 특성상 수레를 받아서 옮기지만, 성물을 옮기는 고핫은 어깨로 운반해야 했다. 제사를 드릴 때에도 진을 친 순서를 따라 유다가 먼저였고, 납달리가 제일 나중이었다.

이러한 진은 여호와께서 머물러 계신 거룩한 처소로서의 이스라엘의 진영을 보여준다. 그리고 이것이 민수기가 전하는 이상적인 이스라엘의 모습이기도 하다. 이스라엘 가운데글자 그대로 '가운데' 하나님이 임재하시고 이스라엘은 그분의 뜻을 따라 이제 약속의 땅으로 진군하는 것이다. 사실, 약속의 땅을 차지하기 위한 최대의 준비는 그들 가운데 여호와 하나님을 철저히 모시는 것 뿐이다. 이 시절, 하나님의 임재는 그야말로 눈으로 볼 수 있는 것이었다.

또한, 광야 시절 동안 낮에는 구름이 성막을 덮었고, 저녁에는 불 모양 같은 것이 나타났다.9:15-23 그래서 언제나 구름이 성막에서 떠오르면 이스라엘은 진을 거두고 행진하였으며, 구름이 머무는 곳에 이스라엘도 진을 쳤다. 구름이 한곳에 오래 머물면 이스라엘도 그곳에 오래 머물렀고, 구름이 즉시 떠오르면 이스라엘도 즉시 행진하였다. 참으로 "여호와의 명령을 따라 진을 치며 여호와의 명령을 따라 행진"하였다.9:23 이것은 그 백성들의 살아가는 모든 길에 함께 하시는 하나님을 상징한다. 광야의 이스라엘은 이제 하나님의 인도를 따라 살아간다. 그들이 머무르는 곳이 아무리 편하다 할지라도 구름이 성막에서 떠오르면 그들은 바로 짐을 꾸려야 했고, 도무지 먹을 것이라고는 없어 보이는 광야라 해도 구름이 성막에 머무르면 그곳에 천막을 치고 살아야 했던 것이다. 그러므로 이스라엘에게 가장 중요한 것은 그들이 어떤 땅에 머무르는가가 아니었다. 하나님의 구름이 불기둥이 어느 곳에 머무르는가인 것이다. 그래서 그들은 늘 성막 주위를 살폈고, 구름기둥과 불기둥이 어떠한지를 유의하였을 것이다. 이것이 하나님 백성의 삶이다.

이스라엘과 동행하시는 하나님은 그들의 필요를 채워 주시는 분이다. 그래서 광야에서 이스라엘은 하나님이 주시는 만나를 먹을 수 있었고, 때로 메추라기를 먹을 수 있었다. 하나님은 물이 없어 불평하는 이스라엘에게 모세를 통해 반석에서 물이 나게 하셨다. 없어서 불평하지만, 실질적으로 하나님은 그들의 필요를 아시며 채우시는 분이셨다.

또한, 법궤 역시 하나님의 임재의 상징이었다. 법궤의 노래는 이것을 분명히 보여준다.10:35-36 법궤는 이스라엘이 싸우는 전쟁의 승리를 상징한다. 법궤가 동행하면 그 전쟁은 승리하게 되고31:6, 법궤가 움직이지 않으면, 그 전쟁은 패하고 만다.14:43-44

이스라엘과 동행하시는 하나님을 잘 보여주는 또 다른 예는 발람의 이야기이다.22-24 예언자 발람은 모압왕 발락의 청탁을 받아 이스라엘을 저주하기 위해 모압 땅에 가지만, 하나님은 발람을 주장하셔서 오히려 이스라엘을 축복하게 하신다. 나아가 발람은 "한 별이 야곱에게서"

나올 것을 예언하기까지 한다.24:17 이스라엘은 모압 왕이 어떤 일을 꾸미는지 알 수도 없었다. 그렇게 예언자를 불러 이스라엘을 저주하기까지 하려고 한 모압 왕을 이스라엘이 무슨 수로 대비하고 무슨 수로 막을 수 있을까. 그러나 하나님께서 이스라엘보다 먼저 가셔서 이스라엘을 저주할 자로 도리어 이스라엘을 축복하는 자가 되게 하신다. 이스라엘은 눈앞의 길을 허덕이며 걸어가는 것 같지만, 실제로 하나님께서는 이미 이스라엘을 위하여 세상의 모든 것을 움직이고 다스리고 이끌고 계셨던 것이다.

결국, 광야는 전적으로 하나님이 그 백성을 안으시고 인도하신 길이었다.신1:31-33 이스라엘은 땅이 비옥하냐 아니냐, 먹을 것과 마실 것이 있느냐 없느냐로 살아가는 백성이 아니라 오직 하나님으로 살아가는 백성임이 가장 두드러진 곳이 바로 광야였다. 그곳에서 그들은 범죄하면 바로 하나님께 책망을 받았고, 하나님의 임재를 눈으로 목격할 수 있었다. 그래서 예레미야는 광야시절을 하나님과 이스라엘의 신혼 시절로 비유하기도 한다.렘2:2

이스라엘은 그들에게 없는 여러 음식을 찾으며 울며불며 불평하지만, 정작 그들에게 있는 가장 크고 소중한 것, 하나님의 임재는 알지 못한 셈이다. 하나님과 동행하는 삶은 생각했던 것만큼 그렇게 낭만적이지 않았다. 그야말로 이스라엘은 모든 문제에서 하나님이 아니면 아무것도 얻을 수도 먹을 수도 없었다. 하나님께 구하면 반석에서 물이 터져 나오지만, 하나님을 불신하고 불평하면 그 즉시로 많은 사람이 죽임을 당하였다. 비극적으로 보일 수 있는 상황이지만, 문제의 원인을 명확히 보여주는 상황이기도 하다. 하나님께서 거하시는 성막을 중심으로 사방 둘레에 진 친 이스라엘 진의 모습은 그대로 이 상황에 대한 해답이기도

하다. 이스라엘이 살 길은 오직 여호와를 의지하는 것이며, 그가 행하심을 따라 멈추고 행진하는 것뿐이었다. 그런 점에서, 광야 시기는 이스라엘을 훈련시키는 기간이었다고 말할 수 있을 것이다. "광야에서" 이스라엘은 하나님과 함께 걸었고, "광야에서" 이스라엘은 불평하였다.

오늘 배운 말씀을 정리하며 나누어 봅시다.

1. 민수기 전체 내용을 간략하게 단락 지어 나누어 봅시다.

2. 광야 길을 가면서 이스라엘이 불평했던 것들은 어떤 것들이 있는지 이야기해 봅시다.

3. 광야 길을 가는 동안 하나님께서 이스라엘과 함께 하심을 보여주는 상징들은 무엇이 있는지 이야기해 봅시다.

4. 광야는 어떤 곳일까요?

12. 신명기 - "또 들려주시오"

하나님께서는 애굽에서 신음하던 노예들을 그 억압과 혹사로부터 건져 내셨고, 시내산에서 이들과 언약을 맺으셨다. 이들과 맺은 언약은 아브라함에게 주신 약속의 성취였으며, 이제 이스라엘은 하나님께서 약속하신 땅을 눈앞에 두게 되었다. 신명기는 그 땅에서의 삶을 향해 선포된 말씀이다.

신명기申命記

신명기의 히브리말 제목은 "데바림"으로, "말씀들"이라는 의미를 지니고 있다. 우리말 성경이 지니는 "신명기"라는 이름은 영어 제목인 Deuteronomy를 옮긴 것으로 여겨지는데, '두 번째 율법' 쯤으로 이해할 수 있는 이 영어 표현은 17장 18절에 나오는 "등사본율법서의"라는 말에서 유래한 것이다. 한자어 자체는 "되풀이된 말씀"이라는 의미를 지닌다. 실제로 신명기의 내용들은 비슷한 내용들이 반복된다는 점에서 한자말 제목도 그럴 듯하다. 출애굽 40년째 11월 1일의 날짜로 시작하는 신명기는 이스라엘이 요단강을 건너 가나안을 들어가기에 앞서 모세가 요단강 동편에 있는 모압평지에서 행한 고별 설교의 형태를 띠고 있다. 모세의 고별 설교는 신명기에서 대략 세 부분으로 나누어 볼 수 있다. 첫 번째 설교는 1장 1절부터 4장 43절까지라고 할 수 있으며, 두 번째 설교는 4장 44절 – 28장 68절, 세 번째 설교는 29장 1절 – 30장 20절이다. 각각의 설교들은 제목과 장소를 포함하는 비슷한 첫 머리말로 시작한다:

1. 1:1 "이는 모세가 요단 저쪽 숩 맞은편의 아라바 광야 곧 바란과 도벨과 라반과 하세롯과 디사합 사이에서 이스라엘 무리에게 선포한 말씀이니라"
2. 4:44, 46 "모세가 이스라엘 자손에게 선포한 율법은 이러하니라 … 요단 동쪽 벳브올 맞은편 골짜기에서 그리하였더라"
3. 29:1 "호렙에서 이스라엘 자손과 세우신 언약 외에 여호와께서 모세에게 명령하여 모압 땅에서 그들과 세우신 언약의 말씀은 이러하니라"

첫 번째와 세 번째 설교는 모두 "말씀"이라는 제목을 지니고 있고, 가운데 설교는 "율법"이라는 제목을 지닌다는 점에서, 이 세 번의 설교는 가운데를 둘러싸고 있음을 알 수 있다. 처음과 마지막 설교는 이스라엘과 하나님의 관계에 대한 원칙을 다루는 반면, 가운데 설교는 하나님을 섬기는 구체적인 지침으로서의 규례와 법도들을 다루고 있으며, 그에 따라 분량도 가장 많다.

1장부터 시작되는 첫 번째 설교는 요단 동편에 이르기까지 40년의 과정을 다시 요약하고 있다. 지난 40년을 되돌아보면서 모세는 하나님의 규례와 법도를 지키는 삶을 잊지 말고 살 것을 촉구하고 있다. 이와 연관해, 그는 이스라엘 백성이야말로 큰 나라라고 선포한다:

"우리 하나님 여호와께서 우리가 그에게 기도할 때마다 우리에게 가까이 하심과 같이 그 신이 가까이 함을 얻은 큰 나라가 어디 있느냐 오늘 내가 너희에게 선포하는 이 율법과 같이 그 규례와 법도가 공의로운 큰 나라가 어디 있느냐"신4:7-8

4장 44절 이하에서 시작된 두 번째 설교는 5장부터 본격적으로 십계명을 시작으로 하나님께서 명령하시는 규례와 법도를 소개하고 있다. 또한, 광야 40년 생활 동안의 이스라엘의 실패와 불순종에 대한 기억을 되새기면서, 하나님을 사랑하고 그 규례를 지킬 것에 대한 강조가 11장까지 이어진다. 이 부분의 대표적인 본문은 6장 4-9절이라고 할 수 있다. 두 번째 설교 역시 하나님을 섬김에 대한 원칙적인 이야기가 먼저 제시되고, 12장부터 세부적인 규례와 법도가 주어진다고 말할 수 있다. 그러므로 두 번째 설교는 신명기 전체의 틀을 반영하고 있다고 말할 수 있다. 12장부터는 가나안 땅에 들어가서 명심하고 준수해야 할 세부적인 규례들이 삶의 여러 영역과 연관하여 26장까지 다루어진다. 여기에서 다루어지는 주된 내용으로는, 예배 처소, 제사 규례, 다른 신을 섬기는 것에 대한 금지, 정결 규례, 십일조 규례, 7년 면제년, 절기 규례, 재판 규례, 도피성, 사회 생활에 대한 규례 등이 있다. 그래서 12장에서 26장을 일러 "신명기 법전"이라고 부르기도 한다. 신명기 법전의 기본적인 배경은 하나님께서 선택하신 한 곳에서 제사를 드려야 한다는 원칙이라고 할 수 있다.신12:1-14 하나님께서 정하신 한 곳에서 드려지는 예배를 중심으로 일상의 모든 영역에서 그 규례를 따라 살아가는 삶이 이 법전에서 강조되고 있다. 27장은 그 명령을 준행하겠다는 의식을 공동체가 거행할 것에 대한 규례가 나오고, 28장은 이러한 규례를 지킬 때에 누리는 축복과 지키지 않을 때에 일어날 재앙을 소개하고 있다.

29장에서 30장까지의 세 번째 설교는 모세의 마지막 당부 같은 설교이다. 앞에 나왔던 내용들을 다시 반복하면서, 하나님의 명령을 지켜 살라고 당부하고 있다. 이 단락은 30장 15-20절로 결론을 맺고 있다.

31장에서 모세는 여호수아를 후계자로 세우고, 7년마다 율법 말씀을 함께 읽는 시간을 가지라고 당부한다. 32장은 하나님만이 참 신임을 증거하는 모세의 노래, 33장은 이스라엘 지파들에 대한 모세의 축복 기도, 그리고 34장은 모세의 죽음에 대한 간략한 기록을 담고 있다. 그런 점에서, 31장 이후는 세 번 설교에 대한 후기라고 볼 수 있을 것이다.

신명기와 고대의 조약

신명기를 연구하던 사람들은 신명기 전체의 짜임새가 고대 중동 나라들의 조약 체계와 비슷하다는 점을 발견하게 되었다. 특별히 주전 14, 13세기경 힛타이트 제국의 조약 문헌들이 그러한 유사점을 보여주고 있음을 알게 되었는데, 이 조약들은 다음과 같은 내용으로 이루어져 있다: 관계된 사람의 칭호를 밝히는 전문, 계약 당사자들이 이전에 지니고 있던 관계와 종주국이 속국에 베푼 은혜로운 행동들을 강조하는 머리말, 충성과 신실함을 요구하며 구체적인 조항들을 밝힌 조약의 본론, 조약에 대한 증인과 문헌의 보관 장소와 정기적인 낭독 요구를 밝힌 증언, 그리고 이 조약에 따른 축복과 저주. 신명기의 경우, 이스라엘과 하나님 사이의 역사1-11, 율법 조항들12-26, 축복과 저주27-30, 증언31-34 등으로 이루어진다는 점에서, 힛타이트의 조약문의 짜임새와 유사함을 알 수 있다. 또한, 힛타이트의 조약문들과 신명기 법전은 축복보다는 저주가 많다는 공통점을 지니기도 한다.

힛타이트 조약문들뿐 아니라, 주전 7세기 앗수르왕 에살핫돈의 조약문들이 발견됨에 따라 신명기의 구조가 더 잘 이해될 수 있었다. 이 조약들은 대등한 두 당사자 간의 조약이 아니라, 주군이 그를 섬기는 봉신에게 부과하는 충성 서약이다. 에살핫돈의 조약문과 신명기에서 볼 수 있는 중요한 공통점은 "사랑"에 대한 언급이었는데, 이러한 표현이 조약문에서 나온다는 점은 그 의미를 이해하는 데에 결정적이라고 할 수 있다. 조약문들에서 "사랑"의 의무를 볼 수 있다는 점에서, 여기서의 사랑은 어떤 감정적이거나 심정적인 것을 의미하는 것이 아니라, 서로 언약에 대한 "충성"을 의미한다는 것을 알 수 있다. 에살핫돈 조약과 신명기의 또 하나의 공통점은 현재의 참상에 대한 자기 정죄이다. 즉, 지금의 참상은 자신들이 이 조약을 지키지 않은 연고라고 스스로를 규정하는 것이다.

정치적인 관계에 쓰이던 이러한 조약 체계가 이스라엘에게서는 하나님과 이스라엘 간의 종교적인 관계를 표현해주는 것으로 바뀌었다. 봉신국가가 주군 국가에게 충성을 다하듯이, 이스라엘은 그들의 한 하나님 여호와에게 충성을 다해야 하고 두 주군을 섬길 수 없었다. 고대 중동의 종교들은 여러 신을 섬기는 것이 일반적인 일이었지만, 이스라엘에서는 그것이 용납되지 않았다. 이것이 정치적 조약 형태로 표현된 이스라엘 신앙의 특징이다. 그리고 이러한 신앙을 간결하게 요약하여 표현한 것이 흔히 "쉐마"라고 불리는 6장 4-5절이다: "이스라엘아 들으라 우리 하나님 여호와는 오직 유일한 여호와이시니 너는 마음을 다하고 뜻을 다하고 힘을 다하여 네 하나님 여호와를 사랑하라".

고대 중동의 조약과 신명기 조약의 차이점으로는, 정복과 점령에서 강제된 고대 조약과는 달리, 이스라엘과 하나님의 언약은 하나님의 일방적인 사랑과 선택에서 나왔다는 점을 들 수 있다. 그러나 일단 조약관계로 표현되면서 이스라엘의 하나님께 대한 태도가 정해졌다. 이스라엘에게 있어서 죄는 단순히 도덕적인 문제라기보다는 관계적인 문제이다. 즉, 하나님과 이스라엘간의 관계를 표명하는 이 언약이 깨어지는 것이 바로 죄라는 것이다. 이스라엘이 우상을 섬기거나 이방의 신들을 섬긴다면, 그것은 여호와 한 분에게만 충성하겠다는 이 언약을 파기한 것이다. 그래서 이스라엘에게 있어서 가장 무거운 죄는 다른 신들을 섬기는 것이다. 구약의 율법이 우상숭배를 엄하게 처벌하는 규정을 지니고 있다는 점은 이러한 관점에서 이해되어야 할 것이다. 아울러 그들이 이웃에게 잘못을 하는 것 역시 단지 이웃에게 잘못한 것일 뿐 아니라, 하나님과의 언약을 깨뜨린 죄이기도 하다. 하나님께서 이스라엘에게 요구하시는 명령과 규례들은 단지 하나님을 향한 규례만 있는 것이 아니라, 이웃을 향한 규례도 포함되며, 이 모든 것이 하나님과의 관계의 기본 위에서 주어진 것들이다. 그러므로 이웃과의 관계 역시 하나님과의 관계로 포함하고 이해하는 것이 구약 율법의 근본적인 원칙이라고 할 수 있다.

그런 점에서 열방을 향해 우상을 금지하는 것과 이스라엘의 우상숭배 금지는 거리가 있다. 열방의 우상이 무너지는 것에 대한 구약의 언급들은 하나님께서 얼마나 강한지를 드러내 주는 것이지, 열방의 우상을 파괴해야 한다는 것을 의미하지 않는다. 열방은 우상을 섬길지언정, 하나님의 백성은 여호와만을 섬기도록 부름 받았다.

축복과 저주

28-29장은 언약관계의 파괴에 대한 저주가 실려 있다. 축복보다 훨씬 많은 저주는 이스라엘로 하여금 율법에 순종하여 이 저주를 피할 것을 강력히 촉구하고 있다. 이 저주문들의 중요성은 이 내용들이 예언서들에 반복되는 것에서 드러난다. 불순종은 기근과 흉년을 가져온다. 질병과 눈멂, 외적의 침입과 포로됨도 잇따른다. 그러나 언약에 순종할 경우, 이러한 저주는 변화된다. 죄로 말미암아 쫓겨난 땅인 외국에서라도 다시 돌아오게 하신다. 이러한 축복의 약속 역시 예언자들에게서 다시

등장한다. 그러므로 여기에서 우리는 구약 예언의 본질에 대한 것을 알게 된다. 예언은 앞일을 말하는 것이 핵심이지 않다. 예언은 이미 하나님이 정하신 말씀대로 이루어질 것을 선포하는 것이다. 순종하는 자에게임할 복과 불순종하는 자에게 임할 저주를 선포하는 것이 예언이다. 사람들이 무관하다고 여기고 지나갔다고 여기는 하나님의 말씀이 오늘 현실 속에 여전히 타당하며, 현재의 참상이 그 말씀을 어겼기 때문임을 분명히 하면서, 언제라도 하나님께로 돌이킬 때에 하나님께서도 그들을돌이키실 것임을 선포하는 것이 예언이다.

언약과 땅

신명기에 34회 나오는 "주 너의 하나님이 네게 주실 땅"이라는 구절은 땅이 하나님의 언약관계를 통해 주시는 축복이요 약속의 실현이라는것을 알려준다. 이것은 아브라함 때부터 약속되어온 것이다. 그리고 이스라엘이 얻을 땅은 애굽땅과는 다른 곳이다. 무엇이 다른가? 무엇이 약속의 땅인가? 그것을 잘 보여주는 부분이 11:8-12이다. 그 땅이 애굽과차이 나는 것은 기후적이고 농사적인 측면도 있지만, 무엇보다도 그 땅은 여호와의 돌보아 주심이 있는 땅이요, 여호와의 눈이 연초부터 연말까지 그 위에 있는 땅이다. 이스라엘에게 있어서 경작하는 것에 가장 필요한 것은 다른 농사기술이나 기후조건이 아니라 바로 여호와의 감찰하심이다.

신명기 율법은 약속의 땅에서 지켜야 할 규례로 주어진 것이다. 아브라함에게 땅을 약속하신 것은 그 땅 위에서 이루어져야 하는 의와 공도를 행하는 삶과 연관된다. 그러므로 약속의 땅을 누리는 것은 율법의 준수 여부에 달려있다. 약속의 땅인 가나안에 들어가지만, 불순종하고 죄를 지으면 이스라엘이 누릴 수 있는 땅이 축소된다. 그렇게 되어도 죄를 회개하지 않고 거듭하게 되면 결국에는 땅에서 쫓겨나게 된다. 이스라엘은 땅으로 말미암아 구별되는 백성이 아니라, 그 땅 위에서 여호와의 규례와 법도를 지켜 행함을 통해 열방과 구별되는 백성이다. 땅을 받았다는 것은 은혜이며, 땅은 새로운 삶의 공간이기도 하다. 그런데 그 땅에서 합당한 삶을 살지 않는다면 그 땅은 의미가 없어지며, 땅에서 토해냄을 경험하게 된다. 우리에게 있는 모든 것이 그러하다. 하나님께서 은혜로 주신 것이며, 그것을 통해 하나님 나라를 순종하고 실천해 가야 한다. 그렇지 않으면 선물은 더는 선물이 아니게 된다. 선물과 의무가 분리되어 있지 않다. 이스라엘의 역사는 선물로만 알고 자신들 마음대로 살아간 것이며, 선물의 감사함도 모르고 하나님 나라 백성의 삶도 잊어버린 역사이다. 그 땅에서 우상을 섬기고 그 땅에서 패역과 부패한 행실을 거듭하였던 것이다. 그러나 이스라엘이 하나님께로 돌이키면 그들이 종으로 끌려갔던 먼 곳에서 다시 약속의 땅으로 돌아오게 하신다. 그러므로 신명기를 비롯한 구약 신앙에서 땅은 땅 자체로 중요한 것이 아니라, 하나님과의 관계를 표현하는데 그 의미가 있다고 할 수 있다.

이스라엘을 선택하신 하나님

이스라엘이 땅을 얻게 되고, 하나님과 언약을 맺게 된 것은 하나님께서 이스라엘을 선택하셨기 때문이다.

"너는 여호와 네 하나님의 성민이라 네 하나님 여호와께서 지상 만민 중에서 너를 자기 기업의 백성으로 택하셨나니 여호와께서 너희를 기뻐하시고 너희를 택하심은 너희가 다른 민족보다 수효 많기 때문이 아니니라 너희는 오히려 모든 민족 중에 가장 적으니라 여호와께서 다만 너희를 사랑하심으로 말미암아, 또는 너희의 조상들에게 하신 맹세를 지키려 하심으로 말미암아 자기의 권능의 손으로 너희를 인도하여 내시되 너희를 그 종 되었던 집에서 애굽 왕 바로의 손에서 속량하셨나니"신7:6-8

하나님의 은혜로운 택하심으로 말미암아 이스라엘은 거룩한 백성이 되었다. 이스라엘은 하나님으로 말미암아 특별하고 구별된 백성이 되었다. 이제 하나님께서는 거룩한 백성으로 구별된 이스라엘에게 스스로를 구별시키며 하나님의 규례를 따라 살아가는 거룩한 삶을 명령하신다. 그러므로 거룩에는 두 가지 차원이 있다. 오직 하나님 한 분만 거룩하시다. 그런데 하나님께서는 그 은혜로 이스라엘을 택하시고 그들을 하나님의 백성으로 삼으셨으며, 거룩한 하나님께 속하게 된 이스라엘은 거룩한 백성이 되었다. 그리고 하나님께서는 하나님의 거룩한 백성이기에, 하나님께서 기뻐하시는 거룩한 삶을 살 것을 그 백성에게 요구하신다. 하나님의 은혜로 거룩해졌고, 이제 거룩해진 자들로 거룩한 삶의 길을 걷게 하신다는 것이다.

하나님이 이스라엘을 사랑하시어 택하시고 베푸신 구원, 그들과 맺은 언약은 이스라엘의 근본이 되는 경험이다. 그래서, 신명기는 끊임없이 이것을 상기시킨다. 이것이 두드러진 것이 "들어라"라는 표현이다. 모세는 이러한 표현을 통해 계속해서 하나님의 구원을 전하며, 이스라엘이 지켜야 할 규례를 알린다. 듣는 것은 순종하는 것이다. 말씀을 들을 때에 알게 되고 깨닫게 되는 것이다. 말씀을 계속해서 듣게 하려고 하나님 말씀을 손목에 매기도 하고, 집 문에 달아 두기도 하며, 절기 때마다 반복하여 낭송하기도 한다. 우리에게 주신 은혜와 그 은혜를 따라 거룩한 삶을 준행하는 것은 되풀이 되어 새겨야 할 것이다. 다시 또 듣고, 다시 또 되풀이함을 통해 은혜와 말씀을 간직하며 살아간다. 그것이 신명기가 우리에게 일러 주는 것이다.

오늘 배운 내용을 정리하며 나누어 봅시다.

1. 신명기를 세 번의 설교로 나눈다면 어떻게 나눌 수 있으며, 각각의 내용은 무엇입니까?

2. 신명기와 고대 조약들의 공통점을 아는 것은 하나님과 그 백성의 관계를 이해하는 데에 어떤 유익이 있습니까?

3. 축복과 저주는 무엇으로 결정됩니까?

4. 이스라엘에게 있어서 땅은 어떤 의미를 지닌다고 할 수 있을까요?

5. 우리는 어떻게 하나님의 말씀을 되풀이하며 새기고 있습니까?

13. 여호수아와 가나안 정복 전쟁

신명기의 마지막은 모세의 죽음으로 끝난다. 비록 모세는 약속의 땅에 들어갈 수는 없었지만, 여리고 맞은 편 비스가산 꼭대기에 올라 이스라엘이 차지하게 될 땅을 멀리 바라볼 수 있었다. 그 땅을 차지할 모든 준비가 된 이스라엘을 뒤로 두고 약속의 땅을 앞에 둔 채 이제 모세의 삶은 종점에 이르렀던 것이다. 하나님은 모세의 눈으로 보는 이 땅이 그 옛날 아브라함과 이삭과 야곱에게 약속하신 땅임을 알려주신다. 이제 여호수아서는 모세가 눈으로 본 땅을 이스라엘이 차지하는 과정을 서술하고 있다.

역사와 예언: 여호수아—열왕기

하나님이 약속하신 땅에서 살게 된 이스라엘의 이야기는 서로 관련되어 전체로 하나의 큰 역사책을 이룬다고 볼 수 있다. 이스라엘의 가나안 땅 정착과 삶이라는 역사 소재를 다루면서, 하나님 백성으로 살아가는 것에 대해 다루는 책들로는 여호수아, 사사기, 사무엘상하, 열왕기상하가 있다. 이 책들은 이스라엘이 그 땅을 차지하던 시기부터 바벨론에게 멸망하여 나라가 더는 존재하지 않게 된 시기까지를 다루고 있다.

히브리말로 된 성경에서 유대인들은 이 네 뭉치의 책을 일러 "전기예언서"라고 분류하였다. 그리고 이사야, 예레미야, 에스겔, 그리고 12

권의 소선지서를 묶어 "후기 예언서"라고 부른다. 예언자들과 그들이 전한 예언이 실제로 다루어지는 후기예언서들에 비해, 이스라엘의 역사를 소재로 다루는 여호수아부터 열왕기를 일러 "(전기) 예언서"라고 부르게 된 것은 이 책들이 지니는 관점 때문일 것이다. 예언자들이 역사를 바라보는 관점과 똑같은 관점으로 이 책들이 역사를 다루고 있다는 점에서, 이 책들은 예언서라고 불린다고 할 수 있다. 예언자적인 관점이라고 하면, 하나님께서 말씀과 행위를 통해서 역사를 주관하고 있음을 믿는 것, 그리고 사무엘이나 나단, 엘리야처럼 하나님께서 보내신 예언자들을 통해 하나님의 뜻이 알려지고 드러나게 된다는 것, 마지막으로 하나님의 구원과 그에 따른 언약 안에서의 의무를 강조하고, 하나님의 언약에 대한 거역과 순종이 그들에게 임할 심판과 복으로 나타난다는 점을 강조하는 것 등을 이른다고 할 수 있다. 예언자의 역사 이해를 잘 표현하는 본문으로, 북왕국의 멸망에 대해 평가하는 열왕기하 17장 7-18절을 읽어보자. 이 본문에서는 어떻게 예언자적인 관점을 반영하는가? 또한, 사사시대의 역사적 틀을 간단히 정리하는 사사기 2장 11-17절도 이러한 역사를 바라보는 안목을 잘 담고 있다.

그 외에도, 역사를 다루는 글들을 "예언서"로 분류하는 까닭으로, 유대 전통에서 이 책들의 저자를 예언자들이라고 여겼다는 점도 들 수 있다. 탈무드의 한 부분인 "바바 바트라"라고 하는 글에 보면, 여호수아, 사무엘 등이 자신의 이름이 붙은 책을 기록했다고 하며, 열왕기서는 예레미야에 의해 기록되었다고 한다.

여호수아에서 열왕기에 이르는 긴 시기는 대략 세 개의 구분되는 시기로 나눌 수 있다:

　　국가 이전 시대사사 시대-여호수아와 사사기

　　첫 세 임금이 다스리던 통일왕국 시대-사무엘상에서 열왕기상

11장

◻북이스라엘과 남유다의 분열왕국 시대-열왕기상 12장에서 열왕
기하 끝까지.

가나안의 변화

여호수아가 이끄는 이스라엘이 가나안에 진격하던 시기는 국제적인
혼란기였다. 주전 12세기는 기존의 강력하던 나라와 왕국들이 붕괴하면
서, 당시 세계의 질서가 새로 편성되던 시기였고, 그로 말미암아 중동 지
역 전역에 무질서와 혼란이 극심하였던 시기였다. 이러한 혼란의 원인
에 대해서는 설명이 분분하다. 먼저 당시에 상호 간에 계속된 전쟁들이
국력의 약화를 가져왔다고 볼 수 있다. 18 왕조를 거쳐 강성하던 애굽은
소아시아에서 일어난 용감한 민족인 헷족과의 대결을 거치면서 점차 쇠
약해져 갔다. 두 번째 들 수 있는 요인은 해양민족의 침입이다. 19 왕조
의 초반에 애굽은 여전히 팔레스타인에 대한 지배력을 잃지 않았지만,
13세기 중 후반 해양민족의 대이동은 애굽을 비롯한 팔레스타인 전체를
뒤흔들었다. 에게해 지역에서 유래한 해양민족들은 소아시아의 헷왕국
을 무너뜨리고, 크레타섬을 휩쓸었으며, 구브로를 거쳐 수리아와 팔레
스타인 본토로 이동해왔다. 이러한 대이동의 또 다른 무리들은 애굽으
로 밀어닥쳤고, 애굽은 그들을 방어하느라 제국의 모든 힘을 소진하고
말았다. 그로 말미암아 19 왕조의 왕이던 메르넵타이래 애굽은 팔레스
타인에 대한 지배력을 거의 상실하고 말았다. 세 번째 이 시기의 격변을
설명하는 것은 국가 내부적 요인에 의한 변화이다. 소수의 궁정 엘리트
들과 다수의 농업 기반 국민들 간의 극심한 빈부격차에 의한 갈등의 폭
발이 내적으로 사회의 붕괴를 가져왔다는 것이다. 여기에 중요한 역할
을 하는 것이 "하비루"라고 불리는 집단이다. 당시의 국가와 도시 체제

로부터 이런저런 이유로 살기 어려워 도망쳐 나온 이들이 산이나 사막, 광야 같은 곳에 거하면서 집단적인 세력을 이루었는데, 이들이 "하비루"라고 불렸다. 이들 하비루들이 마을과 도시를 빈번히 침략하고 국가는 이들을 대항하면서 점차 국력이 소진되어 갔다. 또한, 이들의 탈출 때문에 도시는 노동력이 부족해졌고, 이것은 국가 전반적인 생산력 저하로 이어지게 된다. 여기에 지진을 비롯한 천재지변까지 더해지면서 주전 12세기경, 고대 중동의 질서는 완전히 재편되기에 이르렀다. 그리고 이러한 힘의 공백기가 여호수아가 이끄는 이스라엘의 가나안 점령의 호기가 되었다. 당연히 이러한 기회는 기회일 뿐이지, 그렇다고 해서 가나안이 무주공산이었던 것은 아니었다. 세계사적인 상황, 주변의 상황은 기회를 제공할 뿐이고, 그 기회를 타서 상황을 변화시키는 것은 여호수아와 이스라엘의 과제였다고 할 것이다.

여호수아서

구약성경의 여섯 번째 책의 제목은 가나안 정복을 이끌던 중심인물인 여호수아의 이름을 따서 붙여졌다. 이 책의 내용은 세 단락으로 쉽게 구분된다:

가나안 정복: 1-12장
땅의 분배: 13-22장
여호수아의 마지막 설교: 23-24장

여호수아서의 첫 부분은 하나님께서 여호수아를 정복의 지도자로 세우는 과정으로부터 시작된다. 여호수아의 형통의 비결은 하나님께서 모세에게 주신 율법을 준행하고 좌우로 치우치지 않는 것이었다. 여호수아 1장 5-9절을 함께 읽어보자. 사실 이 부분은 열왕기까지 이르는 역사서 전체의 서문이라고 볼 수 있을 것이다. 한 마디로, 하나님의 율법을 지켜 행할 때, 하나님이 어디든지 함께 하신다는 것이다. 이스라엘의 승리 비결은 강력한 군대와 준비된 무기에 있지 않았다. 그들은 전적으로 하나님에게 매인 백성이며, 그들의 힘은 하나님이 주신 율법의 준행 여부에 있었던 것이다. 이 땅은 이미 하나님께서 아브라함을 통해 약속하신 땅이며, 마침내 여호수아의 시대에 얻게 되는 땅이다. 그러므로 이 땅을 얻는 것은 오직 여호와의 말씀에 대한 신뢰와 준행을 통해서 가능하다. 갈대아 우르와 애굽에 살던 이스라엘을 불러 내시고 인도하신 하나님께서 이제 마침내 그 백성들이 거할 공간으로 이끄신다는 점에서, 제국과 대조되는 새로운 하나님 나라의 구체적인 확립은 여호수아서의 주제라고 말할 수 있을 것이다.

세 차례의 군사작전

여호수아서는 세 차례의 군사작전을 통하여 가나안이 이스라엘의 수중에 들어왔음을 보이고 있다. 이스라엘은 1차 군사행동을 통해, 요단강 서편지역에 확고한 거점을 마련하는 데 성공하였다. 이러한 싸움의 기지역할을 한 곳은 길갈이었다. 하나님과 더불어 싸움에 나선 그들의 첫 장벽은 여리고였다. 여리고의 함락을 위해 이스라엘이 해야 할 일은 성 둘레를 하루에 한 바퀴씩 돌고, 일곱째 날에는 일곱 번 돌며, 그 후에 큰 소리로 외치는 것이었다. 무장한 군사들 사이에 일곱 나팔을 부는 일곱 제사장, 그리고 그 뒤를 언약궤를 맨 제사장들이 따랐다. 그 이전에 요단강을 건너는 과정부터 일곱과 연관하여 의식을 행하는 여리고 함락의 전 과정에 대한 여호수아서의 서술은 이 전쟁이 전적으로 하나님에게 속한 것임을 분명히 보여준다. 승리는 하나님께 있지, 사람에게 있지 않음을 증거하는 것이다.

　그리고 이것은 여리고 승리 이후 이스라엘이 겪는 실패에서도 두드러진다. 여리고를 이긴 이스라엘은 더 작은 규모의 아이성은 손쉽게 차지할 수 있으리라 여겼지만 뜻밖에 패배하게 된다. 이 패배의 원인은 여리고 승리의 전리품을 몰래 착복한 아간이었다. 아간의 죄는 하나님께서 이스라엘에게 명한 언약을 어긴 것이다. 왜냐하면, 여리고성의 모든 것은 하나님께 바쳐진 것이었으므로, 이스라엘이 차지해서는 안 되는 것이었다. 그리고 이 사실은 여리고 전쟁 전에 분명히 선언되었으나, 아간은 이 사실의 의미를 알지 못한 것이다. 이러한 완전한 바침을 의미하는 단어를 히브리말로 "헤렘"이라 부른다. 이 단어의 뜻은 "헌납" 혹은 "진멸"이며, 동사로 쓰일 때 "완전히 파괴하다"로 풀이된다. 가나안 정복전쟁의 많은 경우는 헤렘으로 규정되었으며, 이 경우 그 성안에 있는 호흡이 있는 자들을 남녀노소 불문하고 다 죽여야 했고, 일체의 금품이나 전리품을 취해서도 안 되었다. 신약의 하나님에 대한 이해 즉, 원수까지도 사랑하라는 가르침에 익숙한 이들에게 구약의 이러한 잔인해 보이는 관습은 이해하기 어렵다. 그러나 이러한 내용은 고대 중동의 풍습을 배경으로 하고 있음을 이해해야 한다. 그리고 무엇보다도 하나님의 거룩하심을 깊이 이해해야 한다. 가나안 원주민들의 생활풍습과 종교 생활은 더할 나위 없이 문란하고 부패했다. 최근의 고고학적 발견들은 이러한 성경의 진술들을 뒷받침하고 있다. 이러한 문란과 부패는 그저 자신들의 삶을 파괴하는 데에서 그치지 않고, 예나 지금이나 반드시 함께 살아가는 이웃들의 삶과 행복을 짓밟고 파괴하는 것으로 나타나기 마련이다. 그러므로 가나안 원주민들에 대한 이스라엘의 진멸은 단지 전쟁과 죽음에 관한 이야기인 것이 아니라, 죄악과 부패에 대한 하나님의 심판이 그 본질이라고 할 수 있다. 죄에 대한 하나님의 결연한 심판은 성경이 줄기차게 증언하는 바이다. 그리고 여기에는 약속의 백성도 전혀 예외이지 않다. 이스라엘 역시 하나님 앞에 범죄하고 우상을 섬기면 여지없이 심판 받는다. 따라서, 우리가 구약의 전쟁에 관한 기술을 볼 때에 우리는 이것이 영적인 전쟁임을 깨달아야 할 것이다. 영적인 전쟁이라고 해서 어떤 정신적인 무엇을 가리킨다는 의미가 아니라, 사람을 억압하고 억누르며 파괴하는 죄와 부패에 대한 하나님의 심판을 가리킨다는 의미라고 할 수 있다. 그러므로 여호수아의 정복 전쟁을 통해 우리는 반드시 죄를 심판하시는 하나님, 죄와 타협하지 않으시며, 그 흔적이라도 멸하시는 하나님을 깨달아야 할 것이다. 하나님의 결연함에도 불구하고 이스라엘은 가나안을 진멸하기를 온전히 행하지 않았다. 이러한 일종의 "온정과 타협"의 결과는 무엇인가? 그것은 이스라엘의 타락이었으며, 그 결과는 이스라엘의 멸망이었다. 남은 이방인들은 슬금슬금 그들의 관습과 신앙을 이스라엘에게 전하였고, 이스라엘은 그 땅을 차지했을지언정, 오히려 이스라엘의 정신과 신앙은 도리어 가나안의 바알에게 점령당하고 만 것이다. 그러므로 "악은 어떤 모양이라도 버리라"살전5:22라고 하신 말씀이 이에 해당될 것이다.

아울러 이러한 역사 서술의 배경이 포로후기였을 것을 생각한다면, 이러한 진멸 전쟁에 대한 강조는 전적으로 지난 과거에 대한 반성의 시각에서 비롯되었으리라 짐작하게 한다. 실제로 앞으로도 이방 민족을 진멸하자에 초점이 있는 것이 아니라, 우리의 지난 과거 동안에 제대로 행하지 않았기 때문에 오늘의 참상이 비롯되었다고 풀이하는 데에 초점이 있다는 것이다. 그런 점에서도, 진멸 명령은 이방 민족에 대한 적대감을 강조하는 것이 아니라, 악과의 싸움, 악과의 단절에 모든 강조를 두는 것이라고 보아야 할 것이다.

아간에 대한 처벌 이후에 이스라엘은 다시금 아이성을 점령할 수 있었다. 중앙 산지 지역에서 더는 저항을 받지 않은 이스라엘은 북쪽의 세겜까지 진격하였다.

제2차 군사작전에서 여호수아와 이스라엘은 남쪽 산지로 쳐들어갔다. 기브온은 미리 이스라엘에게 항복하여 살아남았지만, 남서쪽의 아모리 동맹군예루살렘, 야르뭇, 헤브론, 라기스, 에글론은 여호수아와 이스라엘에게 참패하였으며, 여호와 하나님은 폭풍과 큰 우박을 그들에게 내리셨고, 여호수아의 완전한 승리를 위해 태양이 하늘에 머물게까지 하셨다. 이후 이스라엘은 남쪽으로 립나, 라기스, 에글론, 헤브론, 드빌등을 쳐서 점령하였다.수10:40

3차 군사작전은 북쪽 산지지역을 대상으로 한 것이었다. 이스라엘은 갈릴리로 알려진 지역에 있는 이스르엘 계곡 너머 북쪽 산지에서 승리를 거두었다. 메롬물가에서 이 지역 왕들의 연합군을 물리쳤으며, 하솔을 불살랐다.

길갈을 중심으로 하여 세 차례에 걸친 진격을 통해 중앙 산지와 남부 산지, 북부 산지를 장악하였고, 이러한 싸움의 과정은 하나님의 명을 따라 진행되었으며, "여호수아가 이같이 그 온 땅 곧 산지와 온 네겝과 고센 온 땅과 평지쉐펠라와 아라바와 이스라엘 산지와 평지를 점령하였으니"수11:16, 즉 남방산지에서부터 북쪽의 헤르몬산 아래까지 하나님께서 모세에게 명하신 온 땅을 이스라엘이 차지하게 되었다.수11:16-23 여호수아 11장 23절은 그 결과로 "그 땅에 전쟁이 그쳤더라"라고 인상적으로 전하고 있다.

정복 전쟁에 대한 견해

그렇지만, 여호수아서의 다른 본문들에서는 아직도 싸우고 얻어야 할 땅이 많이 남아 있음을 보여주기도 한다. 13장 1절을 읽어보자. 그뿐 아니라, 땅을 정복하는 실제 과정에 대해서도 성경의 본문들 사이에 서로 맞지 않아 보이는 점들이 있기도 하다. 여호수아 10장 36-37절에서는 여호수아와 온 이스라엘이 헤브론을 쳐부수었다고 하지만, 사사기 1장 10절에서는 유다 지파의 일로 나온다. 드빌의 경우, 수 10:38-39에서는 여호수아가, 여호수아 15장 13-19절와 사사기 1장 11-15절에서는 옷니엘의 공으로 나온다. 사사기 1장을 보면 정복전쟁에 대한 다른 묘사를 보게 된다. 여호수아가 죽은 이후, 이스라엘에서 제기된 문제는 "우리중 누가 먼저 올라가서 가나안 사람과 싸우리이까"였다.삿1:1 이것은 여호수아서의 서술처럼 정복 전쟁이 완결된 것이 아니라, 아직 많은 부분 진행중임을 보여준다. 그리고 이 정복전쟁은 여호수아서가 보여주는 것처럼 여호수아와 온 이스라엘이 함께 진군한 것이 아니라 지파별로 진행된 것으로 보인다. 유다와 시므온에 의해 헤브론과 예루살렘, 드빌, 블레셋지역이 점령되었으며, 요셉에 의해 벧엘등이 점령되었다는 것이다. 대부분의 학자들의 견해에 의하면, 가나안 정복과정에 대한 사실적인 묘사는 사사기 1장에 나오는 것이라고 한다. 이스라엘의 가나안 정복은 단시일에 완성된 것이 아니라, 오랜 시간에 걸쳐 점차적으로 진행되었을 것이라는 것이다. 그리고 가나안에 살게 된 이스라엘 역시, 요단 동편을 통해 모두 단 순간에 왔다기보다는 여러 차례에 걸쳐 여러 지역을 통해 가나안에 들어왔을 것이라는 견해도 있다. 남방 산지를 통해 들어온 지파들도 있었을 것이고, 또 어떤 지파들은 조상들 이래 가나안 땅에 그대로 살던 이들도 있었다는 것이다.

그러므로 가나안 정복은 실제로는 굉장히 다양하고 복잡하며 긴 과정을 통해 이루어졌다고 말할 수 있다. 많은 수의 히브리인들은 이미 오래전에 팔레스타인에 정착해 있었고, 이들은 사막으로부터 온 히브리인들과 합류하였다. 이 둘이 합류함으로써 팔레스타인에 불꽃이 튀었고, 혁명의 결과 이스라엘로 알려지게 된 지파 동맹체가 탄생하였다고 정리할 수도 있을 것이다. 그리고 이러한 과정은 단순히 지역적인 폭동이 아니라, 대규모의 군사 행동이 수반되기도 했다는 것이다. 우리가 지닌 여호수아서의 설명은 이제까지의 구약 성경 본문들이 그래 왔던 것처럼, 일어났던 사실을 있는 그대로 알리는 데에 초점이 있는 것이 아니라, 이 정착 과정에 야훼께서 어떻게 그들과 함께 하셨는지를 보이는 데에 초점이 있다. 그들은 하나님의 약속을 믿는 믿음으로 가나안 땅에 진격해 들어갔고, 하나님과 더불어 어떤 땅은 차지했고, 어떤 땅들은 여전히 차지하지 못했다. 이스라엘의 승리는 주로 산지지대에 국한되었다. 평지의 거민들은 이미 철기시대의 문화를 누리고 있었으므로, 이스라엘이 싸우기에는 역부족인 점이 있었을 것이다.삿1:19 결국, 이스라엘은 여호수아 이래 오랜 시간 동안 이들과 계속적인 싸움을 벌여야 했다. 그러나 여호수아서와 이스라엘은 믿음으로 그들이 그 땅을 모두 정복하였고 그 땅에 안식이 찾아왔다고 선언하고 있다. 하나님이 약속하셨다면 이미 그것은 이루어진 것이며, 작지만 그 땅을 차지하기 시작했으면, 이미 그들은 그 땅을 정복한 것이라고 보는 신앙적인 안목이 여호수아서의 이면에 전제되어 있다. 믿음이야말로 바라는 것들의 실상이요 보이지 않는 것들의 증거이다.히11;1 아직 정복할 땅이 많이 남아 있지만, 그것은 지파별로 믿음을 가지고 차근차근 정복해 가면 될 일이었다. 그러므로 땅이 아직 많이 남았음에도, 전쟁이 끝나고 안식이 찾아왔다는 진술은 지극히 담대한 믿음의 선포라고 할 수 있다.

땅의 분배

13장부터 가나안땅의 분배가 이루어진다. 요단 동편지역은 르우벤, 갓, 므낫세 반 지파가 차지했고, 요단 서편 가나안땅은 나머지 아홉 지파와 므낫세의 나머지 반 지파가 차지하게 된다. 레위 지파는 땅을 분배받지 않았다. 그들의 기업은 여호와 하나님이었기 때문이다. 그들이 거주할 성으로 각 지파의 땅이 정해진 다음에 지파별로 몇 성읍을 레위 지파에게 제공하였다. 레위인들이 정착하는 사람이 아니었다는 점은 이스라엘의 삶을 상징적으로 보여준다. 하나님을 기업으로 삼고 나그네로 살아가는 것이 레위 지파였으며, 이것이 전 인류에 대한 하나님 백성의 삶의 모습이다. 레위 지파의 땅이 이스라엘 전역에 흩어져 있다는 것은 이들이 봉사하며 사역할 성소가 전국에 흩어져 있다는 것을 의미할 것이다. 당연히 모든 이스라엘이 실로나 길갈 같은 중심 성소로 늘 모여온다는 것은 어려웠을 것이며, 각 지역의 성소들에서 제사가 이루어졌을 것이다.

땅을 분배하는 방식은 제비를 뽑는 것이다. 여기에는 인간적인 계산이나 강자의 논리가 아닌, 전적으로 하나님의 뜻에 맡기는 믿음의 고백이 전제되어 있다. 이렇게 분배된 땅은 결코 팔아넘길 수 없는 지파의 영원한 기업基業이었다. 유다 지파와 요셉 지파의 땅이 먼저 정해진 후, 나머지 지파들의 땅이 정해진다. 이 지파들의 땅에는 아직 점령되지 않은 지역도 포함되어 있다. 그럼에도, 하나님이 주신 땅으로 여겨 분배된 것이다. 하나님의 약속은 성취되었고, 아직도 성취되는 과정 가운데 있음을 여기에서 보게 된다. 아울러, 하나님의 약속은 믿음을 요구한다는 것도 보게 된다. 그러므로 여호수아서에 나오는 승리의 선언과 안식의 선언 역시 이러한 믿음의 성격을 담고 있다.수21:43-45 실제의 과정은 아직 정복이 완성되지 않았을지라도, 하나님은 이미 그 땅을 백성에게 주셨고, 안식을 허락하셨다는 것이다. 그런 점에서 여호수아서의 땅 분배는 하나님 앞에 선 이스라엘의 이상적인 모습을 그려주고 있다고 할 수 있다. 이스라엘은 오직 여호와의 약속과 그 약속의 성취를 따라 이 땅에 들어오게 되었으며, 땅을 차지하기 위한 전쟁 역시 여리고 전투에서 보듯 지극히 신앙적인 과정으로 진행되었다. 그리고 아직 정복되지 않은 땅들이 남아 있지만, 믿음으로 그 땅들이 분배되었다. 이를 고려하면, 여호수아서가 단지 땅을 차지하고 정복하고 나누는 것을 다루는 것이 아니라, 여호와의 율법과 명령에 대한 순종과 믿음으로 땅의 분배를 이루어 가는 과정을 다루는 책임을 알게 된다. 하나님께서는 애굽의 종이었던 이들을 불러 내사 마침내 그들에게 땅을 분배하셨다. 이스라엘은 하나님 앞에서 자신들의 유업이 되는 땅을 분배받았으며, 모든 이스라엘을 대신해서 하나님께 제사하는 일에 힘쓸 레위인들은 땅을 분배받지 않았다. 레위 지파의 존재는 이스라엘의 생존이 자신의 힘이나 땅 자체에 달린 것이 아니라 하나님께 달린 것임을 구체적으로 보여주는 예이며, 각 지파에게 주신 땅이 단지 자신의 것이 아니라 이웃과 함께 나누어야 할 땅임을 보여주는 예이기도 하다. 각 지파가 받은 땅에는 레위 지파가 포기한 땅이 들어 있기 때문이다.

세겜 언약 체결

여호수아 24장은 세겜에서 행한 언약체결을 다루고 있다. 여호수아는 이스라엘의 지나온 역사를 돌이켜 상기시키면서, 이스라엘에게 결단을 촉구하고 있다.수24:14-15 그리고 이 하나님은 거룩하시며 질투하시는 하나님임을 분명히 하면서 이 하나님을 섬기는 것이 그리 간단치 않음을 상기시킨다. 백성들이 응답하자, 여호수아는 그들 중에 있던 이방

신을 제하라 명하고, 언약을 맺고 율법을 수여하고 이를 기념하는 큰 돌을 세우는 것으로 끝맺는다.

여호수아가 너희 중의 이방 신상을 버리라고 촉구한 것은 이때에 세겜에 모여 있는 무리들이 다양하게 구성되어 있었음을 짐작하게 한다. 이들이 섬기던 신에 대한 표현으로는 "너희의 조상들이 강 저쪽과 애굽에서 섬기던 신들"수24:14, "너희가 거주하는 땅에 있는 아모리 족속의 신들"24:15, "너희 중에 있는 이방 신들"24:23이 쓰이고 있어서, 여러 우상이 모인 자들 가운데 있었음을 보여 주고 있다. 그 자세한 경과는 알 수 없지만, 이제 세겜에서의 언약 체결은 거기에 모인 여러 집단과 지파들을 하나로 묶어주는 자리가 되었다. 여호수아가 들려준 거룩한 역사는 이제 모두의 역사가 되었다. 이러한 역사를 자기들의 것으로 고백함을 통해 이들은 한 민족 이스라엘로 정체성을 지니게 되는 것이다. 그래서 이후의 이스라엘을 지파 동맹이라 부르기도 한다. 이 지파 동맹은 열두 지파로 이루어진다. 열둘이라는 수는 특별한 의미를 담고 있기에, 레위 지파가 기업을 받지 않음으로써 지파로서의 위치를 잃게 되자, 요셉 지파가 므낫세와 에브라임으로 갈라짐으로써 열둘을 유지한다. 이스라엘의 지파들은 언약으로 맺어진 공동체로서 각 지파들은 상당한 자율성을 유지한다. 이 지파공동체는 기본적으로 신앙공동체로서, 한동안 세겜이 종교적 중심지였고, 후에는 실로가 그 중심지가 되었다. 이러한 중앙 성소에 언약궤가 안치되었고, 중요한 종교적 절기를 수행하기 위해 이스라엘은 이곳에 모였다. 이러한 모임 시에는 여호와 하나님이 그들의 조상에게 행하신 일들을 기념하였고, 이를 통해 지파들의 통일성과 연대를 확인하였던 것이다. 이러한 과정은 다름 아닌 언약의 현재화 과정이라 할 수 있을 것이다. 여호수아 24장의 세겜 집회는 훗날의 지파동맹체 집회의 모델이라고 볼 수 있을 것이다.

하나님을 전심으로 의지하는 여호수아와 그 하나님을 섬기기로 결단하는 이스라엘을 그리는 여호수아서는 이스라엘의 올바른 삶의 모습을 잘 보여준다. 그런 점에서 여호수아서는 하나님의 나라의 구체적인 모습을 보여 준다고 할 수 있다. 세겜에서 이루어진 언약 갱신은 여호와 한 분을 모시기로 한 이스라엘 백성들의 결단과 약속이라고 할 수 있다.

오늘 배운 내용을 정리하며 나누어 봅시다.

1. 여호수아에서 열왕기에 이르는 책들을 예언서라고 부르는 까닭은 무엇일까요?

2. 여호수아와 이스라엘이 가나안을 정복하던 시기가 국제적으로는 혼란스럽던 시기였다고 합니다. 하나님께서 행하시는 일과 당시의 국제 정세는 서로 어떻게 연관되는 것이라고 말할 수 있을까요?

3. 여호수아의 세 차례에 걸친 정복전쟁의 경과에 대해 정리해 봅시다.

4. 제비를 뽑아 각 지파의 땅을 나눈 것에 대해 여러분은 어떻게 생각하십니까?

5. 여호수아의 고별 설교의 내용은 무엇입니까?

14. 사사들의 시대

사사기

　모세 이후의 시대를 시작한 것이 여호수아서라면, 여호수아라는 정복 전쟁의 지도자 이후를 다룬 것은 사사기라고 할 수 있다. 앞선 시대의 인물들이 위대하고 탁월한 만큼, 그들의 그림자는 길고 큰 법이다. 근본적으로 모세이든 여호수아이든 개인의 위대함이 관건이 아니라, 하나님을 전심으로 의지하는 삶이 이러한 인물들의 핵심적 특징이라고 할 수 있다. 그런 점에서, 오직 하나님의 율법을 간직하며 그 말씀을 따라 걸어간 여호수아는 하나님께서 그에게 맡기신 사명을 충성되게 마지막까지 감당하였고, 이제 그 사명은 다음 세대에게 맡겨진다. 여호수아 이후의 이스라엘은 하나님이 약속으로 주신 땅에 살지만, 완전히 차지하지 못한 채 현실을 살고 있었다. 그들에게 약속을 주시고 여기까지 인도하신 하나님께 대한 믿음, 함께 완전한 정착을 이루어가야 하는 이웃 지파 공동체, 그리고 여전히 그들에게 위협거리로 남아 있는 주변 민족들, 이것이 이스라엘이 직면하여 살아가야 하는 현실이었다.

　사사기土師記라는 이름은 이 시기 이스라엘을 다스렸던 직책인 "사사"들에게서 유래한 것이다. 히브리어로 "쇼프팀"인데, '재판관들'이라는 뜻이다. 영어로는 "The Judges"이다. '재판관'이라고 하여 단지 재판만을 하는 사람을 가리키지 않는다. 구약에서 재판은 지도자나 통치자의 가장 기본적인 업무사항으로 표현된다. 광야에서 모세의 역할이 백성들의 일을 재판하는 것이었으며출18:13-16, 그를 도우려고 세워진 지도자들인 천부장과 백부장, 오십부장, 십부장 역시 이 재판의 일을 나누어 맡는 직분이었다. 출18:18-23 그런 점에서, 재판관은 백성들의 지도자이며 통치자라고 말할 수 있을 것이다. 여호와 하나님을 가리켜 재판관이라고 부르는 것도 그러한 맥락에서 이해할 수 있다: "대저 여호와는 우리 재판장이시요 여호와는 우리에게 율법을 세우신 이요 여호와는 우리의 왕이시니 그가 우리를 구원하실 것임이라"사33:22 이사야 구절에서 보듯이, 재판관은 왕과 나란히 비슷한 의미가 있는 말로 쓰일 수 있다. 사사들은 여호와 하나님이 세우신 카리스마적인 지도자로, 위기에 처한 나라를 구해내었다. 그들의 지위는 세습되지 않았으며, 그들의 사명은 여호와의 영이 임할 때에 감당할 수 있었다. 삿3:10; 6:34; 11:29; 14:6,19; 15:14 여호와의 영이 임하는 것에 대한 빈번한 언급은 사사들의 직무 감당이 자신의 능력이 아니라, 하나님을 힘입어 가능하였음을 보여주며, 이스라엘의 지도자는 하나님과 더불어 하나님을 대행하여 백성들 가운데서 행하는 자임을 잘 보여준다.

사사시대를 규정짓는 핵심적 진술이 사사기 2장 11-23절에 서술되어 있다. 여호수아의 사후 이스라엘은 하나님이 행하신 일을 잊고 그들 중에 남은 이방 민족을 따라 우상을 섬기니, 하나님이 진노하사 그들을 이방의 손아래 넘기셨다. 이방의 압제 아래 고통이 심하여 이스라엘이 탄식하고 회개하며 하나님께 부르짖으니, 하나님은 그들에게 사사를 보내사 곤경에서 건지신다. 사사의 사는 날 동안에 그들이 하나님을 의지하지만, 그가 죽은 후 다시 이스라엘은 죄악을 범한다. 단순한 순환이지만, 태초 이래 사람들의 살아가는 모습은 참으로 이와 비슷하다. 이와 연관하여 사사기는 이스라엘 가운데 남아있는 이방 민족을 달리 해석한다.삿2:20-23 이에 따르면, 이스라엘 가운데 남아 있는 이방 민족들은 이스라엘이 여호와만을 의지하는지를 시험하기 위해 하나님께서 남겨두셨다. 사사기의 대략적인 내용은 다음과 같이 나누어 볼 수 있다:

사사 시대에 대한 개괄   1-2장
사사들의 활동   3-16장
사사 시대의 난맥상   17-21장

바알 신화

사사시대의 배경에는 가나안의 문화가 있다. 사사시대의 이스라엘은 끊임없이 가나안의 신인 바알에게 이끌렸다. 가나안의 바알 신화에는 바알과 그의 아내 아낫이 등장한다. 오늘날의 시리아 북부지방의 라스 샴라Ras Shamra에서 발굴된 고대 우가릿왕국의 토판들은 이 지역에 퍼져 있던 바알 신화를 생생히 전해주고 있다. 폭풍의 신 바알은 풍요와 비를 관장하는 신으로 번식과 힘을 상징하는 황소의 형태를 취하고 있다. 여름 가뭄의 신인 모트가 바알을 죽여 지하세계에 매장하자, 바알의 배우자인 아낫은 모트를 찾아가 그를 죽이고 바알을 부활시킨다. 이러한 신화는 자연의 변화와 연관되어 있다. 바알은 봄의 번식력을 의인화한 것이고, 모트는 식물이나 생물을 죽게 하는 파괴력을 의인화한 것이다. 자연의 변화가 신화와 연관되어 있고, 신화와 결부된 종교적 행동을 통하여 자연의 현상을 조절할 수 있다는 믿음도 이러한 신화와 연관되었다. 일정한 종교적 의식을 행하면 그를 통해 풍요와 번영을 보장받을 수 있다고 여기는 것이다. 바알신앙이 이렇듯 농사의 풍성한 결실과 연관되었기에 가나안의 농부들은 바알에게 제사하지 않을 경우, 풍작을 기대할 수 없다고 여겼다. 당시의 농부들은 바알 제의를 무시할 수 없었을 것이며, 새로이 가나안에 들어가게 된 이스라엘 역시 마찬가지였던 것 같다. 마치 오늘날 사회생활은 사회생활의 규칙이 있고, 신앙은 신앙의 규칙이 있다고 분리하듯이, 고대의 이스라엘도 농사와 생활에서 바알을 따르고, 종교에서 여호와를 섬기는 분리된 생활이 나타나게 되었다. 바알이 그토록 이스라엘에게 매력적이었던 요소는, 풍요에 대한 약속, 그리고 그와 불가분으로 결부된 정성 넘치는 제의를 들 수 있을 것이다.

많은 경우, 이스라엘은 여호와와 바알을 동일시했다. 여호와를 섬기는 방식과 바알을 섬기는 이방의식이 뒤섞이게 되었고, 이러한 혼합주의는 이스라엘이 가나안에 들어온 시점부터 전개되었다. 그러나 이스라엘의 신앙은 본질적으로 질투하는 하나님을 섬기는 신앙으로, 여호와 하나님은 배타적이며 하나님 외에 어떠한 경쟁자도 허용하지 않으시는 분이다. 여호와의 주권은 절대적인 것으로 이스라엘의 삶의 전반에 미치는 것이며, 역사와 자연 모든 것이 그 주권 안에 들어 있다. 그러므로 여호와는 역사의 주인이고, 바알은 풍요의 주인이라는 이분법적인 생활은 근본적으로 여호와 앞에서 살아가는 삶을 위반하는 것이었다. 그래서 후대의 예언자들은 여호와냐 바알이냐 택일을 요구하게 된다. 세겜에서의 여호수아도 마찬가지였다. 여호와냐 아니면 다른 신들이냐!수 24:14-15 여호와는 삶 전체의 주관자이며 그 백성의 전적인 헌신을 요구하시는 분이시기 때문이다.

여호와 신앙은 가나안의 종교와 달랐다. 가나안의 신들과는 달리, 여호와에게는 배우자가 없다. 여호와 하나님은 인간세계의 구분을 초월하시는 거룩한 하나님이시다. 비록 여호와 하나님이 남성명사로 지칭된다 할지라도, 이것은 하나님이 남성임을 의미하는 것이 전혀 아니다. 이방신앙은 남녀의 신들을 전제하고 그에 따라 필연적으로 성이 중심이 된다. 가나안의 종교관습의 중심에 제의적인 매음賣淫이 있다. 신들의 결합이 땅의 비옥을 가져온다는 믿음에 따라 신들의 결합을 촉진하고, 이와 비슷한 효과를 내려는 의도로 신전마다 이른바 공창公娼들이 존재했다. 고대사회가 특별히 음란했다는 것이 아니라, 그들은 이러한 제의적 매음이 신들을 움직인다고 본 것이다. 그러나 여호와 하나님은 이러한 것으로 움직여지는 분이 아니다. 여호와 하나님의 언약의 요구들은 오히려 이러한 음란한 성적 제사를 완전히 척결하라고 요구하신다. 여호와의 이스라엘은 마술적이고 신비적인 절차를 통해 하나님을 움직이려 할 것이 아니라, 그가 명하신 요구들을 지키고, 하나님의 은혜에 감사하며, 언약에 충실한 삶을 통해 하나님과 동행해야 한다. 여호와 하나님과 가나안 신들과의 이러한 차이점들은 이스라엘 역사가 진전되면서 분명해졌고, 이스라엘이 이를 온전히 깨닫고 바꾸기에는 많은 희생과 대가가 요구되었다. 그 첫 시험장이 사사시대이다.

사사들의 통치

이 시기의 이스라엘은 상당히 지방분권적이었던 것으로 보인다. 사사들은 한 두 지파와 연관된 것으로 보이며, 사사가 이끄는 전쟁도 전 이스라엘이 연관된 것이라기보다는 몇몇 지파에 한정되었던 것으로 여겨진다. 그러니, 사사들의 활동은 국지적인 영역에 국한되었다. 이 시대의 사사들로는, 메소보다미아의 왕 구산 리사다임의 8년 지배로부터 이스라엘을 건진 옷니엘3:7-11, 40년, 모압 왕 에글론을 무찌른 왼손잡이 에훗3:12-30, 80년, 블레셋을 무찌른 삼갈3:31, 가나안 왕 야빈을 무찌른 여선지자 드보라4-5장, 미디안에게서 건진 기드온6-8장, 40년, 돌라10:1-2, 23년, 야일10:3-5, 22년, 암몬자손에게서 건진 입다10:6-12:7, 6년, 입산 12:8-10, 7년, 엘론12:11-12, 10년, 압돈12:13-15, 8년, 그리고 40년 동안

블레셋에게 시달리던 이스라엘을 건져낸 삼손이 있다.13-16장, 20년

이스르엘 골짜기의 므깃도는 그야말로 요충지이다. 드보라의 활동은 이 므깃도에서 벌어진 전투와 연관된다. 요단 동편지역에 쳐들어온 모압군대의 위협은 에훗의 활약으로 제거되었고, 이후의 아모리족들의 빈번한 위협은 딸을 희생시킨 입다에 의해 사라졌다. 더 심각한 위협은 낙타를 타고 사막에서 쳐들어온 미디안족의 침입이다. 이러한 위기에 하나님이 세우신 이는 기드온으로, 그는 자기 집안에 있던 아세라상을 없애고 제단을 쌓아 야훼 신앙을 떨친다. 하나님의 함께 하심과 더불어 300명의 군사로 미디안을 무찌른다. 주전 12세기와 11세기이래 이스라엘의 최대 위협은 새로이 출현한 블레셋 사람들이었다. 이들은 타고난 공격성과 발달한 무기로 비옥한 해안지역을 금방 장악했고 그 위세를 떨쳤다. 이후 이들은 초기 이스라엘의 최대의 적으로 등장한다. 삼손은 블레셋과 싸웠던 사사이며, 사사들의 활동에 대한 내용의 마지막은 그에 대한 상세한 이야기들로 채워져 있다.

사사라는 체제는 위기 때마다 하나님과의 언약을 새로이 할 수 있고 여호와 하나님을 의지하는 것이 살 길이라는 점을 분명히 보여주는 제도이지만, 이스라엘은 여러 순간에서 이러한 제도를 불편해하며, 약점과 어려움을 지닌 제도로 인식하게 된다. 이것은 왕정에 대한 시도로 나타나는데, 자신들을 미디안에게서 건져 낸 기드온을 찾아온 백성들은 기드온과 그의 자손들이 자신들을 다스리는 왕이 되어 줄 것을 요청한다.삿8:22 그러나 기드온은 세습적인 왕이 되어 달라는 이들의 요구를, "여호와께서 너희를 다스리시리라" 즉, 하나님의 통치를 단적으로 표현하는 말로 거절한다. 기드온의 아들의 하나인 아비멜렉이 왕정을 시도하지만 거센 저항에 부딪혀 곧바로 붕괴하고 만다. 그러나 이스라엘은 이제 사사시대를 넘어 보다 강고한 체제인 왕정으로 넘어갈 준비를 하고

있다. 사사기의 여러 구절은 사사시대의 난맥상이 왕이 없기 때문이라고 지적하고 있다.

룻기

히브리 성경에서 룻기는 세 부분 가운데 마지막 부분인 "성문서成文書"에 놓여 있지만, 기독교 성경에서는 사사기 다음에 위치한다. 아마도 이것은 룻기가 사사기와 같은 시대이기 때문이었을 것이다.

룻기의 배경이 되는 제도는 기업 무르기와 수혼嫂婚제도이다. 신명기 25장 5-10절에 서술되어 있는 수혼제도는 한 남자가 자식이 없이 죽을 경우 그 대를 그의 형제들이 그 과부와 결혼하여 자녀를 낳게 하여 이어야 한다는 것이다. 기업 무르기는 레위기 25장 23-55절에서 설명되는데, 이스라엘 중 누군가가 가난하여 기업인 땅을 팔게 되었을 경우, 가장 가까운 친척이 그 값을 치르고 대신 그 땅을 찾도록 한 제도이다. 이 제도가 수혼제도와 결합하여, 가장 가까운 친척이 홀로 남겨진 과부와 결혼하여 아이를 낳아 대를 잇게 할 뿐 아니라, 그 아이에게 과부의 죽은 남자의 땅이 상속되게끔 하였다. 이것은 무엇보다도 그 죽은 사람의 기업인 땅이 그 가족 내에 보존되게 하려는 목적이었을 것이다. 복음서에서 사두개인들은 수혼제도를 예로 들어 부활이 없음을 증명하려고 한다.막 12:18-23 그러나 기업 무르기와 결부된 수혼제도는 홀로 남게 된 과부들의 삶을 회복하고, 기업에 주어진 땅을 영영토록 머무르게 하기 위한 회복 조치의 일환이라는 점에서, 가장 연약할 수 있는 여성과 무너진 가족의 삶의 참된 회복과 '부활'을 취지로 하고 있다고 말할 수 있다.

흉년을 피해 모압땅에 이주하였던 엘리멜렉과 나오미의 삶은 처참하였다. 엘리멜렉을 비롯해서 집안의 남자들은 모두 죽고 말았으며, 나이 든 나오미와 두 며느리만 남게 되었다. 고향인 유다 땅으로 나오미가 돌아가기로 결정하였을 때, 젊은 며느리 룻도 동행하였다. 이들의 삶은 충분히 비극적일 수 있으며, 동서고금을 막론하고 불운하며 재앙을 몰고 다니는 이들로 여겨질 수 있었다. 그러나 이스라엘의 기업 무르기와 수혼 제도는 아무런 사회적 편견이나 미신 없이 이 가정이 다시 회복되도록 돕는다. 나오미와 룻의 친척인 보아스로 하여금 이 의무를 행하게 하는 것은 나이 든 시어머니 나오미의 지혜이다. 그는 젊고 매력적인 룻이 보아스를 움직이도록 계획하고 이 계획은 성공한다. 보아스는 자기보다 더 가까운 친척에게 기업무르기의 관행을 말한다. 이스라엘의 기업의 땅은 지파 바깥으로 팔 수 없는 것이므로, 가난 때문에 땅을 팔게 된 이가 있을 때, 가까운 친척들이 그 땅을 사서 가문의 소유로 남도록 해야 한다는 것이다. 그러나 이 제도가 수혼제도와 결합하여 그 땅이 룻의 자녀의 이름으로 이어져야 한다는 점 때문에 그 가까운 친척이 자신의 권리를 포기하자, 다음으로 가까운 친척이던 보아스가 적법하게 이 권리를 행사하여 룻과 결혼하게 된다. 그 둘 사이에 오벳이 태어나고, 오벳은 다윗의 아버지인 이새를 낳는다.

룻기의 아름다움은 분명하다. 한 편의 소설과도 같이, 이 글은 어려운 시대를 살던 사람들의 공의로움과 친절, 긍휼, 사랑을 그리고 있다. 그리고 이것은 단지 그 시대의 이야기에서 그치는 것이 아니라, 다윗의 족보로 이어진다. 그래서 이 이야기는 하나님의 섭리를 다루고 있기도 하다. 또 하나 두드러진 것은 룻이 모압여인이라는 점이다. 하나님의 구속사가 이스라엘을 넘어서고 있음이 여기에서 분명하며, 많은 이들은 이 이야기가 에스라-느헤미야서가 담고 있는 이스라엘의 배타성에 대한 반론이라고 지적하기도 한다.

룻기에 나타나는 하나님의 행하심은 기적적이지 않다. 여기에는 천사나, 놀라운 기적, 신비한 사건이 등장하지 않는다. 단지 인간들이 행하는 일상적인 일들 가운데서 하나님의 역사하심을 그리고 있다. 룻기 2장 1-7절을 읽어보자. 하나님은 어디에나 계시지만 젊은 여인의 우연한 발걸음이나 늙은 여인의 위험스러운 계획 등 순전히 인간의 우연함과 도모함의 배후에 감추어져 있다. 하나님의 인도하심이 인간의 우연성 안에 감추어져 있다. 아울러 기업무르기와 수혼제도는 이스라엘 가운데 가난한 이들이 대를 물려가는 가난 속에 시달리지 않도록 실제로 회복시키는 제도임을 보여준다. 이스라엘은 서로를 함께 책임지는 공동체이다. 그리고 여기에서 도움을 얻게 되는 것은 나오미와 룻같은 과부이다. 재수 없고 흉한 운을 지닌 이들로 따돌림당하고 천시당하는 것이 아니라, 이스라엘의 신앙적 제도들을 통해 이 여성들의 삶이 회복되고 건강하게 설 수 있게 된다는 점에서, 룻기는 이스라엘의 일상의 회복과 아름다움을 보여주고 있다고 할 수 있다.

오늘 배운 내용을 정리하며 나누어 봅시다.

1. 사사시대는 왕정시대보다는 하나님께서 그 백성을 친히 다스리심
   이 더욱 뚜렷하게 드러나던 시대였다고 할 수 있습니다. 어떤 의미
   에서 그런지 이야기해 봅시다.

2. 바알신앙에 이스라엘이 그토록 미혹되고 끌렸던 까닭에 대해 생각
   들을 나누어 봅시다.

3. 룻기에서 일상의 우연 속에 역사하시는 하나님, 일상 속에서 형제
   를 회복시키는 공동체의 틀에 대해 생각을 나누어 봅시다.

15. 사무엘, 왕정의 시작

왕이 없던 시절

사사시대는 하나님이 친히 세우신 사사들 때문에 인상적이지만, 아울러 백성들의 임의적인 생활로 말미암아 난맥상도 두드러진다. 하나님의 영이 임한 사사였지만, 자신의 욕망을 따라 사는 모습을 보여준 삼손이 사사들의 마지막으로 소개되고 있다는 점, 또한 제사에서 중요한 역할을 맡아야 할 레위인이 그에 어울리지 않는 행동을 하고 있음을 보여주는 사사기 17-18장과 19-21장에 소개된 사건들 역시 이 시대의 난맥상을 구체적으로 보여준다.

이 점은 사사시대의 마지막을 다루는 사무엘상에서도 드러난다. 사무엘상 1장에서 3장은 당시 열두 지파 동맹의 중앙성소인 실로에서 일어난 사건을 다루고 있다. 하나님의 언약궤가 실로 성소에 안치되어 있었고, 이 성소의 제사장은 엘리와 그의 아들들이었다. 엘리는 제사장이면서 이스라엘의 사사이기도 하였다.삼상4:18 그러나 엘리의 시대는 "여호와의 말씀이 희귀하여 이상이 흔히 보이지 않았"던 시대였다.삼상3:1 엘리의 아들 제사장들은 제사장의 특권을 이용하여 백성들이 제물을 드릴 때 자신들이 먹고 싶은 부위의 고기를 제사 드리기 전에 가로채기 일쑤였고, 회막에서 수종 드는 여인들과 동침하는 일을 저지르기까지 하였다. 그리고 이 아들들이 행하는 일에 대하여 엘리는 무기력하게 야단

칠 뿐이었다. 이것은 엘리 집안만의 문제이지 않았던 것 같다. 블레셋과의 싸움에서 전세가 불리해진 이스라엘은 실로에서 언약궤를 싸움터로 가져가면서, 하나님의 임재로 인한 승리를 구한다. 그러나 언약궤의 존재에도 불구하고 이스라엘은 전쟁에서 대패하고, 도리어 언약궤마저 블레셋에게 빼앗기고 만 것이다. 하나님이 이스라엘을 보호하신다는 상징이며, 블레셋마저도 그렇게 두렵게 여기던 언약궤가 빼앗겼다는 소식에 엘리 제사장은 뒤로 넘어져서 목뼈가 부러져 죽고 만다. 그 시각에 엘리의 손자를 낳은 그의 며느리는 그 낳은 아이의 이름을 '이가봇'이라고 지었다. 이 이름의 의미는 "영광이 이스라엘을 떠났다"이니, 참으로 이스라엘의 영광은 찾아보기 어렵게 되었다. 하나님께서는 더는 이스라엘을 지키지 않으시고, 이스라엘은 패배하였다. 이 시기 이스라엘은 한편으로는 하나님의 임재에 대해 아무런 기대가 없었으며, 다른 한편 하나님의 임재를 상징하는 법궤에 대해 매우 종교적 환상 가운데 머물러 있었다고 할 수 있겠다.

이후로 성경은 실로에 대해 아무런 언급을 하지 않는다. 실로는 그 후의 어떤 시점에 파괴된 것으로 여겨진다. 언약궤가 블레셋에게 빼앗긴 뒤, 7개월을 블레셋 땅에 있다가 기럇여아림으로 보내져 20년간 머물렀다는 것삼상5:1-7:2은 실로가 더는 중요한 역할을 하지 않고 있음을 반증하고 있다. 시편 78편 60-64절에 보면 여호와께서 실로 성소를 떠나셨다고 되어 있다. 훗날, 예레미야 선지자는 하나님을 의지하는 것이 아니라 성전을 신뢰하는 이스라엘을 향해 실로의 최후를 기억하라고 외친다.렘7:12-14; 26:6,9 언약궤는 하나님의 임재의 상징이 분명하고, 성소는 하나님이 거하시며 이스라엘을 만나시는 곳이지만, 그것은 기계적이거나 자동적인 일이 아니다. 언약궤와 성소는 하나님이 사용하시는 도구이기에, 하나님을 경외하지 않으면서 이 물건을 이용하려는 이들에게는 아무런 능력이 없는 물건에 불과하다. 예레미야는 그 백성이 회복되는 때에 더는 백성들이 언약궤에 대해 말하지 않을 것이라고 전한다. 렘3:16

사무엘–열왕기

사사시대의 마지막을 다루는 것으로 시작하는 책 사무엘서는 세 인물, 사무엘, 사울, 다윗을 두드러지게 보여주고 있다. 사무엘상은 사울의 죽음으로 끝맺고 있으며, 사무엘하는 다윗의 시대를 소개하고 있다. 그에 이어지는 열왕기상은 다윗의 노년기와 죽음으로 시작하고 있으며, 이스라엘의 멸망에 이르는 시기가 열왕기하 마지막까지 다루어지고 있다. 사무엘상에서 열왕기하는 전체로 하나의 역사책을 이룬다고 할 수 있다. 사무엘상 1-15장은 사무엘에서 사울까지의 시기를 다루며, 16장 이후는 사울의 몰락과 다윗의 번영을 다룬다.

사무엘의 출생

사사시대에서 왕정으로 넘어가는 변화의 시기에 결정적으로 중요한 인물이 바로 사무엘이다. 사무엘상 1-3장에는 사무엘의 출생과 소명에 관한 내용이 나타난다. 자식을 낳지 못해 슬퍼하는 여인의 간절한 기도가 사무엘의 출생 배경으로 그려진다. 한나가 괴로움에 가득 차서 드리는 간구는삼상1:11 이스라엘 신앙의 기본 줄기에 잇닿아 있다. 하나님께서 주신 아들에게 삭도를 대지 않겠다는 한나의 언급은 나실인 '구별된 자'를 의미 서원으로 볼 수 있다. 나실인 서원은 일정 기간에 자기 몸을 구별하여 하나님께 드리려고 작정한 이가 그 기간에 포도주와 독주를 금하고 머리에 삭도를 대지 않는 것을 가리킨다. 민6:1-21 한나의 경우, 사무엘을 평생 나실인으로 서원하여 드린 것이라고 할 수 있다. 쿰란 동굴에서 발견된 주전 1세기경에 필사된 것으로 여겨지는 사무엘서 두루마리에는 이 부분에서 분명하게 한나가 자식을 나실인으로 드리겠다고 서원한 것으로 기록되어 있다. 자식의 장래를 부모가 결정한다는 것이 오늘날에는 납득하기 어려운 일일 수 있지만, 이 본문은 한나와 사무엘이 그 시대에 하나님 앞에 서서 신앙의 원칙을 따라 살고 있음을 보여주는 역할을 하고 있다. 나실인이 된다는 것은 가나안의 세속적인 영향에 맞서서 앞 세대의 반유목적 지파동맹의 단순한 삶을 지지하면서 옛 길과 옛 가치를 고수하는 것을 의미한다. 한나의 서원은, 타협과 무관심에 의해 심각한 위협에 처해 있던 이스라엘의 옛 가치 기준들을 단호하게 지지하고 주장하던 사무엘의 이미지와 잘 부합된다. 또한, 괴로움 가득한 여인의 기도를 들으신 하나님께 대한 내용은 애굽에서 종된 백성들의 부르짖음을 들으신 하나님에 대한 내용과 일맥상통한다. 사무엘을 얻은 한나가 하나님께 드린 찬양은 하나님 백성들의 신앙의 진수를 담고 있다고 평가된다. 하나님으로 인한 세상 질서의 역전을 증거하는 한나의 찬양삼상2:1-10을 읽어보자. 이것에 비견될 수 있는 것은 예수님의 어머니 마리아의 찬가눅1:46-55이다.

사무엘의 소명

사무엘이 하나님께 부름 받는 과정에 대한 묘사는 엘리 제사장 가문의 몰락에 관한 내용과 섞여 있다. 엘리 가문의 몰락 원인은 부패한 제사제도였다. 그에 대해 이름이 소개되지 않는 어떤 하나님의 사람에 의해 심판이 선포되며, 아이 사무엘을 통해 재확인된다. 하나님의 부르심을 받은 사무엘이 전해야 했던 첫 번째 말씀은 엘리 집에 임할 하나님의 심판이었다.삼상3:11-14 이후로 사무엘은 여호와 하나님의 선지자로 사역을 시작하게 되며, 하나님께서는 그의 말이 땅에 떨어지지 않게 하셨다.삼상3:19-21 모세가 이스라엘 예언자의 원형이라고 할 수 있지만, 역사 속에서 실제로 활동한 예언의 시작은 사무엘부터라고 할 수 있다. 그의 말이 온 이스라엘에 전파되었다.삼상4:1

사무엘의 사역

사무엘상 7장 3-17절은 사무엘의 여러 역할을 보여준다. 그는 사사이면서, 제사장이었고, 예언자이기도 하였다. 그의 이러한 다양한 역할과 활동은 여러 본문에서도 확인된다.

① 사무엘은 군사적 영역7:11-14; 11:7-11; 12:11과 사법적 영역에서 7:15-17 사사로 활동하고 있다. 에벤에셀 전투에서 그리고 사울이 정식으로 이스라엘에게 등장하는 암몬과의 전투에서 사무엘은 싸움의 중심인물로 서 있다. 또한, 사무엘이 이스라엘을 다스린 것에 대한 본문의 기록은 그의 사사로서의 활동을 가리킨다고 보인다. 그러나 그가 나이 들어 늙으매 더는 사사로서의 활동을 수행하기 어렵게 되어 브엘세바에서 자신의 아들들을 사사로 세운다.

② 사무엘은 또한 선견자로9:11,19 불린다. 여기서의 선견자는 하나님의 뜻을 따라 찾아오는 사람들의 갈 길을 가르쳐주는 사람으로 이해되고 있다.9:6 사무엘은 선견자로 불리면서 동시에 산당에서 제사를 주재하는 사람으로 여겨지고 있으며, 그는 환상 가운데 예언하는 무리들과 일정한 관계를 유지하고 있었다. 그가 사울을 보낸 다볼산의 예언자 무리들도 사무엘과 특별한 관계가 있었을 것이며, 사울이 왕으로 세워진 이후 사무엘의 역할은 주로 이러한 선견자, 보다 정확히는 선지자로서의 활동에 주력하게 된다. 그러나 그럼에도 사무엘은 여전히 환상 예언자 무리의 인도자로 생활하고 있다.19:20

③ 사무엘의 또 다른 역할은 제사 드리는 제사장이다.7:10; 13:8-15

에벤에셀 전투의 경우, 그가 실제로 전투에 나가서 싸움을 지휘했다기보다는 전투하는 이스라엘을 위해 하나님께 번제를 드리는 자로 나온다. 이것은 아말렉과의 전투를 위해 팔을 들고 기도하는 모세의 모습을 연상시킨다. 이러한 사무엘의 활동은 사울이 왕이 된 후에도 계속된다. 사울이 길갈에서 블레셋과의 전투시 사무엘의 번제 드리기를 기다리지만, 그 기한에 못 미쳐 스스로 제사를 드리매 이것이 사무엘과 멀어지게 되는 계기가 된다.

④ 또한, 하나님의 사람으로9:3-10 불리기도 하고, 왕권에 대한 예언자적인 반대의 전형을 보이기도 한다.13:8-15; 15:1-31 특히 예언자적인 말로 주어지는 그의 메시지는15:22-23 후대의 본격적인 예언자들과 아무런 구별이 없는 말씀을 전하는 것을 볼 수 있다.호6:6 예언자로서의 그의 활동 가운데 하나는 사울에게 기름을 부어 왕으로 삼은 것과 다윗에게 기름을 부은 일이다. 하나님의 말씀과 더불어 새로운 사람에게 기름을 부어 왕으로 삼는 사무엘의 활동은 이후에 북왕국에서 계속 나타나는 예언자들의 활동의 원형이라고 할 수 있을 것이다. 아울러 현 체제에 대한 하나님의 말씀에 근거한 비판과 심판에 대한 예언, 다가올 새로운 체제에 대한 준비 등도 예언자들의 활동의 전형이라고 볼 수 있을 것이다.

이상에서 보면 사무엘에게서는 구약의 여러 직임의 거의 모든 형태가 나타난다. 사무엘은 구약의 모든 직임이 한몸에 구현된 특별한 인물로 제시되고 있으며, 하나님의 구원사의 한 정점을 이루고 있다.

왕정의 시작: "열방과 같이"

그러나 "사무엘의 사는 날 동안에" 주어진 평화는 이미 그 안에 한계를 내포하고 있었다. 사무엘은 나이 들어 늙었고, 그의 아들들을 사사로 삼았다.삼상8:1-3 사사는 세습되지 않는 것이 원칙이었는데, 아들들이 사사가 되었다는 것도 놀라운 일이거니와, 사무엘의 아들들은 아버지와는 달리, 이익을 따라 뇌물을 받고 판결을 굽게 하였다. 아담 이래 구약 성경에 등장하는 인물마다 이런저런 결함들을 지니는 것을 볼 수 있으며, 하나님께서는 그러한 가운데서도 하나님의 구원과 은혜의 역사를 이루어가시는 것을 볼 수 있었다. 사무엘의 노년의 모습은 사무엘의 연약한 모습이라

사울에게 나타난 사무엘의 영혼–살바토르 로사

고 말해야 할지도 모르겠다. 분명한 것은 한 시대가 가고 있다는 것이다. 사사시대가 지향한 이상에도 불구하고 현실은 원칙이 사라져 버린 난맥상이었고, 이것은 사무엘의 아들들의 부패로 이어지고 있다. 한 시대의 쇠퇴는 새로운 시대와 체제를 요구하고 있다고 할 수 있다.

사무엘상 8장 이후는 이스라엘에 왕이 생기는 과정을 다루고 있다. 여기에서 우리는 왕정에 대한 두 가지의 다른 흐름을 볼 수 있다. 8장은 왕을 요구하는 이스라엘 장로들에게 그들의 요구의 본질이 하나님이 왕이심을 거부하는 것이라는 점을 분명히 밝히고 있다. 그리고 왕정이 가져다주는 폐해가 경고되었다. 그러나 9장 이후에 사울이 부각되는 내용은 이와 다르다. 잃은 나귀를 찾던 사울은 사무엘을 찾아가게 되고 사무엘은 자신에게 온 사울이라는 청년이 하나님이 그 백성을 구하시려고 세운 자임을 깨닫게 된다.삼상9:16 사울은 사무엘에게 하나님의 택하신 자라는 표시로 기름부음을 받았고 미스바에서 왕으로 뽑혔으며 첫 싸움인 암몬과의 싸움에서 승리하면서 길갈에서 정식으로 왕으로 추대된다.

그러나 성경을 자세히 보면 사무엘이 사울을 왕으로 삼는 것은 공식

적인 것이 아니라 개인적으로 이루어진 일임을 보게 된다.9:1-10:16 사무엘이 사울을 왕으로 세우는 것에 대해 아무런 거부감을 갖고 있지 않으며, 암몬의 침입에 대항하는 사울의 모습도 이전의 사사들에게 이루어진 현상과 같음을 볼 수 있다. 사울은 "밭에서 소를 몰고 오다가"이것은 왕으로 추대된 자의 모습과는 거리가 멀다 여호와의 영이 감동되어 이스라엘을 소집하여 전쟁에 나서고 승리하게 된다.11:1-15 그러므로 8장과 10장 17-27절, 12장에서 나오는 흐름과 9-10:16, 11장에 나오는 흐름은 다소 차이가 있음을 볼 수 있다. 전자의 본문은 왕에 대해 부정적인 입장을 취하고 있으며, 백성들의 요구로 말미암아 사무엘이 사울을 왕으로 세우지만, 여전히 부정적이며, 왕정에 대한 경고를 백성들에게 전하고 있다. 그에 비해, 후자의 본문에서 사울은 사무엘과 백성들에 의해 이스라엘을 위기에서 건져내는 지도자로 세워지는 것을 보여주며, 여기에서 사울은 이전 시기의 사사들과 흡사하다. 결국, 사무엘상 8-12장은 왕정에 대한 서로 다른 두 개의 전승을 모두 전하고 있으며 지금의 형태로 배열되어 있다고 볼 수 있다. 상황의 변화에 따라 옛적 사사들처럼 지도자를 하나님이 이스라엘을 구원하려고 세우셨다는 전승과 왕정은 하나님이 기뻐하지 않으셨지만 백성들의 요구를 따라 왕을 허락하셨다는 전승이 그것이다.

지금의 본문은 이러한 두 전승을 결합하여 백성들의 요구를 따라 하나님이 한 사람을 세우셔서 왕정이 시작되었음을 알리고 있다. 이러한 왕정의 시작에 관한 일련의 사건의 앞뒤에는 사무엘의 말이 있다.8장과 12장, 특히 12장은 사무엘의 고별설교라고 할 수 있다 이스라엘이 왕정을 요구한 까닭은 그들도 "열방과 같이" 되기 위해서이다.8:5 가나안 땅에 정착한 이스라엘이 주위에서 본 것은 가나안 이방국가들의 풍요한 바알신앙, 그리고 견고한 왕정체제였다. 왕이 군대를 이끌고 외적과 싸우는 모습을 보면서, 이스라엘은 자신들의 체제 즉, 전쟁이 일어나면 하나님의 영에 감동된 사사가 나타나서 전쟁을 수행하는 것에 대해 불안정하게 여긴 것이다. 여기에서 이스라엘의 중대한 변화가 생긴다. 그들은 하나님의 '백성'으로 부름을 받았으나, 이제 이들은 열방과 같이 '국가'가 되고자 하는 것이다. 이러한 국가의 근본은 왕에 의해 이끌리는 군대와 행정 조직일 것이다. 그들의 근본은 하나님과의 언약을 중심에 둔 신앙 공동체이다. 그러나 이러한 불안정함을 견디지 못하고 이방의 체제를 부러워한 이스라엘은 제도와 체제로서의 국가를 추구한 것이다. 전적으로 하나님을 의지하고 하나님과의 언약의 준수 여부에 따라 좌우되는 나라, 이것이 부름 받은 이스라엘 백성의 모습이었지만, 이제 그들은 열방처럼 국가의 견고한 체제를 의지하고 국가의 강한 군대가 자신들을 지키는 나라가 되고자 하는 것이다. 그래서 하나님은 이러한 백성의 요구가 다름 아닌 "하나님을 버리는 것"이라고 분명히 지적하신다.8:7; 12:12

그럼에도, 왕정은 허락된다. 이것은 왕정이 하나님의 섭리 가운데 있음을 뜻한다. 잘못된 것을 조르는 아이에게 스스로 경험을 통해 잘못을 알도록 허락하는 부모의 마음이 이에 비견될 수 있을 것이다. 그리고 이스라엘이 왕정을 시작한다 할지라도 그들은 여전히 이전과 똑같은 원칙으로 지배되는 백성이다. 왕이 있다 할지라도 그들은 여전히 여호와의 명령을 준행하는 것이 그들의 생존의 길이다. 사무엘의 고별설교는 이에 관한 내용이다. 사무엘상 12장 13-15절을 읽어 보자. 왕정이 존립할 수 있는 유일한 길은 그 왕이 하나님께 따르는 것뿐이다. 그런 점에서, 여전히 이스라엘은 하나님이 다스리시는 나라이다. 왕정이 하나님의 뜻 안에 있는 것이라는 것은 이 왕이 장차 임할 하나님의 나라를 예표하는 데에 쓰이는 데에서도 알 수 있다. 왕정의 쓰라린 경험을 겪으면서 이스라엘은 다가올 '참된 왕'을 기대했다. 그러므로 오신 메시아 예수 그리스도는 왕의 이미지를 그 안에 담고 있다. 다윗의 나라로 상징되는 이스라엘 왕정은 오실 하나님 나라의 유비analogy로 기능하면서, 그 나라를 사모하게 한다.

오늘 배운 내용을 정리하며 나누어 봅시다.

1. 사무엘서와 열왕기서의 대략적인 내용을 말해 봅시다.

2. 왕을 달라는 백성의 요구가 사실은 하나님을 버린 것이 되는 까닭은 무엇입니까?

3. 하나님께서 왕정을 허락하신 까닭은 무엇일까요?

16. 이스라엘의 왕들: 비극적인 첫 번째 왕 사울

이스라엘에 왕정이 시작되었다. 언제나 그렇듯이, 무엇인가를 새로 시작한다는 것은 간단한 일이지 않았다. 그리고 이것은 첫 임금 사울에게도 마찬가지였다. 사무엘의 기름 부음을 통해 하나님이 선택한 사람으로 인정받아 왕으로 등극한 첫 임금 사울의 일생은 순탄하지 못했다. 블레셋의 강대한 기세로 말미암아 그의 평생에 블레셋과의 싸움이 끊이지 않았고, 이제 막 시작한 왕정이라는 새로운 틀과 하나님 백성으로서의 이스라엘이라는 이전의 틀의 혼재로 인한 여러 어려움도 있었다. 그로 말미암아 사울의 통치시기를 다루는 사무엘상 13-31장은 과도기를 살았던 비극적인 영웅의 이야기를 알리고 있다.

사울의 겸손과 영광

사울의 등장은 인상적이다.삼상9장 그는 아버지가 잃어버린 암나귀를 찾으려고 집을 나섰고, 베냐민 지파의 지경을 넘어 에브라임 산지까지 갔다가 그곳에서 사무엘을 만나게 된다. 하나님께서는 사울이 찾아올 것에 대해 사무엘에게 미리 알려 주셨고, 사무엘은 지붕에서 사울과 담화를 나눈 후에 하나님께서 사울을 하나님의 기업인 이스라엘의 지도자로 세우셨음을 말하며 그에게 기름을 붓는다.삼상10:1 사울이 암나귀를 찾는 일을 진심으로 감당하는 중에 하나님의 사람 사무엘을 만나게 되는 장면은 일상日常과 비상非常의 적절한 조화와 결합을 보여준다.

　사울은 자신을 일러 "나는 이스라엘 지파의 가장 작은 지파 베냐민 사람이 아니니이까 또 나의 가족은 베냐민 지파 모든 가족 중에 가장 미약하지 아니하니이까"라고 표현하며9:21, 사무엘이 미스바에서 온 이스라엘을 모아 왕을 제비뽑을 때에도 두려워 짐보따리 사이에 숨기도 하였다.10:22 자기 자신의 부족함과 연약함에 대해 바로 인식하고 있으며, 하나님께서 맡기시는 일을 두려움 가운데 맞이하는 사울의 모습을 볼 수 있다. 이러한 사울을 비웃는 사람들의 말을 읽어보자.10:27 그에 대해 사울은 아무런 대답도 하지 않았다. 사실, 여기에 무슨 대답이 필요하랴. 하나님께서 그를 부르시고 사명을 맡기셨으니, 일을 이루게 하실 분은 하나님 그분일 것이기 때문이다. 우리의 부족함은 하나님의 사명을 감당함에 조금도 문제가 되지 않는다. 부르신 이가 하나님이시니, 이루시는 이도 하나님이시다. 다만, 우리에게는 우리 자신을 과소평가하여 하나님의 부르심을 멸시하지 않는 것이 요구될 뿐이다. "진정한 겸손은 자신을 낮게 생각하는 것이 아니라, 자신을 덜 생각하는 것이다."True humility is not thinking less of yourself; it is thinking of yourself less", C.S. Lewis 이제 사울에게 남은 것은 하나님께서 친히 역사하시는 순간일 뿐이다. 그 점에서 암몬 사람 나하스가 쳐들어온 것11:1-11은 위기가 아니라 기회였다. 암몬이 쳐들어와 길르앗 야베스 거민들을 모욕한다는 소식이 들려왔을 때, 사울은 하나님의 영에 감동되어 크게 분노하며 일어났고, 백성들을 향해 자신과 사무엘을 따를 것을 촉구하며 암몬과의 전투에 참가하여 큰 승리를 거두었다. 하나님께서 함께하심을 통해 승리한 싸움이지만, 이 역시 이웃 지파가 겪는 어려움에 대해 모른 체하지 않고, 내 일처럼 여겨 떨쳐 일어섰다는 점에서 큰 의미가 있는 싸움이었다. 이 싸움은 사울의 진면목을 보여주었다. 마침내 그는 왕으로 정식 등극하게 되고 그의 왕 됨은 모두의 기쁨이었다. 겸손하며, 난폭하지 않고, 하나님께 인도하심을 받는 왕의 존재는 모두의 기쁨이다. 11장 12-15 절을 읽어보자.

사울의 비극

암몬과의 전투 승리를 비롯하여, 블레셋과의 수많은 전투에서 사울은 승리하였다. 14장 47-48절은 사울의 승리를 간결하게 알려주고 있다: "사울이 이스라엘 왕위에 오른 후에 사방에 있는 모든 대적 곧 모압과 암몬 자손과 에돔과 소바의 왕들과 블레셋 사람들을 쳤는데, 향하는 곳마다 이겼고 용감하게 아말렉 사람들을 치고 이스라엘을 그 약탈하는 자의 손에서 건졌더라."

그러나 승리와 영광이 사울 시대의 주된 특징이 되지는 못하였다. 많은 전쟁에서 승리하고 혁혁한 공을 세웠음에도 불구하고, 그는 중대한 몇 번의 시험에서 실패한다. 그 첫 번째는 왕위에 오른 후 벌어졌던 블레셋과의 전투에서 발생하였다.13장 당시에 길갈은 사울왕이 거하던 곳이었고, 블레셋과의 결정적인 전투를 목전에 둔 사울은 사무엘이 오기를 기다렸다. 이전에도 사무엘은 사울로 하여금 자신이 올 때까지 기다릴 것을 말하였다.10:8 사무엘이 주관하여 하나님께 번제와 화목제를 드리고 사무엘을 통해 자신이 행할 바에 대해 듣도록 사울에게 요구되었던 것이다. 이러한 조치는 사울이 왕이지만, 여전히 하나님께서 이스라엘의 왕이심을 드러내는 상징적인 조치라고 볼 수 있다. 그러나 막상 블레셋과의 전투가 임박하였을 때, 사무엘을 기다린다는 것이 말처럼 쉽지 않았던 것 같다. 블레셋과의 전투를 위해 백성들은 모여왔는데, 수가 월등히 많았던 블레셋의 기세로 말미암아, 백성들 가운데 두려움이 퍼져나갔다.13:5-7 전투할 수 있는 병력이 모였고, 전장이 마련되었다면, 이제 왕의 결정에 따라 참전이 결정되는 것이지만, 사울의 군대는 사무엘을 기다려야 했다. 사무엘이 말한 기한인 7일이 되어도 오지 않자, 사울은 마침내 스스로 제사를 드렸고, 제사가 끝나자 사무엘이 왔다. 사울은 전투에 앞서서 하나님의 은혜를 구하고자 하여 자신이 제사를 드렸다고 대답하지만, 사무엘은 사울을 향해 왕이 망령되이 행하여 하나님의 명령을 어겼다고 선언하며, 왕의 나라가 길지 못하리라 선포한다. 사무엘이 정한 기간과 사무엘의 제사 집전의 중요성을 강조하는 것은 왕정에도 불구하고 전쟁의 승리가 여호와께 있음을 보이는 것이다. 그러나 사울은 백성들이 자신에게서 흩어지는 것으로 말미암아 초조해졌고, 하나님의 은혜를 구한다는 좋은 말로 스스로 제사를 드려 버린다. 하나님의 은혜를 구한다 하지만, 실제로는 하나님의 명령을 어긴 것이며, 사울이 정말 두려워하는 것은 백성들임을 엿볼 수 있다.

그보다 더 큰 사건은 아말렉과의 전투였다.15장 이 전쟁은 하나님께서 아말렉을 벌하시는 싸움이며, 전부를 죽여야 한다는 점에서 헤렘으로 규정된 싸움이었다.삼상15:3 헤렘이나 하나님께서 싸우신다는 거룩한 전쟁 같은 개념은 지파동맹 시절의 관행이다. 그러나 왕정이 들어서면서, 전쟁에서 승리하면 전리품들을 취해서 이긴 쪽이 분배하는 것이 일반적인 관습이다. 전리품은 전투에 참여한 이들에게 왕들이 베풀 수 있는 선물이고 혜택이라고 할 수 있다. 그런 점에서, 사울에게 명령된 헤렘 전투와 일반적인 전투 사이의 간격은 작지 않다. 사울과 그의 군대는 아각이 이끄는 아말렉 군대를 크게 무찔렀고, 아각을 사로잡았으며, 아말렉의 모든 백성들은 진멸되었다. 그리고 사울과 백성들은 아각과 더불어 양과 소와 어린 양 같은 짐승들의 가장 좋은 것들은 산 채로 끌고 오되, 나머지 짐승들은 모두 죽였다. 이렇게 아각을 산 채로 끌고 온 것이 상대의 장수를 산 채로 사로잡아 끌고 오는 승자의 쾌감과 여유, 만족을 누리려는 것이라면, 백성들이 좋은 동물들을 산 채로 끌고 온 것도 그러한 승리감과 욕심을 채우기 위한 것이라고 볼 수 있을 것이다. 그를 상징하는 것이 사울이 갈멜에 세운 기념비였다.15:12 기름진 동물들을 살린 까닭을 묻는 사무엘에게 사울은 하나님께 제사하기 위해 살려두었다고 답한다. 그러나 실제로 이 백성들과 사울은 아말렉의 것을 탈취하기에 급급하였고15:19, 사울은 전쟁에서 승리한 백성들이 내세우는 탐욕을 제어할 수 없었던 것이 근본적인 요인이었다. 15장 24절은 이에 대한 사울의 고백을 전하고 있다. 결국, 사울은 자기가 처한 현실의 일반적인 요구와 '거룩한 전쟁'이라는 종교적 관행 사이에서 잘못을 범하고 만 것이다. 일반적인 국가로서의 이스라엘과 하나님의 백성된 나라로서의 이스라엘, 이 둘 사이에 사울이 놓여 있고, 그는 자신에게 주어진 바를 제대로 이행할 수 없었다. 하나님께 드릴 제사를 위한 것이었다는 대답에 대한 사무엘의 답변은 명확하다:

> "사무엘이 이르되 여호와께서 번제와 다른 제사를 그의 목소리를 청종하는 것을 좋아하심 같이 좋아하시겠나이까 순종이 제사보다 낫고 듣는 것이 숫양의 기름보다 나으니 이는 거역하는 것은 점치는 죄와 같고 완고한 것은 사신 우상에게 절하는 죄와 같음이라 왕이 여호와의 말씀을 버렸으므로 여호와께서도 왕을 버려 왕이 되지 못하게 하셨나이다 하니"삼상15:22-23

사울은 사무엘보고 떠나지 말아달라 간청하지만, 이후로 사무엘은 죽는 날까지 사울을 다시 보지 않았다. 사울은 사무엘에게 그리고 하나님에게 버림을 받고 만 것이다.

이러한 충격과 더불어, 새로이 등장한 다윗의 존재는 사울의 남은 삶을 더욱 우울하게 하는 것이었다. 매력과 무용을 갖추고 무엇보다도 하나님이 함께하심을 역력히 증거하는 다윗의 모습은18:28 사울에게 블레셋보다도 위협적인 존재였다. 골리앗과의 전투에서 승리한 다윗을 사울이 발탁하여 군대의 장으로까지 삼았지만, "사울의 죽인 자는 천천이요 다윗은 만만이로다"삼상18:7와 같은 백성들의 칭송은 사울로 하여금 다윗을 적대적인 눈초리로 바라보게 만들었다. 다윗을 신임하고 좋은 관계를 맺어갈 수도 있었지만, 성장하는 다윗을 향한 질투심에 사로잡혀 버린 사울에게 다윗은 왕좌의 안전을 뒤흔드는 위협거리일 뿐이었다. 하나님과의 관계 안에서 자신의 자리를 찾지 못한 사람은 다른 사람과 맺는 모든 관계 안에서도 불안과 초조함에 떨 수밖에 없게 된다. 18장 10-16절을 읽어보자. 어느날 손에 쥐고 있던 창을 던져 다윗을 죽이려고 시도한 이후18:10-11, 사울과 다윗은 한 하늘 아래 공존하기 어려운 관계가 되고 말았다. 하나님의 영이 자신을 떠나 다윗과 함께하고, 백성들도 다윗을 사랑하는 것을 보게 된 사울은 더더욱 불안과 초조함에 사로잡히게 되었다. 왕으로 취임하였다고는 해도, 사울의 지도력은 어디까지나 이전의 사사처럼 카리스마적인 것이다. 그는 하나님의 영에 의해 택함을 받은 자이다. 비록 왕정을 시작한 첫 임금으로 여겨지지만, 그의 나라는 완전한 중앙집권화를 이루지 않았고, 그는 그것을 시도하지도 않는다. 그의 군대는 다윗, 솔로몬 때처럼 본격적인 상비군이 아니라, 몇 무리 정도였다.삼상13:2, 14:52 그러므로 그에게 있어서 여호와의 영이 자기를 떠났다는 사실은 견디기 어려운 사건일 것이다.

사무엘로 대표되는 옛 질서와 다윗으로 대표되게 될 새로운 질서 사이에 놓인 사울의 위치 자체가 사울의 삶을 어렵게 하였다고 볼 수 있다. 그리고 안타깝게도 사무엘과 다윗 모두와의 관계가 깨어지면서 사울은 비참한 지경에 처하고 만다. 옛 질서와 새 질서 모두로부터 버림받은 셈이다. 이제 사울은 하나님이 인정하시는 왕이 되려는 것이 아니라, 스스로 자신의 왕위를 지키기에 혈안이 되고 만다. 암몬에 의해 모욕을 당하는 길르앗 야베스 거민을 위해 분노하며 일어났던 사울이 왕위를 지키고자 다윗을 제거하기 위해 힘을 사용하는 이로 바뀌고 말았다. 이러한 복합적인 상황은 사울을 정신적 공황 가운데로 몰아간다. 사울의 삶은 하나님이 보내신 악신에 내내 시달리는 삶이었고, 그의 정서는 종잡을 수 없이 충동적이고, 즉흥적으로 치달았다. 하나님께 버림받은 인간, 격렬한 갈등 속에 홀로 고립된 인간의 모습이 사울이었다. 암울한 자신의 모습과 이길 수 없는 상대방에 대한 견딜 수 없는 질투와 분노가 사울을 온통 지배하였다. 다윗을 죽이려는 소모적인 세월 가운데서 블레셋과 맞붙은 길보아 전투는 사울의 마지막이 되고 말았다. 하나님에게 버림받고 사무엘을 존경하면서도 그에게서도 버림받은 사울이 계곡 아래 집결한 수다한 블레셋과의 전투를 눈앞에 두고 불안해하는 모습은 엔돌의 무당에게로 가서 사무엘의 혼령을 불러내는 모습에서 두드러진다.28:3-25 그가 사무엘의 혼령에게 들은 말은 참패와 패망이라는 비참한 예언이었다. 결국, 사울은 길보아 전투에서 블레셋에 대패하고, 그도, 그의 아들 요나단도 죽음을 맞이하게 되었다.31장 하나님의 인도하심을 잃어버린 그리스도인, 성령의 감동을 잃어버린 그리스도인의 초라한 모습이 사울에게 담겨 있다. 그의 많은 승리로 이스라엘을 견고하게 하였고 하나님의 영에 감동을 받은 특별한 사람이었던 사울은, 다윗에 대해 우호적인 많은 서술을 고려하더라도, 참으로 비극적인 영웅이라 아니할 수 없을 것이다.

요나단

　사울의 일생에 대한 비극적인 서술 가운데 그의 아들 요나단의 모습은 빛난다. 블레셋과의 전투는 요나단이 용감하게 공격함으로 말미암아 시작되었다.13:3,16 그의 믿음에 입각한 용기는 교착 상태에 빠진 전쟁을 승리로 이끄는 원동력이 되기도 하였다.14:6-15 14장 6절을 읽어 보자. 요나단은 전쟁의 승패가 여호와께 있음을 믿었고, 하나님께서 행하실 기회를 마련하는 것이 사람의 역할임을 알았다고 볼 수 있다. 그의 아버지 사울은 다윗을 눈에 가시로 여겨 끊임없이 죽이려고 하지만, 요나단은 다윗을 목숨처럼 사랑하였고 어려운 시기 다윗의 보호자가 되었다.18:1-4 다윗이 자신들의 나라에 걸림돌임을 말하는 사울을 보고서는 다윗을 보호하며 탈출할 수 있도록 돕는다. 20장은 사울과의 관계 안에서 다윗을 지키고 돕기 위한 요나단의 진심과 노력을 곳곳에서 보여준다. 친구를 향한 요나단의 진심과 사랑은 권력에 대한 욕망에 사로잡힌 사울이 이해할 수 없었고, 도망자의 처지에 놓인 다윗을 감동시키는 것이었다. 훗날 다윗은 요나단을 일러 "그대는 내게 심히 아름다움이라 그대가 나를 사랑함이 기이하여 여인의 사랑보다 더하였도다" 노래하기도 하였다.삼하1:26 친구를 향한 한결같은 신실함, 여호와 하나님께 대한 굳건한 믿음, 자신이 맡은 전투에서의 용맹스러움과 지혜 등은, 비록 성경에 잠깐밖에 나타나지 않지만, 요나단의 존재를 눈부시게 한다. 언제나 어디에서나 하나님의 사람으로 진실한 삶을 살아가는 사람들이 있다. 이들에게 환경과 상황은 아무런 핑곗거리가 되지 않는다.

오늘 배운 내용을 정리하며 나누어 봅시다.

1. 왕이 되기 전 사울의 모습과 왕이 되고 난 후 사울의 모습에는 어떤 차이가 있습니까?

2. 블레셋과의 전투에서 사울이 취했어야 하는 올바른 선택은 무엇이 었을까요?

3. "순종이 제사보다 낫다"라는 말씀의 의미는 무엇입니까?

4. 악령에 시달리고 다윗에 대한 질투에 시달리는 사울의 모습이 우리에게 주는 생각에는 어떤 것들이 있을지 나누어 봅시다.

17. 이스라엘의 왕들: 다윗의 영광

다윗 시대의 출발: 막내아들이었던 목동

사울의 우울한 이야기 사이사이에 다윗의 대조적인 찬란함이 나타난다. 사울에게 실망한 사무엘에게 하나님이 알려주신 이는 이새의 막내아들 다윗이었다. 다윗의 시작은 정말 미미하였다. 그는 유력한 가문의 후예이지도 않았고, 아들 많은 집의 여덟 번째 막내아들이었다.그러나 대상 2:13-15에서는 일곱 번째 아들로 되어 있다 다윗은 왕손이지 않았다. 그러다 보니 사무엘 같은 중요한 인물이 그의 집을 방문할 때에는 그 귀한 자리에 끼지도 못하고 굳이 불러올 필요조차 못 느끼게 하는 존재였다. 사무엘조차도 겉으로 드러난 모습을 보고 다윗의 형들을 높이 평가하기도 한다는 점에서삼상16:6-7, 예나 지금이나 겉모습을 그저 무시하기는 쉽지 않을 것이다.

사무엘이 그러할진대, 오늘의 우리 역시 외적인 조건에 좌우되기 쉽다. 그러나 하나님께서는 그렇게 하지 않으신다. 그러므로 다윗을 기억하고 기념한다는 말의 실질적인 의미는, 누군가를 평가할 때 외적인 조건으로 보지 않는다는 것이다. 특이한 것은, 외적 조건이 기준이 되지 못함을 다윗의 초기 시절에서 볼 수 있는데, 이 이름이 이후로는 '다윗의 후예'라는 아주 고상한 외적 조건의 기준이 되었다는 점이다. 하나님은 외모로 보지 않으시고 다윗을 세우셨으되, 이후의 사람들에게는 다시 다윗이 외모의 기준이 되어 버렸다. 다윗이 기준이 되는 것은 그의 외모나 혈통이 아니다. 하나님께서는 외모가 아니라 중심을 보신다고 하였고, 그 중심이 드러나는 것은 바로 다윗의 삶과 행실이라고 말해야 할 것이다. 사무엘과 다윗이 만날 당시 다윗은 들에서 양을 지키고 있었고삼상 16:11, 골리앗과의 싸움에 담대히 나갈 수 있었던 다윗의 힘의 원천이 자신에게 맡긴 양을 온 힘 다해 지켰던 일이었다는 점에서삼상17:34-36, 다윗의 삶과 행실이야말로 다윗의 보이지 않는 중심이 드러난 현실이라고 할 수 있다. "아비의 양을 지킬 때에 사자나 곰이 와서 양떼에서 새끼를 움키면 내가 따라가서 그것을 치고 그 입에서 새끼를 건져내었고 그것이 일어나 나를 해하고자 하면 내가 그 수염을 잡고 그것을 쳐 죽였나이다 … 여호와께서 나를 사자의 발톱과 곰의 발톱에서 건져내셨은즉 나를 이 블레셋 사람의 손에서도 건져 내시리이다".삼상17:35-37

이러한 그의 믿음은 골리앗을 이기게 했다. 그러므로 '다윗의 후예'가 의미하는 핵심은 혈통이나 배경 같은 외적 기준이 아니라 다윗이 행하는 삶과 행실을 의미한다. 다윗의 일상에서의 삶과 행실이야말로 훗날 다윗의 힘과 전투력의 원천이었다. 그러므로 우리에게 주어진 삶의 순간에서 헛되고 쓸모없는 시간은 없다고 할 것이다. 그렇게 초라하고 미약해 보이던 시간들도 우리를 향하신 하나님의 큰 뜻 안에 놓여 있으며, 하나님은 사막과 광야가 변하여 푸르고 비옥한 땅이 되게 하시는 분이다. 우리의 삶이 현재 작고 초라해 보인다 할지라도, 우리에게 두신 하나님의 계획은 드러난 것으로만 짐작하기는 어렵다.

도망자 다윗

이러한 다윗의 믿음은 여러 가지 인상적인 결과를 가져왔고, 곧 이스라엘은 다윗을 주목하게 되었다. 그러나 그의 행동은 사울의 의심을 사

다윗과 골리앗—구레르치노

는 것이었고, 이것이 다윗의 삶의 또한 시기를 결정하였다. 극도의 의심에 사로잡힌 사울로 말미암아 다윗은 이리저리 피해 다니는 도망자의 신세가 되고 말았다. 이스라엘 땅에서 거하기 어려웠던지라, 이스라엘의 적국이던 블레셋까지 도망가야 했다는 점은 다윗의 삶의 참담함과 곤고함을 짐작하게 한다. 성경은 블레셋의 왕 앞에서 미친 척을 해서야 겨우 목숨을 부지할 수 있었던 다윗의 모습도 전하고 있다.삼상21:10-15 이렇게까지 하며 살아야 하는가 싶겠고, 이 행동에 대해 이런저런 평가가 나올 수 있지만, 이러한 자괴스러울 행동 이후에도 다윗의 삶이 붕괴하지 않았다는 점은 주목할 만하다. 스스로를 책망하며 자기 연민에 빠져 버리지 않고, 도리어 다윗은 하나님을 신뢰하고 찬양하며 하나님의 도우심을 구한다. 시편 34편과 56편은 다윗의 이 경험과 연관되어 불린것으로 여겨진다. 34편은 여호와의 선하심을 맛보아 안 자의 찬송이다.34:8 그리고 56편은 유리하는 곤고한 삶 속에서 하나님께 대한 견고한 신뢰를 고백하는 시이다. 좋은 신앙인은 자기 감상과 자기 연민에 빠지지 않는다. 심히 곤고하고 괴로운 상황에서 비참하게 살아나게 되더라도, 자신을 존재하게 했고 자신이 붙잡았던 소중한 것을 포기하거나 놓아버리지 않는다.

블레셋 지경을 떠난 다윗은 유다 광야 아둘람 굴로 도망하였다. 다윗의 처지가 알려지게 되자, 놀랍게도 이스라엘 전역에 있던 사람들 가운데 환난 당한 모든 자, 빚진 자, 마음이 원통한 자들이 다윗에게로 몰려

왔다.삼상22:1-2 이 무리들은 당시의 세상에서 제대로 된 삶을 영위할 수 없었던 이들이며, 그 사회에서 밀려나고 뒤처져 버린 사람들이었을 것이다. 억울한 사람들, 실패자들, 패배자들, 낙오자들이었지만, 그럼에도 불구하고 삶 자체를 때려치우거나 포기해 버리지 않고 어떻게든 살 길을 찾아보아야겠다 마음먹은 이들이라고도 할 수 있다. 포기했으면 그냥 그 땅에서 죽지 못해 살아갔을 것이지만, 다윗의 이야기를 듣고 멀리 아둘람 동굴까지 찾아왔다는 점에서, 이들은 열망을 가진 사람들이요, 지푸라기라도 붙잡아 보려는 소망을 가진 사람들이라고 할 수 있다. 다윗은 그들의 우두머리, 리더가 되었다. 다윗도, 다윗을 찾아온 무리들도, 당시 사회에서 밀려나 버린 이들이되, 체념하지 않은 이들이며, 변화에 대한 소망과 기대를 품은 이들이었다.

당연히, 광야에서의 삶은 쾌적하지 않았다. 아둘람 동굴에서조차 오래도록 마냥 머무를 수는 없었다. 다윗에게 몰려오는 사람들도 있지만, 끊임없이 다윗을 고발하는 사람들도 있었고, 다윗은 끝까지 추적해오는 사울을 피해 광야에서조차도 계속 이동하고 도망 다녀야 했다. 사람들이 거주하기 어려운 광야조차도 마음 놓고 거주하게 못 해주는 리더가 리더일 수 있을까? 좋은 지도자는 그를 따르는 이들을 편안하게 해주고 안심하게 해주어야 할 터인데, 다윗은 그를 따르는 이들에게 그렇게 편안하고 쾌적한 공간과 여건을 마련해 줄 수 없었다. 도리어 다윗을 따른 이후로 이들은 이전보다 더 쫓겨 다니는 삶을 살았을 수도 있을 것이다. 그러나 다윗이 그를 따르는 이들에게 준 것은 단순한 평안이나 행복이 아니라, 하나님의 뜻과 인도하심에 대한 신뢰와 확신이었다. 다윗이 그들에게 준 것은 하나님과 동행하는 삶에 대한 기대와 비전이었다. 광야 시절 다윗과 연관된 시들로 54편, 57편, 63편, 142편을 들 수 있다. 이 시들은 한결같이 곤경 중에 하나님께 부르짖는 신앙인을 보여주고 있으며, 이들은 곤경 가운데서도 하나님을 크게 높이고 찬양하고 있다. 곤경 속에서 하늘과 궁창에 미치는 하나님의 영광을 목도한 이들의 찬양과 확고함을 57편에서 볼 수 있다.

다윗의 가치: '한 생명을 소중히' 그리고 공평과 정의의 나라

다윗이 소중히 여기고 간직하였던 가치는 무엇이었을까? 다윗의 나라는 어떤 점에서 다른 나라와 차이가 있는 것일까? 이미 들에서 양을 치던 시절의 다윗에게서부터 짐작할 수 있지만, 몇몇 사건들은 다윗이 내세운 가치를 또렷하게 보여준다.

도망 다니는 와중에서도 다윗은 블레셋에게 약탈당하는 그일라를 돕는다.삼상23:1-14 다윗 자신도 사울에게 공격당해 끊임없이 도망 다녀야 하는 처지였지만, 그일라가 블레셋에게 약탈당하는 것을 그저 보고만 있을 수 없었다. 다윗의 사람들은 이 싸움에 참여해서는 안 된다는 의견을 냈고, 이 일로 말미암아 다윗은 하나님께 두 번이나 뜻을 물었고, 이 싸움이 승리할 것이라는 응답을 들었다. 다윗과 무리들은 그일라를 침공한 블레셋을 무찌르고 마침내 그일라 주민을 건져 내었다. 그러나 이 이야기는 그리 해피엔딩이지 않다. 사울이 다윗을 잡으려고 그일라를 에워싸자, 그일라 사람들은 다윗을 사울에게 넘길 태세였고, 다윗은 하나님의 인도하심으로 겨우 그일라를 탈출할 수 있었다.

싸움의 결과로만 따지자면 다윗과 다윗의 무리는 이 싸움으로 얻은 것이 아무것도 없어 보인다. 블레셋의 손으로부터 그일라를 건졌지만, 그일라 사람들은 다윗을 배신했고, 다윗은 곧바로 도망쳐서 이후 내내 광야 이곳저곳을 전전하며 지내야 했다.삼상23:14 도망 다니는 처지에 그일라 일에 관여해서 블레셋과의 사이만 더 나빠지게 되었을 수도 있을 것이다. 그렇기에 다윗의 사람들은 애당초부터 이 싸움에 끼어들지 말

것을 다윗에게 조언하였을 것이다. 그런데 그일라가 겪는 환난은 다윗이 들으려고 해서 들은 것이 아니었고, 누가 알려 주어서 알게 된 사건이었다. 그리고 이 일을 들었을 때, 다윗은 이 사건을 흘려 넘길 수 없었다. 그랬기에 하나님께 뜻을 물었고, 사람들의 반대에 부닥쳐 다시 하나님께 뜻을 물으면서 그일라를 건지는 일에 참여한 것이다. 마치 느헤미야에게 들려온 예루살렘의 소식이 그로 하여금 페르시아 관리의 자리를 박차고 폐허가 된 예루살렘으로 돌아가게 한 것처럼, 그일라의 소식은 다윗을 붙잡았다. 자신들의 행보에 설령 유익이 없고 때로 방해가 된다 할지라도, 다윗으로서는 그냥 넘어갈 수 없는 문제였다. 그일라를 도운 일로 말미암아 다윗에게 아무런 유익이 돌아온 것이 없어 보이며, 그일라에 대한 언급이 이후로 일절 나타나지 않는다는 점에서, 그일라 사건은 전적으로 다윗이 소중히 여기는 "가치"를 보여준 사건이라고 말할 수 있을 것이다. 사울을 피해 때로 블레셋에게까지 몸을 의탁해야 하는 처지이지만, 다윗은 살아남기 위해서만 살아가는 존재이지 않았고, 승리하기 위해서만 살아가는 존재이지도 않았던 것이다. 다윗에게는 약탈당하고 압제당하는 동포에 대한 마음이 있었다. 현실적으로 개입하지 않아야 하고, 실제로도 피해만 생긴 것 같아도, 다윗은 이 싸움에 뛰어들었고, 하나님께 받은 응답 역시 이 싸움에 참여하는 것이 옳았다고 기술되어 있다.

그러므로 신앙인으로서 무엇을 결정한다는 것이 언제나 이익과 유익만을 추구할 수는 없다고 할 수 있다. 때로 손해가 될 수 있고, 헛수고처럼 보인다 할지라도 모든 것을 걸고 뛰어들어야 할 때가 있다. 동포를 살리고, 비록 배신당한다 하더라도, 사람을 살리는 일에는 뛰어 들어야 한다. 하나님께서 기뻐하시고 인도하시는 일이었으나, 오히려 이렇게 결과가 나쁘게 나는 경우도 있지만, 이 사건은 하나님의 응답이 있는 사건이었음을 성경은 명백히 기록하고 있다. 하나님께서 응답하셨지만, 이처럼 겉보기에 소득이 없어 보이는 경우들도 있음을 알 수 있다. 그러므로 그일라에서의 다윗은 오늘 우리로 하여금 그 중심에 두는 가치가 무엇인지 다시 한번 문제 제기하고 있다.

이 점에서 우리는 다윗의 강성함을 숙고해볼 필요가 있다. 훗날 다윗이 통일 이스라엘의 왕이 되었을 때, 이 시기를 가리켜 성경은 "만군의 하나님 여호와께서 함께 계시니 다윗이 점점 강성하여 가니라"고 단적으로 묘사한다.삼하5:10 또한, 다음과 같은 구절도 있다: "··· 다윗이 어디로 가든지 여호와께서 이기게 하셨더라"삼하8:14

하나님께서 함께하시고 이기게 하심을 통해 점점 강성하여가고 어디 가든 이기게 하셨다고 하지만, 다윗의 영토가 가장 넓었을 때에도 앗수르나 바벨론, 애굽의 광활한 영토에는 도무지 비할 바가 안 된다. 어디 가든 이기게 하셨다니, 온 세계를 향해 진격하면 세상 전체를 다윗의 발 아래 둘 수도 있겠지만, 다윗의 영토는 오늘 우리로 치자면 경상북도보다 조금 큰 정도에 불과하였다. 그러므로 하나님이 함께 계셔서 점점 강하여가고 날마다 이기게 되는 삶이 세계 최대, 세계 최고의 자리에 이르렀다는 것과는 전혀 무관하다는 것을 알 수 있다. 나라의 강성함은 침략과 약탈에 있지 않다. 위에서 보았던 사무엘하 8장 14절에 이어지는 15절은 다윗의 나라의 특징을 다음과 같이 요약한다. "다윗이 온 이스라엘을 다스려 다윗이 모든 백성에게 정의와 공의"미슈파트"와 "쩨다카"를 행할새" 다윗의 나라의 핵심은 정의와 공의, 공평과 정의로 다스려지는 나라이다. 그리고 공평과 정의는 하나님께서 아브라함에게 명령하신 것이요,창18:19 하나님께서 온 세상을 다스리시는 원칙이다.시97:2 그러므로 다윗의 공평과 정의의 통치는 이 땅에 임하는 하나님의 나라, 하나님의 통치의 구현임을 알 수 있다. 다윗의 나라의 특별함은 거기에 있다. 그는 왕이 되어 공평과 정의로 다스렸다. 세상에 어떤 왕이 통치의 원칙을 공평과 정의로 삼을 것인가? 영토의 넓음이 아니라, 가진 권세의 찬란함이 아니라, 그 백성들을 공평과 정의로 다스리는 것을 왕의 존재 이유로 삼는 것, 그것이 다윗의 나라, 다윗 통치의 근원이었던 것이다.

한 생명을 소중히 여기는 것은 다윗의 삶의 또 다른 장면에서도 목격된다. 사울을 피해 다니던 다윗이 블레셋에 투항하여 시글락에 주둔하며 명맥을 유지해야 했던 시기가 있었다. 블레셋이 이스라엘 원정에 나서면서 다윗의 부대도 소집되었는데, 다행히 전투에는 참여하지 않은 채 다윗의 근거지인 시글락으로 돌아올 수 있었다.삼상29장 그러나 다윗과 그 부대가 잠시 비운 사이에 아말렉이 침투해서 시글락을 초토화하고 다윗과 그 군대의 모든 여인과 자녀를 사로잡아 가버린 일이 발생했다.삼상30:1-3 그로 말미암아 백성들이 다윗을 원망하여 그를 돌로 치려고까지 했지만, 하나님께 기도한 다윗은 백성들을 수습하여 서둘러 아말렉을 뒤쫓는다. 그런데 추격에 나선 다윗의 무리들은 들에서 쓰러져 거의 죽어가는 애굽 소년을 만나게 되었고, 그에게 먹을 것을 주고 돌보아 목숨을 건지게 한다. 알고 보았더니 이 소년은 아말렉 군대에 속해 있던 자였고, 그가 병들어 쓸모없게 되자 아말렉이 이 소년을 내버리고 이동했던 것이다. 다윗의 군대의 도움으로 목숨을 회복하게 된 이 소년은 아말렉 군대가 옮겨간 길로 다윗의 군대를 인도했고, 다윗의 군대는 아말렉을 습격하여 큰 승리를 거두고 여인과 자녀들을 전부 되찾아올 수 있었다.

이 싸움은 다윗의 리더십에 대해 많은 것을 말해준다. 다윗의 군대와 아말렉 군대의 결정적인 차이는 병들어 쓸모없게 된 애굽 소년에 대한 처리에서 명확해진다. 아말렉에게 있어서, 이 소년은 쓸모없이 밥만 축내는 대상일 뿐이다. 그들에게 있어서 사람의 쓸모는 얼마만큼 그들의 전투에 도움이 되고 얼마만큼 밥값을 제대로 할 수 있느냐에 달렸다. 만일 제 구실을 못한다면 가차없이 버릴 뿐이다. 그들에게 사람은 사람이 아니라 부품이고 도구일 뿐이다. 그에 비해 가족들을 되찾기 위해 한시라도 급히 뒤쫓아 가야 할 다윗의 군대는 길에 쓰러진 죽어가는 애굽 소년을 데려와서 먹이고 돌보아 다시 살려 낸다. 마치 여리고 길에 쓰러진 강도 만난 사람을 살린 사마리아 사람을 연상케 하는 다윗과 그 군대는 그들의 존재 목적이 무엇인지를 단적으로 보여준다. 그렇게 한 사람을 존중하고 살려낼 것이 아니라면, 그들의 군대의 존재 이유는 없는 것이다. 이미 그 사회에서 배제당하고 떨려 나와 원통한 마음으로 다윗의 사람이 되었으며, 그토록 사울에게 핍박당하며 도망 다녔는데, 이제 그들이 이렇게 길가에 쓰러진 아직 죽지 않은 사람을 자신들이 분주하다는 이유로 돌아보지 않는다면, 이 집단의 존재 근거 자체가 사라져 버리는 것이다. 그러므로 다윗과 아말렉을 구분 짓는 것은 혈통이나 민족, 신앙이 아니다. 병들고 쓰러진 한 사람을 생명으로 대하는가 아니면 대체 가능한 도구나 수단으로 여기는가이다. 그 점에서 다윗의 리더십은 생명에 대한 존중에서 나오는 것을 알 수 있다. 한 사람을 살리는 리더십이다. 그리고 이것이야말로 공평과 정의의 통치이다.

겸손한 지도력

다윗은 모든 일에 하나님의 뜻을 묻는다. 하나님의 선택에 의해 기름 부음을 받은 다윗은 중요한 기로에서마다 하나님께 묻는다. 다윗이 처음 사울을 섬기며 그의 공적 삶을 시작할 때나 사울의 궁전에서 이런저런 사건을 겪을 때에 그가 하나님께 물었다는 표현이 언급되지 않지만, 아둘람 시절 이후, 많은 무리들이 다윗을 따르게 되면서부터 다윗은 중요한 결정을 할 때에 하나님의 뜻을 물은 것으로 기록되어 있다. 그가 혼자 몸이 아니기에 더더욱 모든 결정에 신중해지고 겸손해졌다고 볼 수 있을 것이다. 그일라 전투에 참여할 때삼상23:2,4, 그일라 사람들로부터 떠나야 하는지를 결정할 때삼상23:10-12, 시글락에서 아말렉을 추격하고자 할 때삼상30:8, 그리고 사울의 사후 유대땅으로 돌아가려고 결정할 때삼하2:1, 이스라엘의 왕으로서 블레셋과의 첫 전투에 나설 때삼하5:19,23, 다윗은 하나님의 뜻을 묻는다. 그는 섣불리 시류를 따라 움직이거나 편승하지 않되, 중요한 상황을 분별하였고, 하나님의 뜻을 물으며 자신의 거취와 행동을 결정하였다.

좋은 지도자는 자신의 판단을 과신하지 않는다. 중요하며 결정적인 국면을 맞이할 때에, 다윗이 하나님께 묻듯이, 신중하고 겸손하게 사람들의 의견을 청취하고 살피는 것이 필수적이다. 다윗이 법궤를 그의 거처 시온성에 모셔 온 것 역시삼하6:1-23, 아무 배경 없는 예루살렘을 이스라엘의 새로운 정치적 종교적 중심지로 만들려는 정치적 의도가 있었을 것이다. 그러나 이와 더불어 하나님의 임재를 상징하는 법궤를 예루살렘에 두는 것에 대한 다윗의 기쁨 역시 진실임이 분명할 것이다. 법궤를 모셔 오는 본문에 곧바로 하나님께서 다윗과 영원한 언약을 맺으시는 내용이 이어진다는 점은 다윗의 법궤 모셔옴을 하나님이 인정하고 받으셨음을 확인시켜준다. 자신이 최고가 아니라, 자신 위에 하나님이 계시고, 하나님께 묻고 예배하는 일을 중시하였다는 점이 다윗을 빛나게 한다. 지도자의 카리스마가 그를 빛나게 하는 것이 아니라, 그의 겸손이, 하늘을 두려워하는 그의 겸손이 그를 빛나게 한다. 좋은 지도자는 겸손하며 신중한 자인 것이다.

이것은 다윗의 실패에서도 잘 드러난다. 왕이 되어 오랜 시간이 지나자 다윗은 점점 전형적인 제왕의 모습으로 바뀐다. 그래서 그의 군대들은 전쟁터에 나가 피 흘리며 싸우지만, 그는 한가로이 거닐다가 부하 장수의 아내를 범하기까지 한다. 이를 덮고자 왕의 권력을 이용하여 그 부하 우리야를 죽게까지 만든다. 전형적인 통치자의 모습이다. 손에 권세를 쥐게 된 이들은 사람들을 억압하고 압제하고 학대하며 자신의 힘을 이용하여 필요한 것을 빼앗는다. "그들이 침상에서 죄를 꾀하며 악을 꾸미고 날이 밝으면 그 손에 힘이 있으므로 그것을 행하는 자는 화 있을진저 밭들을 탐하여 빼앗고 집들을 탐하여 차지하니 그들이 남자와 그의 집과 사람과 그의 산업을 강탈하도다"미2:1 다윗도 이 점에 한 치도 다르지 않다. 다윗의 차이라면 그다음에 나타난다. 하나님께서 예언자 나단을 보내셔서 다윗의 죄를 드러내시고 그를 책망하실 때, 놀랍게도 다윗은 자신이 죄를 범하였음을 곧바로 인정한다. 그리고 자신의 죄 때문에 죽게 된 아이를 위해 금식하며 땅에 엎드려 기도하였다. 삼하12:16

이것이 놀라운 것은 절대의 권력을 지닌 왕들이 그렇게 자신을 굴복시킨다는 것은 거의 불가능하기 때문이다. 이스라엘의 역사를 통틀어 예언자의 말을 듣고 자신의 죄를 돌이킨 왕은 지극히 드물다. 이 점이 얼마나 쉽지 않고 놀라운 일인가 라는 점은 그리도 악독하였던 아합이 엘리야의 심판 선포를 듣고 자신을 낮추자 하나님께서 그에게 내릴 심판을 늦추셨다는 열왕기의 보도에서도 짐작할 수 있다. 왕상21:27-29 두드러진 지위를 얻게 되고 두드러진 부를 누리게 된 이들이 하나님과 사람 앞에서 자신의 부족함을 공개적으로 인정하고 낮춘다는 것은 어찌 보면 기적 같은 일이라고 할 수 있다. 초자연적인 일이 일어나서 기적이 아니라, 자신의 높음과 부함에도 자신을 낮추는 것이 기적이라 할 것이다. 그런 점에서 지금 우리 교회에 필요한 것은 초자연적인 은사나 기적만은 아닐 것이다.

다윗은 강력한 왕이되, 하나님 앞에서는 자신이 왕으로 행세할 수 없음을 분명히 알았고 그 앞에 엎드렸다. 그러므로 이러한 다윗의 모습은 좋은 지도자의 또 다른 모습을 보여준다. 권력을 이용하여 착취하거나 억압하지 않아야 한다는 것, 그리고 자신의 죄에 대해 즉각적으로 인정하여야 한다는 것이 그것이다. 압살롬의 반역 때문에 예루살렘을 떠나 피신해야 했을 때 다윗은 맨발로 울며 걸어갔다.삼하15:30 이 역시 자신의 부끄러움과 잘못을 그대로 인정하며 자신을 낮추는 행동일 것이다. 심지어 그를 욕하는 사람에 대해서도 하나님께서 책망하시는 것으로 알고 듣기까지 하였다.삼하16:5-14 우리에게 필요한 것은 카리스마 넘치는 모습으로 무엇이든 다 해낼 수 있다는 자신감이지 않다. 자신의 한계를 인정하고 하나님과 사람들의 소리를 들을 줄 아는, 틀린 것은 틀렸다고 인정할 수 있는 그런 모습이다. 그리고 그것이야말로 그가 하나님을 두려워한다는 증거일 것이다.

다윗의 나라

유다 광야에서 다윗의 생활은 여러모로 그를 준비시키는 것이었다. 그곳에서 그는 하나님만을 의지하고 살기를 배웠고 그것을 훈련하기에 광야는 참으로 좋은 환경이었다. 아울러, 그는 마음 상한 자들을 이해하게 되었으며, 까닭없는 고난을 알게 되었다. 가드왕 아기스 앞에서 미친 척을 해야 했던 현실도 다윗에게는 모두 연단의 과정이었다. 또한, 유다 광야를 근거지로 해서 사울의 군대를 피하는 과정에서, 이따금 있던 전투를 통해 그와 그의 군대는 좋은 실전 훈련을 할 수 있었고 이러한 게릴라식 전투는 그의 군대를 강하게 만들었다. 이 과정에서 그는 유다 지파 사람들에게 호의를 베풀었고, 이것은 점차 이 지파 전체를 다윗의 지지자로 만드는 기초가 되었다. 결국, 사울이 죽자마자 다윗은 유다 지파의 왕으로 헤브론에서 추대되었다. 사울의 아들인 이스보셋과의 계속되는 전투에서 점차 다윗의 군대는 우세해졌고, 마침내 이스보셋과 그 군대장관 아브넬의 갈등으로 말미암아 이스보셋의 나라는 패망하고 37세의 나이로 다윗은 전 이스라엘의 왕으로 추대되었다. 다윗이 왕으로 등극하면서 이어지는 열방들과의 싸움에서 다윗은 연이어 블레셋, 모압, 암몬, 에돔, 아말렉을 물리쳤고, 두로왕과는 우호조약을 맺어 레바논에서 아라비아사막에까지 이르는 광대한 지역의 통치자가 되었다.

나라의 기반을 다진 다윗은 곧 이스라엘을 공고한 국가 체제로 만들어갔다. 남북 지파로부터의 중립적인 지배력의 하나로 다윗은 여부스 족의 예루살렘을 자신의 사적인 도시로 삼아 이곳에 도읍을 정한다. 그래서 예루살렘은 다윗의 성으로 불린다. 이전과는 달리, 그는 행정제도를 갖추어 여러 관리의 제도를 만들고, 군대조직을 완비하였다. 다윗시대에 이르러 이스라엘은 명실 공히 중앙집권적인 국가를 이루었다. 이와 더불어 다윗은 옛 지파 전승과 신앙적 전통의 정통성을 확보하기 위해, 언약궤를 다윗 성에 안치한다. 이로부터 다윗 성은 "하나님의 도시, 시온"이 되었다. 야훼께서 다시 이스라엘 가운데 현존하시게 된 것이다. 다윗으로부터 왕정신학은 본격화되었다. 하나님은 다윗과 특별한 계약을 맺으셨고삼하7장 11-14, 다윗의 왕위는 세세토록 이어질 것이라 약속되었다.

다윗의 나라는 하나님이 함께하시어 공평과 정의로 다스려지는 나라이다. 이것은 두고두고 이스라엘 신앙의 중심이 되었다. 후의 이스라엘은 다윗과도 같은 메시아기름부음 받은 자가 다윗 혈통에서 나서 이스라엘 지파들을 다시 통일하고 공평과 정의로 통치하며 예루살렘의 지위를 회복시켜 만방 중에 빛내기를 희망했다. 국가가 어려움에 처했을 때 이스라엘은 하나님이 다윗과 맺은 언약을 기억하사 이 나라를 다시 부흥시켜 달라고 기도한다. 모든 것을 잃어버렸다고 느꼈을 때, 백성들은 다윗 통치하의 영화로운 시대를 되돌아보았고 이것을 미래에 임할 하나님나라의 모범으로 여겼다. 구약과 신약을 가로지르는 핵심 개념인 하나님 나라는 다윗왕국을 표본으로 한 것이다.

그러나 다윗의 왕국이 계속 평화로웠던 것은 아니었다. 지파동맹에 대한 강한 신앙적 전통은 왕정이라는 체제와 계속 갈등이 있었다. 다윗이 자신의 도시에 성전을 짓고자 했을 때, 나단 선지자는 이를 인정치 않는다. 하나님은 한곳에 머물러 계신 분이 아니라는 것이다.삼하7:1-7 다윗이 주위의 반대를 무릅쓰고 인구조사를 하는데 이것은 징집과 징세, 부역의 근거를 마련하기 위한 것이었다.삼하24:2-9 이제 이스라엘은 지파별로 살아가는 것이 아니라, 왕에게 충성을 다짐해야 했고, 왕실의 일에 동원되어야 했던 것이다. 결국, 불평이 여기저기서 터져 나왔다. 다윗의 시대에 베냐민 지파 세바의 난이 있었고, 솔로몬 시대에 이러한 반란은 본격화된다.

근본적으로, 다윗의 왕권과 하나님의 백성이라는 신앙은 충돌되는 것이었다. 왕으로서의 다윗이 밧세바라는 여인을 탐낸 것에 누가 이의를 달겠는가? 그러나 이 사건의 음모는 밝혀졌고, 나단 선지자는 다윗과 같은 강대한 왕이 하나님 앞에 범죄한 죄인임을 분명히 지적한다. 다윗의 오만과 교만으로 말미암아 그의 집에는 무서운 환란이 밀어닥친다. 암논이 이복누이 다말을 범하고, 그로 말미암아 압살롬이 암논을 죽이고, 마침내 그는 아버지 다윗을 배반하여 반란을 일으키고 아버지의 후궁을 백주에 범한다. 아버지의 신하에 의해 압살롬은 죽음을 당하게 되지만, 이것이 끝이 아니었다. 그의 말년에 아도니야와 솔로몬사이의 왕위 다툼은 그 신하들마저 두 편으로 갈라버렸고, 마침내 패한 한편은 무참하게 죽게 된다. 이러한 일련의 과정에 대해 사무엘하와 열왕기서는 아주 사실적으로 이 비극들을 알리고 있다.

다윗의 이러한 비극은, 다윗이 강한 왕이지만 하나님의 주권 안에 있는 자임을 드러낸다. 다윗일지라도 그의 범죄에 대해 똑같은 벌을 받는다. 비록 하나님께 용서받는다 할지라도 그가 지은 죄의 대가는 피할 수 없었다. 비록 왕국이 되었지만, 여전히 이스라엘의 진정한 왕은 야훼 하나님이시다. 다윗은 자신의 삶을 통해 이러한 점을 처절히 깨달았을 것이다. 다윗의 이름으로 전하는 많은 시편은 이러한 믿음들을 잘 보여준다. 그러므로 다윗의 나라는 하나님을 의지하며 이 땅에 이루어간 나라를 보여준다. 다윗은 왕이 되었지만, 그는 자신의 모든 삶의 과정을 통하여 하나님과 동행하며 살아간 한 사람의 모습을 보여준다.

다윗의 삶과 연관하여 외모, 일상의 힘, 자기 연민과 포기, 가치, 한 생명, 공평과 정의, 겸손, 하나님의 나라와 같은 단어들에 대해 생각을 나누어 봅시다.

18. 이스라엘의 왕들: 솔로몬의 영광과 들에 핀 꽃

"솔로몬의 모든 영광으로도 입은 것이 들에 핀 백합꽃의 아름다움만 같지 못하였느니라"마6:29는 신약의 구절은 인간의 영광을 표현하기 위해 솔로몬을 예로 들고 있다는 점에서, 그의 영광이 얼마나 지극하였는지를 역설적으로 보여준다. 아울러 그 모든 영광에도 불구하고 들판의 백합화의 아름다움에 견줄 바가 못 된다는 점은, 솔로몬의 영광이 지닌 어두운 측면을 반영하고 있다. 지극한 영광을 누렸으나 들판에서 저절로 피어난 꽃의 영광에도 미치지 못하는 이, 그가 솔로몬이었다.

왕위 계승 전쟁

역대기에 따르면 하나님께서는 솔로몬의 출생을 예고하셨고, 그가 다윗의 뒤를 이어 이스라엘의 왕이 되어 성전을 건축하게 될 것임을 알리셨다.대상22:9-12 그리고 솔로몬은 다윗 생전에 무리들에 의해 추대되어 "여호와께서 주신 왕위에 앉아" 온 이스라엘을 다스렸으며, 모든 사람이 그에게 복종하였다.대상29:22-25 그러나 사무엘서와 열왕기에 따르면, 다윗의 뒤를 이어 누가 왕이 될지 그리 명확하지 않았다. 다윗의 아들이었던 압살롬이 스스로 왕이 되겠다고 반역을 일으키기도 하였고삼하15-18장, 다윗의 노년에 아도니야가 많은 무리들의 지지 가운데 스스로 왕이 되었음을 선언하기도 하였다. 왕상1:5-10 이를 반대하는 무리들선지자 나단, 군대장관 브나야은 밧세바의 아들 솔로몬을 왕위에 추대하고자 하였다. 이에 대해 다윗은 진노하면서 그가 밧세바에게 이전에 약속했던 대로 솔로몬이 왕이라고 인정했고, 아도니야의 편에 섰던 이들은 솔로몬에 의해 아도니야를 비롯해서 모두 축출되거나 죽임을 당하게 된다.왕상1:11-53; 2:13-46

이스라엘의 처음 두 왕은 하나님의 영이 임한 왕들이었고, 사무엘의 기름 부음을 통해 왕으로 세워졌지만, 솔로몬부터 왕직은 세습되기 시작하였다. 당연히 세습되는 왕들에 대한 끊임없는 반란과 소란이 있었으며, 이미 솔로몬의 즉위 때부터 권력 다툼은 왕실의 대표적인 특징이 되고 있었다. 표면적으로 볼 때, 이스라엘은 더는 하나님의 영에 의해 이끌림 받는 나라가 아니었으며, 세속 군주에 의해 모든 이들이 종처럼 왕실의 일에 동원되는 존재로 전락하였다.

솔로몬의 본격적인 통치를 다루는 열왕기상 3장은 솔로몬이 데려온 바로의 딸에 대한 언급으로 시작한다. 1절에는 솔로몬 치세의 굵직한 일들이 모두 언급되어 있다. 그는 애굽의 바로와 결혼 동맹을 맺었으며, 그가 사는 궁궐과 여호와의 성전을 건축하였고, 예루살렘을 보호할 성벽을 세웠다. 이 모든 일은 다윗 시대에는 없었던 일들이었으니, 솔로몬 시대의 특징이었다. 이웃 나라와 동맹을 맺으니, 이스라엘은 튼튼해졌을 것이고, 왕궁과 성전을 지었으니 왕실의 기강과 위엄도 견고해졌을 것이다. 그리고 예루살렘 성벽은 이스라엘의 안전을 상징한다고 볼 수 있을 것이다. 참으로 그의 나라는 강해졌지만, 과연 강해진 것일까?

솔로몬의 통치의 시작

솔로몬은 하나님을 사랑하였고, 그 사랑 가운데 산당에 나아가 제사하며 분향하였다. 성전 이전의 이스라엘은 산당에서 하나님께 제사하며 예배하였었다. 이러한 본문은 성전 없이도 하나님을 향한 사랑을 고백하고 표현하기에 아무런 부족함이 없었음을 보여준다. 왕위에 오른 솔로몬이 기브온 산당에 나아가 일천 번제를 드렸다. 4절에서 "(일천 번제를) 드렸더니"라고 옮겨진 부분에 쓰인 동사가 미완료형이라는 점에서, 이 동작의 일상적인 반복을 생각해 볼 수 있다. 그러므로 이 본문은 솔로몬이 오랜 시간 동안 기브온에서 예배하는 것을 반복하였다는 것을 의미한다. "일천 번제"라고 하지만, 이것은 일천 날 동안 드려진 번제를 의미하지 않는다. 구약에서 종종 "일천"을 의미하는 숫자는 무수히 많은 수를 나타내는 상징적인 경우들이 많다. 그러므로 일천 번제는 솔로몬이 무수히 드렸던 많은 번제를 의미한다고 볼 수 있으며, 이것은 솔로몬이 하나님을 사랑하는 마음으로 온 힘 다해 예배하였음을 의미할 것이다.

새로이 왕위에 오른 왕이 그렇게 하나님께 제사하는 까닭은 무엇인가? 그리고 그 뒤에 하나님께서 그에게 구하는 것이 무엇인지 물으실 때에 솔로몬의 답이 즉각적으로 나오는 것을 볼 때, 솔로몬의 반복된 제사는 하나님을 향한 그의 갈망, 하나님을 향한 그의 의뢰와 의지함의 표현이라고 할 수 있다. 다윗이라는 훌륭한 왕에 뒤이어 왕이 되었으니 얼마나 더 두려울 것인가? 다윗은 자신의 힘으로 개척해서 왕가를 이루어 낸 사람이고, 솔로몬은 이제 처음으로 왕위를 이어받아서 다윗의 뒤를 이어 나라를 지키고 보호해야 하는 새로운 길을 걸어가야 한다. 그런 점에서 솔로몬 역시 이전에 없던 길을 걸어가야 했다고 볼 수 있다. 그리고 그에게 맡긴 백성들의 수는 셀 수 없을 정도였기에, 솔로몬의 두려움은 더 클 수밖에 없었을 것이다. 이 모든 두려움이 "작은 아이"라고 스스로를 고백하는 데에 드러난다.왕상3:7 중요한 것은 그다음이다. 작은 아이와 같은 자신이다. 그래서, 그러면 어떻게 할 것인가? 작은 아이라 여기며 뒤로 물러설 것인가? 작은 아이라 여기며 나는 왕이 되지 않겠다고 말할 것인가? 솔로몬이 선택한 것은 그것이 아니었다. 이 상황에서 솔로몬은 하나님께 지속적으로 예배 드리는 것을 선택했다. 그것은 자신은 너무 부족하지만, 하나님께 이 모든 능력과 힘이 있다는 것을 믿었기 때문일 것이다. 그러므로 솔로몬의 일상 속에서 반복된 제사는 그의 하나님께 대한 간절한 의지, 하나님만이 도움이시며 힘이시라는 그의 신앙의 고백이라고 말할 수 있을 것이다.

하나님을 예배하는 솔로몬에게 하나님께서 나타나셨으며, 무엇이든지 원하는 대로 구하게 하셨다. 솔로몬이 구한 것은 "듣는 마음"이었다. 그에게 맡겨진 수많은 백성들의 형편과 처지가 다 다를 것이니, 그들을 올바르게 재판하고 올바르게 다스리기 위하여, 솔로몬에게 무엇보다도 필요한 것은 그들의 형편과 처지에 귀 기울이는 "듣는 마음"이었다. 이를 일러 11절에서는 "송사를 듣고 분별하는 지혜"라고 하였다. 그러므로 지혜의 본질은 똑똑함이나 지식이 아니라 무엇보다도 "듣는 마음"이다.

솔로몬의 기도는 자신이 맡은 일을 감당해 나가면서 끊임없이 자신에게 필요한 것이 무엇인지 살피고 깨달은 결과라고 할 수 있다. 아울러 어떤 일을 제대로 감당한다는 것의 근본적인 의미는 사람에 대한 사랑임도 확실히 알 수 있다. 솔로몬의 관심은 왕의 위세와 위엄, 자존심이 아니었다. 그에게 맡겨진 수많은 백성들, 그리고 그들의 삶이었다. 그러므로 올바른 기도, 듣는 마음의 근본은 사랑이다. 실제로 이 내용 후에 이어지는 것은 솔로몬이 서로 자기 아이라고 말하는 두 여인 가운데 누가 진짜 어머니인지 재판하는 내용이다.왕상3:16-28 성경은 이 두 여인을 일러 "창기"라고 하였다. 우리는 창기라고 하면 음란하고 더러운 여자라고 생각한다. 사람에게 몸을 팔고 사는 여자들이라고 지저분하다고 생각할 수도 있다. 그 와중에 낳은 아이의 진짜 엄마를 판결해 달라는 것을 왕에게까지 나아와 구하는 것이다. 이러한 재판이 왕의 위엄에 어울리는 것은 분명히 아닐 것이다. 그런데 솔로몬이 구한 기도는 바로 이러한 사람들을 제대로 섬기는 데에서 드러나게 되는 것이다. 그리고 그의 기도는 하나님의 마음에 들었다. "솔로몬이 이것을 구하매 그 말씀이 주의 마음에 든지라"왕상3:10 이 구절을 직역하면, '그 말씀이 주님의 보시기에 좋았다'이다. 창세기 1장을 생각나게 하는 이 구절은 얼마나 멋진가!

건축 공사들

솔로몬을 유명하게 한 것은 그의 지혜였지만왕상4:20-34, 솔로몬에 대한 구약의 서술의 많은 분량을 차지하는 것은 그의 건축 공사이다.왕상5-9장 열왕기상 6장 38절과 7장 1절을 함께 읽어보자. 우리는 이 두 구절에서 무엇을 발견할 수 있는가?

5장은 성전 건축을 위한 물자의 마련, 그리고 이스라엘 온 백성들을 일꾼으로 조직하는 것을 다루고 있고, 6-7장은 성전과 궁궐 건축을 다루고 있다. 성전 건축을 마치고 시온에 있던 여호와의 언약궤를 성전에 안치한 후에, 솔로몬은 성전에서 온 회중을 대표하여 하나님께 기도하였다.왕상8:22-53 하나님께서 그 이름을 두신 곳 성전에서 하나님께 기도할 때, 하늘에 계신 하나님께서 그 기도를 들어주시기를 구하는 솔로몬의 기도는, 성전 자체가 어떤 능력이 아니라 성전에서 예배되는 하나님, 하늘에 계신 하나님이 능력이며 구원임을 분명히 보여주고 있다. 그러므로 성전 완공 후에 솔로몬에게 나타나신 하나님은 거듭해서 하나님께서 명령하신 규례와 법도를 따를 것을 당부하신다.왕상9:1-9 성전이 세워졌다고 문제가 다 해결된 것이 아니라, 성전 바깥에서 말씀을 따라 사는 삶을 살 때에 하나님께서 성전에서 드려지는 기도를 들으신다. 그렇지 않다면 하나님께서는 하나님의 이름을 위하여 거룩히 구별된 이 성전이라 할지라도 황폐하게 하실 것임이 선언되었다.

왕궁과 성전 외에도 솔로몬은 이스라엘 곳곳에 성들을 세웠다. 왕상 9:15-24그리고 거기에는 그가 데려온 바로의 딸을 위한 성도 있었다. 이러한 계속되는 거대한 공사는 이에 동원된 많은 무리들의 불평과 불만을 야기할 수밖에 없었다.

솔로몬은 이스라엘을 열두 지방으로 나누었는데 이것은 왕실에 바칠 세금과 물자 그리고 부역의 의무를 부과하기 위한 목적에서 이루어진 조치였을 것이다. 왕상4:7-28 이러한 구분은 기존의 전통적인 지파별 구분과는 달랐던 것으로 여겨지는데, 아마도 이것은 기존의 지파 의식을 약화시키려는 의도에서 나온 것일 수 있다. 지파를 존중하고 인정했던 다윗에 비해 솔로몬은 지파의 독립성의 잔재를 없애고자 했던 것이다. 이 점에서 다윗과 솔로몬은 차이가 난다. 다윗은 일개 목동에서 출발하여 온갖 고난과 풍상을 겪으면서 마침내 왕의 자리에 올랐기에 그에게는 겸손함이 살아 있다. 다윗 이야기의 곳곳에서 그의 하나님에 대한 의지와 겸손을 볼 수 있다. 그러나 솔로몬은 날 때부터 왕자이었고, 왕실에서 고생을 모르고 자랐으므로, 그에게는 이전의 전통에 대한 조심스러움이나 겸손한 왕의 이미지보다는 지배하고 다스리며 군림하는 왕의 모습이 컸다고 볼 수 있다. 이스라엘 가운데 3만 명을 뽑아 한 달씩 레바논에 가서 벌목을 시켰고, 이들은 해안을 따라 욥바로 이 나무들을 떠 내려 보냈다. 8만 명이 동원되어 돌 깨는 일을 했고, 7만 명이 짐 나르는 일에 동원되었다. 단지 재정상의 지출뿐 아니라, 이러한 엄청난 강제 노동이 부과되었기에 시간이 지나갈수록 백성들의 고통은 가중되었고, 계속되는 억압 때문에 불평은 증폭되었다. 역대기는 여기에 동원된 이들이 모두 이스라엘에 사는 이방 사람이라고 서술한다. 대하2:17-18 이것은 솔로몬의 건축 사업이 이스라엘이 아니라 이방인에게 부과된 것이었다고 해야 할 만큼 매우 과중한 노동이었음을 보여준다.

영광의 쇠퇴

솔로몬의 통치를 시작하는 내용이 바로의 딸과의 결혼이었다는 언급은 의도적일 것이다. 그의 출발은 하나님께 대한 전적인 신뢰와 맡겨진 백성들에 대한 사랑이었지만, 찬란한 영광의 날들 가운데 솔로몬은 전형적인 제왕으로 변해간다. 그는 여느 고대 왕들처럼 수많은 아내를 거느렸고, 수많은 나라와 결혼 동맹을 맺었다. 그리고 그는 그가 맞이하는 다른 나라의 공주들을 위해 그들의 신을 섬길 신전을 만드는 것을 허용하였다. 왕상11:1-8 이스라엘은 여호와 하나님 한 분에게 구별된 백성이라는 점에서, 솔로몬의 행동은 이스라엘의 존재의 근본을 뒤흔드는 일이었다. 그는 하나님이 아니라, 이방과의 좋은 관계를 중요시하는 이가 되었으며, 여호와를 섬기는 신앙을 국가의 유익을 위해 지혜롭게 대처해야 할 종교적 사항 정도로 만들었다고 볼 수 있다.

백성들을 재판하기 위해 듣는 마음을 구하던 솔로몬에게 이제 백성들은 자신의 영화를 위해 언제나 동원될 수 있는 존재들일 뿐이었고, 무수한 세금과 노동 동원 때문에 쌓여가는 백성들의 불만은 그야말로 언제 터질지 모르는 화약고였다. 예로부터 백성들의 원망이 극에 달하게 되면 반드시 그 사회는 무너지고 마는 법이다. 마침내 반란이 일어났고, 이의 주동자는 에브라임 출신의 여로보암이었다. 이러한 반란은 예언자들에 의해서도 인정되었으니, 아히야 선지자는 그것이 하나님의 뜻이라고 전한다. 왕상11:29-39

아울러 솔로몬 당시의 국제적 교류는 외국의 종교와 이스라엘 종교의 혼합을 가져왔다. 놋으로 부어 만든 바다를 열두 마리의 황소가 받치는 것왕상7:23-26은 그 좋은 예이다.

백합화의 영광

솔로몬에 대한 열왕기서의 진술들은 왕의 나라라 할지라도 하나님의 뜻에 반하면 합당치 않음을 보여준다. 성경의 진술들은 사람의 야심과 하나님의 뜻을 계속해서 대비시키고, 세상의 안정을 추구하는 수단과 하나님을 의지하는 것을 대비시킨다.

솔로몬은 지혜와 부의 상징이다. 그의 거대한 토목 공사, 전설적인 부와 많은 후궁, 활발한 교역, 발전된 군사력, 지혜와 예술에 대한 장려 등은 이방인 시바 여왕까지도 감탄할 정도였다. 솔로몬 이래로 이스라엘에는 중대한 변화가 생긴다. 이제 국가의 조직이 완전히 정비되었고, 국제적인 교류로 말미암은 문화의 뒤섞임 때문에, 이제 더는 이스라엘 역사 가운데 특별한 표징과 이적으로 간섭하시는 여호와 하나님의 모습은 약화되었다. 여호와의 현존은 인간사의 과정에 감추어져 있고, 그 안에서 인간의 행위가 중요성을 띠게 되었다. 솔로몬 당시의 지혜 문학은 이러한 흐름을 반영하고 있다.

솔로몬은 이전의 왕들과는 달리, 전적으로 세습을 통해 왕이 되었으며, 왕이 되는 과정은 주변 이방 국가들과 유사하였다. 참으로 이스라엘은 "모든 나라와 같이"삼상8:5 되고 있었다. 이제 여호와의 영의 임함은 예언자같은 특수한 소수의 사람에게 한정되었다. 그는 이스라엘에서 가장 찬란하고 영광스럽던 시대를 열었으나, 그의 영광은 궁극적으로 들에 핀 백합화의 영광에 견줄 바가 못 되었다. 그는 지혜의 대명사가 되었을지 모르나, 임하게 될 하나님의 영광은 다윗으로 상징되지, 솔로몬으로 상징되지는 않는다. 하나님 백성의 영광은 하나님과 동행하며 그 가운데 이루어지는 평화와 진리의 세상이 본질이지, 세상에서 강력하고 부강한 나라를 이루는 데 있지 않기 때문이다.

솔로몬의 시대를 어떻게 평가할 수 있을지 각자 생각을 나누어 봅시다.

19. 분열 왕국

열왕기의 관점

사무엘서나 열왕기서가 역사를 바라보는 관점은 매우 뚜렷하다. 언약에 대한 순종은 형통과 화평의 축복을 가져오고, 불순종은 환란과 추방이라는 결과를 가져온다는 것이다. 여호와 하나님과의 언약관계를 바르게 지키려면, 백성들은 마음을 다하여 하나님을 사랑해야 하고 우상 숭배를 뿌리뽑아야 한다. 북왕국과 남왕국에 대한 열왕기서의 서술은 이러한 관점으로 일관되고 있다. 이러한 역사서들의 저자들에게 있어서 어떤 사건이나 상황을 이해한다는 것은, 단순히 한 왕의 통치 차원에서가 아니라, 하나님과 이스라엘 사이의 언약관계라는 틀에서 본다는 것을 의미한다. 그런 점에서, 여호와 하나님께서 원하시는 것이 무엇인지를 전달하는 예언자들의 역할이 특별히 중요해진다. 예언자들은 하나님과 이스라엘 사이의 언약관계에 기초해서 하나님께서 원하시는 것이 무엇인지를 증거하였다. 그들을 통해 선포된 말씀에 순종하지 않자, 하나님께서 그에 따라 벌을 내리신 것이 이스라엘에 임한 재앙의 본질이라는 점을 열왕기 역사서는 일관되게 강조한다.

열왕기의 서술과 왕에 대한 평가

열왕기는 남왕국 유다와 북왕국 이스라엘의 왕들의 연대를 서로 견주어서 시기를 가늠하게 하고 있으며, 다 기술하지 않은 사항들에 대해서는 왕실의 다른 기록을 참고할 것을 알리고 있다. 열왕기상 15장 1-8절을 읽어보면서, 열왕기 기자가 사용하는 다음과 같은 기본적인 틀을 확인해 보자:

1. 이스라엘왕 ○○○ 몇 년에 유다왕 ○○○가 다스리기 시작했다.
2. 즉위 당시 왕의 나이, 재임기간, 이름과 모친에 관한 사항
3. 선조 다윗과 비교하여 평가(여호와 보시기에 정직히/악을 행하다; 다윗의 모든 행위와 같이/ 다윗과 같지 아니하다). 북왕국의 경우 여로보암과 비교하여 평가(여호와 보시기에 악한 일을 행하다; 여로보암의 길을 따랐다)
4. 왕이 행한 일들
5. ○○○의 남은 사적은 유다왕 역대지략에 기록되지 않았느냐(○○○ 의 남은 사적은 이스라엘왕 역대지략에 …)
6. 선조들과 함께 잠들었고, ○○○가 뒤를 이어 왕이 됨

이 책의 기록자는 왕들에 대해 자신이 지니는 관점예언자적 관점을 따라 엄정한 가치 판단을 내리고 있다. 이러한 판단에 중요한 기준은 다윗과 여로보암이다. 다윗이 하나님 보시기에 올바르게 행한 왕의 표준이라면, 여로보암은 자신의 기준과 욕심을 따라 하나님의 규례를 떠나 악을 행하고 우상 숭배를 자행한 왕의 표준이다. 그에 따르면, 남왕국 왕들 20명의 경우, 히스기야와 요시야만이 다윗의 길을 따라 올바르게 통치한 왕으로 기록되었고, 여섯 왕들은 정직하게 행하였으나 산당들을 제거하지 않은 왕으로 지적되었으며아사, 여호사밧, 요아스(여호아하스), 아마샤, 아사랴(웃시야), 요담, 나머지 열두 명의 왕들은 여호와 보시기에 악한 일을 행

한 이들로 평가되었다.르호보암, 아비얌, 여호람, 아하시야, 아달랴, 아하스, 므낫세, 아몬, 여호아하스, 여호야김, 여호야긴, 시드기야

여로보암으로부터 시작하는 북왕국 열아홉 명의 왕들은 대부분 여호와 보시기에 악을 행하고 여로보암의 길을 따른 것으로 평가되어 있다. 예후의 경우, 하나님 보시기에 정직한 일을 행하였으나, 전심으로 따르지는 않고, 여로보암의 금송아지 숭배의 죄를 떠나지 않은 점이 지적되었다.왕하10:25-31 살룸의 행적에 대해서는 평가가 없다.왕하15:13-16 마지막 왕 호세아의 경우, 여호와 보시기에 악을 행하였으나 이전 왕들 같이 하지는 않았다는 설명이 덧붙여져 있다.왕하17:2

왕국의 분열

솔로몬 사후, 그의 아들 르호보암은 이스라엘 왕으로 추대되기 위하여 세겜으로 간다. 열왕기상 12장 1-20절을 함께 읽어보자. 아마도 여기서의 이스라엘은 온 이스라엘을 가리키는 것이 아니라 북부 열 지파를 가리킬 것이다. 이 모임 장소가 세겜이라는 점은 의미심장하다. 세겜은 여호수아가 주도하여 이스라엘 열두 지파가 모여 언약을 갱신하였던 장소이기 때문이다.수24장 예루살렘에 근거를 둔 다윗의 성공적인 정책으로 말미암아, 남북의 뿌리깊은 갈등은 봉합된 상태이지만 완전히 사라진 것은 아니었다. 지파의 정체성을 흐트러 뜨리는 솔로몬의 새로운 행정 구역과 솔로몬 치세 내내 계속되던 억압 정책은 북쪽에 속한 지파들로서는 견디기 어려운 것이었고, 옛 지파동맹에 대한 향수를 불러일으켰을 것이다. 새로 등극한 르호보암에게 북쪽 지파들의 대표들은 이전 시대의 멍에를 완화시켜줄 것을 요청한다. 그러나 르호보암은 원로들아마도 이들은 지파동맹의 전통을 기억하는 자들일 것이다의 충고를 무시하고, 젊은 이들지파동맹에 대해 알지 못하고, 오직 왕정의 중앙집권적 힘만을 아는 이들의 말을

따라 여로보암과 북쪽 지파 대표자들에게 대응하게 되고, 결국, 북쪽 지파들이 떠나감으로, 남북 왕국의 분열을 초래하였다. 북부 지파들의 중심은 여로보암이었다. 이러한 분열은 실로의 선지자 아히야에 의해 여호와 하나님의 뜻인 것으로 확인되었다. 그에 따르면, 솔로몬의 우상 숭배와 하나님의 길로 행치 아니함으로 말미암아, 하나님께서 다윗의 나라를 둘로 쪼개기로 하셨다.왕상11:26-40 솔로몬 때부터 이런 저런 반란들이 있었고, 마침내 르호보암 시절, 주전 922년경 북쪽 지파들은 그들의 왕국을 세웠다. 이때부터 북쪽 왕국은 남쪽의 유다와 구별하기 위해 이스라엘이라 불렸다.

북쪽이 이스라엘이라는 이름으로 불려지게 되었다는 것은 북쪽이 지녔던 위상을 반영한다고 할 수 있다. 이사야서는 북왕국을 가리켜 에브라임이라고 부르며, 유다를 가리켜 이스라엘이라고 종종 부른다. 여기에는 유다야말로 참 이스라엘이라는 선언 혹은 전제가 있을 수 있다. 그에 비해 예레미야에서 북왕국을 가리키는 에브라임은 북왕국을 향한 하나님의 애틋한 마음이 반영된 이름이며, 이러한 역할을 이사야서에서는 야곱이라는 이름이 맡고 있기도 하다.

남북 왕국이 분열된 이래 북왕국이 이스라엘이라는 이름을 차지했다. 그들에게 열 지파가 속했으니 그러한 이름을 차지하는 것은 당연했을 것이다. 남왕국은 지파의 이름인 유다로 불렸다. 그러나 남북왕국이 멸망된 이후, 아마도 북왕국의 멸망 이후 남왕국이 점차 이스라엘이라는 이름을 차지했을 가능성이 있다. 이후로 남왕국의 후예들은 자신들을 가리켜 이스라엘이라고 불렀고, 포로의 회복은 그대로 이스라엘의 회복이라 여겨졌을 것이다.

북왕국의 시작과 여로보암

북왕국을 시작한 여로보암은 일찍부터 용감한 전사였고, 해야 할 일을 제대로 감당하는 사람이었다.왕상11:28 그래서 솔로몬은 그를 발탁하여 북쪽 지파 전체의 부역을 감독하는 자로 세웠다. 솔로몬뿐 아니라 하나님께서도, 솔로몬의 우상 숭배로 말미암아 여로보암을 북쪽 열 지파의 왕으로 새롭게 세우셨다. 열왕기의 기자는 여로보암에 대해 전반적으로 부정적인 평가를 내리고 있지만, 그의 시작은 이렇듯 하나님의 인정과 약속을 따라 이루어졌다.

열왕기상 12장 25-33절은 여로보암의 통치의 일면을 전하고 있다. 그는 세겜을 재건하여 그곳을 수도로 삼는다. 그리고 브누엘도 건축하는데, 이 두 도시는 족장들의 오래된 전승과 연관되어 있고야곱, 열두 지파 전승에서도 중요한 장소였던 곳이었다.여호수아와 언약갱신 그런 점에서, 여로보암의 행동은 북쪽 왕국의 정통성과 독립을 확립하기 위한 매우 정치적이면서 의도적인 행동이었다고 볼 수 있을 것이다. 다음으로 그가 착수한 것은 예루살렘 성전과의 단절이었다. 북왕국 백성들이 성전으로 말미암아 예루살렘으로 계속 순례하는 한, 북왕국의 독립과 일치 단결이 근본적으로 위태하다고 여긴 것이다. 나라의 정체성과 독립은 단순히 군사적인 측면만으로 해결되는 것이 아님을 깨닫고, 여로보암은 성전이 있는 예루살렘에 대한 백성들의 마음을 끊기 위해 북왕국 자체 성소를 세운다. 그래서 벧엘과 단, 두 곳을 선택하였고, 그곳에 이스라엘을 애굽에서 인도하신 하나님을 상징하는 금송아지를 만들어 세웠다. 이것은 다윗이 자신이 차지한 도성 예루살렘에 하나님의 언약궤를 가져온 것과 본질적으로 비슷한 동기라고 할 수 있을 것이다. 또한, 여로보암은 단과 벧엘을 비롯한 성소들과 지방 산당들에서 일할 사람으로, 레위인들이 아닌 보통 백성으로 제사장을 삼았다. 그리고 매년 7월 15일에 초막절 절기를 지키는 것에 견주어, 8월 15일 절기를 정하여 벧엘에서 제사하고 분향하게 하기도 하였다. 그가 시행한 일련의 조치들은, 열왕기 역사가에 의해 두고두고 이스라엘을 범죄케 한 원인을 제공한 것으로 규탄되었다.

여로보암의 길을 따랐다는 표현의 핵심에는 여로보암처럼 금송아지를 세우고 숭배하였다는 고발이 담겨 있다. 그가 세운 금송아지가 여호와 하나님 예배를 대체하는 것이 아니라, 하나님을 가리키는 상징이었을 것으로 여겨지지만, 벧엘과 단에 세워진 금송아지는 실제로 백성들의 삶에서 숭배되었고, 사람들은 금송아지로 상징되는 풍요의 바알 신앙과 여호와 신앙을 혼동하게 되었다. 광야 시절, 백성들과 아론이 합작하여 만든 금송아지가 "자기를 위하여" 세워진 것이었듯이출32:1,8,31, 여로보암의 금송아지 역시 자신의 필요를 위해 만들어진 것이라고 할 수 있다. 여로보암이 바꾸어 버린 절기에 대해서 열왕기는 그가 "자기 마음 대로" 정한 것이라고 규정한다.왕상12:33 여로보암에게 있어서 여호와 신앙은 왕국과 체제의 안정을 위한 수단이요, 도구가 되었다. 신앙이 체제 안정의 방편으로 쓰이는 것이 하루 이틀의 일은 아니겠지만, 여로보암의 행하는 일은 어떻게 종교가 체제 유지에 이용되는지를 적나라하게 보여준다. 이것은 단지 커다란 차원의 나라와 종교 문제만은 아닐 것이다. 한 사람 한 사람이 작은 나라임을 생각한다면, 각 개인들 역시 여호와 하나님을 섬기고 예배하는 신앙을 자신의 삶을 유지하고 정당화하기 위한 수단으로 사용하는 경우가 많다고 할 것이다. 달리 표현하면, 자신의 욕망을 충족시키는 수단으로 하나님 예배가 이용된다고 할 수 있다.

"이스라엘 자손에게 말하여 이르라 너희 중에 누구든지 여호와께 예물을 드리려거든 가축 중에서 소나 양으로 예물을 드릴지라"레1:2 하나님을 예배하는 것은 의무나 강제가 아니다. 그러나 하나님께 나아가 그 마음을 드리려는 이들은 하나님께서 정하신 방식과 길을 따라야 한다. 하나님을 향한 우리의 마음은 하나님께서 이르시는 방식으로 표현되어야 한다는 것이다. 이와 연관하여 레위기가 제시하는 제사의 방식이 심사숙고될 필요가 있다. 예물이 심지어는 곡식의 가루일 수도 있다는 점에서, 하나님께서 받으시는 것은 예배자의 진실한 마음임을 알 수 있다. 그 진실한 마음은 성소 바깥에서 살아가는 삶과 분리될 수 없기에, 삶이 없는 예물은 또한 하나님 앞에 아무런 의미가 없게 된다.

산당

여로보암의 조치들은 하나님을 거역한다는 것이 무슨 의미인지 우리로 깊이 생각해보게 한다. 하나님께 대한 반역이라는 것이 어떤 극단적이고 대대적인 거부로 생각되기 쉽지만, 실제로는 공동체나 개인의 일상적인 삶에 신앙의 원칙들을 적용할 때 생겨나는 긴장에서 비롯된다고 볼 수 있다. 롤프 렌토르프, 『구약정경신학』, 401 가나안 땅에서 살아가는 이스라엘의 일상과 그들의 하나님 예배의 일상이 함께 만나는 지점의 하나가 바로 산당이다. 앞에서 보았던 것처럼, 열왕기 기자는 유다의 왕들이 하나님 보시기에 정직하게 행했지만, 산당은 없애지 않았다는 평가를 내리곤 하였다.

산당은 원래 '높은 곳high place' 이라는 의미를 지닌 단어이다. 가나안 땅에 있던 예배와 제사 처소들이 높은 곳들에 위치해 있다보니, 높은 곳을 의미하는 이 단어가 아예 그러한 제사 처소를 가리키는 말이 되었을 것이다. 고대 이스라엘은 산당에서 여호와 하나님을 예배하였다. 사무엘과 다윗도 이 산당에서 제사하였고, 솔로몬 역시 기브온 산당에서 여호와께 제사하였다. 역대기의 한 구절은 기브온 산당에 모세가 광야에서 지었던 성막이 있었다고 증언하기도 한다.대하1:3 그러나 산당은 동시에 고대 중동 지역의 민족들이 자신들의 신을 제사하는 장소이기도 하였다.민22:41; 렘19:5; 48:35; 사15:2 그러다 보니 산당에서의 제사와 이방 제사가 뒤엉키게 되는 경우들이 빈번히 발생하게 되었다. 솔로몬의 산당 제사를 언급하는 열왕기상 3:3 "솔로몬이 여호와를 사랑하고 그의 아버지 다윗의 법도를 행하였으나 산당에서 제사하며 분향하더라"에서 산당에 대한 부정적 뉘앙스가 담겨 있다. 우리말로는 애매하지만, 히브리말로는 '다만'에 해당하는 단어가 쓰여 있고, 이 히브리말 단어는 이후 유다 왕들의 산당 제사를 언급하는 맥락에 빈번하게 쓰이면서왕하12:4; 14:4; 15:4,35, 산당에 대한 열왕기 기자의 부정적 평가를 반영하고 있다.

이스라엘의 예배 처소의 하나이던 산당이 부정적인 양상을 띠게 되는 것은 솔로몬부터라고 할 수 있다. 솔로몬은 그의 노년에 자신의 부인들로 말미암아 마음이 돌아서게 되었고, 그들이 이전에 지니던 신앙을 따라 예루살렘 지역에 산당을 짓도록 하였다.왕상11:1-8 솔로몬의 산당부터 산당이 지닌 중립적 성격은 사라지게 되었다고 볼 수 있을 것이다.렌토르프, 404 금송아지 숭배를 도입한 여로보암이 산당을 세워 레위인 아닌 제사장들을 임명했다는 데에서 산당의 부정적 성격이 두드러지게 나타나며, 남왕국 유다의 경우, 아하스가 도입한 우상 숭배의 중심에 산당 제사가 놓여 있다는 점에서왕하16:3-4, 산당이 완전히 이방 제사 장소로 전락하였음을 보여준다. 남왕국의 왕들 가운데 최고의 긍정적인 평가를 받은 왕들은 히스기야와 요시야이며, 이들의 개혁의 핵심은 산당을 폐지한 것이었다.

지방마다 산당들이 있다는 것은 곳곳마다 예배와 제사가 드려진다는 점에서 긍정적일 수 있다. 그러나 한편으로는 산당의 번성이 제의의 번성, 예배의 범람이 일어나게 하며, 그를 통해 백성들이 제의와 예배에 치중하게 만들기도 한다. 예배들이 넘쳐 나지만, 정작 여호와를 기뻐함이 없다. 성소마다 제의가 있지만, 여호와 하나님의 인애와 뜻을 알지는 못한다. 하나님의 뜻을 구하고 알기 보다는, 자신들이 원하는 대로 예배를 드리고 제사를 드리고 갈 뿐이며, 그에 대한 반대 급부로 하나님의 보호를 구할 뿐이기 쉽다는 것이다. 그런 점에서 넘치는 예배는 오히려 하나님의 음성보다는 사람의 음성의 넘쳐남일 수 있다.

권력을 잡은 이들은 이러한 산당을 폐지하지 않는다. 산당은 현실의 문제보다 하나님께 무엇을 구하는 데에 집중하게 만들기에, 권력을 휘두르는 이들에게 큰 도움일 수 있다. 히스기야와 요시야가 이 산당들을 폐지하지만, 그로 말미암아 반대도 직면하게 되었을 것이다. 열왕기하 18장 22절은 히스기야의 산당 폐지에 대한 어떤 불만 같은 것을 짐작하게 한다. 남북 이스라엘을 보건대, 산당에 근거한 변질된 제의의 힘은 강력하다. 도리어 여호와 신앙을 가진 이들이 어려움을 겪었고, 큰 세력을 이루지 못했음을 알 수 있다. 산당으로 대표되는 제의의 남발은 예루살렘 성전으로도 확산된다. 나쁜 것은 금세 퍼지기 마련이다. 성전 제의 역시 넘쳐나는 제의로 대표된다. 이것이야말로 호세아, 아모스, 이사야, 예레미야, 에스겔 같은 예언자들이 직면했던 현실이었다.

북왕국 왕조의 변화

여로보암의 나라는 그의 아들대에서 끝이 나고 여로보암 20년, 나답 2년, 바아사에 의해 이어지지만, 그의 나라 역시 아들 대에 끝나고 만다. 바아사 24년, 엘라 2년 칠일 천하의 시므리를 거쳐 마침내 오므리가 왕위에 올라 오므리왕조를 이룬다. 오므리 12년, 아합 22년, 여호람 12년 이 왕조는 상당히 강성하여서, 오므리왕가가 사라진 후에도 앗수르의 공식 기록에서 북왕국을 '오므리의 집' 이라 부를 정도였다. 오므리는 재위 칠년째에 사마리아를 사서 수도로 삼는다. 이곳은 남북을 관통하는 대로상에 위치해 있어 전략적 요충지였고, 언덕의 가파른 경사로 침공이 쉽지 않은 곳이었다. 이후로도 사마리아는 북왕국의 수도였고, 북왕국 이스라엘을 상징하는 이름이 되었다. 오므리왕조에 이르러 이스라엘은 유다와 연합의 시기를 열어서 번영을 구가하였다. 아울러 오므리는 인근의 페니키아와 동맹을 맺으니, 그로 말미암아 그의 아들 아합과 페니키아의 공주 이세벨이 서로 결혼하게 된다. 비록 이 결혼이 양국의 번영을 일시적으로 가져왔지만, 역사상 최악의 결혼중의 하나가 되고 말았다. 오므리왕가의 번영으로 말미암아 이스라엘의 영향력은 지중해와 요단 동편에까지 미쳤고, 이것은 경제적인 번영까지 가져왔다. 필연적으로 이스라엘 사회 내에 이러한 혜택으로 인한 가진 자와 못 가진 자 사이에 계층이 구분되었고, 이것은 계속 이스라엘의 썩은 부위가 되었다.

참고문헌

• 롤프 렌토르프, 하경택옮김. 『구약정경신학』. 새물결플러스, 2009.

오늘 배운 내용을 정리하며 나누어 봅시다.

1. 역사를 바라보는 열왕기의 관점은 무엇인가? 열왕기 역사 서술에서 우리는 어떤 점을 깨닫게 되는가?

2. 남북 왕국 분열의 원인은 무엇인가?

3. 여로보암이 금송아지를 벧엘과 단에 세운 까닭에 대해 이야기해 보자.

4. 산당의 유래와 변화에 대해 이야기해 보자.

20. 이스라엘의 예언 1

아브라함도 예언자라고 불리기도 하지만창20:7, 이스라엘 예언자의 원형은 모세라고 할 수 있다. 모세가 전한 모든 말씀은 예언이라고 할 수 있으며, 그럴 때 예언의 본질은 하나님 말씀의 전달이다. 흔히 "예언 prophecy 豫言"이라고 하면, 앞으로 일어날 일을 미리 이야기하는 것이라고 여기곤 한다. 물론 예언이 다가올 앞 일을 말하는 경우가 대부분이지만, 예언의 본질을 이야기할 때 훨씬 중요한 것은, 지금 살아가는 상황과 그 속에서의 올바른 삶에 대한 하나님의 뜻을 드러내는 것이라고 할 수 있다. 현재를 살아가는 이스라엘 백성들의 실상과 상황에 대한 하나님의 경고 혹은 격려가 있고, 그에 대한 결과로서 다가올 재앙 혹은 다가올 영광이 예고되기 때문이다. 그러므로 예언은 앞 일을 말하지만 사실 중요한 초점은 현재에 있다고 할 수 있다. 그리고 예언에서 예고되는 미래는 어떤 갑작스럽고 예측할 수 없는 것이 아니라, 이미 율법과 예언자들을 통해 이전에 예고되고 약속되었던 것들이라는 점도 예언을 이해할 때 유의해야 하는 부분이다. 예언은 과거에 주어진 약속과 율법에 확고하게 뿌리내리고 있다. 만일 예언자들이 선포한 미래가 당시의 청중들에게 낯설었다면, 그것은 한 번도 들어본 적이 없는 말씀이었기 때문이 아니라, 과거에 주어진 말씀이 변화된 오늘의 현실에도 그대로 해당되는 것으로 예언자들이 적용하여 선포하고 있기 때문이라고 할 수 있다. 이스라엘의 예언은 주어진 현실에 옳고 그름이 있음을 당연하게 여긴다. 어느 것이 선이고 어느 것이 악인지 혼돈스러워, 그러한 가치 판단을 유보하는 것이 아니라, 그 상황 속에서 하나님의 뜻을 명확하고 명료하게 선포한다. 그럴 때, 기준은 하나님과 이스라엘의 관계이며, 이스라엘의 역사 가운데 행해 오신 하나님의 행하심과 거기에서 드러난 하나님의 성품과 뜻이라고 할 수 있다.

예언자들의 체험

고대 이스라엘 예언자들은 오늘날로서는 이해하기 쉽지 않은 특별한 체험을 하기도 하였다. 때로 그들은 앉은 자리에서 일반적인 눈으로는 볼 수 없는 수 백리 바깥의 일을 보기도 하였고, 강렬한 하나님 체험을 하면서 무아지경ecstasy에 빠져 들기도 하였다. 고대 사람들의 이러한 경험들은 오늘과 같이 과학적 사고가 상식처럼 되어 있는 세상에서는 납득하기 쉽지 않다. 누군가가 하나님의 특별한 계시를 받았다는 주장이, 오늘 우리에게는 비상식적이고 감정적인 부분에 몰입해 있는 결과처럼 보인다. 실제로, 오늘날에도 이러한 특별한 경험을 주장하는 이들이 있고, 그들에게서 많은 부정적인 모습들을 발견하게 되기도 한다.

그러나 그렇다고 하여 구약 시대에 이루어지는 특별한 경험들을 과학적인 시각에 견주어 모두 버릴 수는 없을 것이다. 오늘 우리에게는 거룩한 영역과 세속적인 영역이 분리되어 있고, 거룩 영역에 대해서는 언급을 하지 않는 것이 교양처럼 되어 있지만, 고대 사람들에게 이 두 영역은 전혀 분리되어 있지 않았다고 할 수 있다. 그들에게 일상의 모든 영역은 그들의 하나님께서 말씀하시는 영역이며, 일상에서 부닥치는 모든 것들에서 하나님의 뜻을 발견한다는 것은 너무 당연하고 자연스러운 일이었다. 극단적이면서도 대표적인 예가 제비뽑기라고 할 수 있다. 오늘날 우리는 어떻게 하나님의 뜻을 제비 뽑아 결정할 수 있을까 생각하지만, 일상의 모든 영역을 하나님과 연관짓는 고대 사람들에게 제비뽑기는 그 뜻을 알 수 있는 좋은 통로였다. 그들에게 있어서 모든 세상과 모든 영역은 하나님의 현존이 있고, 하나님의 뜻이 나타나는 공간이다. 이를 생각하면, 길거리의 돌 하나, 풀 한 포기, 저 하늘을 떠가는 구름에 이르기까지 하나님과 배제되어 있는 것은 없다 할 수 있다. 이러한 믿음을 가질 때, 특별한 체험과 사건은 하나님의 뜻을 알리는 수단이 되며, 동시에 그러한 믿음으로 말미암아 자연의 위대함 자체를 숭배하거나 어떤 사건 자체에 좌우되지 않게 될 수 있다. 고대인들은 배를 타고 갈 때 만나는 풍랑을 신의 노여움으로 알고 두려워서 온갖 미신적인 행동들을 하지만, 예수께서는 풍랑 만난 배에서 편히 주무셨다. 풍랑도 하나님의 뜻이되, 예수께서는 하나님을 신뢰하신 것이다.

문제는 이러한 것이 지나쳐서, 이러한 특별한 경험이나 체험을 강조하고 그것에만 사로잡히게 되는 경우라고 할 수 있다. 구약 성경은 신과의 특별한 경험만을 강조하며, 어떤 식으로든 신과 닿으려고 하는 많은 노력들을 공개적으로 거부하고 정죄한다. 이 수많은 체험들은 체험 그 자체로 의미있는 것이 아니라, 그를 통해 하나님의 선하시고 온전하신 뜻이 드러나는 데 의미가 있기 때문이다. 그로 말미암아 이스라엘의 예언자들에게 있어서, 이러한 특별한 체험은 시간이 지날수록 덜 다루어지게 되는 경향이 있다. 후대의 예언자들도 여전히 특별한 체험을 경험하지만, 그들에게 훨씬 중요한 것은 그들을 통해 선포되고 전달되는 하나님의 말씀 자체였기 때문이다. 이사야의 소명기사에서 볼 수 있는 이사야의 체험사6:1-7은 하나님께 대한 예언자들의 깨달음의 본질을 잘 보여준다. 세 가지의 현상이 나타나는데, 우선 이사야는 높으신 하나님에 대한 환상을 보았다. 그리고 하나님께로부터 나온 소리를 듣는 현상도 나타난다. 아울러 제단의 숯불이 입술에 닿는 접촉 현상도 기록되어 있다. 달리 말해, 예언자의 전 존재가 하나님의 임재에 의해 압도되는 것을 본문에서 볼 수 있다. 그럴지라도 본문의 주된 관심은 이러한 특별한 체험에 있지 않다는 것에 주목해야 한다. 이 본문의 가장 중요한 특징은 하나님이 이사야를 그 백성들을 향해 하나님의 말씀을 전하는 예언자로 부르신다는 점이다. 예언자가 하나님의 임재를 깨닫게 되는 중재수단은 그 자체로는 단지 제한적인 중요성을 지닐 따름이다. 이 경험의 핵심적인 국면은 하나님이 예언자에게 말하라고 부르시는 그 말씀 자체에 있다.

결론적으로, 예언자들의 체험의 본질을 완전히 이해하는 것은 간단치 않은 문제이지만, 그들의 주된 관심은 그들이 하나님께로부터 어떻게 말씀을 받았는가에 있는 것이 아니라 그 말씀의 내용이 무엇인가에 있다는 점에 유의해야 한다.

예언자와 현실

예언자들은 이스라엘에 등장한 순간부터 정치와 밀접한 연관을 지니고 있었다. 초기 예언자들의 경우 거룩한 전쟁의 열렬한 수호자였다. 이스라엘이 싸워야 할 전쟁을 눈앞에 두고 예언자들에 의해 선포된 여호와의 말씀은 이스라엘을 한데 모으는 구심점의 역할을 하였다. 그러나 일단 이스라엘이 견고한 왕정체제로 나가면서 예언자의 역할은 바뀌게 된다. 그 가운데 많은 예언자들은 권력의 외부에 처하게 된다. 엘리야나 엘리사, 그리고 그들을 따르는 예언자들을 그 예로 들 수 있다. 이러한 예언자들은 당시 사회의 주변부에서 살아가는 체제에 대한 가장 근본적인 radical:급진적인 비판자였다. 하나님의 뜻에 어긋난다면, 그들은 지체없이 당시의 사회를 뒤엎는 일에 나섰다. 그들에 비해, 또 다른 예언자들은 주어진 사회 체제의 내부에서 활동하면서 좀 더 온건하고 순리적인 변화를 추구하기도 하였다. 다윗의 궁정안에 머물렀던 나단 같은 이들을 예로 들 수 있다. 어느 경우가 되었건, 예언자들은 사회로부터 도피하고자 하였던 신비가들이나 개인주의자들이 아니라, 그들이 물려받은 신앙 전통을 생생하게 보존하고 하나님의 대변자인 예언자들을 지지하며 예언의 말씀들을 소중하게 간직했던 공동체의 일원이었다. 이미 국가가 되긴 했지만, 여전히 여호와 하나님의 백성인 이스라엘을 향해 예언자들은 여호와의 말씀을 전하였다. 이와 연관해서 보자면, 예언자들에 의해 끊임없이 왕들이 바뀌던 북왕국을 달리 보게 된다. 북왕국은 왕의 후손이 따로 있는 것이 아니라, 누구든지 하나님의 뜻이 있으면 왕이 될 수 있다는 것을 확실하게 보여준다. 누구든 왕이 될 수 있었고, 그 어떤 보좌도 하나님의 뜻을 떠나면 견고할 수 없었다. 북왕국에서 사역하였던 대표적인 예언자들로 엘리야와 엘리사를 들 수 있다.

엘리야

엘리야의 이름은 "나의 하나님은 여호와이시다"라는 뜻을 담고있는데, 엘리야의 사역 내내 그가 겪어야 했던 일과 그가 치루어야 했던 싸움을 그대로 반영하는 이름이라고 할 것이다. 엘리야의 이야기는 왕상 17장에서 왕하 2장까지에 걸쳐 있다. 아합의 시대인 주전 869-850년이 엘리야 사역의 배경이 되는 시기이다. 아합은 두로의 공주 이세벨과 결혼하였는데, 이 정략 결혼은 해상무역의 중심지로서 부유한 두로와의 동맹을 다지려는 취지에서 나온 것으로, 이스라엘에게 많은 부를 가져다 준 정책이었다. 그러나 이러한 부귀영화는 이 사회의 기득권층들에게만 주로 해당되는 것이었고, 수많은 농부들에게 있어서는 그다지 상관없는 일이었다. 이세벨은 적극적으로 자신의 바알신앙을 증진시키고

자 하였으며, 아마도 당시의 부귀를 누리던 일부 계층들에게 이러한 바알 신앙은 확산되었을 것이다. 그렇다면, 당시의 이스라엘을 바알신앙을 지니거나 거기에 관용적인 부유한 상류층과 여전히 여호와신앙을 지닌 가난한 농민의 두 계층으로 크게 구분할 수 있을 것이다.

엘리야의 일 가운데 갈멜산 사건은 두드러진다. 아합은 엘리야를 가리켜 '이스라엘을 괴롭게 하는 자여' 라고 부르지만왕상18:18, 사실은 아합 자신이 이스라엘을 괴롭게 하는 자이며 엘리야는 이스라엘의 병거와 마병과 같은 존재인 것이다. 엘리야는 아합과 그의 정책에 대해 분명한 반대를 전하고 하나님의 뜻이 아님을 전하였다. 나단과는 달리, 엘리야에게 닥쳐온 것은 핍박과 박해였다. 갈멜산 대결에서 엘리야가 일으킨 기적은 놀라운 것이지만, 이 이야기가 엘리야의 활동 가운데 가장 두드러지게 된 것은 그러한 기적적인 요소 때문이 아니다. 이 사건을 두드러지게 한 것은 이 기적과 더불어 전해진 메시지 즉, 아브라함과 이삭과 야곱의 하나님 여호와가 이스라엘의 하나님이시라는 말씀이다. "엘리야가 갈멜산 제단에서 여호와와 바알 사이에 양자택일을 백성들에게 요구할 때, 이것이 당시의 백성들에게 아주 자명한 문제가 아니었음을 염두에 둘 필요가 있다. 사실, 엘리야의 양자자택일에 대한 요구는 이 백성들에게 예상치 못한 질문이었을 것이다. 엘리야의 질문에 대해 백성들이 침묵했다는 것은 그의 질문으로 말미암아 백성들이 죄책감을 느꼈기 때문이라기보다는 문제의 본질을 깨닫지 못한 데서 왔을 가능성이 많다. 갈멜산은 가나안 정착시에 이스라엘에 포함된 땅이 아니므로 바알 제의의 오랜 영역이었을 것이다. 아마도 다윗 시대이후 이곳에 여호와 제의가 생겨났을 것이다. 처음에는 여호와 신앙이 바알 신앙을 쉽게 축출했을 것이다. 그러나 잠시 후 토착적인 바알 신앙은 다시 생겨났고, 오랜 시기동안 바알 신앙과 여호와 신앙은 공존했을 것이다. 그러나 이러한 공존의 상황에서 반드시 여호와 신앙은 황폐해지는 결과를 가져온다. 엘리야가 처한 상황갈멜의 무너진 제단 이 바로 이런 것이다. … 자신들의 행동을 통해 신을 움직이려는 바알 선지자들의 모습에 비해, 엘리야의 얄미우리만치 침착한 기도는 구원이 하나님께로부터 오는 것임을 분명히 드러내고 있다. 자기들의 신을 부르기 위해 애쓰고 춤추고 진언하며 몸을 상하게 하는 바알 선지자들에 비해, 너무나도 침착하고 차분하게 하나님의 역사하심을 구하는 장면은 무척 대조된다"G. von Rad, Old Testament Theology, Volume 2, 17

엘리야의 활동에서 또 다른 중요한 국면은 호렙산에서의 하나님을 만난 일이다. 갈멜산 대결로 말미암아 상황이 좋아진 것이 아니라, 이세벨이 주도하는 보다 가열찬 박해의 상황이 초래되었고, 엘리야는 이를 피해 시내광야의 로뎀나무 있는 곳을 거쳐 호렙산에 이른다. 18장과 19장이 나란히 배열되어 18장의 극적인 승리와 19장의 움추러듦을 함께 놓아서 예언자의 연약함과 여호와의 구원을 더욱 두드러지게 하고 있다. 엘리야가 이곳으로 도망하게 된 주된 이유는 여호와 신앙의 전멸이라는 최악의 상황이었다. 자살을 생각할 정도로 약해져 버렸으며 모든 것을 포기한 이 예언자의 모습은 이러한 이야기를 전하는 이들에게 정말 절절한 주제였다. 약함 가운데 가장 약해진 이러한 모습은 사실, 약함이라는 말의 생생한 그림을 보여준다. 자신의 유일한 도움과 힘이 오직 하나님의 말씀에만 있음을 아는 이러한 예언자의 약해짐의 깊은 차원을 그 누가 측량할 수 있겠는가?von Rad, Old Testament Theology, 19

호렙산에서, 그리고 호렙산이 위치한 광야에서의 엘리야의 경험은 광야가 이스라엘 하나님이 거처하시는 성산이요, 이스라엘의 황금기는 광야시절이었다는 사고에서 나온다. 이스라엘이 가나안에 정착한 이후는 오히려 신앙의 타락으로 귀결했을 뿐이라는 생각을 지닌 이들의 사고가 반영되어 있다고 할 수 있을 것이다. 열왕기상 19장 11-18절을 함께 읽어 보자. 이 본문에 따르면 하나님께서는 어디에 계시다고 할 수 있는가? 세미한 소리 가운데 여호와께서 말씀하신다는 것의 의미는 무엇일까?

크고 강한 바람이나 지진, 불 가운데 하나님이 계신 것이 아니라, 하나님의 임재가 세미한 소리 가운데 있었다는 것은 당시 이스라엘의 상황과 그 가운데 활동하는 예언자들의 사역을 상징적으로 보여주며, 이러한 모든 놀랍고 광대한 현상의 이면에 있는 것이 바로 여호와 하나님의 말씀임을 알려주고 있다. 실제로 이 산에서 엘리야에게 주어진 새로운 사명은 아합의 시대를 가게 하고 새로운 시대를 가져올 것에 관한 내용이었다. 국제적인 무대에서의 복잡하고 강성한 세력다툼이 주된 것이 아니라, 멀리 떨어진 산 호렙에서 선포된 하나님의 세미한 음성이 역사를 이끌어가는 것이며, 이곳으로 도망한 선지자 엘리야를 통해 이러한 역사가 진전되는 것이다.

엘리사

엘리사의 이야기는 엘리야의 이야기보다 더 많은 일화들로 가득하다. 엘리사의 이야기에는 엘리야 시대를 특징짓던 하나님을 향한 영적 도덕적 열심과 같은 것을 찾아볼 여지가 거의 없으며, 보다 신비적인 기적 이야기들로 가득하다. 엘리야에게 있었던 사건들의 중복도 있다. 죽은 아들을 살리는 것, 가난한 과부의 기름이 넘친 일등 그는 도끼를 물 위에 뜨게 했으며 샘물을 맑게 하고 적군을 눈멀게 했으며 문둥병을 고치고 죽은 자까지도 다시 살려내었다. 이에 비해 언약, 회복, 순종, 회개 등과 같은 전통적인 개념들은 엘리사와 관련된 본문에서 거의 찾아볼 수 없다. 그러나 엘리사 이야기는 곳곳에 있는 한 사람 한 사람을 건지시고, 크게는 나라도 건지시는 하나님을 이러한 일화들을 통해 보여주고 있다. 그런 점에서, "나의 하나님이 구원이시라"는 엘리사 이름의 뜻은 그의 사역과 잘 어울린다.

엘리사의 기적 가운데 하나 나아만을 고친 이야기를 보자.왕하5장 이 이야기에는 여러 가지의 요소들이 담겨 있다. 나아만은 크고 존귀한 자이며 여호와께서 그를 통하여 아람을 구원케 한 사람이다. 즉, 하나님은 어디에서든지 하나님의 보시기에 합당한 이들을 돌아보시고 인도하신다. 나아만의 문둥병이 치료받게 되는 결정적인 계기는 그가 이스라엘에서 잡아와 데리고 있는 작은 계집아이였다. 그의 말이 나아만에게는 생명의 빛이 된 것이다. 그에 비해 다음에 일어나는 일들은 자못 거창하다. 아람의 왕은 이스라엘 왕에게 나아만의 치병을 요구하고 이스라엘 왕은 내가 신인가 하며 절망한다. 세상의 질서나 권위와는 상관없이 베풀어지는 하나님의 은사가 이들에게는 권력과 연관된 것으로 이해되는 것이다. 이어지는 나아만의 이야기는 나아만과 엘리사의 갈등, 그리고 나아만과 엘리사의 애정에 넘치는 목회적인 대화가 두 개의 봉우리를 이루고 있다. 그리고 처음의 갈등의 봉우리를 넘게 하는 것은 나아만의 종들의 말이었다. 작은 계집아이와 더불어 종들에 의해 이 상황이 돌파되고 있다는 것은 의미심장하다. 하나님의 은혜와 뜻을 깨닫게 하는 것은 지위나 명망, 명예가 아니라, 주어진 말씀에 대한 순전하고 순수한 믿음의 응답이다.

열왕기하 5장 15-19절을 읽어보자. 회복된 나아만이 엘리사에게 간청한 세 가지 사항이 무엇인지 찾아보자. 나아만은 노새 두 마리에 이스라엘의 흙을 실어가고자 하였다. 나아만에게는 여호와께만 제사를 드린다는 것이 이스라엘의 흙을 가지고 가서 그 위에서 제사하는 것으로 이해되었다. 나아만에게서는 정신적인 것과 물질적인 것이 통합되어 있다. 구약의 기자는 이러한 나아만의 신앙을 어리석고 유치한 것으로 치부하지 않는다. 오히려 여호와만을 섬기겠다는 한 이방인의 열심에 대한 감동이 이 기사안에서 엿보인다. 나아만의 또 다른 부탁은 림몬 신당에서 왕과 함께 경배하는 것을 허락해 달라는 것이다. 사실, 이것은 일계명에 견주어 볼 때, 이스라엘로서는 신앙의 핵심과 연관되는 사항이었다. 나아만은 그의 아람에서의 위치상 이방 제의와의 완전한 분리가 불가능하다고 여기고 있었다. 긴장된 상황에서 주어진 예언자의 대답은 간단명료했다. "평안히 가라." 이 대답은 예수께서 그에게 나아와 믿음으로 병고침을 받은 이들에게 주신 답을 떠오르게 한다. 엘리사의 대답은 이 이방인이 한 분만을 섬기겠다고 결단한 여호와의 인도하심에 그를 맡긴 것이라고 볼 수 있을 것이다. 사실, 이러한 요구를 나아만이 엘리사에게 할 필요도 없을 것이다. 그는 그대로 아람에 가서 나름대로 신앙생활을 하면 그만일 것이지만 그는 굳이 그것을 엘리사에게 고하고 여호와의 용서하심을 부탁한다. 이를 보며 엘리사는 그의 신앙에 다른 어떤 무거운 짐도 지우지 않고 오직 하나님의 인도하심에 맡긴 것이라고 할 수 있을 것이다. 여기에서 참으로 목회적인 엘리사의 태도를 볼 수 있다. 그리고 다음에 이어지는 탐욕스런 게하시의 모습왕하5:20-27은 나아만의 순전하고 진실된 모습과 대조를 이루고 있다.

엘리사 이야기만큼 짧은 글에 그렇게 많은 이적들이 실린 곳은 구약성서 어디에도 없다. 어디에도 이렇게 천진난만하게 이적을 기뻐하는 곳도 없으며 예언자의 카리스마에 대한 새롭고 놀라운 증거에 이렇게 계속적으로 환하게 기뻐하는 곳도 없다. 그러나 그렇다 할지라도 이러한 점은 엘리사의 사역의 일면일 뿐이다. 사실, 그의 사역의 대부분은 정치적인 면에 있다. 엘리사와 그를 따르는 무리들은 사회의 현 제도에서 벗어나 독자적인 공동체를 이루며 살아갔지만 그렇다해도 이스라엘 내의 공적인 정치적 사건들에 대한 관심에서 이탈하여 사사로운 명상에 도취한 것을 의미하지는 않는다. 오히려 그 반대이다. 엘리사 이야기 가운데 주목할 만한 것은 그가 예후의 혁명에 기름을 부었다는 점이다.왕하9:1-10 예후에 의해 이루어진 혁명은 엄청난 피를 흘리게 한 일이었지만, 바알 신앙에 대한 숙청이었으며, 하나님을 떠나고 나봇과 같은 무죄한 이들의 포도원을 약탈한 세력들에 대한 심판이기도 하였다. 자손들에게 평생 정착하지 말고 천막에 거할 것을 명령한 레갑의 아들 여호나답이 예후와 마음을 같이 한 것왕하10:15-17은 그 땅에서 여호와 신앙을 중시 여기던 가난한 백성들이 예후 혁명을 지지했다는 증거로 볼 수 있다. 그런 점에서 엘리사의 활동역시 예언자들의 반열을 잇고 있다고 할 것이다.

이 시기 예언자들과 그들의 활동의 또 하나의 특징은 전쟁과 연관된 것이며, 하나님의 뜻을 전쟁을 통해 구현하는 종교적 십자군으로 기능하는 경우들이 많았다는 것이다. 그러나 이것이 신앙의 이름으로 전쟁을 정당화한다는 것을 의미하지는 않는다. 우리가 지금 다루는 엘리야와 엘리사를 비롯한 여호와신앙을 고수한 예언자들은 우리가 종교적인 영역이라고 알고 있는 것신앙, 가르침, 제사에만 한정된 것이 아니었고 이러한 영역의 개혁자로서만 존재한 것도 아니다. 그들은 이스라엘을 섬긴 자들이었다. 이스라엘은 종교적 영역만으로 이루어진 나라가 아니다. 이 나라의 생존에는 정치적인 영역도 들어 있다. 이러한 정치적 영역에서 위험이 닥쳐온 순간들이 많았고, 예언자들은 이러한 위기에 대해서도 나라를 지키고 생존을 유지하기 위해 온 힘을 기울였다. 참으로 그들은 "이스라엘의 병거와 마병"이었다.왕하2:12; 13:14 이러한 표현에는 가나안의 병거와 맞부닥쳤을 때, 오직 여호와만을 의지해야 했던 시절에 대한 회상이 들어 있다. 이러한 경험들은 이스라엘의 도움이 병거와 마병에 있지 않고 오직 여호와께만 있다는 고백에까지 이른다. 그리고 이러한 경험은 이미 그러한 거룩한 전쟁이 사라져 버린 시대에 엘리사와 같은 사람들로 말미암아 새로이 인식된 것이다. 예언자들에게 있어서 거룩한 전쟁은 전쟁으로 문제 해결하기에 초점이 있는 것이 아니라, 신앙과 분리된 영역은 존재하지 않음을 보여주는 데 초점이 있다. 신앙과 분리되지 않는 영역에 대한 예언자들의 싸움의 또 다른 현장은 경제적 불평등이었다. 이것은 주전 8세기 예언자들의 주된 관심사였다.

참고문헌

• Gerhard von Rad, *Old Testament Theology*. Volume Two. SCM Press, 1965.

오늘 배운 내용을 정리하며 나누어 봅시다.

1. 우리에게 있어서, 일상의 현실을 판단하고 평가하는 기준은 무엇인가? 이렇게 현실을 판단한다는 것이 사람을 지나치게 원칙적이고 꽉 막힌 사람으로 만드는 경향은 어떻게 보아야 할까?

2. 영적인 체험과 말씀은 어떻게 관계가 세워져야 할지 이야기해 보자.

3. 엘리야의 활동과 사역의 의미에 대해 이야기해 보자.

4. 엘리사의 사역의 의미에 대해 이야기해 보자.

21. 이스라엘의 예언 2

예후왕가와 북왕국의 마지막 왕들

오므리왕가가 4대로 끝이 나고, 엘리사에게 기름부음을 받은 예후에 의해 새로운 왕조가 등장한다. 이스라엘에서의 잦은 정변은 유다의 왕정과 대비된다. 이스라엘의 경우, 앞에서도 보았듯이, 지파동맹적 전통과 예언자의 역할이 매우 강하였고, 어느 특정한 왕조에 대한 지지보다는 누구도 하나님의 인정이 있으면 왕이 될 수 있다는 사고가 지배적이었다고 할 수 있다. 혁명을 일으킨 예후는 무자비한 숙청을 단행하였다.왕하9:14-10:31 그는 이스라엘왕 요람을 죽이면서 그와 함께 있던 유다왕 아하시야도 죽였고, 이세벨의 경우 창문에서 밀어 떨어뜨리게 하고 말로 짓밟아 형체를 알수 없을 정도로 처참하게 죽인다. 아합의 아들 칠십 인도 모두 죽임을 당하였다. 예후의 왕가는 5대예후 28년, 여호아하스 17년, 요아스 16년, 여로보암2세 41년, 스가랴 6개월에 걸쳐 백여 년간 지속된다. 이 왕조는 이스라엘이 정치적으로 가장 찬란한 빛을 내던 시기였지만, 이 왕조가 기울면서 이스라엘은 멸망의 길로 치닫는다. 특별히 예후왕조 말기이던 주전 8세기 여로보암2세 시기는 이스라엘이 가장 강력하던 시기였다. 열왕기하 14장 23-29을 읽으면서 이 시대가 어떤 시대였을지 상상하며 이야기해 보자. 이 시기 이스라엘은 하맛에서 아라바까지 광대한 땅을 차지하였고, 고고학적 발굴이 보여주는 바대로 물질적인 풍요도 굉장하였다. 그러나 이러한 화려한 치세가 성경에 단 몇 줄로 그치는 것은 그 시기에 함께 드러난 불의한 모습들 때문이다. 이 시기에 사역하였던 아모스와 호세아의 이름으로 전하는 예언서들에도 그 당시에 대한 혹독하고도 강력한 비판을 찾아볼 수 있다. 여로보암의 아들 스가랴가 왕위에 오르지만 6개월만에 암살되면서, 이후의 왕들도 계속 정변에 휘말리고 북왕국은 멸망을 향해 치닫게 된다. 살룸이 한 달을 다스리다 므나헴에게 죽임을 당하고, 므나헴이 십년을 다스리다 그 아들 브가히야 대에 이르러 이년만에 베가의 모반으로 죽고, 베가 역시 이십년의 통치후에 모반으로 죽고 호세아가 왕이 되니 그는 이스라엘 최후의 왕이 되었다. 계속되는 반역과 혁명으로 말미암아 삼십여년 사이에 여섯명의 왕들이 바뀐 것이다.

주전 8세기 문서 예언자들

이러한 이스라엘 최후의 시기는 한편으로 이스라엘의 자랑스런 예언자들의 시기이기도 하다. 우리가 지닌 구약 성경에 포함되어 있는 예언서들은 모두 주전 8세기부터 활동한 예언자들이다. 이 예언자들을 가리켜 "문서 예언자writing prophets"라고 부르기도 하고, 예언자들의 기본적인 형태를 보여준다는 점에서 "고전 예언자classical prophets"라고 부르기도 한다. 왜 주전 8세기 이래의 예언자들은 이전 시기 예언자들사무엘이나 엘리야, 엘리사 같은 이들과 구별되게 그들의 이름으로 전하는 책이 존재하게 되었을까?

아모스로 시작되는 예언의 새로운 전통은 이전의 예언자들과 다른 흐름을 반영하고 있다. 이전의 예언자들이 주로 특별한 영적인 체험과 결합되어 있는데 비해, 이들은 그러한 현상을 그다지 담고 있지 않으며 그러한 경험을 수반하더라도 가장 근본적인 관심사는 이와 더불어 선포되는 하나님의 말씀이다. 이와 연관해서 아모스 7장 10-17절을 읽어보자.

1. 당시 북왕국을 다스리던 왕은 여로보암 2세였다. 왕을 향해 아모스가 하나님의 심판을 선포하는 것을 견디다 못해, 북왕국 중앙 성소의 하나였던 벧엘 성소의 제사장 아마샤가 아모스를 불러 이스라엘을 떠날 것을 명령한다. 아모스를 불러 "선견자"라고 하자, 아모스는 "나는 선지자가 아니며 선지자의 아들도 아니라"고 대답한다. 이러한 주고받는 대화의 의미가 명확하지는 않지만, 적어도 아모스가 자신을 이전 시기 예언자들과는 구별시키고 있음을 알 수 있다. 아모스와 같은 예언자들은 대체로 독자적이고 홀로 활동하며, 이전의 살던 삶과는 분리된 새로운 삶으로 부르심을 받았고, 이로 말미암아 이전의 평범한 삶에서 하나님의 사명을 따라 그 말씀을 전하는 자의 삶으로 바뀌어 살게 되었다. 이전 전통과의 단절, 그리고 이전에 살던 삶과의 급격한 단절이 아모스 이후 예언자들의 특징이라고 할 수 있다.

2. 사무엘은 사울의 실패를 선포하고 새로운 왕으로 다윗을 세운다. 아히야는 솔로몬을 책망하며 여로보암의 시대를 예고하고, 그 외에 수많은 이전 시기 예언자들은 잘못을 저지른 왕들을 책망하여 새로운 왕조가 등장할 것을 선포하였다. 그에 비해, 아모스의 선포는 달랐다. 11절과 17절 말씀을 읽어보면, 아모스는 여로보암에 대한 심판과 더불어, 이스라엘이라는 나라 자체가 멸망당하고 포로로 끌려가게 될 것을 선포한다. 이전 예언자들과는 달리, 민족 전체의 운명과 연관되어 있는 하나님의 말씀이 그를 통해 선포되는데, 이것은 아모스 이후의 문서 예언자들인 호세아, 이사야, 미가, 예레미야에게도 공통되게 등장한다. 아울러 이러한 선포는 당장 이루어지는 일이 아니라, 최종적으로 나라가 망하

기까기 시간을 요한다는 점에서, 예언자들의 선포가 기록되고 보존되어 후대에 전달될 필요가 생기게 된다. 이를 보건대, 예언자들의 선포가 지닌 급진적이고 되돌이킬 수 없는 비타협적인 특징 자체가 새로운 형태의 말씀 전달과 보존 형식을 초래했다고 볼 수 있다. 과연 북왕국이 멸망당하고 남왕국도 멸망하게 되면서, 후대의 사람들은 이러한 현실에 대한 말씀을 선포했던 예언자들의 말들을 새롭게 인식하게 되었고, 그들의 이름으로 전해진 예언들을 모으고 편집하고 전달하게 되었을 것이다. 정리하면, 예언자들의 선포가 지닌 궁극적이고 근본적인 특징, 그리고 나라의 멸망과 더불어 예언자들의 선포에 대한 재인식 등이 그 이름으로 선포된 말씀들을 모은 예언서들로 나타나게 되었다고 할 수 있다.

한 왕에 대한 심판, 혹은 한 왕조에 대한 심판을 넘어 민족 전체에 임할 심판이 선포되게 한 변화는 어디에서 온 것일까? 여기에는 주전 8세기 남북 이스라엘의 상황의 변화가 함께 맞물려 있다고 할 수 있다. 변화된 시대가 변화된 말씀을 가져오기 때문이다. 이 시기 예언자들이 직면하게 된 새로운 현실을 다음과 같이 네 가지로 정리해볼 수 있다.게르하르트 폰 라트,『예언자들의 메시지』, 16-18

1. 8세기에 이르러 이전부터 지속되어 오던 바알신앙과의 혼합으로 말미암아, 여호와 하나님을 섬기는 신앙이 현격히 퇴조하게 되었다.

2. 정치적인 측면에서, 국가가 성립되고 그 틀이 견고해지면서, 여호와께 대한 믿음과 여호와의 보호하심으로부터 벗어난 세속 국가가 등장하게 된다. 여호와 신앙으로부터 자율을 획득한 국가의 출현은 이 시기의 또 다른 새로운 특징이었다.

3. 사회 경제적 측면에서의 변화도 있다. 세금제도와 제반 공공의 의

무를 부과하는 국가의 출현으로 말미암아, 자유롭던 소농들은 세금의 의무와 군역의 의무속에서 점차 자유로운 지위를 잃게 된다. 국제 무역의 발전으로 상업과 유통이 중요한 역할을 하게 되었다. 그리고 웃시야에게서 볼 수 있듯이, 농업 생산력을 높이기 위해 특정 지역에서는 특화된 작물을 재배하게 하였는데대하26:10, 이러한 시스템은 각각의 농촌의 자급자족 능력을 현격히 저하시키게 되고, 국가와 그 중심을 이루는 중앙 세력들이 주도하는 유통망에 절대 의존하게 만든다. 그래서 흉년이 들거나 전쟁이 나서 이러한 유통망이 붕괴하게 되면, 특화된 농업을 행하던 농촌들이 급속이 나락으로 빠지게 될 수밖에 없다. 이로 말미암아 농촌의 부가 점점 도시로 집중될 수밖에 없는 것이다. 이러한 변화는 경제의 중심이 농사에 기반한 지역과 지파 중심의 구질서에서 도시중심의 새질서로 옮겨지는 것을 수반한다. 도시의 발전으로 말미암아 대토지 소유자들이 점점 증가하게 되고 자유민들은 점차 땅을 잃고 노동력을 팔아 생존을 이어가게 되며 사회적 불의가 증가한다. 이것은 사무엘이나 엘리야, 엘리사 시대에는 다루어지지 않던 새로운 차원의 문제였다.

4. 네 번째의 현실은 이스라엘의 존립을 위협하는 초강대국의 출현이다. 이스라엘의 역사는 실상 초강대국이 약해졌을 때 가능했던 것이었지만, 앗수르 이래 초강대국은 바벨론으로 이어지면서 이스라엘의 진정한 독립과 회복은 물 건너 가버렸다. 디글랏빌레셀 3세 이래 북왕국과 남왕국은 나날이 약화되었고, 강대국들의 침략으로 인한 국가적인 위기가 문서 예언자로 불리는 이들이 등장하는 시기였다. 앗수르 위기와 연관해서는 호세아, 아모스, 미가, 이사야 등이 있으며, 바벨론 위기와 연관해서, 스바냐, 하박국, 예레미야, 에스겔이 있다.

이러한 변화된 상황 속에서 예언자들이 전하였던 것은 여호와 하나님을 섬기며 그 규례를 따라 살아가는 삶의 회복이었다. 그들에게 있어서, 세속의 영역이 따로 있지 않았다. 아무리 강대국이 강성하고 이스라엘을 위협한다 하여도, 세상을 주관하시고 이끄시는 분은 하나님이기에 예언자들은 한결같이 하나님을 의뢰할 것을 촉구하였다. 이스라엘의 왕들은 끊임없이 이 문제를 국가간의 동맹으로 해결하려고 하지만, 예언자들은 한결같이 여호와께 대한 믿음으로 해결할 것을 촉구한다. 그들에게 국제 정치는 독자적인 세속의 영역이 아니라 하나님의 주권의 영역이었다. 그런 점에서, 8세기 예언자들에게서 볼 수 있는 공통된 새로운 현상의 하나는 이방 나라들에 대한 예언이라고 할 수 있다. 아모스1:3-2:3, 이사야13-23장, 예레미야46-51장, 에스겔25-32장을 비롯해서, 요엘3장, 오바댜에돔, 요나니느웨, 나훔니느웨, 하박국앗수르, 스바냐2:4-15, 학개2:20-24, 스가랴9:1-8; 14장 등에서 열방 예언을 볼 수 있다. 이러한 열방 예언의 모든 초점은 하나님께서 온 세상을 다스리시는 주권자이심을 드러내는 것이다. 아울러 문서 예언자들이 하나님 백성의 거룩한 영역으로 포함시키는 것은 사회 경제적인 삶의 현실에 대한 내용이다. 8세기 이래 남북 이스라엘에 두드러지게 등장한 빈부격차와 사회경제적 불평들에 대한 예언자들의 선포는 확고하다. 이것은 여호와 하나님을 떠난 삶의 반영이라는 것이다. 그들은 단지 사회적 불의와 왜곡에 관심을 가진 것이 아니라, 하나님과의 언약에 초점을 두고 언약의 관점에서 그러한 사회적 불의를 지적하고 있다. 이에 따르면, 당시 사회에 가득하던 불의는 단순히 사회경제적, 정치적 불법이 아니라, 탐욕으로 인하여 여호와 하나님과의 언약을 파괴한 것이 그 본질이라고 할 수 있다. 가난한 이웃을 억압하고 고아와 과부를 돌아보지 않는 것은 여호와 하나님께서 세상을 다스리시는 원칙인 공평과 정의를 저버린 것이다. 여기에서 예언자들의 선포의 주된 주제인 공평과 정의가 등장하게 된다. 예언자들에게 있어서, 주전 8세기 이래의 시대에 여호와를 믿는다는 것은 제사로 드러나는 것이 아니라, 가난한 이웃들에 대해 어떻게 함께 살아가는지, 이웃의 열강들의 위협에 대해 어떻게 대처하는지를 통해 드러나게 된다. 그들에게 있어서 우상을 숭배하는 삶은 곧바로 이웃들과 함께 살아가는 삶의 여부와 직결되어 있다: "너희가 만일 길과 행위를 참으로 바르게 하여 이웃들 사이에서 정의를 행하며 이방인과 고아와 과부를 압제하지 아니하며 무죄한 자의 피를 이곳에서 흘리지 아니하며 다른 신들 뒤를 따라 화를 자초하지 아니하면 내가 너희를 이곳에 살게 하리니 곧 너희 조상에게 영원무궁토록 준 땅에니라" 렘7:6-7

문서 예언자들의 선포의 공통점

예언자들은 근본적으로 말씀의 전달자들이었다. 그들은 그들에게 임한 여호와 하나님의 말씀을 백성들에게 전달하였다. 예언서들에서 빈번하게 볼 수 있는 특징적인 어구로 "여호와께서 이같이 이르시되"를 들 수 있는데, 이것은 이들이 전하는 말이 자신의 말이 아니라 여호와께로부터 오신 말씀임을 분명히 하고 있다.

예언자들이 전한 메시지는 심판에 관한 것이 압도적으로 많다. 그들은 여호와 하나님의 사자로서, 하나님이 원하고 명한 것과 달라진 현실 사회를 향해 하나님의 말씀을 전하고 있다. 그래서 예언자의 말의 형식을 구분해 보면, 이스라엘이나 왕의 문제가 되는 행동이나 실상에 대한 정확한 지적 혹은 고발, '여호와께서 이같이 이르시되', 그리고 그에 이은 하나님의 심판 선언 혹은 재난 예고로 이루어지는 것을 볼 수 있다. 심판 말씀과 더불어, 예언자들의 글들은 그들의 메시지안에 담겨 있는 구원의 말씀들도 포함하고 있다. 파멸의 순간에 전환이 온다. 예언서들에서 심판과 구원 말씀이 함께 나타나고 있다고 해서, 심판이나 구원 어느

한 쪽을 무효로 만들어 버리지 않는다. 심판은 예고대로 철저히 완벽하게 진행될 것이다. 그러나 그 가운데서도 하나님의 구원의 손길은 그치지 않는다. 사실, "대체로 심판 대신 심판의 사자들을 보냈다고 하는 사실은 하나님의 자비로운 사랑을 말해준다."클라우스 베스터만, 『천년과 하루』, 199 하나님은 선포된 멸망 너머로 소망을 두신다. 그러므로 하나님의 심판은 그 백성을 향한 하나님의 사랑의 또 다른 표현이다. 하나님은 그들을 책망하시고 심판하시되, 이를 통해 그들을 연단하시며 깨끗하게 하신다. 그러므로 심판과 구원은 전혀 다른 성격의 두 사건이 아니라 하나님의 한결 같은 사랑의 양면이라고 할 수 있다.

게르하르트 폰 라트는 이스라엘 예언자들의 선포의 공통적인 특징으로 다음과 같은 두 가지 사항을 꼽고 있다.폰 라트, 『예언자들의 메시지』, 18-22

1. 예언자들은 근본적으로 오래된 거룩한 전통에 그 뿌리를 두고 있다. 당대의 백성들이 지키지 않은 지 오래되었고 이제는 기억조차 못하는 규례들이, 여전히 구속력이 있고 조금도 약화되지 않은 타당성을 지니고 있음을 확인시키기 위해 애썼다.

2. 예언자들의 또 다른 특징은 미래에 대한 강력한 견해이다. 그들은 가까운 미래에 역사속에서 행하시는 하나님의 완전히 새로운 행하심을 경험하게 될 것을 내다 본다. 그들에게 있어서 열강은 유다와 이스라엘에 대한 하나님의 심판의 도구일 뿐이다. 그들은 여호와께서 행하실 다른 일들을 기대하는데, 이 새로운 일들은 심지어 이전 일들을 능가하리라고 본다. 그래서 극심한 심판 가운데서도 구원을 향한 새로운 시작을 알렸다.

예언자들은 겉으로는 말을 하는 사람들이었지만, 그들이 전하고 선포한 말은 하나님의 말씀이었다. 호렙산의 엘리야에게 가늘고 속삭이는 소리로 임하셨던 하나님께서 8세기 예언자들의 외치는 소리로 임하셨다. 그들을 통해 선포된 말씀은 불과 같고 단단한 바위를 부수는 방망이와도 같다.렘23:29 세상을 지배하는 모든 나라들은 사라지고 크고 강한 힘들도 언젠가는 소멸되어 마치 들의 풀과 같지만, 하나님의 말씀은 영원히 서게 될 것이다.사40:6-8 죽은 지 오래되어 말라 버린 뼈로 가득찬 골짜기에서 에스겔이 하나님의 명령으로 외쳤더니 마른 뼈는 되살아나 하나님의 큰 군대가 되었다.겔37장

참고문헌

- 게르하르트 폰 라트, 김광남 옮김. 『예언자들의 메시지』. 비전북, 2011.
- 클라우스 베스터만, 손규태 옮김. 『천년과 하루』, 한국신학연구소, 1983

문서 예언자들이 등장하게 된 배경과 그들의 사역의 공통된 특징에 대해 서로 이야기해 봅시다.

22. 역대기 역사

역대기

    한글 성경에서 "역대기"歷代記, Chronicles로 표기되어 있는 역사책의 히브리 말 이름은 "그 시대의 일들"이다. 히브리어 성경에서 역대기는 구약성서의 제일 마지막에 있다. 히브리어 성경을 헬라어로 번역한 칠십인경에서 이 책은 "누락된 것들"이라는 제목을 달고 있다. 아마도 열왕기서나 사무엘상하에 실려 있지 않은 나머지를 가리키는 의미인 듯 하다. 역대기를 열왕기다음에, 그리고 그 다음에 에스라-느헤미야가 오게끔 배열한 것도 칠십인경이며, 이후에 등장하는 여러 번역 성경들도 이 순서를 따랐다. 15세기 이래 역대기는 상하로 구분되었다.

    주전 6세기 후반을 살았던 스룹바벨의 후손을 두 세대 아래까지 적고 있다는 점대상3:17-24, 그리고 주전 515년은 지나야 만들어지는 화폐 단위인 "다릭"이 언급되고 있다는 점대상29:7 등을 고려하면, 적어도 주전 5세기 중엽 이후, 아마도 주전 4세기경에 역대기가 기록되었을 것이라고 여겨진다. 즉 바벨론 포로에서 귀환하고도 대략 백오십 년 가량 지난 시점에서 역대기가 기록되었다고 할 수 있다. 이러한 시점은 귀환 직후 세대의 긴장과 기대, 어려움들에 대해 심사숙고할 충분한 시간이 흘렀음을 보여준다. 이렇게 시간이 지난 후에 왕정기때의 역사를 다룬 내용을 편찬하는 까닭은 무엇일까? 바벨론 포로기에 쓰인 역사책인 열왕기가 이미 있는데, 역대기라는 새로운 역사책이 필요했던 까닭은 무엇이었을까? 이러한 질문은 역대기의 저술 의도와 연관된 것이다. 이를 위해 역대기 내용을 대략적으로 살펴볼 필요가 있다.

역대기의 내용

역대기 1장 1-4절을 읽고 왜 이렇게 시작하고 있을지에 대해 생각을 나누어 보자.

역대기는 족보로 시작하고 있다. 역대상 1장 1절은 최초의 사람들인 아담, 셋, 에노스를 언급하고 있다. 아담에게서부터 시작하여, 야벳의 자손, 함의 자손, 셈의 자손을 거쳐 아브라함의 자손들을 소개한다. 이스마엘의 자손과 에서의 자손, 에돔땅의 왕의 족보에 대한 소개도 역대상 1장에서 볼 수 있다. 2장부터 8장까지 야곱의 열두 아들의 후손들 족보가 소개된다. 스불론과 단을 제외한 족보에서, 유다의 후손들2:3-4:23, 레위 지파의 후손들6:1-81이 강조되어 있다. 아담으로 거슬러 올라간 족보에 대한 언급은 바벨론 포로에서 돌아온 이들에 대한 언급9장으로 이어지는데, 돌아온 이들이 어느 지파에 속했는지가 서술되어 있고9:3-9, 이들 가운데 제사장과 레위인들에 대한 언급이 매우 길게 서술된다.9:10-34 족보의 마지막은 사울의 족보9:35-44이다.

사울의 족보에 이어 사울의 죽음을 다룬 후10장, 11장부터 역대상 마지막까지 다윗의 시대를 다루고 있다. 다윗으로 넘어가기에 앞서 사울에 관한 내용을 10장에서 다룬 것은 사울의 비참한 죽음의 원인을 밝히기 위한 것이다. 역대상 10장 13-14절을 읽어보자. 그를 통해 역대기 기자는 다윗의 정통성을 부각시키고 있으며, 사무엘서와 달리 역대기에서 다윗의 통치는 처음부터 온 이스라엘을 다스리는 것으로 시작한다. 대상11:1-3 12장에서 다윗을 돕는 이들이 이스라엘 모든 지파들에 있었음을 알려주는 것도 다윗의 시대가 온 이스라엘을 포괄하는 시대였음을 인상적으로 보여주고 있다.

13-16장의 주된 내용은 법궤를 다윗성안으로 모셔오는 것에 관한 것이다. 사무엘하에서보다 상세하게 이 내용이 다루어져 있으며, 법궤를 모셔오는 데에 실패했던 까닭이 레위 사람이 메고 오지 않은 데 있다는 점이 분명히 밝혀 진다.대상15:2-15 제사장인 사독과 아비아달, 그리고 레위 사람들이 동원되어 그 어깨에 궤를 메었고 악기와 찬송이 울려 퍼지는 다윗 성에 궤가 안치되었고, 번제와 화목제가 드려졌다. 이 상황의 마지막은 다윗이 드린 감사 찬송시이다.16:7-36 이상의 내용은 그 자체로 잘 짜여져 진행되는 예배를 그대로 반영하고 있다고 여겨진다.

이후, 다윗의 승전에 대한 몇 가지 보도들이 있고, 21장은 다윗 시대의 인구 조사 사건을 다루고 있다. 사무엘하 24장에서 이 사건은 다윗의 마지막 시기를 반영하면서, 이스라엘에 진노하신 하나님이 다윗을 움직여 인구조사라는 그릇된 일을 행하게 한 것으로 서술된다. 칠 만의 백성들이 죽은 후에 다윗이 아라우나의 타작 마당에서 드린 번제와 함께 재앙이 그쳤다. 그러나 역대기에서는 사탄이 다윗을 충동한 것으로 되어 있으며, 이 사건의 결과로 다윗이 제사를 드렸던 오르난의 타작 마당이 하나님의 성전터로 지정되게 된다.21:28-22:1 이에 따르면 인구 조사 사건은 사탄의 충동에서 시작되었지만, 성전 터의 확립과 성전 건축 준비로 이어지는 발판이 되었다. 22장부터 29장까지 핵심적인 내용은 성전 건축 준비와 그를 위해 성전 봉사자들의 제도를 완비하는 것이다. 역대하 1장에서 시작된 솔로몬의 시대는 다윗의 준비에 이어 성전 건축을 그 주된 내용으로 다루고 있다.대하1-7장

구약의 숲

다윗에서 솔로몬으로 이어지는 서술에서 볼 수 있듯이, 이 두 왕의 시대를 다룬 상당 부분을 성전 건축이 차지하고 있다. 중세 이후 역대기가 상권과 하권으로 분리되었지만, 한 권으로의 역대기를 생각하면, 역대기의 한 복판인 역대상 24장부터 역대하 9장까지가 모두 성전에 할애되어 있는 셈이다. 이를 보면 역대기는 성전 건축을 중심에 두고, 그 이전과 그 이후를 다루어간 책이라고까지 말할 수 있을 것이다.

그 외에, 다윗과 솔로몬에 대한 불미스러워보이는 사건들은 모두 제외되었다. 밧세바와의 간음, 나단 선지자의 심판예고, 다윗에 대한 반란들, 왕위 계승과정에서의 혼란 등이 역대기에는 나타나지 않는다. 다윗에서 솔로몬으로 이어지는 과정은 지극히 평화적이면서 모든 이스라엘의 동의와 연합 가운데 진행된다. 솔로몬에 의한 왕위 계승이 나단의 말속에 들어있고대상17:11, 솔로몬은 역대상 22장부터 이미 등장해서 일찍부터 성전 건립의 중심 인물로 제시되고 있으며, 성전 건축의 중요한 역할을 수행할 것이 미리 지시되고 있다.또한, 역대상 28장, 29장 역대하의 첫머리에 시작되는 솔로몬의 치세는 역대상과 논리적으로 일관되게 성전 건립에 집중된다. 여기서도 그의 치세의 부정적인 측면은 모두 제외된다. 그의 정적들의 숙청에 관한 내용이 없으며, 바로의 딸과의 혼인 역시 조금 다르게 서술된다. 역대하 8장 11절을 읽어보자. 여기에서 우리는 어떤 인상을 받게 되는가?

솔로몬의 통치 후반의 혼란에 대해서도 언급이 없다. 솔로몬에 의해 만들어진 성전에 대한 묘사도 열왕기보다 훨씬 찬란했고, 이 역사를 마친 후 그가 기도한 후에 하나님의 영광이 성전안에 가득하였다.대하7:1,2 이러한 현상은 출애굽기에서 성막의 봉헌시에 나타난 현상출 40:34,35과 동일하다. 이러한 내용은 이스라엘의 신앙에서 솔로몬의 위치를 두드러지게 만드는 기능을 하고 있다. 그리고 이러한 역사는 다윗이 미리 준비한 것을 완성한 것이라는 점이 거듭 언급되면서대하2:6,13,16, 3:1, 5:1, 6:3-11, 이 위대한 역사를 완성시킨 두 왕의 활동이 함께 결부되어 있다는 점이 강조된다. 다윗에게서 솔로몬에게로 평화적인 교체는 모세의 지도력이 여호수아에게 평화적으로 넘어가는 것에 견줄 만하며, 역대기는 이 점을 강조해서 보여주고 있다고 할 수 있다.

역대하 10장부터는 솔로몬이후부터 바빌론 포로까지의 역사이다. 북왕국의 왕들에 관한 내용은 나타나지 않고 남왕국 유다왕들에 관한 기록이 전부이다. 열왕기는 남왕국과 북왕국의 왕들을 비교연대로 나타내지만, 역대기에서는 남왕국 왕들의 독자적인 연대만이 나타난다.대하 13:1은 예외적으로 여로보암과의 비교연대가 나타난다 기본적으로 열왕기서의 자료들을 이용하고 있으면서, 역대기 기자는 자유로이 이것들을 사용한다. 그럼에도 열왕기에 없는 자료들도 나타난다. 주로, 요새를 짓는 것과 건물을 조성하는 것, 군대를 조직하고 전쟁을 기록하는 자료가 그것들이다. 이러한 활동들은 주로 왕들의 긍정적인 면을 담고 있다. 여기에서 르호보암의 건설활동11:5-12, 아비야의 전쟁기록13:3-20, 아사의 개혁14:5-15:15, 여호사밧의 개혁17:6-19, 19:4-11, 20:1-30 활동이 긍정적으로 표현된다. 그래서 열왕기와는 달리, 유다의 역사는 긍정적으로 평가된 네 명의 왕들로 시작되는 셈이다. 그외에도 웃시야, 요담, 히스기야, 므낫세, 요시야왕들의 기록에서 이전 자료에 추가된 내용들이 나타난다. 특이한 것은, 므낫세의 경우 열왕기서에서 유다 멸망의 원인으로 규정될 정도로 악의 상징이었지만왕하21:10-15; 23:26-27, 역대기에서는 자신의 죄를 깨닫고 여호와께 뉘우치며 돌이킨 왕으로 그려진다는 점이다.대하33:10-19 열왕기에는 없는 이러한 자료들은 역대기의 신학을 이해하는 데 매우 중요하지만, 역대기 기자의 특정한 목적을 따라 채택된 자료라는 점에서, 역사적 가치에 있어서는 논란의 여지가 있다.

역대기의 마지막은 바빌론 포로에 관한 서술에 이어, 그로부터 칠십년 후 페르시아왕 고레스의 포로귀환 칙령으로 끝난다. 대하36:22-23 이상의 내용을 요약하면 역대기의 내용은 다음과 같이 정리할 수 있다:

대상 1-9장 아담부터 사울, 다윗까지의 족보
대상 10-29장 다윗의 통치
대하 1-9장 솔로몬의 통치
대하 10-36장 솔로몬이후부터 포로 귀환 명령까지

역대기 역사와 신명기 역사

대체적으로 시간적인 순서를 따라 배열되어 있는 구약성경을 읽을 때, 이러한 흐름이 끊어지는 부분이 바로 역대기이다. 역대기는 "아담, 셋, 에노스"라는 역사 최초의 인물들의 이름으로 시작한다. 역대기를 연구하는 많은 이들은 역대기와 에스라, 느헤미야가 똑같은 관점을 가지고 쓰인 것으로, '역대기 역사서'라고 부를 수 있는 한 권의 역사책이라고 생각하였다. 최근에 이르러서는 그렇게 볼 수 없다는 견해가 강하게 주장되고 있지만, 한 권으로 볼 만큼 공통점도 있다는 점은 분명하다.

한편, 앞에서도 언급한 것처럼 이스라엘의 역사서술에는 또 다른 흐름이 있다. 그것은 사무엘서와 열왕기이다. 이 책들에 나타나는 역사적인 관점은 매우 일관된지라, 이 책들은 하나의 통일된 역사서라고 볼 수 있다. 특히, 이 부분의 관점들은 신명기에서 제시하는 말씀들과 유사하며, 신명기의 말씀들을 기준으로 역사를 평가하고 있다고 여겨진다. 그래서, 신명기에서 열왕기에 이르는 글들을 가리켜 '신명기 역사Deuter-onomistic history' 라고 부른다. 그렇다면, 우리는 구약 성경 안에 역대기 역사와 신명기 역사, 두 권의 역사책이 있음을 알 수 있다.

연결작업과 선별작업은 역사가의 두 가지 임무이다. 역사는 수많은 사건들로 이루어지며 이것들을 그저 나열하는 것은 자료집에 불과하지 역사가 될 수는 없다. 역사가는 여러 사건들을 보면서 그것들을 연관시켜야 한다. 이를 위해서는 모든 사건을 다 기록할 수도 없고, 그렇게 전부 기록하는 것이 바람직한 것도 아니다. 그 중에서 역사가가 보기에 중요하고 핵심적인 사건들이 선택되는 것이며 그것들을 통해서 역사가 연결되고 이해된다. 그리고 역사가는 이러한 연결과 선별을 통해서 지나온 날들에 대한 일정한 이해와 해석을 제시하는 것이다. 이러한 작업에는 당연히 역사가 나름의 주관이 개입된다. 그가 보기에 중요한 사건이 있는 것이며, 그가 어떤 사건을 중요하다고 보는 개인의 관점이 있을 수밖에 없는 것이다. 그래서 역사를 볼 때 우리는 역사가의 관점을 이해해야 한다. 똑같은 이스라엘의 역사를 두고 신명기 역사와 역대기 역사가 다르게 역사를 서술하고 있다는 것은 역사에 대한 중요한 인식의 차이를 보여준다. 보다 깊이 말하자면, 역사에 대한 두 가지의 신앙적인 인식이 나타난다는 것이며, 역사에 대한 하나님의 뜻이 다양하게 이해되고 있음을 여기에서 볼 수 있다. 이것은 똑같은 예수님 사건을 각각 조금씩 다른 시각을 가지고 서술한 네 개의 복음서와 비교해볼 수 있을 것이다. 네 권의 복음서를 서로 섞어서 한 권으로 만드는 것이 부적합한 일이듯이, 신명기 역사와 역대기 역사는 각각의 고유한 특징과 목적에 따라 이해되어야 할 것이다.

역대기의 신학적 의도

역대기 기자의 역사서술은 사무엘-열왕기와는 완전히 다른 왕정시대를 보여주고 있다. 역대기 기자는 이미 그에게 주어져 있던 사무엘-열왕기 기록을 근거로 해서 이 자료들을 주의깊게 다루면서 그 나름의 관점을 보여주고 있다. 그래서 어떤 학자는 역대기는 열왕기에 대한 '주석'이라고 말하기도 한다.

아담에서부터 시작되는 족보는 지금에 와서 초라해진 이스라엘을 일깨우는 것이다. 족보가 바벨론 포로들의 명단과 결합되어 있다는 점에서, 비록 지금은 이렇게 포로 생활에서 귀환한 작은 민족일 수 있지만, 아담으로부터 이어지는 하나님의 뜻과 경륜을 이어가는 이들이 자신들임을 증거하는 것이다. 그 점에서 "족보들은 이스라엘의 연속성 및 이스라엘이 하나님의 선민임을 말해주고 있다"롱맨/딜러드, 『최신구약개론』, 257

역대기 족보에서 몇 가지 특징을 찾아볼 수 있다.

1. 1-4절은 이름만이 열거되어 있다. 개역은 "조상들이라"는 표현이 있지만, 히브리어 본문에는 없다. 똑같은 형식이 24-27절에도 있다. 거기 역시 이름만 열거된다. 그 점에서, 대상 1장은 아담부터 노아의 세 아들까지의 족보, 그리고 셈부터 아브라함까지의 족보를 특별하게 서로 연결시키고 있다. 이러한 족보는 아담부터 아브라함까지를 연결시켜 설명한다. 아브라함의 자손으로서의 이스라엘의 위치를 특별하게 만드는 것이다.

2. 동시에 온 인류를 아담부터 이어지는 것으로 설명한다. 야벳의 자손 가운데 고멜의 자손과 야완의 자손들이 설명되는데, 이것은 고멜과 야완의 자손들이 역대기 기자에게 잘 알려져 있는 지명과 민족임을 보여

준다. 장자가 아님에도 그 자손들의 이름이 언급되는 경우는 그 외에도 많다. 아브라함의 후처 그두라의 자손 가운데 장자가 아닌 미디안의 자손을 설명하는 부분도 그러하다. 결국, 역대기는 아담으로부터 온 인류를 설명한다. 이것은 이스라엘의 특별함만으로 한정할 수 없다. 역대기는 이스라엘에만 한정되는 것이 아니라, 온 인류를 포괄한다. 포로에서 돌아온 자들의 족보가 기술되는 것으로 긴 족보 서술이 마감된다. 결국, 귀환한 이들의 뿌리와 정당성 찾는 것이 족보 본문의 의미이다. 오늘의 우리는 아담과 아브라함, 이스라엘에게서 유래된 집단이며, 세상은 원래 하나였다는 것을 말하고 있다.

온 인류 가운데 아브라함의 자손이 특별해진다. 그 점에서 인류를 섬기는 이로서의 아브라함의 의미가 두드러진다고 할 수 있다. 적어도 역대기의 관점은 이스라엘에만 국한할 수는 없다고 할 수 있다. 그리고 이것은 창세기의 족보의 특징이기도 하다. 창세기와 역대기는 이스라엘을 특별히 다루지만, 이스라엘에만 관심이 있는 것이 아니라, 열방을 섬기는 이로서의 이스라엘을 다루고 있다.

3. 38-42절까지 세일의 자손이 소개된다. 이것은 창 36장에 나오는 족보를 옮겨온 것으로 여겨진다. 문제는 세일이 그 유래를 알 수 없는 인물이라는 점이다. 에서의 족보 다음에 세일이 나온다는 점에서, 본문은 세일과 에서를 연결시키고 있다. 그리고 그 다음인 43-54절은 에돔땅을 다스린 왕들의 족보로, 역시 창세기 36장에 나오는 족보를 옮겨왔다. 에돔 이전 왕들의 유래 역시 알 수 없다. 아마도 역대기의 기자는 창세기의 족보를 어떻게든 활용하고 사용하려고 한 것으로 보인다. 유래를 설명할 수 없었다는 점에서, 역대기는 창세기를 넘지 않고 있다. 그러면서도 역대기 1장에 같이 모아두었다. 다시 한 번, 역대기는 단지 이스라엘이 아니라 온 인류를 다루고 설명하고 싶어한다고 말할 수 있다. 온 세

상, 모든 민족이라는 기본적은 틀을 설치하고, 그 다음에 좁혀서 이스라엘로 넘어가고 있다는 것이다.

동시에 이 족보는 다윗과 솔로몬 같은 위대한 왕들을 현재의 현실과 결부시키고 있다. 이들의 성전을 향한 열심이야말로 오늘 귀환한 백성들이 회복해야할 신앙의 중심임을 선포하는 것이다. 왕들의 선한 업적들은 역사에 대한 긍정적인 이해와 더불어 새로운 삶을 향한 동기를 부여하고자 하는 것들이라고 할 수 있다. 그들의 잘못에 대한 인식은 이미 열왕기서와 같은 글들을 통해 대부분의 독자들의 머리에 새겨져 있으니, 다시 그것을 부각시키는 것보다는 그들의 좋은 점을 부각시키고 선한 순종의 열매들을 강조함을 통해 삶에 대한 소망을 전하려는 것으로 보인다. 아울러, 나라의 멸망이 하나님의 말씀을 준행치 않고 그를 전심으로 구하지 않은 것이라는 점에 대한 지적들은 현재의 이스라엘에게 변화의 분명한 방향을 제시하고 있다.

성전을 중심으로 한 회복이 모든 변화와 개혁의 초점이라는 점에서, 역대기 역사가 북왕국에 대해 전혀 다루지 않는다는 점을 이해할 수 있다. 역대하 13:1-12을 읽어보자. 역대기 기자에게 있어서 북왕국의 첫 왕 여로보암은 하나님을 떠나고 제사 제도를 훼손시킨 존재이다. 그럼에도 역대기가 북왕국을 완전히 배제한 것은 아니라는 점도 유의해야 한다. 역대기에 빈번하게 나타나는 "온 이스라엘"이라는 표현은 역대기 기자가 남북 이스라엘 전체를 염두에 두고 있음을 보여준다. 남북으로 갈라진 채, 남쪽만 살아남게 되는 것이 역대기 기자에게 당연한 것도 정당한 것도 아닌 것으로 여겨지고 있다고 할 수 있다. 비록 남왕국 유다만을 다루고 있지만, 역대기 역사는 이스라엘의 참된 회복에 대한 그림을 보여주는 것이다.

역대기 기자에게 다윗은 이상적인 군주이다. 그는 이스라엘의 예배를 완성한 사람이다. 예배와 제의에 대한 역대기 기자의 강조는 레위인에 대한 상세한 소개와도 연관된다. 그런 점에서 이러한 제의를 확립한 다윗의 지위는 절대적이다. 사실, 그는 모세와 비견된다고 할 수 있다. 포로후 시대를 사는 역대기 기자와 동시대의 사람들에게 있어서, 다윗의 하나님 경외와 성전에서의 바른 예배 수행은 회복해야할 이상이었던 것이다. 그로 말미암아 성전과 예배와 이를 맡아 수행하는 레위인들에게 지대한 관심을 기울이는 것이다. 희생제사를 수행하는 제사장들보다 그 제물을 준비하고 성전의 문지기나 성전 찬양대, 여러 제반 잡무를 행하는 레위인들에게 큰 관심을 보이고 있다. 제사제도의 완비와 레위인들의 역할, 그리고 이 모든 것을 제정한 이로서의 다윗에 대한 강조는 히스기야에 대한 역대기의 서술에서도 잘 나타난다. 히스기야 시대를 다루는 열왕기하 18-20장은 앗수르 산헤립의 침공18-19장, 히스기야의 발병과 치유, 바벨론 사절단의 방문과 히스기야의 죽음20장을 그 내용으로 삼고 있다. 역대기의 서술은 이와 현저하게 구별되는데, 29-32장이 이에 해당된다. 각 장의 내용이 무엇인지 정리해 보고, 눈에 띄는 단어들은 어떤 것이 있는지 이야기해 보자.

이상을 종합해 볼 때, 역대기는 포로기를 살아가던 동시대 사람들을 향해 우리가 회복하고 바로잡으며 돌아가야할 바람직한 모습이 무엇인지를 보여주기 위해 서술된 책이라고 말할 수 있다. 이러한 목적을 가지고, 역대기 역사는 다윗과 솔로몬의 시대를 가장 바람직한 시대로 표현하고 있으며, 이들의 통치의 근본에는 성전과 제사제도가 있다. 성전과 제사제도는 이후의 왕들의 치세를 평가하는 데 있어서도 가장 중요한 기준으로 작용하는 것을 앞에서 살펴본 히스기야의 예에서 볼 수 있다. 그런 점에서 "역대기 사가는 다윗으로부터 예배 공동체가 기원하였다는 기사로부터 시작해서 한 걸음 더 나아가 이스라엘의 역사를 교회라는 관점에서 이야기하고 있다"버나드 앤더슨, 『구약성서의 이해』, 614)

아울러 역대기에는 응보 개념이 아주 뚜렷하게 나타난다. 왕이 하나님께 순종하면 반드시 그에게 좋은 일이 있고, 그렇지 않으면 반드시 심판을 당하게 된다. 르호보암 시대의 애굽의 침공은 하나님의 율법을 버린 결과이고대하12:1, 선량한 왕 아사가 중병에 걸린 것은 하나님의 말씀을 전하는 예언자를 옥에 가두었기 때문이다. 대하16:7-10 므낫세 같은 악한 왕이라 할지라도 돌이키고 회개하면 하나님의 은혜를 경험하게 된다는 역대기의 진술은 이러한 특징을 두드러지게 보여준다. 이러한 응보는 즉각적이어서 이 왕들의 치세내에 그 결과가 나타난다. 역대기 기자는 "구하다"와 "의지하다"라는 단어를 바른 신앙의 자세로 여기며, 하나님과 율법, 성전을 버리거나, 신실치 못하게 행하는 것, 외국과 동맹하는 것, 여호와의 선지자들에게 귀기울이지 않는 것들을 정죄한다. 신실한 왕에게는 많은 자녀들과 건설사업, 조직적인 군대, 전쟁의 승리, 제의 개혁, 외국으로부터의 조공들이 잇따른다. 악한 왕들의 경우, 하나님의 진노, 전쟁에서의 패배, 질병, 궁중음모등에 휘말린다. 이러한 응보원칙은 기계적으로 돌아가는 세상에 대한 교리의 확립이라기보다는 그의 시대를 살아가는 사람들을 향한 설교를 위한 것이라고 할 수 있다. 아무린 악한 시대라도 하나님을 구하고 의지하면 하나님의 은혜와 긍휼을 경험하게 된다는 것이다. 체념과 무기력, 자포자기는 하나님께 대한 기대의 상실에서 비롯된다. 이러한 시대 가운데서 역대기 기자는 하나님을 구하고 의지하는 삶의 능력을 강조하는 것이다. "너희는 너희 하나님 여호와를 신뢰하라 그리하면 견고히 서리라 그의 선지자들을 신뢰하라 그리하면 형통하리라."대하20:20

성전 봉헌후에 솔로몬이 드린 기도에 대해 응답하시는 하나님께서 솔로몬에게 이르시는 말씀이 7:11-22에 소개되고 있다. 이 내용은 열왕기상 9:1-9과 거의 동일하다. 다만 7:13-15이 첨가되어 있어서롱맨/딜러드, 『최신구약개론』, 261, 성전을 중심으로 하나님을 구하는 것에 대한 응보라는 역대기의 핵심 메시지를 일상과 연결시켜 단적으로 보여주고 있다.

결국, 역대기 역사는 다윗 왕국과 성전의 회복이라는 두 가지 기둥을 제시하고 있다고 볼 수 있다. 그리고 다윗과 성전에 대한 강조는 궁극적으로 하나님께서 친히 다스리시는 세상에 대한 소망으로 이어지고 있다고 볼 수 있다. 달리 말해, 신정神政 사회를 추구한다. 하나님께서 함께 하시어 승리하는 전쟁, 하나님과의 관계에 따른 응보, 성전 봉사자들과 제사 제도에 대한 강조 등은 신정 사회를 이루는 근본적인 요소들이라고 할 수 있다. 다윗과 솔로몬을 강조하고 있지만, 이것은 단지 왕정의 회복에 대한 기대라기보다는 하나님을 향한 바르고 참된 예배의 회복 그리고 예배 가운데 친히 임하시는 하나님의 다스리심에 대한 기대라고 말할 수 있다. 이점에서 역대기 기자는 급진적이고 종말론적인 집단들과는 뚜렷이 구별되고, 제사 중심적인 공동체에 의해 올바르게 드려진 제사를 통한 하나님과의 올바른 관계의 회복이 이스라엘의 나아갈 길이라는 점을 뚜렷이 하고 있다. 페르시아 시기, 나라가 없고 그들을 다스리는 다윗의 후예가 없던 시절 오직 성전과 제사장, 레위인들만이 그들이 지닌 제도의 전부라는 점에서, 역대기는 성전과 그곳에서 드려지는 예배의 회복에 모든 강조점을 두고 있다. 비록 나라가 없고 다윗의 후예는 없어도, 성전을 중심으로 하나님을 예배하고 그를 전심으로 구하며 살아가는 풍성한 삶이 있음을 역대기는 증언하고 있다. 특히 광대한 페르시아 제국

전체와 비교할 때, 유대 땅에 살아가는 그들은 그야말로 변방에 위치한 한 줌도 안되는 소수민족이었을 것이다. 그러나 역대기 기자는 이 공동체를 향해 그들의 뿌리가 아담에게까지 거슬러 올라가며 다윗과 솔로몬의 시대처럼 영광스럽게 하나님을 섬기며 찬양하던 시기가 있음을 보여주고 있다. 그런 점에서 역대기는 제국의 시대 소수민족의 강력한 자기정체성을 증거하는 책이다. 역대기는 이렇듯 주전 5세기 말엽, 4세기 중반 유대 공동체의 상황을 배경으로 이해되어야 할 것이다.

역대기에 이어지는 에스라-느헤미야는 "포로되었던 곳으로부터 하나의 국가로서가 아니라 종교적 공동체로"앤더슨,『구약성서의 이해』, 615 돌아온 이스라엘을 다루고 있다.

참고문헌

- 트램퍼 롱맨, 레이몬드 딜러드, 박철현옮김.『최신 구약 개론』. 크리스찬다이제스트, 2009.
- 버나드 앤더슨, 강성열, 노항규옮김.『구약성서 이해』. 크리스찬다이제스트, 2000.

오늘 배운 내용을 정리하며 나누어 봅시다.

1. 성경에 기록된 책들이 역사를 보는 시각에 따라 똑같은 사건을 달리 서술하고 있다는 점이 성경의 권위를 떨어뜨린다고 볼 수는 없는가?

2. 다윗과 솔로몬의 범죄와 잘못에 대한 역대기의 침묵을 우리는 어떻게 이해해야 할까? 역대기 기자는 다윗과 솔로몬의 시절을 이상화하여 '좋았던 옛 시절'로 찬양하는 것인가?

3. 역대기 역사가 소망하고 꿈꾸는 세상은 어떤 모습일까?

4. 역대기가 히브리말 구약 성경에서 가장 마지막에 놓인 까닭은 무엇일까? 기독교의 구약 성경에서는 열왕기 다음에 놓여 있는데, 이러한 위치가 주는 의미는 무엇일까?

23. 포로기의 이스라엘: 에스라-느헤미야, 에스더

　주전 587년 바벨론에 의해 예루살렘이 함락되었고, 많은 이스라엘 사람들이 바벨론 땅에 포로로 끌려가게 되었다. 바벨론 제국은 예루살렘 외곽에 살고 있던 수많은 빈민들에게 빈 땅을 나누어 주고, 예루살렘에 거주하던 유력자들을 모두 바벨론으로 끌고 갔다. 바벨론 포로는 하나님을 떠나 우상을 숭배하고 불의와 불법을 행하던 이스라엘에 대한 하나님의 심판이었다. 하나님의 집이라 불리던 예루살렘 성전이 존재하고 하나님께서 영원한 보좌로 약속하신 다윗 가문이 존재했음에도 왕궁과 성전이 모두 불타버렸다는 것은, 하나님을 떠난 이들에게 그 어떤 것도 안전한 보장이 될 수 없음을 확실히 보여준다. 예루살렘이 무너지면서 이스라엘은 다시 남의 땅에 포로로 나그네로 살게 되었다. 시편 137편은 바벨론 땅에 살던 유대 포로들이 부르는 노래이다.

포로 귀환주전 538년과 고레스 칙령

　그러나 때가 차매 하나님께서는 바벨론 포로들에게 새로운 날을 허락하셨다. 느부갓네살이 죽은 후에 바벨론은 현저하게 그 세력이 약화되었다. 지금의 이란 고원 동편에 위치했던 조그마한 나라인 페르시아의 왕 고레스Cyrus는 주전 550년 당대의 강대국의 하나였던 메대Media를 무너뜨렸고, 메소포타미아 곳곳을 파죽지세처럼 정복해 나아갔다.

노쇠했던 바벨론은 그의 상대가 되지 못했고, 마침내 주전 539년 수도 바벨론이 함락되면서 메소포타미아 전역이 고레스의 수중에 떨어졌고, 페르시아 제국은 소아시아에서 인도까지 이르는 광활한 영토를 지배하게 되었다. 무자비했던 이전 제국들과 달리, 고레스는 이전부터 사로잡혀와 있던 포로들을 자신들의 나라로 돌아가도록 조치했고, 그들로 하여금 신전을 짓고 자신들의 전통적인 방식을 따라 살아가는 것을 허용했다. 고레스가 취한 이러한 정책은 "고레스 원통Cyrus Cylinder"이라는 고고학적 유물을 통해 오늘 우리에게까지 전해지는데, 다음은 이 원통에 실린 내용의 일부이다:

> "그(마르둑)가 자기를 기꺼이 따르는 의로운 왕을 찾기 위하여 모든 나라들을 훑어 보았다. 그는 안샨왕 고레스의 이름을 말하며, 그를 모든 세계의 지배자로 선포하였다 … 나는 티그리스강 건너편에 있는 거룩한 도시들에 돌아왔는데, 이 도시의 성소들은 오랫동안 폐허가 되어 있었고 그곳에 살고 있던 우상들과 그 우상들을 위해서 마련된 영구적인 성소들도 폐허가 되어 있었다. 나는 그 도시들의 이전 거민들을 모
>
> 두 불러모아 자기들의 고향으로 돌아가게 했다."앤더슨, 『구약성서의 이해』, 558, 606

고레스가 내린 칙령은 구약 성경에서도 보존되어 있다.대하36:22-23; 스 1:2-4[히브리어]; 6:3-5[아람어] 고레스 원통의 내용을 구약 성경에 실려 있는 내용과 비교해 보라. 두 본문의 차이점과 공통점은 각각 무엇인가?

"바사의 고레스 왕 원년에 여호와께서 예레미야의 입으로 하신 말씀을 이루시려고 여호와께서 바사의 고레스 왕의 마음을 감동시키시매 그가 온 나라에 공포도 하고 조서도 내려 이르되 바사 왕 고레스가 이같이 말하노니 하늘의 신 여호와께서 세상 만국을 내게 주셨고 나에게 명령하여 유다 예루살렘에 성전을 건축하라 하셨나니 너희 중에 그의 백성된 자는 다 올라갈지어다 너희 하나님 여호와께서 함께 하시기를 원하노라 하였더라." 대하 36:22-23; 이 내용은 이탤릭체로 되어 있는 마지막 문장을 제외하고 에스라 1장 1-2절에도 글자 그대로 동일하게 실려 있다.

주전 538년, 마침내 바벨론 포로들은 다시 그들의 고향땅으로 돌아올 수 있었다.

에스라-느헤미야의 배경과 짜임새

포로에서 돌아온 백성들의 이야기는 에스라서와 느헤미야서에 실려 있다. 가장 오래된 히브리말 사본들과 헬라말 사본들에서 이 두 책은 한 권으로 묶여 있다. 주후 6세기 이래 히브리말 성경을 필사하던 학자들은 자신들의 필사의 정확함을 확인하기 위해 책에 있는 자음의 수를 모두 세고 표시하였다. 에스라-느헤미야의 경우 느헤미야 3:32이 책의 한 가운데에 있는 구절이라고 이 학자들이 따로 표시해 두었다는 점에서, 이 두 책은 처음부터 한 동안은 한 권의 책으로 유통되었음을 볼 수 있다. 기독교의 경우 주후 4세기 라틴어로 번역된 성경에서부터 두 책이 분리되어서 오늘까지 이른다.

에스라와 느헤미야는 모두 바벨론 땅에 살고 있다가 유대 땅으로 귀환한 이들이다. 느헤미야 2:1과 5:14에 따르면 느헤미야는 페르시아의 아닥사스다Artaxerxes 왕 20년 되던 해에 유다땅으로 돌아왔다. 주전

445/4년 느헤미야의 시대는 또 다른 고대 문서들에서도 확인된다는 점에서 확실하게 말할 수 있지만, 에스라의 시대는 그렇지 못하다. 에스라 7장 8-9절에 따르면 에스라는 아닥사스다 왕 7년에 예루살렘으로 돌아왔다.주전 458년 그렇다면, 에스라가 느헤미야보다 13년 먼저 돌아온 것인데, 느헤미야서에서 그려지는 예루살렘의 모습은 에스라가 그 13년 동안 아무런 개혁도 이루어내지 못한 것처럼 보인다. 그런 점에서, 에스라의 귀국 연대를 느헤미야보다 뒤로 보려는 시도들이 이루어지기도 하였다. 그러나 우리가 현재 지니는 구약 성경은 에스라가 느헤미야보다 먼저 온 것으로 기술하고 있다는 점이 에스라-느헤미야 이해의 출발점이라고 할 수 있다.

현재 형태의 에스라-느헤미야는 최소한 주전 5세기 말 이후의 어떤 시점에 형성되었다고 할 수 있다. 에스라서는 에스라의 이름으로 칭해지고 있지만, 바벨론 멸망 이후의 포로 귀환을 다루는 이 책의 전반부에 에스라는 등장하지 않는다. 7:27부터 에스라가 일인칭으로 등장하여 이야기를 풀어나가고 있다. 이러한 일인칭 부분은 9장 마지막까지이며, 10장에서는 다시 에스라가 삼인칭으로 표기되고 있다. 느헤미야서의 경우 처음부터 느헤미야가 일인칭으로 등장한다. 이것은 7장까지 이어지고, 12:27-43, 13:4-31에서 다시 느헤미야가 일인칭으로 직접 이야기를 풀어나가고 있다. 회고록Memoirs이라고 불려지는 이러한 형식을 통해, 에스라와 느헤미야는 자신이 관찰하고 참여했던 커다란 사건들에 초점을 맞추어 기록하고 있다.롱맨/딜러드,『최신구약개론』, 272 이와 더불어 에스라-느헤미야서에는 수많은 자료들이 사용되고 있다. 가령 에스라 2장과 느헤미야 7장은 포로에서 돌아온 사람들에 대한 똑같은 명단이 실려 있다. 그 외에도, 관리들에 의해 작성된 편지들4:7-16; 5:6-17, 페르시아왕의 조서스1:1-4; 4:17-22; 6:6-12; 7:11-26, 명단들스21-70; 8:1-14;

10:18-44; 느7:5-73; 10:1-27; 11:3-12:26과 같은 자료들이 사용되고 있다. 에스라와 느헤미야가 직접 등장하는 일인칭 회고록과 객관적인 기록이라고 할 수 있는 자료들이 함께 뒤섞여 배치되면서, 이러한 구성은 에스라-느헤미야의 주관적일 수 있는 회고록의 권위를 뒷받침해주고 있다고 볼 수 있다.

에스라가 주요 인물로 등장하는 부분과 느헤미야가 주요 인물로 등장하는 부분을 고려하면, 에스라-느헤미야서는 다음과 같이 대략적으로 나누어 볼 수 있다. 롱맨/딜러드, 『최신구약개론』, 273

역사적인 개관스1-6장

에스라의 회고록, 제1부스7-10장

느헤미야의 회고록, 제1부느1-7장

에스라의 회고록, 제2부느8-10장

느헤미야의 회고록, 제2부느11-13장

에스라-느헤미야의 내용

에스라서의 첫 부분은 포로 귀환과 귀환한 이들에 의해 시작된 성전 재건을 다루고 있다. 하나님께서 고레스의 마음을 감동하셔서 포로 귀환과 성전 재건이 전격적으로 이루어졌고, 돌아온 이들은 즉각적으로 성전 재건에 착수하였다. 그러나 포로들이 돌아오기 전에 유대 땅에 살고 있던 이들로 말미암아 재건 작업은 장벽에 부닥치게 되었다. 앗수르에 의해 팔레스타인에 존재하게 되었던 사마리아인들을 비롯한 "그 땅 백성암 하아레츠"은 돌아온 이들을 중심으로 한 성전 재건을 반대하였다.스4:1-4 그들 역시 하나님을 섬긴다고 말하면서 재건에 동참하고자 했으나, 돌아온 이들은 단호하게 이들을 거부하였고, 결국 그 땅 백성들은 페르시아 당국을 동원하여 성전 재건을 중단시키고 말았다. 십 여년간 중단되었던 성전 재건 공사는 학개와 스가랴의 사역을 통해 다시 시작되었고, 마침내 다리오왕 제6년 주전 516년 두 번째 성전이 완공되었다. 하나님의 성전을 회복하는 일은 지극히 현실적인 장벽들에 가로막혀 지체되었고, 현실을 하나님의 눈으로 바라보는 예언자들로 말미암아 다시 재개되었다. 포로 후기 공동체의 역사는 이렇듯 쉽지 않은 현실과 그 현실을 믿음으로 살아가는 사람들에 관한 이야기들로 가득하다.

"이 일 후에"스7:1 에스라가 일단의 무리들을 이끌고 바벨론에서 본토로 귀환하게 되는데, 그는 하나님의 율법에 특별한 마음을 지닌 이였다.

> "에스라가 여호와의 율법을 연구하여 준행하며 율례와 규례를 이스라엘에게 가르치기로 결심하였었더라"스7:10

한편, 그는 "하나님의 율법을 따라 유다와 예루살렘의 형편을 살피기 위하여" 아닥사스다 왕에 의해 파견되었다.스7:14 아울러 그는 그의 하나님의 율법을 따라 "강 건너편 모든 백성"을 재판하고 가르치도록 명령되었다.스7:25-26 에스라는 페르시아 군대의 호송을 청하기 원치 않았으되,스8:21-23 오직 그가 의지한 것은 하나님의 인도하심이었다. 귀국하는 에스라에게 들린 무기가 있다면, 하나는 여호와의 율법을 기록한 토라였고, 다른 하나는 그를 파견하는 페르시아 왕의 편지였다. 여기에서 하나님께서 당시의 시대 상황 속에서 율법에 따른 개혁을 가능하게 하셨음을 알 수 있고, 동시에 이 부분은 세속 권력과 종교 개혁의 결합이 나타나는 사례이기도 하다. 세속 권력의 이익과 종교의 소망이 서로 일치한 것이다. 페르시아는 에스라와 유다 백성으로 하여금 하나님의 율법을 따라 살게 하였는데, 그러한 관대함은 페르시아 제국의 이익과도 부합하는 것이었다. 다음과 같은 구절은 이를 단적으로 보여준다:

> "무릇 네 하나님의 명령과 왕의 명령을 준행하지 아니하는 자는 속히 그 죄를 정하여 혹 죽이거나 귀양 보내거나 가산을 몰수하거나 옥에 가둘지니라 하였더라"스7:26

제사장들과 레위인들을 데리고 유대 땅으로 돌아온 에스라를 맞이한 현실은 이스라엘 백성들과 이방 백성들 사이의 교류와 통혼이었다스8:1-2. 에스라 9장은 이러한 현실에 대한 에스라의 회개 기도를 기록하고 있다. 하나님께 범죄하여 다른 나라에 종노릇하였고, 이제 겨우 돌아왔는데 또 다시 이방 백성들과 통혼하며 주의 계명을 어기니 우리가 죽게 되었다는 것이 그 내용이다. 10장은 이방 여인과 그 낳은 자녀를 모두 쫓아내도록 온 이스라엘이 맹세하였다는 내용, 그리고 당시 이방 여인과 결혼한 이들의 명단을 전하고 있다.

에스라서의 마지막이 이방 여인과 결혼한 이들의 명단으로 마무리되고 있다는 점은 돌아온 이들의 신앙적인 형편이 참담하였음을 역설적으로 보여주고 있다고 할 수 있다. 그리고 느헤미야서의 시작이 능욕과 환난 속에 허물어지고 불타버린 예루살렘의 형편에 대한 보고라는 점에서 느1:1-3, 에스라서와 연결된다고 볼 수 있다. 이러한 현실을 들으면서 페르시아의 고관이던 느헤미야는 민족의 죄를 자신의 죄로 고백하면서 이스라엘로 돌아가기로 결단한다. 고향땅의 참혹함을 들으면서 자신을 향한 하나님의 부르심을 느꼈다고 말할 수 있을 것이다. 에스라와 느헤미야 모두 자신들이 살던 시대 속에서 가야할 길을 깨닫고 스스로 부르심에 응한 이들이었다고 할 수 있다. 이전까지 구약의 사역자들이 하나님의 부르심을 직접 들은 이들이었다면, 에스라와 느헤미야는 상황 속에서 자신들의 부르심을 발견하고 자신을 드렸던 이들이라고 할 수 있다.

에스라와 마찬가지로, 느헤미야 역시 페르시아 왕실의 후원하에 유대땅의 회복을 위한 사역을 감당한다. 페르시아왕에 의해 유대땅의 총독으로 임명되어 돌아온 느헤미야가 착수한 작업은 예루살렘 성벽 재건이었다. 느헤미야보다 백 여년 전에 사역하던 스가랴에게 있어서 예루살렘은 성벽 없는 도성이되 여호와께서 친히 불성벽이 되시는 곳이었지만슥2:4-5, 느헤미야는 예루살렘을 실제로 보호하고 이방인들로부터 차단할 수 있는 실제적인 성벽을 짓는다.

성벽 재건 작업 역시 그 땅에 이미 살고 있던 기득권 세력들과 이방 세력들에 의해 극심한 방해를 겪게 되고, 경제적인 불평등까지 겹쳐서 큰 어려움을 겪었지만느5장, 오십 이 일만에 완성하게 된다.느6:15 성벽 완성에 이어지는 7장은 포로에서 돌아온 사람들의 명단을 소개하는데, 이것은 에스라 2장에 있던 것과 동일하다. 그리고 이어지는 8장부터 10장까지는 에스라에 의한 율법 선포와 그에 수반된 언약 갱신 의식이 다루어지고 있다. 율법 선포, 금식, 죄의 고백, 언약의 순으로 진행되는 이 의식에서, 모인 백성들은 이방인과의 절교, 통혼의 금지, 안식일 준수, 십일조의 첫 소산 드림 등을 서약하였다.10:28-39

11-12장은 성벽 재건후 예루살렘을 비롯해서 인근에 거주하는 이들에 대한 소개, 제사장과 레위 사람들의 직분과 사역 소개, 그리고 성벽 봉헌 예식을 다루고 있다. 이 모든 예식의 중심에는 제사장과 레위 사람들이 놓여 있는 것을 볼 수 있다. 이러한 의식의 마지막은 다시금 모세의 책을 낭독하였다는 언급이다.느13:1-3 그러므로 성벽 재건후의 예루살렘 공동체의 개혁과 변화에 대한 내용은 율법책 낭독으로 시작과 끝이

맺어져 있다.

13장은 느헤미야가 행한 개혁적인 조치들이 다루어진다. 여기에는 이방인들과 여전히 교류중인 대제사장에 대한 책망, 레위인들에게 줄 십일조가 제대로 관리되지 않는 것에 대한 바로잡음, 안식일 준수가 해이해진 것을 바로잡음, 이방인과의 통혼 금지에 대한 맹세와 다짐 등이 포함되어 있다.

에스라–느헤미야의 신학적인 의미

1. 에스라서는 성전 재건을, 느헤미야서는 성벽 재건을 다루지만, 성벽까지 완공되고 나서, 예루살렘 전체가 "거룩한 성"으로 불리게 된다.느11:1 성벽 재건후 제사장들과 레위인들의 명단과 활동에 대한 내용들이 집중적으로 다루어진다는 점도, 성벽 재건이 그저 군사적인 목적과 연관된 것이 아니라, 예루살렘을 중심으로 한 공동체를 신앙적으로 결집시키고 구별시키는 조치임을 깨닫게 한다. 성벽과 성전은, 이방 왕의 지배를 받지만 하늘의 하나님 여호와의 백성으로 구별된 이스라엘 자손을 상징하는 것이다.

2. 이러한 구별은 당연히 배타성을 전제할 수밖에 없다. 에스라와 느헤미야의 개혁의 공통점은 이방 여인과의 결혼에 대한 강력한 배척과 금지이다. 에스라–느헤미야는 인종에 대해 차별적이지 않다. 이방인과의 결혼을 반대하는 근본적인 이유는 인종에 대한 문제이지 않고 신앙에 대한 문제이다. 에스라 9:11-14, 느헤미야 13:26-27 등은 이방 여인과의 결혼이 하나님 한 분을 섬기며 그 계명대로 살아가는 삶과 연관된 신앙적 문제임을 명확히 하고 있다. 이러한 맥락에서 느헤미야서의 한 구절은 솔로몬이 이방 여인과 결혼한 것을 하나님께 범죄한 것이라고 회고하기도 한다.느13:26-27 이방 나라의 지배하에 살고 있고, 사방에 이방

인들에 의해 둘러 싸여 사는 것이 당시 그들의 현실이었다는 점에서, 그들의 정체성을 어떻게 지켜나갈 것인가는 당면한 가장 중요한 문제였을 것이다. 그리고 지난 이스라엘 역사의 실패 원인이 하나님을 떠나 이방 우상을 따른 것이었다는 점에서도, 이방인과의 분리는 돌아온 귀환 공동체에게 결정적인 사항이었을 것이다. 그런 점에서 에스라-느헤미야의 이방인 배척은 근본적으로 다원적 사회속에서 소수의 신앙공동체의 신앙적 정체성을 지키려는 노력이라고 말할 수 있다.

기본적으로 구약 전체의 맥락은 이방인과의 결혼을 문제시하지 않는다. 아브라함과 하갈, 유다와 다말, 요셉과 아스낫, 보아스와 룻 같은 예들은 그 대표적인 경우들이다. 이 경우는 모두 신앙적 문제가 전혀 없는 상황이었다는 점에서 이방 결혼이 하등의 문제가 아닌 것이다. 그런 점에서 에스라-느헤미야의 이방 결혼 반대는 십계명의 1-2계명과 연관된 문제라고 볼 수 있을 것이다. 인종이 문제가 아니라 신앙이 문제였지만, 에스라-느헤미야는 유대인 아닌 인종에 대한 배타적 태도를 유발할 요소를 포함하고 있다는 점에서, 후대에 경직된 배타적 이해들을 가져올 요소가 이미 있었다.

3. 에스라-느헤미야의 개혁의 근본에는 여호와께서 이스라엘에게 명령하신 모세의 율법책이 있다. 스8:1; 13:1 이전까지는 입에서 입으로 전해진 구전 전통이 특징이었다면, 에스라 이후의 이스라엘의 중심에는 기록된 하나님의 말씀이 있었다. 롱맨/딜러드, 『최신구약개론』, 276

결국, 에스라-느헤미야 개혁의 중심에는 여호와의 율법을 준수하는 삶의 회복이 놓여 있다고 할 수 있다. 이방 결혼은 단지 인종적인 문제가 아니다. 율법에 대한 경시, 공동체 안에 있는 가난한 자들에 대한 짓밟음과 함께 결부된 것이 이방 결혼이었을 것이다. 그래서 느헤미야의 개혁에는 율법 준수에 대한 강조가 강력하다. 안식일 준수, 면제년 빚탕감, 레위인들과 제사장을 위한 십일조 회복과 같은 정비는 사회 안전망의 구축과 그리 멀어 보이지 않는다. 그리고 느헤미야 5장에서 볼 수 있는 종으로 팔려가는 이스라엘 해방과 땅과 포도원 돌려주기 역시 이러한 연장선상에 놓여 있다. 이방 결혼으로 상징되는 율법 경시, 빈부격차 속에 가난한 이웃을 돌아보지 않기를 함께 보는 것이 중요하다. 이것이 없으면 느헤미야 개혁은 자칫 민족적 인종적 순수성 보존을 위한 싸움이 될 뿐이다.

에스더

에스라–느헤미야를 꼼꼼이 읽으면 포로들이 단번에 돌아간 것이 아니라 여러 번에 걸쳐서 돌아간 것을 알 수 있다. 이것은 주전 538년 이후에도 바벨론 지역에 수많은 유대인들이 살고 있었다는 것을 의미한다. 예루살렘의 멸망이 이스라엘에 가져온 큰 변화 가운데 하나는 더는 예루살렘과 유대 땅에 살고 있지 않는 이스라엘이 아주 많이 존재하게 되었다는 사실이다. 성전이 없고 자신들의 왕도 없는 이방 땅에서 어떻게 여호와 하나님을 섬기고 살아갈 것인가? "우리가 이방 땅에서 어찌 여호와의 노래를 부를까?" 시137:4

낯선 곳에서 하나님의 백성으로 살아가는 삶은 이미 창세기의 요셉 이야기에서부터 등장한다. 요셉 이야기를 기본으로 해서, 다니엘서도 이방 땅에서 여호와 신앙을 굳게 지키며 살아간 삶을 보여주고 있다. 그리고 에스라–느헤미야 다음에 놓인 에스더서 역시 이방 땅의 하나님 백성을 전해준다.

놀랍게도 에스더서에는 하나님이 전혀 언급되지 않으며, 기도나 제사, 하나님 경배에 대해 아무것도 말하지 않는다. 심지어 유대인들이 말살당한 위기가 닥쳤을 때, 모르드개와 에스더가 옷을 찢고 굵은 베 옷을 입고 금식했다는 언급은 있어도, 하나님께 기도했다는 언급은 등장하지 않는다는 점에서, 이러한 표현들에 대한 에스더의 침묵은 의도적이라고 볼 수 있다. 에스더 4:13-14의 경우, 하나님께 대한 고백이 나와야 할 자리임에도 일체 명시적으로 언급되지 않는다. 그렇다 보니 에스더서에 대해서, 율법서 다음으로 이 책이 중요하다는 랍비의 견해도 있고, "너무나 유대교적이며, 이교도적인 부적절한 내용들을 너무 많이 담고 있기 때문"에 이 책이 존재하지 않았으면 한다는 루터의 말도 있다.롱맨/딜러드, 『최신구약개론』, 278

에스더의 배경은 페르시아 아하수에로 왕Xerxes, 주전 486-465의 시대이다. 바벨론 땅에 끌려온 포로였던 모르드개와 그의 사촌 에스더가 이 책의 표면적인 주인공들이다. 일개 포로에서 일약 제국의 왕비가 된 에스더와 절개가 꼿꼿한 모르드개를 중심으로, 이들을 괴롭히고 죽이려는 하만이 도리어 함정에 빠져서 죽임을 당하게 되며, 하만뿐 아니라 페르시아 전역에서 유대인들을 괴롭히고 약탈하려던 이들이 도리어 죽임당하게 된 사건의 전말이 다루어지고 있다. 유대인들은 이 날을 기념하여 부림절로 지켰고, 모르드개는 아하수에로 다음 가는 존귀한 지위에 올라 그의 백성의 이익을 도모하고 자신의 종족들을 위로하였다.

이상의 간단한 요약에서도 알 수 있듯이, 에스더서는 한 마디로 "반전"을 보여주고 있다. 포로에서 왕비로, 죽임당할 위기에서 죽이는 자리로, 천한 자리에서 존귀한 자리로의 반전이 이 책 처음부터 끝까지 일관되게 사용된다. 이 책에 쓰이는 또 다른 문학적인 장치는 "아이러니"이다롱맨/딜러드, 『최신구약개론』, 285-287. 왕은 자신의 아내도 다루지 못하면서 남자들이 자신의 집을 다스려야 한다는 조서를 내린다는 식이다.에 1:12,21-22 그 외에도 이 책에 쓰인 여러 문학적 기법들은 이 책이 역사적인 사건을 소재로 삼아 잘 다듬어낸 역사 소설이라고 보는 견해들이 생겨나게 한다.

에스더서의 신학적인 교훈

1. 에스더서는, 이스라엘이 비록 이방 땅에 살고 있지만 하나님께서 구별하신 백성임을 확고하게 전제하고 있으며, 그러한 삶을 디아스포아 유대인들에게 권하고 있다. 모르드개와 유대인을 제거하려는 하만은 유대 백성을 가리켜 "한 민족이 왕의 나라 각 지방 백성 중에 흩어져 거하는데 그 법률이 만민의 것과 달라서 왕의 법률을 지키지 아니"한다고 묘사한다.에3:8 낯선 땅에 살지만, 어디에서나 여호와 하나님의 율법을 따라 구별된 삶을 사는 것이 유대인들의 정체성이었다. 페르시아와 같은 광대한 나라에 편입된 여타 소수 민족들은 대체로 압도적인 페르시아의 문화에 휩쓸려 버리지만, 지극히 소수 민족이었던 유대인들은 페르시아 곳곳에서 그들의 전통적인 신앙과 삶을 견지하였다. 그러므로 에스더서가 비록 명시적으로 드러내어 언급하지는 않지만, 이 책의 중심 주제는 여호와 하나님과 그분의 율법에 대한 충성이라고 말할 수 있을 것이다.

2. 모르드개와 하만의 갈등은 오래된 것이다. 모르드개가 베냐민 지파의 후손으로 사울과 연관된다면, 하만은 아각 사람으로 소개되는데에 3:1, 아각은 사울에게 사로잡혀 왔던 아말렉의 왕의 이름이기도 하다.삼상15장 그 점에서 모르드개와 하만의 대결은 사울의 후손과 아각의 후손, 이스라엘과 아말렉의 전투의 연장선 위에 놓여 있다. 사울은 아말렉을 진멸하라는 하나님의 명령을 욕망으로 말미암아 따르지 않고, 아말렉의 왕이던 아각을 살려두고 양들도 산 채로 탈취하였기에, 결국 하나님

께 버림 받게 되었다. 그러나 모르드개와 유대인들은 하만과 그의 열 아들을 죽이고 도성 전체와 각 지방에서 유대인을 대적하는 원수들을 모두 죽였다. 에스더서는 특이하게도 왕이 유대인의 원수들을 죽이고 그들의 재산을 탈취하라고 허용했음에도 불구하고 유대인들이 그들의 원수들의 재산에 손 대지 않았다는 점을 반복해서 언급한다. 에8:11; 9:10,15,16 이 점 역시 아말렉의 양 떼들을 탈취한 사울과 대조된다. 그러므로 에스더서는 가나안 땅에 들어온 사울의 이스라엘과 은연중의 비교 가운데, 후손들이 철저하게 하나님의 뜻을 집행하고 따르고 있음을 보여준다고 할 수 있다. 이것은 이방인들과 함께 살아가는 현실 속에 있는 디아스포라 유대인들을 향해 하나님의 명령에 절대적으로 순종할 것, 그리고 그들을 위협하는 세력들에게 굴복하지 말 것을 강력하게 촉구하고 있다. 이러한 삶을 살 때, 도리어 모르드개처럼 존귀한 삶을 살게 된다는 것이다.

　　3. 하만의 음모와 계략이 치밀했음에도 결국 모르드개와 에스더가 모든 상황을 바로잡았다. 에스더서는 한 번도 하나님을 언급하지 않지만, 하나님께서 어떻게 온 세상의 우연 같은 역사를 그 뜻대로 이끌어 가시는지를 강력하게 증거하고 있다. 모르드개와 에스더가 주인공인 것 같지만, 이 책은 철저하게 하나님이 역사의 주인되심을 보여주고 있다.

　　에스라, 느헤미야, 에스더 모두 이방 왕실의 후원과 보호 아래 변화와 회복을 추구하고 있다는 공통점을 지니고 있다. 본토로 귀환한 이들이나, 혹은 이방 땅에 여전히 남아서 살아가는 이들이나, 동일하게 각자의 삶의 터전에서 어떻게 유일하신 참 하나님 여호와를 섬기며 살아갈 것인지를 이 책들은 보여주고 있다. 그리고 이들 모두 자신들을 향하신 하나님의 뜻에 대해 명확하게 언급하지 않지만, 자신을 그 뜻에 맞추어

순종하고 드렸던 사람들이었다. 에스라와 느헤미야서에서 이방인과의 결혼이 핵심 쟁점이라는 점에서, 유대인의 배타성이 엿보일 수도 있지만, 에스더 같은 경우 이방 왕과의 결혼이 아무런 문제가 되지 않는 것을 볼 수 있다. 그러므로 이 세 권의 책이 함께 정경으로 배열되어 있다는 점에서, 이방 결혼에 대한 배격의 근본적인 초점은 이스라엘 신앙의 순수성과 충성의 회복과 고수에 있다고 할 수 있다. 그런 점에서 에스라-느헤미야와 에스더는 이스라엘의 신앙이 배타적으로 진전되어가는 과정을 보여준다기보다, 낯선 땅과 낯선 환경 속에서 야훼 신앙을 고수하려는 노력과 분투의 맥락을 보여준다고 할 수 있다.

에스라-느헤미야, 에스더에서 우리는 하나님께서 친히 그 백성들에게 말씀하시는 것을 발견할 수 없으며, 초자연적인 기적도 전혀 찾아볼 수 없다. 여기에 등장하는 이들은 기도하면서 하나님의 뜻을 깨닫고, 율법을 연구하며 그분의 원하심을 발견하고, 그것을 현실에 그들 나름대로 적용해가는 사람들이었다. 이처럼 포로 후기는 하나님의 직접적이고 가시적인 나타나심이 드러나지 않지만, 율법책과 그들이 알고 깨닫는 하나님 이해에 따라, 부르심을 발견하고 자신의 삶을 드려가던 시기였다고 할 것이다. 이들은 "하나님 없이 하나님과 함께" 살아가고 있었다!

참고문헌

- 트램퍼 롱맨, 레이몬드 딜러드, 박철현옮김.『최신 구약 개론』. 크리스찬다이제스트, 2009.
- 버나드 앤더슨, 강성열, 노항규옮김.『구약성서 이해』. 크리스찬다이제스트, 2000.

오늘 배운 내용을 정리하며 나누어 봅시다.

1. 성경에 기록되어 있는 내용들은 오늘 우리가 따라야 하는 규범일까, 아니면 독자에게 판단을 맡기는 것일까?

   – 에스라, 느헤미야, 에스더, 모르드개는 모두 이방 왕들에게 높이 중용되었던 이들이다. 이것은 우리에게 어떤 교훈을 주는가? 왕실의 이익과 하나님의 이익은 언제나 동일할 수 있을까?

   – 에스더서에서 유대인들은 도성 수산에서 800명, 페르시아의 각지방에서 모두 칠만 오천 명을 도륙하였다. 이 말씀은 오늘 우리에게 어떻게 적용될 수 있을까?

   – 에스라와 느헤미야는 이방 여인과 결혼한 가정을 향해 당장 이혼하고 자녀와 여인을 내어 쫓으라고 명령한다. 이것은 어떻게 이해해야 할까?

2. 에스라–느헤미야, 에스더서에 있는 배타주의를 우리는 어떻게 이해해야 할까?

24. 이스라엘의 지혜-욥기, 잠언, 전도서

지혜문학과 지혜

욥기, 잠언, 전도서 세 권의 책을 가리켜 "지혜문학"이라고 부른다. 세 권의 공통된 주제가 지혜이기 때문이다. 그리고 잠언과 전도서는 모두 솔로몬과 연관되어 있다고 할 수 있다. 전도서 다음에 아가서가 오게 된 것도 아가서와 솔로몬의 연관 때문이었을 것이다.

아가서는 지혜와는 무관해 보이는데 솔로몬과 연결되면서 새로운 의미를 지닌다. 원래 아가서는 남녀의 사랑을 다룬 것이고, 이와 비슷한 고대 연애시들이 있다. 그러나 아가서가 특별해진 것은 이 책이 성경에 포함되었다는 점 때문일 수 있다. 그리고 이것은 아가서로 하여금 하나님과 이스라엘의 관계를 표현하는 책으로 여기게 하였다. 다른 한편, 아가서는 남녀의 사랑의 신성함을 의미하는 것일 수도 있다. 그러나 적어도 이 이유 때문에 성경에 포함된 것은 아닐 것이다.제임스 쿠겔, 『구약성경개론』, 751-757

솔로몬왕은 대개 지혜의 대명사처럼 쓰인다. 열왕기상 4장 29-34절을 읽어보자. 솔로몬의 지혜는 어떤 이들과 비교되는가? 그리고 그의 지혜는 어떤 방식으로 표현되는가? 여기에서 솔로몬의 지혜는 "동쪽 모든 사람의 지혜와 애굽의 모든 지혜"에 비견된다. 메소포타미아와 이집트의 모든 지혜가 이전부터 유명했고 지혜의 대명사라 할 수 있을텐데, 솔로몬의 지혜는 그보다 더 뛰어났다. 31절에 언급되는 "에스라 사람 에단과 마홀의 아들 헤만과 갈골과 다르다"는 이스라엘의 지혜를 대표하는 이들이라고 짐작할 수 있다. 시편 88:1에서 헤만이 에스라인으로, 89:1에서 에단이 에스라인으로 언급된다. 에단, 헤만, 갈골, 다르다가 함께 언급되는 것은 대상 2:6에서 볼 수 있는데, 여기서 이들은 유다의 아들인 "세라"의 아들들로 소개된다. "에스라 사람"이라는 표현은 "세라의 가족"을 의미한다고 할 수 있다. 그러나 대상 15:17 등에서 헤만은 아삽, 여두둔과 더불어 성전 성가대의 일원이며 레위 자손으로 소개된다 솔로몬은 잠언 3천 가지를 말하였고, 노래 천다섯 편을 지었다. 잠언 1:1은 전체의 제목으로 "솔로몬의 잠언"이라 말하고 있으며, "노래"는 시편 46편 1절의 제목에서도 볼 수 있는데, 시편과 유사한 것들을 가리킨다고 볼 수 있다. 아울러 그의 지혜는 초목과 동물 세계에 대한 지식으로도 표현된다.

'지혜로운 사람들'이라는 말은 애굽의 점술사들과 마술사들을 가리키는 데 쓰이며창41:8, 출7:11, 다니엘서에서 꿈을 해몽하는 능력과 연관되어 있기도 하다.단2:27 다니엘이나 요셉 모두 꿈을 해몽하는 '지혜자'로 여겨졌다고 할 수 있다. 한편, 성막에 필요한 모든 물품을 만드는 기술자인 브살렐과 오홀리압을 가리켜 '지혜롭다'라고 평한다는 점에서36:2,8, 지혜는 '기술'이나 '능력' 같은 것을 가리킬 수도 있다. 금속을 다루는 기술자나 목수, 바느질 같은 기술을 가진 이들에게도 사용된다.대상22:15-16, 출35:35 솔로몬에 대한 진술에서 보듯, 동물과 식물에 대한 박학다식한 지식 역시 지혜로 여겨진다. 또한, 항해사의 기술이 배의 갈 길을 찾듯이, 사람의 지혜는 인생 항로의 바른 길을 찾아가게끔 한다.시107:27

지혜로운 자들의 가르침은 사람들로 하여금 인생을 대처해 나갈 수 있게 하며, 사람을 둘러싼 수많은 경험에 나름의 질서를 부여한다. 그런 점에서 지혜는 '삶의 기술' 이라는 의미로도 풀이할 수 있다. 삶의 기술 이라는 것을 곰곰이 따져보면, 결국 이 땅에서 이루어지는 인생 살이의 패턴 혹은 규칙을 아는 것이라고 말할 수 있을 것이다. 사람들 사이의 관계에 있어서, 세상 돌아가는 이치에 있어서, 어떤 방식이나 규칙이 존재하는지를 깨달은 이들은 그에 합당하게 살아가게 되고, 이를 일러 지혜롭다고 말할 수 있을 것이다. 그 점에서 지혜는 단지 사람의 것만도 아닐 것이다.

> "땅에 작고도 지혜로운 것 넷이 있나니 곧 힘이 없는 종류로되 먹을 것을 여름에 준비하는 개미와 약한 종류로되 집을 바위 사이에 짓는 사반과 임금이 없으되 다 떼를 지어 나아가는 메뚜기와 손에 잡힐 만하여도 왕궁에 있는 도마뱀이니라" 잠30:24-28

아울러 지혜는 이스라엘만의 것도 아니다. 다음의 구절을 비교해 보라. 어니스트 루카스, 『시편과 지혜서』, 152

> "지혜 있는 자의 교훈은 생명의 샘이니 사망의 그물에서 벗어나게 하느니라" 잠13:14
> "여호와를 경외하는 것은 생명의 샘이니 사망의 그물에서 벗어나게 하느니라" 잠14:27

이러한 유사점은 원래 실용적이고 세속적이었던 고대 근동의 지혜가 이스라엘의 여호와 신앙으로 동화되었다고 볼 수도 있다. 어니스트 루카스, 『시편과 지혜서』, 152 위에서 읽었던 열왕기 본문에서는 솔로몬을 일러 모든 동방 사람들이나 애굽 사람들보다 위대했다고 적는데, 이것은 지혜의 기준으로 여겨지는 이들이 동방과 애굽 사람이었음을 보여준다. 잠언과 전도서, 욥기는 이러한 일반적인 지혜를 여호와 신앙의 틀 내로 융합시키고 있다. 여호와 신앙 안에서 지혜는 하나님께서 세상을 지으시고 이끌어 가시는 패턴을 아는 것이다. 하나님께서 세상에 두신 불변의 규칙들을 발견하는 것이다. 그래서 지혜문헌들에서는 하나님의 창조에 대해서도 언급하고, 세상에서의 올바른 처신에 대해서도 언급한다. 이 모든 것들이 하나님이 지으신 세상의 규칙을 이해하고자 하는 노력과 연결된다. 이상의 논의를 생각할 때, 다음과 같이 지혜를 정의할 수 있을 것이다.

> "형식의 측면에서 볼 때 지혜는 격언문장이나 가르침, 논쟁, 지적인 반성 등으로 이루어지며, 주제의 측면에서 볼 때 지혜는 인간 복지를 위해 삶을 다스리는 것에 관해서 취급하는 자명한 직관들, 무죄한 고통에 대한 삶의 비밀을 추구하는 일, 인간의 유한성에 대한 고민, 창조 질서 안에 감추이고 지혜 안에 드러난 진리를 추구하는 일 등으로 구성된다." 제임스 크렌쇼, 강성열 옮김, 『구약 지혜문학의 이해』, 25

이러한 앎은 올바른 삶과 결코 분리되지 않는다. 이 점은 잠언 1:1-7에도 잘 드러난다. 이 단락은 지혜의 실제적인 목적 그리고 지혜의 참된 원천에 대해 명확하게 보여주고 있다. 이 내용은 성경에 대해 언급하는 디모데후서 3:15-17과 비슷하다. 지혜 문헌들이 지혜로운 사람과 어리석은 사람으로 사람들을 분류하는 것도 이와 연관되며, 지혜 문헌들에서 빈번하게 볼 수 있는 분류 패턴인 의인과 악인 역시 이 점을 잘 보여준다.

그 점에서 솔로몬이 정말 지혜로운 왕인지는 의문스럽기도 하다. 그의 결혼, 그의 빈번하고도 과중했던 건설 공사들, 백성들의 삶의 힘겨움, 그로 인한 분열과 분쟁들, 그의 사후에 일어난 국가의 분열 등의 모습들은 솔로몬이 그 삶에 있어서 지혜롭게 처신한 왕이라고 보기 어렵게 만든다. 지혜는 삶에 있지, 앎에 있지 않다. 달리 말하면 지혜와 지식의 차이라고 할 수 있을 것이다.

지혜의 표현 방식

삶의 올바른 규칙을 찾기 위한 노력의 결실로서의 지혜는 그 특징상 매우 함축적이고 인상적으로 전달될 필요가 있다. 지혜문학에서 기본적인 지혜의 말이 보통 나란히 놓인 두 개의 구절로 이루어지는 것도 그 때문일 것이다. 이런 식의 표현 방식이 두드러지게 쓰이는 본문으로 잠언 10-31장을 들 수 있다. 동사 없이 두 구절이 나란히 놓인 경우가 있는가 하면잠10:5, '여름에 모으는 자, 지혜로운 아들, 가을 동안 잠자는 자, 은혜를 모르는 아들', 첫 번째 행이 이미지를 제시하고, 두 번째 행은 실제의 사물을 제시하는 경우도 있다.제임스 쿠걸, 743 이에 유념하여 다음 구절을 이해해 보자.

"미련한 자의 잠언은 술 취한 자가 손에 든 가시나무 같으니라"잠 26:9, 직역하면 '가시가 술 취한 자의 손에 오르고 잠언은 미련한 자의 입에'

만취한 사람이 길에 넘어졌다가 그 손에 가시가 박히게 되듯이, 미련한 자가 설령 지혜로운말을 한다 하여도, 그것은 내면화되거나 의미가 깨달아진 것과는 거리가 멀다. 그러므로 이 구절은 마음판에 새긴 깨달음과는 아무 상관없는 지식을 말하고 있다.

아울러 이와 같은 비유적인 언어들은 그 의미에 대해 독자나 청중이 개입할 여지를 많게 한다. 명확하게 무엇인가를 표현하는 것이 아니라 사물이나 사건에 비유한다는 점에서, 독자와 청중의 상황에 따라 상상의 여지가 달라지고 깊이가 차이날 여지도 많아지게 될 것이다.

지혜문학에 진술되는 지혜들에는 삶의 행복을 위한 원리 혹은 경험적 지혜, 삶에 대한 날카로운 관찰 등을 담는 격언적인 지혜가 있는가 하면, 삶의 의미나 고난의 문제 등 인간의 실존적인 문제를 다루는 사색적, 명상적 지혜도 있다. 사색적인 지혜라고 해서 신비주의적이거나 그저 철학적인 것을 다루는 것이 아니라, 이 땅에서의 실제적이고 구체적인 삶의 경험과 깊이 연관되어 있다.

고대 중동의 지혜

고대 중동의 문헌들이 구약에 미친 영향은 지대하지만, 지혜문학에서는 특히 그러하다. 2,500여년이 넘는 세월에 걸쳐 많은 '가르침'과 '교훈'들이 애굽에 전해내려 오는데, 여기에는 진실과 순전함, 관대함과 절제, 적합하고 때에 맞는 말, 잘 들어야 할 필요, 관리들과의 바른 관계, 여성, 식구, 친구들과의 바른 관계 등의 주제들이 포함된다.

주전 12세기 경의 것으로 여겨지는 애굽의 작품 "아메네모페의 교훈 Instruction of Amenemope"과 잠언 22:17-24:22 사이에는 두드러진 공통점들이 존재한다. 크렌쇼, 『구약 지혜문학의 이해』, 305

"노를 품은 자와 사귀지 말며 울분한 자와 동행하지 말지니…"잠22:24
"성질 급한 사람과 사귀지 말며 그를 방문하여 함께 말하지 말라"아메네모페 11:13-14

"네 선조의 세운 옛 지계석을 옮기지 말지니라" 잠22:28

"농경지에 있는 경계표를 옮기지 말라" 아메네모페7:12

"부자가 되기에 애쓰지 말고 네 사사로운 지혜를 버릴지어다 네가 어찌 허무한 것에 주목하겠느냐 정녕히 재물은 날개를 내어 하늘에 나는 독수리처럼 날아가리이다" 잠23:4-5

"일단 네 필요가 충족되면 그 이상의 것을 얻으려고 애쓰지 말라 만일에 강도질을 통해 부를 얻게 되었으면 … 그것들은 거위들처럼 날개를 달아 하늘로 날아갈 것이다." 아메네모페9:14-15

30개의 장으로 이루어진 애굽 교훈서의 중심은 예배와 도덕성 요소가 자리 잡는데, 올바른 행동은 신에 대한 사랑에서 비롯된 것으로 이해하고 있기도 하다. 크렌쇼, 『구약 지혜문학의 이해』, 306

메소포타미아에서도 이와 비슷하게 많은 지혜로운 말들이 전해지고 기록되었다. 바벨론 욥기라 불리는 어떤 문헌 "루들룰 벨 네메키"은 의인의 고난 문제를 다루지만, 의인이 왜 고난을 받는지는 다루지 않고, 제의와 마술적인 것에 대한 강조, 고통을 가져오는 도구로서의 마귀들에 대한 언급, 환상적인 메신저에 의한 치료등의 요소들을 강조한다는 점에서 욥기와 차이가 있다. 결국, 최고신인 마르둑의 개입으로 고난이 끝이 나지만, 욥기의 경우 하나님의 개입으로 고난이 사라진다기보다는 욥이 하나님을 대면함으로써 그의 고난을 인정하고 받아들이는 것으로 문제가 극복된다는 점에서 다르다. 결국, 구약의 욥기에서는 하나님과 욥의 관계가 그 내용의 핵심이라 할 수 있다. "바벨론 신정론"이라는 또 다른 글은 인간들의 부조리함과 불의의 원인이 신들에게 있다고 결론내리기도 한다. 이 역시, 자신의 죄를 인정하는 욥의 자세와는 구분된다. 우리는 고대 중동의 지혜와 구약의 지혜의 차이점에 대해 무엇을 말할 수 있을까?

지혜문학의 특징

지혜문학에 나타나는 현실에 대한 이해를 살펴보면 그 사상 세계에 대한 여러 특징을 찾아볼 수 있다.

① 가장 두드러진 특징은 전형적으로 이스라엘의 본질적인 특징이라고 여겨지는 요소들이 전혀 나타나지 않는다는 점이다. 아브라함으로 대표되는 믿음의 조상들에게 주어진 약속, 출애굽 경험, 시내산 언약 등과 같은 전통적 신앙고백의 내용들이 지혜문학에서는 다루어지지 않는다. 달리 말해, 하나님의 구원하시는 역사가 지혜의 영역안에 없다고 할 수 있을 것이다. 지혜문학이 단지 이스라엘적인 현상이 아니라 국제적인 공통 현상이라는 점이 이와 연관된다고 할 수 있다. 이스라엘만의 독특한 경험이 아닌, 보편적인 인간의 경험과 역사에 관한 것이기에 지혜문학을 산출하고 모은 이들이 이스라엘만의 특수한 요소들을 일부러 담지 않았다고 볼 수 있을 것이다. 이러한 특징으로 말미암아, 지혜를 구약 신앙과 신학의 변두리에 놓거나 구약 신학의 정당한 범주로 잘 다루지 않으려는 경향도 있다. 그러나 지혜문학에 언급되고 진술되는 모든 지혜의 뿌리에는 여호와를 경외하는 삶이 있다. 하나님의 은혜와 건지심과 선택을 경험한 이스라엘, 그것이 지혜가 다루는 삶의 기본 전제이다. 그런 점에서 지혜문학은 여호와 하나님을 믿는 신앙에 입각한 삶을 비종교적인, 일반적이고 보편적인 언어로 표현하고 있다고 말할 수 있다. 이러한 특징은 구약 율법과 선지자의 가르침을 '남에게 대접받고자 하는 대로 남을 대접하라'고 요약하는 예수님의 가르침에서도 찾아볼 수 있다.

② 모든 인간사의 상황들을 사사건건 하나님과 연결시키는 관점이 있는가 하면, 사람들로 이루어진 일상사에서 사람들의 활동만이 두드러져 보이는 '세속적'인 관점도 있다. 이러한 예를 이미 우리는 룻기와 에스더 같은 책에서 살펴보았다. 후자라고 해서 신앙이 결여되어 있다고 말할 수 없다. 성서의 지혜는 근본적으로 종교적인 것이지, 세속적인 것이 아니다. 하나님의 말씀 형식이 없다고 해서, 하나님의 이름이 나타나지 않는다 해서 세속적인 글이라 분류하는 것은 너무 경솔한 것이다. 그리고 내용만으로 그렇게 판정하는 것도 온당치 않다. 지혜의 규칙은 궁극적으로 하나님께 대한 경외의 관점에서 삶의 모든 영역을 포괄하고 있다.

잠언

성경의 지혜는 하나님이 정하신 질서에 대한 추구를 내포하고 있다. 그런 점에서, 성경의 지혜, 특히 잠언의 지혜는 인과론을 전제한다고 할 수 있다.

> "함정을 파는 자는 그것에 빠질 것이요 돌을 굴리는 자는 도리어 그것에 치이리라" 잠26:27

하나님께서 세상에 인과율을 정하셨기에, 사람들의 행동은 그 결과와 상응한다. 때로 하나님조차도 이 인과율에 개입하실 수 없고, 사건들과 그 결과들을 지켜볼 뿐이라고까지 여겨지기도 한다. 이것은 세상이 숨막히는 인과율의 세상이며 바꿀 수 있는 것이 없다는 것을 말하지 않는다. 하나님이 정하신 질서에 대한 깨달음, 그리고 그 앞에서 겸손하게 살아가는 인간의 도리를 일러 준다. 그 점에서 사람들은 너무나도 손쉽게 인과율을 깨뜨리는 일이 일어나기를 구하고 있지 않은지 돌아볼 필요가 있다.

잠언 1-9장은 지혜로의 초대를 다루고 있다. 지혜를 의인화시켜 표현하면서 길거리에서 크게 사람들을 향해 외치는 지혜를 보여준다. 지혜는 정의쩨다카의 길로, 공평미슈파트의 길 가운데로 다닌다.잠8:20 10-29장은 함께 놓인 두 댓구를 사용하여 삶의 길에서 지혜로운 삶의 여러 모습을 제시하고 있다. 적은 소득과 함께 있는 쩨다카는 미슈파트 없는 많은 소득의 삶보다 낫고잠16:8, 공평과 정의를 행하는 삶은 제사 드리는 것보다 하나님을 기쁘게 한다.잠21:3

30장은 몇 가지씩 함께 묶인 지혜로운 삶의 모습들을 보여주고 있고, 31장은 현숙한 여인으로 표현된 지혜의 유익에 대한 말씀이 들어있다. 여호와를 경외하는 것이야말로 칭찬받는 삶이며, 이러한 지혜를 소유한 이들은 그 행한 일로 말미암아 칭찬 받게 되리라는 말씀을 통해잠31:30-31, 지혜의 근본은 하나님을 경외하는 것, 그리고 지혜는 삶의 변화, 행실의 변화와 직접적으로 연결된다는 것을 다시 한 번 일러주고 있다. 그 점에서 잠언의 첫머리1:1-7와 마지막은 서로 대칭되어 있다고 볼 수 있다.

욥기

한편, 욥기와 전도서는 이러한 응보의 질서를 깨뜨리시는 하나님의 행동에 관해 증언한다. 욥기는 문학적으로 산문과 시로 이루어져 있는데, 산문은 처음과 끝인 1-2장과 42장 7-17절에 등장하고 시 부분은 가운데 있는 3장에서 42장 6절까지이다. 산문 부분은 하나님을 경외하며 신실하게 살아가는 욥과 그에게 임한 하나님의 은혜를 보여준다면, 시 부분은 그의 삶에 임한 부당한 고통으로 말미암아 신음하고 탄식하며 하나님을 향해 항변하는 인간의 모습을 보여준다.

3장부터 이어지는 시 부분은 다음과 같이 나뉘어진다. 루카스, 『시편과 지혜서』, 211-212

욥이 태어난 날을 저주하다3장

첫 번째 대화4-14장: 엘리바스, 욥, 빌닷, 욥, 소발, 욥

두 번째 대화15-21장: 엘리바스, 욥, 빌닷, 욥, 소발, 욥

세 번째 대화22-27장: 엘리바스, 욥, 빌닷, 욥

지혜를 노래하는 시28장

욥의 마지막 말29-31장: 자신의 이전상황과 현재 상황, 무죄를 주장하며 법정에 호소

엘리후의 말32-37장

여호와의 말씀38-41장과 욥의 대답40:3-5; 42:1-6

재난 속에서 욥은 그의 태어난 날을 저주한다. 욥기 안에 많은 문학 양식들이 등장하지만 주로 탄식시의 형태가 두드러진다. 그러나 욥기의 탄식은 시편의 탄식과 다른 점이 있다. 욥은 이야기부분과 시 부분에서 그의 고난이 속히 끝나기를 구하지 않는다. 욥의 탄식은 후에 보다 강화되어 고소로 발전하게 되는 일종의 항의이다. 욥을 찾아온 친구들은 전통적인 지혜의 틀로 욥을 가르치지만, 욥은 하나님과 이웃과의 올바른 관계를 맺은 삶에도 불구하고 자신에게 임한 극심한 재앙의 문제를 해결할 길이 없어 탄식하며 하나님께 항변한다. 욥기 31장은 자신의 결백함에 대한 욥의 강력한 항변이며, 급기야 욥은 하나님을 재판정으로 불러내기까지 한다. 31장 35-40절은 욥의 항변을 생생하게 보여준다.

"누구든지 나의 변명을 들어다오 나의 서명이 여기 있으니 전능자가 내게 대답하시기를 바라노라 나를 고발하는 자가 있다면 그에게 고소장을 쓰게 하라" 욥31:35

욥에게 대한 친구들의 말은 한결같이 인과응보의 원칙을 강조하고 있다. 누군가가 고난을 당한다면, 그는 틀림없이 죄를 지었을 것이라는 것이다. 이들은 단순히 교조적인 입장에서만 주장하는 것이 아니라, 여러 세대를 통한 경험적 지혜의 차원에 입각해서 그들의 주장을 내세운다. 8:8, 15:9-10,17-18, 20:4-5 그러나 욥의 문제는 자신의 상황에서 이러한 경험적 지혜의 원칙을 볼 수가 없다는 점이었다. 그는 자신이 하나님께로부터 버림받았으며 나아가 우겨쌈을 당하고 있다는 것을 느낀다. 이제 하나님은 그의 원수가 되셨다. 6:4, 7:12, 9:17,18, 16:9-14, 19:6-12 그래서 시편의 기도와는 달리, 욥은 하나님께서 자신에게 손을 떼실 것을 간구한다. "나를 버려두소서" 10:20, 7:16, 13:21, 14:6,13 더는 하나님께서 의로운 자를 감찰하지 않으시고 무죄한 자를 악한 자와 함께 멸망시키시기에 9:22,23 욥은 하나님께서 재판정으로 나오셔서 그 까닭을 해명하라고 도전한다. 23:3-5, 31:35-37 욥의 마지막 말은 자신의 무죄를 주장하면서 하나님과 함께 재판정으로 나서고 있다.

38장부터 나타나는 하나님의 대답은 욥의 질문과 도전에 대한 대답이 아니다. 하나님의 대답은 욥의 한계를 드러내는 것이었다. 하나님의 첫 번째 말씀은 창조의 질서의 오묘함을 드러내는 것이며, 두 번째 말씀은 다시 한번 구체적으로 하마베헤모트와 악어레비아탄를 들어 그 세밀한 일을 드러내신다.

길다란 수사의문문 표현을 통해 하나님은 세상의 창조주이신 하나님과 욥과의 무한한 간격을 보이신다. 이에 의하면, 욥의 도전은 불합리

한 것이다. 욥 자신도 자신의 도전이 제자리를 벗어난 것임을 인정케 된다.40:3-5, 42:1-6

하나님의 말씀은 우선적으로 욥에 대한 답변이다. 욥은 그를 통하여 절대적인 주권자이신 하나님의 존재를 깨닫게 된 것이다. 아울러, 하나님의 답변은 욥의 세 친구들에게 주는 대답이기도 하다. 인과응보의 원칙에 의거한 그들의 하나님의 의에 대한 이해는 정당치 못한 것으로 드러났다. 하나님은 그들의 말이 "정당하지" 못하며42:7, "우매"하다고 평하신다.42:8 그러나 하나님께 도전하는 욥의 말은 "정당"하다.42:7 여기에서 지혜의 위기를 볼 수 있다. 경험적인 지혜는 욥의 현실속에서 더는 타당하지 못하게 되었다. 그렇다고 새로운 법칙이 주어진 것도 아니다. 단지 새로운 지식이 주어졌다. 이것은 욥의 대답에서 두드러진다.42:2-4에서 "야다"가 네 번 나타난다 또한, 38장 2-5절에도 네 번 쓰이며, 그 다음에도 여러 차례 쓰인다. 하나님은 욥에게 이러이러한 것을 아느냐?라고 질문하시고, 욥은 그것들을 '알게된다'. 세상의 질서와 하나님의 행동의 원칙을 아는 것은 하나님의 일이지 사람의 일이 아닌 것이다. 그러므로 사람은 하나님의 가르침에 매여 있다.42:4

이러한 점에서 28장의 역할을 이해할 수 있다. 이 장이 만일 욥의 말이라면 일종의 냉소로 볼 수 있을 것이다. 그러나 저자의 견해라고 볼 때, 의도적인 배치임을 알 수 있다. 사람은 지혜의 근원을 알지 못한다.28:13 그러나 하나님은 아신다.23절 이하 이러한 대비는 하나님의 말씀의 주제와도 상통한다. 그래서, 세 친구의 말이 끝나고 욥의 마지막 항변이 있기 전에 이러한 배치를 통해 다가올 하나님의 말씀과 결말을 기대하게 하는 것이다. 당사자인 욥은 자신의 고난이 하나님의 시험 가운데 있음을 알지 못하나 독자들은 이미 그것을 알고 있는 것과 마찬가지로, 28장을 통해 이제까지의 욥과 세 친구의 논란 해결 방향을 독자들은 알게 되는 것이다. 즉, 지난 대화의 정리와 다가올 방향의 암시가 되는 것이다.

욥과 세 친구의 주고받은 대화에 이어 엘리후의 말이 다루어진다. 하나님의 말씀이 나와야할 맥락에 엘리후의 말이 나온다는 점에서, 그의 말은 세 친구들의 말과 하나님의 말씀을 연결시켜 주는 역할을 한다. 그가 한 말은 대부분 세 친구들이 이미 말한 것이며, 그의 말의 마지막 부분에는 창조주 하나님께 대한 언급이 있다는 점에서 뒤이어질 하나님의 말씀의 모티브를 미리 보여주고 있다. 앎에 관한 질문을 연속적으로 하고 있다는 점32:6,10,17; 36:3; 특히 37장에서 엘리후의 주장은 욥기 전체의 내용과 통한다. "욥의 친구들이 욥의 주장에 대해 적절히 대답하지 못했다는 엘리후의 인정과, 그 역시 좀 더 설득력있는 대답을 주지 못하고 있다는 사실은, 고난 문제가 얼마나 다루기 힘든지를 강조해 주고 있다"루카스, 『시편과 지혜서』, 225

욥에게 나타나신 하나님의 대답38-41장은 주로 하나님의 창조의 오묘함에 대한 것이었으며, 하나님은 욥을 향해 이러한 창조의 비밀을 알고 있는지 물으신다. 이 본문은 우리 삶과 세상을 향해 참으로 무엇을 질문하시는 분, 세상을 창조하고 지탱하시는 분은 사람이 아니라 하나님임을 분명히 하고 있다. 그 앞에서 욥은 자신의 무지함을 깨닫는다. 42장 1-6절을 읽어보자.

욥기는 하나님의 하나님 되심에 순종하고 복종하는 모습을 그린다. 이것이 아담과 하와에게 요구되었던 것이라고 할 수 있으며, 예수께서 산상수훈에 이르신 대로 원수를 사랑하며 원수에게도 비를 내리시는 하나님께 대한 고백과도 연결된다고 할 수 있다. 하나님이 우리 뜻을 이루어주시는 것이 아니라, 우리가 그분의 뜻에 맞추며 순종해야 하는 것이다. 한편으로 우리는 그분의 뜻을 행하려고 하지만, 내 생각대로 움직이시는 분이 아님을 유의해야 한다. 그럼에도 하나님을 알아가게 하신다.

전도서

히브리어성경의 제목은 "코헬렛"이다. 이 말의 의미에 대해서는 논란이 있지만, 쉽게 볼 때, 회중카할 가운데서의 역할로 볼 수 있다. 아마도 모임의 인도자였을 것이다. 칠십인역과 벌게이트도 이러한 이해를 따라 회중ekklesia과 연관된 자인 ecclesiastes로 번역하였고 이것이 영어성경들의 전도서 제목이다. 특히, 종교개혁자들은 이러한 역할이 바로 설교자의 역할이라고 보고 Prediger 즉, preacher라는 제목을 달았었다. 이 이름에 대한 다른 주장들은 이 이름을 솔로몬의 다른 이름으로 본다거나, 솔로몬의 별명으로 보는 것이다. 그러나 이것은 설득력이 약하다. 전도서의 저자는 왕의 관점에서 말하고 있지 않다.

히브리 성경은 전도서를 다섯 개의 두루마리Five Megillot: 룻기, 아가서, 전도서, 애가, 에스더중의 하나로 위치시키고 있으며, 전도서는 장막절에 연관시키고 있다. 그러나 칠십인역과 벌게이트등은 솔로몬과 연관하여 잠언, 아가서와 나란히 위치시킨다. 그래서 다윗의 이름으로 칭하는 시편 다음에 잠언과 전도서, 아가서등이 오도록 하였다. 솔로몬과의 연관성이 이 책을 정경안에 포함되게 한 결정적인 이유가 되었지만, 그 내용 때문에 정경성 여부에 대해 논란이 많았다. 전도서의 마지막 후기도 전도서가 정경으로 여겨지는 데 중요한 역할을 했다. 기독교의 경우도 주후 5백년의 시간이 지나기까지 전도서의 정경성에 대한 의심의 눈초리가 많았다.

솔로몬이 저자임을 보이는 구절에도 불구하고 개신교 학자들은 일찍이 전도서가 솔로몬시대에 쓰여졌다는 것을 의심했다. 솔로몬을 암시하는 듯한 구절은 2장까지 희미하게 나오며 그마저도 2장 이후에는 거의 등장하지 않고, 어떤 구절은 왕의 말로 어울리지 않는다. 4:13, 7:19, 8:2-4, 9:14,15, 10:4-7 이스라엘의 지혜운동은 히스기야시대에 가서 활발하다고 할 수 있는데, 전도서는 활발한 지혜활동을 전제로 하고 있다는 점도 그 근거중의 하나이다. 그리고 본문에 사용된 어휘와 문체도 포로이후시대를 반영하고 있다. 아울러 전도서와 헬레니즘 사상의 연관에 대한 많은 지적들도 전도서의 시기를 주전 4세기 후반에서 3세기로 여기게 한다. 마르틴 헹엘, 『유대교와 헬레니즘』 2권, 37~40

그렇다면, 저자가 솔로몬의 이름을 사용하는 까닭은 무엇인가? 그것은 아마도 자신이 전하고자 하는 주장을 위한 문학적인 효과의 극대화를 위해서일 것이다. 솔로몬은 그 부귀와 지혜와 영광으로 널리 알려진 인물이기에 그러한 사람의 입에서 나오는 전도서의 말씀들은 충분한 설득력을 갖게할 것이기 때문일 것이다. 비록 저자가 솔로몬의 이름을 빌었다해도 그는 자신이 왕인척 위장하지 않았으며, 2장 이후로 솔로몬의 이름을 의지하지도 않는다. 그는 자신의 깨달음을 곧바로 전달한다.

전도서의 핵심 단어는 "헛되다"라고 할 수 있다. 전도서 1:2와 12:8은 모든 것의 헛됨을 선언하는 거의 똑같은 문장이다. 그런 점에서 전도서의 가장 기본적인 구조는 1:2-12:8이라고 할 수 있을 것이다. 1절은 표제이며, 12:9 이하는 일종의 후기라고 볼 수 있다. 몸통 부분에 해당하는 내용들을 일관성있게 단락 구분하는 것은 거의 불가능해 보인다.

전도서가 주로 다루는 문제는 숨어계신 하나님이라고 할 수 있다. 욥과 마찬가지로, 전도자 역시 사회에 가득찬 부조리와 불의에 대해 고발하면서, 도무지 하나님이 행하시는 일을 사람이 알 길이 없음을 말한다. 전도서 8:10-17을 읽어보자. 의인은 잘 된다지만시37:25, 전도자가 보기에 현실은 그렇지 않다. 그래서 전도자는 모든 것이 헛되니, 바람과 같아서 손에 쥘 수 없음을 말한다: "헛되고 헛되니 헛되고 헛되니 모든 것

이 헛되도다"전1:2

욥기와 전도서

모든 일에는 때가 있고전3:1-8, 하나님이 행하시는 일은 사람이 알기 어려우니, 전도자는 각자에게 주어진 삶의 날을 즐거워하고 기뻐하며 살아갈 것을 권면한다. 전도서 3장 10-14절을 읽어보자. 이러한 사고는 2:24; 3:12-13,22; 5:18-20; 9:7-10; 11:9-10에서도 볼 수 있다. 이것은 염세나 인생 혐오와는 무관하다. 하나님께서 행하시는 일을 사람들이 온전히 이해할 수 없다. 전도자는 그로 말미암아 절망과 체념으로 자신을 몰아가지 말고, 우리에게 주어진 삶의 시간 동안 우리에게 주어진 상황을 즐거워하고 누리며 기뻐할 것을 명하는 것이다. 하나님이 행하시는 일을 모두 알지 못하면서 무엇을 아는 것처럼 자신을 의인인 양하고, 상대를 악인인 양 할 것이 아니라, 자신의 한계를 알며 자신에게 주신 분복을 기뻐할 것을 명하고 있다. 그러므로 전도서의 다음과 같은 결론은 지극히 자연스럽고 논리적이다:

"일의 결국을 다 들었으니 하나님을 경외하고 그의 명령들을 지킬지어다 이것이 모든 사람의 본분이니라"전12:13

욥기와 전도서는 세상에 가득한 불의에 대한 근본적인 질문과 탄식을 담고 있다. 이러한 탄식은 욥기와 전도서만이 아니라 예레미야, 하박국, 시편을 비롯한 구약의 곳곳에서 울려 퍼지는 소리이기도 하다. 이러한 소리는 구약 신앙의 주변부가 아니라, 구약 신앙의 본질적인 핵심을 반영하고 있다고 할 수 있다. 이 소리들은 고통이든 행복이든 모두 세상의 창조주이신 여호와 하나님께로부터 온다는 것을 분명히 하고 있다.

여호와를 섬기며 찬양하며 살아가는 삶은 그의 선하심에 대한 찬양뿐 아니라 이해할 수 없는 고난에 대해서도 나타나는데 그것이 욥기와 전도서 등에 기록된 것이다. 욥기와 전도서의 탄식과 부르짖음은 그 근본에 하나님께 대한 경외와 신뢰를 전제하고 있기 때문이다. 그리스 비극의 주인공들은 부당해 보이고 의미가 모호한 자신의 비극적인 운명을 묵묵히 받아들이지만, 욥과 시편 기자는, 하박국과 예레미야는 하나님을 향해 소리치고 부르짖는다. 버나드 앤더슨, 『구약신학』, 445 비극의 주인공들은 자신들이 잔혹하고 지독한 운명의 소용돌이에 휘말렸다고 생각하지만, 구약의 신앙인들은 살아계신 하나님만이 그들의 모든 삶을 주관하심을 굳게 믿었다. 그래서 이스라엘의 찬양은 탄식과 부르짖음으로도 드러난다.

지혜의 위기 상황을 보여주는 이 두 책 역시, 원칙이 깨어진 것 같은 현실에 기반하여 새로운 원칙을 찾으려는 노력이라고 할 수 있다. 전도서는 전통적인 지혜의 틀로 쓰인 새로운 지혜에 대한 탐구라는 점에서 더욱 그렇게 볼 수 있다. 그에 비해 욥기는 원칙이 깨어진 현실로 인한 탄식과 그에 대한 항변이라는 점에서 매우 새로운 틀을 보여주고 있다. 그럼에도 여전히 하나님의 행하심에 대한 마지막의 강력한 언급들은 전통적인 지혜, 하나님의 오묘함에 대한 진술로 마무리되고 있음을 보여준다는 점에서, 여전히 욥기 역시 지혜의 본질적인 특징을 그리 벗어나지 않는다고 할 수 있다. 욥기와 전도서는 전통 규칙을 넘어서는 새로운 규칙에 대한 탐구이다.

지혜의 신학

1. 하나님 경외

잠언과 전도서, 욥기는 모두 여호와를 경외하며 살아가는 삶을 강조하고 있다. 하나님의 명령을 지키며 순종할 때 사람들에게 주어지는 평안과 번영, 장수가 있으니, 하나님을 경외하며 신뢰하라고 명한다. 때로 우리 앞에 까닭 모를 고난이 닥쳐오고 세상에 불의가 가득한데도 하나님께서 전혀 불의를 심판하지 않으시는 것을 경험할 때에도, 빛을 지으신 하나님이 어둠도 지으셨음을 고백하며 하나님 경외하기를 그치지 말 것을 지혜는 일러주고 있다. 그런 점에서 구약의 지혜는 처세술이 아니라 사람의 본분에 대해 근본적인 통찰을 제시하고 있다. 하나님께 대한 신뢰야말로 하나님과의 바른 관계 즉, 의로움이라는 점에서, 지혜문학의 곳곳에서 정의를 행하는 삶이 강조되는 것을 이해할 수 있다.

2. 하나님의 질서 안에서 살아가기

지혜는 세상을 다스리시는 하나님의 질서가 있음을 보여준다. 기본적으로 인과율 혹은 응보의 법칙이라고 할 수 있는 질서를 하나님께서 세우셨다. 지혜를 얻는다는 것은 이렇게 하나님께서 정하신 질서를 깨닫고 발견하는 것이다. 하나님께서 온 세상을 지혜로 창조하셨기에, 우리가 사는 피조 세계는 하나님의 지혜가 반영된 질서로 가득하다. 그러므로 지혜는 과학을 장려하고 촉진시킨다. 한편 하나님의 질서는 세상에 존재하는 사회 질서로도 나타난다. 그런 점에서 잠언과 같은 지혜는 우리에게 주어진 질서를 발견하고 그에 순종할 것을 권하고 있다. 이 질서가 뒤집어져 버린 것 같은 현실을 드러내는 욥기와 전도서 역시 실질적으로 새로운 질서를 모색하는 노력이라고 볼 수 있다. 사실 잠언안에서도 이미 질서의 원천은 오직 하나님이심을 증거하고 있기도 하다.

"너는 마음을 다하여 여호와를 신뢰하고 네 명철을 의지하지 말라 너는 범사에 그를 인정하라 그리하면 네 길을 지도하시리라" 잠3:5-6

3. 지혜의 신비

지혜는 하나님께로부터 오는 것이며, 하나님을 바로 아는 것이다. 인간이 궁극적으로 살아계신 하나님을 온전히 파악할 수는 없다는 점에서, 지혜는 완전히 다가가기 어려운 신비이다. 욥기와 전도서는 이 점을 두드러지게 보여주고 있으며, 잠언의 곳곳에서도 다 알기 어려운 신비를 증거하고 있다. 그러므로 해 아래 사는 사람이 취할 가장 합당한 태도는 신뢰와 경외일 것이다.

4. 고난을 극복하는 삶

지혜가 필요한 가장 대표적인 상황은 아마도 고난일 것이다. 지혜는 우리가 겪는 고난의 의미에 대해 알려 주며, 그를 통해 무수한 고난을 이겨내고 견뎌내는 힘을 준다. 때로 우리 삶의 고난은 우리로 지나온 길을 되돌아보게 하며 우리의 잘못과 죄들을 반성하고 살피게 한다. 우리가 뿌린 것이 우리가 지금 거두는 열매임을 직면하게 하고, 그 앞에 정직하게 서게 한다.

그러나 다른 한편, 지혜는 까닭모를 고난에 대해서도 일러준다. 무비판적으로 고난을 순응하고 숙명과 운명으로 받아들일 것이 아니라, 우리가 다 알기 어려운 하나님의 신비를 인정하고 고백하며 때로 하나님께 부르짖음을 통해 하나님을 신뢰할 것을 가르친다. 욥기와 전도서는 우리 인생이 정답으로 가득찬 것이 아님을 보여준다. 손쉬운 위로를 제시하기보다 우리 위에 계시며 온 세상을 지으신 하나님의 자유와 주권 앞에 우리를 세운다. 지혜는 다만 그때그때 하나님께서 우리에게 주신 것들을 기뻐하고 감사하며 즐겁게 살되, 때로 비와 어두움을 내리시는 하나님을 경외하는 삶으로 초대한다.

참고문헌

- 제임스 쿠걸, 김구원, 강신일옮김.『구약 성경 개론』, CLC, 2011.
- 마르틴 헹엘, 박정수옮김.『유대교와 헬레니즘』2권. 나남, 2012.
- 제임스 크렌쇼, 강성열옮김.『구약 지혜문학의 이해』, 한국장로교출판 사, 1993.
- 어니스트 루카스, 박대영옮김.『시편과 지혜서』, 성서유니온선교회, 2008.
- 버나드 앤더슨, 최종진옮김.『구약신학』, 한들출판사, 2012.

오늘 배운 내용을 정리하며 나누어 봅시다.

1. 지혜에서 언약과 출애굽 같은 이스라엘적인 용어와 개념들을 전혀 사용하지 않는 것에 대해 생각해 봅시다. 그 까닭은 무엇이며, 이러 한 현상이 오늘 우리에게 어떤 도움을 줄 수 있을까요?

2. 우리 삶에 불의가 가득한데 어떻게 하나님을 찬양할 수 있는지 생 각을 나누어 봅시다.

3. 지혜와 정의는 어떻게 연관될 수 있을까요?

25. 이스라엘의 찬양 - 시편

시편은 신약에서 가장 많이 인용되는 구약성경이다. 신약의 신앙인들은 시편을 읽으면서 예수 그리스도를 발견하였다. 나아가, 신약의 신앙인들은 구약을 읽으면서 하나님이 자신을 예배하도록 부른 이스라엘을 자신들과 동일시하였다. 종교개혁 시기 유럽에서부터 종종 시편이 신약성경과 함께 한 권으로 출판되기도 하였다는 것은 신약의 교회가 시편을 얼마나 사랑하였는지를 보여주는 단적인 예라고 할 수 있다.

시편의 이름

"시편詩篇 Psalms"이라는 이름은 신약성경에서 비롯되었다.눅20:42; 행1:20 신약성경에서 '찬송시' 고전14:26 혹은 '시' 엡5:19라고도 번역된 이 단어는 '찬양의 노래' 라고 이해할 수 있다. 히브리어로 시편은 '찬양' 을 뜻하는 "테힐림"이라는 이름으로 불리는데, 이 명사는 '찬양하다' 는 의미를 가진 "할랄" 동사에서 온 것이다. 시편에서만 등장하는 유명한 외침인 "할렐루야"에는 이 동사의 2인칭 명령형이 사용되고 있다.

한편, 시편 72편 20절에서는 시편의 내용을 일러 "다윗의 기도"라고 부르고 있다. 그러므로 시편은 한편으로는 하나님을 향한 찬양이며, 다른 한편으로는 하나님을 향한 기도 혹은 간구라고 말할 수 있겠다.

시편의 문학적인 특징

시편은 노래 혹은 기도이다. 이것은 시편이 이야기나 논설, 주장을 피력하는 글이 않으며, 함축적이고 문학적인 표현을 통해 하나님을 향한 찬양 혹은 하나님을 향한 간절함을 담아내는 글임을 의미한다. 그러므로 시편을 읽을 때에 우리에게 필요한 자세는 각각의 시에서 사용되는 문학적인 표현들에 주의하면서 시편 기자의 마음과 감정을 충분히 느끼는 것이다. 이에 대해서는 앞에서 살펴본 적이 있다.구약의 숲 3. 성경의 문학적 특징

시편을 이해하기 위해 꼭 필요한 지식의 하나는 시편의 양식을 아는 것이다. 초상집에서 부르는 노래의 곡조나 틀은 결혼식에서 부르는 노래의 틀과는 판이하게 다를 것이다. 이처럼 특정한 상황에서 특정한 내용들을 반영하기에 적절한 표현 양식이 있게 마련이다. 구약 성경의 시편들 역시, 각각의 시편 기자들의 마음에 있는 것을 표현하기에 적절한 양식을 지니고 있다는 것이 알려졌으며, 이러한 양식들에는 탄식시, 찬양시, 감사시, 제왕시 등이 있다.

자신이 겪는 곤고한 상황을 아뢰며 하나님의 도우심을 구하는 것이 탄식시라면, 찬양시는 삶과 세상에 나타난 하나님의 권능과 구원에 대해 기리는 찬양을 담고 있고, 감사시는 자신의 삶에 임하였던 재앙과 고통으로부터 건지심을 경험한 시편 기자의 감사와 찬양을 표현하고 있다. 제왕시는 하나님께서 세우신 지도자인 왕에 대한 찬양이다.

양식에 대한 이해는 여러 시들을 같은 양식으로 묶을 수 있다는 것을 알게 하고, 같은 양식에 묶인 시 사이의 비교, 그리고 다른 양식에 속한 시와의 비교를 통해 개별 시가 지닌 고유한 특징을 분명히 깨닫게 해준다.

시편의 구조

시편은 모두 다섯 권으로 이루어진다.

1권 1-41, 끝맺는 송영 시 41:13

2권 42-72, 송영 72:18-19

3권 73-89, 송영 89:52

4권 90-106, 송영 106:48

5권 107-150, 전체에 대한 송영으로 시 150

각 권의 끝에 있는 시편들의 경우, 이전 부분의 내용과 그리 어울리지 않는 구절이 마지막에 놓여 있고, 그 내용은 하나님께 영광을 돌리는 찬송과 두 번 아멘이다. 시편을 다섯 권으로 편집하면서, 이렇게 편집한 이들이 각 권의 마지막에 있는 시편 끝에 이러한 송영을 배치해 두었을 것이다. 시편을 이렇게 편집한 까닭은 아마도 모세의 다섯 책을 흉내낸 것일 수 있다. 모세의 다섯 책이 하나님께서 그 백성들에게 주신 하나님의 명령이듯이, 시편 역시 하나님께서 주신 말씀임을 분명히 하고자 이렇게 다섯 권 체제로 편집하였을 수 있다.

시편의 편집은 이미 존재하는 여러 시편들의 모음들을 가지고 후대의 어떤 시기에 의도적으로 작업한 결과라고 할 수 있다. 시편 72편 19절은 "이새의 아들 다윗의 기도가 끝나니라"고 되어 있다. 그런데 정작 72편은 솔로몬의 기도라고 되어 있고, 72편 이후로도 다윗의 이름으로 전해지는 시들이 많이 나타난다. 108-110편, 138-145편 그러므로 19절은 어느 한 시기 다윗의 이름으로 전해지는 시가 72편으로 끝이었던 때가 있었으며, 그 시기에 이렇게 시들을 모은 이가 72편 끝에 19절 같은 기록을 덧붙였다는 것을 보여준다.

시편집을 최종적으로 모은 이들도 그렇게 자신들이 선택한 150편의 시들을 가지고, 다섯 권으로 나누었으며, 각 권의 마지막에는 송영을 추가하여 기록했을 것이다. 편집자들의 작업은 개별 시편들을 모으고 배열하는 일을 비롯하여, 위에서 본 것처럼 몇 권으로 나누는 일도 그들이 했으며, 그중 116개의 시편들에는 일정한 표제들을 기록하는 일도 있었던 것 같다.

이러한 표제는 한글 성경에서 꺾쇠로 처리되어 있다. 여기에는 "시"98편 혹은 "다윗의 시"15편 같은 매우 짧은 표제가 있는가 하면, "다윗의 믹담시, 인도자를 따라 알다스헷에 맞춘 노래, 사울이 사람을 보내어 다윗을 죽이려고 그 집을 지킨 때에"59편 혹은 "고난 당한 자가 마음이 상하여 그의 근심을 여호와 앞에 토로하는 기도"102편 같은 긴 표제도 있다. 이러한 표제들은 대체로 그 시를 어떤 상황에서 바라보아야 하는지를 일러준다는 점에서, 시를 이해하는 데에 매우 중요한 위치를 차지하고 있다고 할 수 있다. 다윗의 이름이 기록되어 있는 표제는 모두 73개가량이며, 시편과 다윗의 깊은 연관을 보여주고 있다.

시편의 1권은 거의 대부분 탄식시로 이루어져있다. 그에 비해, 시편의 5권은 거의 대부분 찬양시로 이루어지며, 특히 마지막 다섯 개의 시들은 모두 "할렐루야"를 외치는 '할렐루야 시詩' 들이다. 그런 점에서, 시편은 전체적으로 '탄식에서 찬양으로' 의 방향으로 배열되어 있다고 할 수 있다.

토라와 메시아

시편의 1권과 2권의 시들은 거의 대부분 표제를 지니고 있다. 칠십인경으로는 이 두 편을 제외한 모든 시들이 표제를 지니고 있다 그런데 특이하게도 시편의 처음 두 시들인 1편과 2편은 아무런 표제를 지니고 있지 않다는 점에서, 첫 두 시편은 의도적으로 이 자리에 배열되어 있다고 할 수 있다. 1 편의 첫머리에 '복되다' 로 시작하는 말씀이 있고, 2편의 마지막에도 그러한 언급이 있다는 점에서, 1편과 2편은 '복되다' 라는 말씀으로 둘러 싸여 있다고 볼 수 있다. 이러한 관찰도 1편과 2편이 나머지 시들과는 구별되게 이 자리에 놓여 있음을 보여준다. 그런 점에서, 시편의 첫 머리에 놓인 두 시편은 시편 전체의 머리말 내지는 시편 전체를 바라보는 기본적인 시각과 입장을 담고 있다고 말할 수 있을 것이다.

시편 1편은 하나님의 율법히브리말로 "토라"을 묵상하는 삶을 노래하는 시로, 흔히 '토라 시편' 이라고 분류된다. 1편에서 권하는 복된 삶은 여호와의 율법을 즐거워하고 묵상하는 삶이다. 여호와의 율법은 하나님께서 이스라엘에게 명령하시고 일러주신 모든 말씀을 가리키면서, 동시에 이제부터 이어지게 되는 시편의 여러 내용을 가리킨다고 할 수 있다. 그래서 시편 1편은 여호와의 율법을 묵상하는 삶, 그리고 시편의 말씀들을 웅얼거리고 읊조리며 살아가는 삶으로 우리를 초대한다.

2편은 제왕시이다. 그 내용은 하나님께서 이스라엘에 세우신 왕을 통해 열방의 음모를 허사가 되게 하신다는 것이다. 특히 이 왕이 "그의 기름 부음 받은 자" 즉 "메시아"라고 불린다는 점에서, 이 시는 '메시아 시편' 이라고도 불린다. 그러므로 2편은 앞으로 오실 메시아를 노래하는 시편이라고 할 수 있다. 시편을 현재와 같은 모양으로 배열하고 편집한 이들은 전체 시편의 첫머리에 토라 묵상과 메시아에 대한 소망을 담은 시들을 배치하였다. 메시아에 대한 기대는 사실 메시아를 통해 임하게 될 하나님의 다스리심, 하나님의 나라에 대한 기대라고 할 수 있다.

시편의 첫 두 편에 담긴 믿음은 시편 전체에도 이 모양 저 모양으로 나타난다. 시편의 3권 마지막인 89편은 다윗 언약의 실패를 탄식한다. 89 편 38-52절을 읽어보자. 언약은 깨어졌고, 이스라엘은 버림 받은 것 같다. 하나님을 향해 부르짖는 소리에 하나님께서는 어떻게 응답하실까? 시편의 4권은 90편부터 시작하는데, 4권에 실린 시들 가운데 많은 시들은 공통된 특징을 지니고 있다. 99편을 읽어보자. 그 공통점은 "여호와께서 다스리신다"는 선포이다. 다윗이 실패한 것 같은 현실 속에서 부르짖는 이들을 향한 하나님의 응답은 하나님 나라의 도래였던 것이다. 그러므로 시편 4권부터는 탄식보다는 찬양에 관한 내용이 압도적으로 많이 나오는 것을 이해할 수 있다. 그리고 마지막 5권에는 할렐루야라는 외침을 담은 시들이 여럿 등장하고, 마지막은 "호흡이 있는 자마다 여호와를 찬양하라"로 끝맺고 있다.150:1

또한, 시편 전체에서 제일 많은 분량을 차지하는 시는 119편인데, 이 시는 모두 172절로 이루어져 있다. 119편 1-8절을 읽어보자. 이 시는 모든 절마다 하나님의 율법을 가리키는 이런 저런 표현이 사용되고 있으며, 1편처럼 토라를 묵상하며 사는 삶의 행복에 대해 노래하는 시로 분류된다.

이상의 관찰은 시편이 토라와 메시아, 혹은 토라와 하나님 나라라는 두 중심 주제에 따라 수집되고 배열, 편집되었음을 보여준다.

탄식하는 하나님의 백성

시편은 찬양으로 배열되어 있지만, 시편에서 1/3 이상을 차지하는 시들은 찬양이 아니라 탄식이다. 이러한 사실은 단지 숫적인 비율을 넘어서는 중요성을 지닌다. 하나님을 믿는 우리의 신앙에서 탄식의 기도가 차지하는 역할은 간과될 수 없는 것이다. 그러나 이제까지의 교회에서 이러한 탄식의 목소리를 놓쳐버린 것은 비싼 대가를 치루게 했다.B. Anderson

하나님과 함께 걸어가지만, 때로 하나님의 백성들은 "사망의 음침한 골짜기"를 걷게 된다. 이 시기를 기쁜 찬송 부르며 견뎌내야 할 것 같은데, 뜻밖에도 구약 성경은 곳곳에서 이 시기에 울려퍼진 부르짖음과 탄식을 전해주고 있다. 시편 3편부터 7편까지 시편 기자를 괴롭게 하는 현실이 무엇인지 살펴보고 서로 나누어 보자.

하나님의 백성으로 살아간다는 것은 기쁨도 있지만 괴로움도 많은 일이었다. 시편 뿐 아니라 예레미야서와 욥기도 이러한 괴로움과 고통을 적나라하게 보여주고 있기도 하다. 그 속에서 이들은 하나님을 향해 부르짖는다. 고대의 다른 나라들에서도 고난과 괴로움 속에 도움을 청하는 기도의 시들이 있지만, 구약의 시들은 훨씬 더 강력하게 하나님을 향하여 부르짖고 때로 거세게 항의하기도 한다.

시편 10편을 함께 읽어보자. 시편 기자는 교만하고 악한 자에 둘러쌓여 있으며, 이 악한 이들은 세상에 하나님이 없다고 큰 소리치는 자들이다. 그렇게 큰 소리칠 수 있는 것은 자신들처럼 사는데 잘 되고 성공하고 출세하더라는 것이다. 그에 비해 하나님 믿는 자들은 초라하고 별 것 없고 어려움을 겪더라는 현실의 경험이 있었을 것이다. 그래서 악인들은 하나님을 멸시하고 약한 이들을 짓밟는다.

10편에서 시편 기자가 자신을 가리켜 표현하는 말들을 찾아보자. 시편에서 '가난한 자' 는 오직 하나님만을 자기의 도움으로 삼은 자를 가리킨다. 이들은 세상에서 악인들을 대적할 힘과 권세를 갖지 못한 이들이다. 악인들로 말미암아 핍박과 괴롭힘을 겪으면서 이들이 할 수 있는 것은 다만 하나님, 가난한 자들을 기억하시고 외로운 자를 붙드시는 여호와께 부르짖고 아뢰는 것이었다. 그가 그렇게 기도하는 것은 여호와 하나님이야말로 영원무궁하도록 왕이시기 때문이다.10:16 그리고 왕되신 여호와는 겸손한 자의 소원을 들으시며 고아와 압제 당하는 자를 위하여 세상을 심판하시는 분이시기 때문이다.10:18

그러므로 "탄식"이라고 표현하지만, 이 말의 기본적인 의미는 자신이 처한 편치 않고 괴로운 상황을 말하는 것이다. 다시 말하되, 하나님 앞에서 자신의 형편과 처지를 아뢰는 것이다. 사람 앞에서 원망하고 불평하며 체념하는 것이 아니라, 하나님 앞에 나아와서 토로하고 원망도 하고 자신의 아픔을 아뢰는 것이다. 그런 점에서 시편의 탄식은 근본적으로 하나님께 대한 깊은 신뢰에 기초한 것이다. 체념해 버리고 포기해 버린다면, 탄식하지 않을 것이다. 그러므로 탄식은 찬양이다. 불평으로 표현된 찬양이다. 하나님이 계시지 않은 것 같은 현실 속에서 하나님을 찬양하는 것이다. 또한, 하나님만을 의지하며 바라는 이들의 찬양이라는 점에서, 시편은 참으로 "가난한 자들의 노래"라고 말할 수 있을 것이다.

하나님과 동행

유명한 시편 23편을 읽어보자. 1-4절은 하나님을 향한 시편 기자의 단단한 신앙 고백 혹은 신뢰의 고백을 표현하고 있다. 이 가운데서도 쉽지 않은 삶의 흔적을 엿볼 수 있다. 하나님께서는 그로 푸른 초장에 거하게도 하시지만, 때로 사망의 음침한 골짜기를 걷게도 하신다. 하나님을 신뢰하며 경외한다는 것은 하나님께서 우리에게 이 모든 상황을 허락하심을 믿는 것이다. 그리고 그 모든 길에, 그 모든 어두운 길에 하나님 그분이 우리와 함께 걸어가고 있음을 고백한다. 좋은 것을 주신 하나님께서 죽을 것 같은 어두움 속을 걷게도 하시며 함께 걸어가신다는 것을 믿는 것이다.

또한, 하나님을 경외하는 시편 기자에게는 원수가 있다. 원수로 말미암아 고통하고 저주도 하지만, 궁극적으로 원수 갚아 주시는 분은 하나님이시다. 그러므로 다른 많은 시편에서처럼 23편 역시 하나님께서 원수를 부끄럽게 하시고 원수의 목전에서 자신을 존귀케 하심을 노래하고 찬송한다. 이러한 삶을 통해 시편 기자가 발견한 것은 여호와 하나님의 선하심과 인자하심이었다. 하나님의 선하심, 그리고 하나님께서 나를 한결같이 신실하게 사랑하시고 불쌍히 여기심을 깨닫게 될 때, 우리가 드릴 고백은 하나님의 집에 거하며 부를 찬양일 것이다.

우리의 삶에 슬픔도 있고, 탄식도 있고, 절망도 있고, 희망과 기쁨도 있으되, 사람인 우리가 해야 할 최종적인 일은 하나님께 대한 찬양이다. 이러한 찬양의 최대의 근거는 바로 하나님의 다스리심, 하나님 나라이다. 하나님앞에서 다만 우리 할 수 있는 모든 힘을 다하여 찬양하자. 여기에는 그 누구도 예외가 없으며, 이스라엘과 비이스라엘의 차이도 없을 것이다. 호흡이 있는 자라면 마땅히 여호와를 찬양해야할 것이다.

하나님의 왕되심

시편의 최종 형태에 대한 인식은 시편의 처음 두 편의 중요성을 새로이 인식하게 하였다. 종래에 2편은 다윗 왕권 신학에 관한 시편으로 여겨졌으나, 시편 전체의 형태에 대한 연구는 이 시편이 단지 현재의 왕에 대한 관심이 아니라, 새로운 왕에 대한 기대가 담겨 있음을 발견했다. 그런 관점에서 2편을 볼 때, 이 시편이 말하고자 하는바는 바로 "여호와께서 다스리신다"라는 것이다. 그러므로 2편 11절은 "여호와를 섬기라"고 권면한다. 위에서 본 것처럼 이런 구절은 왕권에 대한 전제가 있다. 왕이신 여호와를 섬기라는 것이다. 그러므로 2편의 주된 관심은 여호와의 통치이다.

이와 연관하여 시편에서 제왕시의 중요성에 대해 지적한바 있다. 제왕시들은 중요한 자리에 놓여 있다. 시편 전체의 서론으로서 2편, 2권의 마지막에 놓인 72편, 3권의 마지막에 놓인 89편이 그것이다. 2편과 72편은 다윗왕권에 대해 호의적으로 쓰여 있다. 그러나 89편은 달라진다.

37절까지 이 시편은 다윗왕가에 대한 긍정적인 진술을 하고 있으나, 38절에서부터는 사정이 달라진다. 시편 기자에게 닥쳐온 현실은 하나님이 그 기름부은 다윗의 후손을 버리셨다는 것이다. 즉, 이 부분은 다윗왕국의 실패와 언약의 깨어짐을 표현하고 있다. 1권에서 3권까지를 볼 때 받게 되는 인상은 언약이 회상되었으나, 실패해버렸다는 것이다. 2편에서 다윗에게 주신 언약은 허무한 것이 되어 버렸고, 시편의 처음 세 권의 묶음의 결론은 다윗의 후손들의 고통에 찬 외침이었다. 89:46, "여호와여 언제까지니이까" 89편은 그 안에 담긴 탄원을 다윗언약을 빛나게 하신 야훼 하나님의 실패라는 문제로 이끌고 간다. 언제까지니이까? 이 외침과 더불어 시편의 첫 세 권이 끝맺는다.

그래서, 시편집의 4권과 5권은 89편에서 제기된 문제에 대한 답변을 의도한 것이라고 볼 수 있다. 특히, 4권은 이 시편집의 최종 형태에서 편집자가 설정한 중심이다. 4권이 확언하여 대답하는 주된 논지는 바로 "야훼께서 다스리신다"라는 것이다. 4권의 주된 모음은 93, 95-99편들인데, 이것들은 흔히 야훼 즉위시편으로 불리며, 야훼께서 왕이시라는 언급이나 그가 통치하신다는 것을 분명히 선언하는 시편들이다. 시편의 최종적인 형태에서 신학적인 심장부가 된 것은 바로 이 즉위시편들이다. 달리 말해, 시편의 중심되는 신학적 주장은 "야훼께서 통치하신다"라는 것이다. 146편부터 등장하는 시편은 시편집의 최종적인 찬양이라고 할 수 있는데, 그 바로 앞에 있는 145편이 야훼 하나님의 왕되심을 찬양하는 시편이라는 점도 우연하지 않을 것이다:

왕이신 나의 하나님이여 내가 주를 높이고 영원히 주의 이름을 송축하

리이다1

그들이 주의 나라의 영광을 말하며 주의 업적을 일러서 주의 업적과
주의 나라의 위엄 있는 영광을 인생들에게 알게 하리이다 주의 나라는
영원한 날이니 주의 통치는 대대에 이르리이다11-13

그리고 이러한 하나님의 통치의 본질은 연약한 이들을 세우시며, 그
를 경외하는 이를 들으심이다:

여호와께서는 모든 넘어지는 자들을 붙드시며 비굴한 자들을 일으키
시는도다14
여호와께서는 자기에게 간구하는 모든 자 곧 진실하게 간구하는 모든
자에게 가까이 하시는도다 그는 자기를 경외하는 자들의 소원을 이루
시며 또 그들의 부르짖음을 들으사 구원하시리로다.18-19

그러므로 실질적으로 시편집은 야훼의 왕되심을 명백하게 선언하는
145편으로 마무리되고 있으며, 146-150편은 하나님께서 왕이심에 대
한 최종적인 송영인 셈이다.

이러한 관찰은 의미심장한 역사적 차원을 담고 있다. 시편집을 최종
편집한 포로 후기 유대인 공동체들은 성전을 상실하고 나라를 상실하고
왕권을 잃어 버렸다. 이러한 신학적 위기시에 그들은 야훼의 왕권을 선
포하는 것이다. 이러한 관점에서 볼 때, 시편 2편은 단순히 다윗왕국에
대한 시편으로 보아서는 안된다. 2편은 야훼 하나님의 다스리심을 전하
는 것이며, 여기에서 언급된 메시아는 다윗왕국의 왕들을 가리키는 것
만이 아니라, 야훼의 통치를 이루어갈 메시아를 가리킨다고 보아야 할
것이다. 다시 말하면, 단지 새로운 다윗 왕국의 부흥에 대한 기대가 아니

라 야훼 하나님께서 친히 다스리시는 세상에 대한 기대를 이 시들이 반영하고 있다는 것이다.

그러므로 2편과 다른 즉위 시편들은 최종 형태안에 놓인 시편들을 종말론적인 관점으로 바라보게끔 한다. 2편과 다른 시편들이 그 최초의 기록된 시기에 쓰이던 의미가 있을 것이다. 그러나 최종적으로 편집된 시편집의 구성은 이러한 시편이 다르게 기능하게 되었음을 알리는 것이다. 이들이 더는 제의안에서 과거에 이루어진 것만을 가리키는 것이 아니라, 앞날에 대한 예언이 그 속에 담겨 있음도 보아야 한다. 2편은 역사의 목표에 대한 비전으로 다시 읽혀질 때, 1편에 나오는 토라 신앙을 종말론적인 맥락속에 놓이게 한다. 종말론적이라는 말은 세상의 끝날이라는 관점을 의미하는 것이 아니라, 야훼께서 행하실 놀라운 일에 대한 기대의 관점에서 바라본다는 것을 의미한다.

이러한 이해를 전제하면서 야훼 즉위 시편들을 살펴 보아야 할 것이다. 시편 안에는 이스라엘과 열방, 나아가 온 세계를 다스리시는 야훼의 왕권을 노래하는 시들이 있다. 이사야서 52장 7절에 보면, 기쁜 소식을 들고 산을 넘어 시온에 전하는 무리들이 있는데, 그들이 전하는 소식은 바로 "네 하나님이 통치하신다"는 것이며, 이것은 신약에서 그리스도에게 적용되었다: "하나님의 나라가 가까왔다"막1:15

하나님께 가까이 함이 내게 복이라: 시편 73편

하나님께서 천지를 말씀으로 창조하실 때부터 하나님께서는 그 지으신 동물들과 사람에게 복을 주셨다: "하나님이 그들에게 복을 주시며 …"창1:22,28 사람들의 죄로 말미암아 온 땅이 심판을 받은 이후에도 하나님은 새로 시작하는 인류 노아의 가족을 축복하셨다: "하나님이 노아와 그 아들들에게 복을 주시며 …"창9:1 그리고 하나님과 아브라함의 동행은 아브라함을 향한 하나님의 축복의 말씀으로 시작한다: "내가 너로 큰 민족을 이루고 네게 복을 주어 네 이름을 창대하게 하리니 너는 복이 될지라"창12:2 이를 보면 여호와 하나님과 더불어 살아가는 삶은 하나님 께서 베푸시는 축복의 삶인 것을 알 수 있다. 그러나 여호와께 복 받은 삶 은 그리 단순하지 않다. 우리의 삶은 전혀 호락호락하지 않으며, 하나님 과 함께 걸어간다는 것도 결코 만만하지 않다. 하나님과 함께 살아가는 삶을 노래하고 찬양하는 시편집이 무엇이 복된 삶인지를 제시하는 것으 로 시작하고 있다는 점은 우연이 아니다. 나아가, 예수님의 가르침 역시 어떤 삶이 복된 삶인지에 대한 선언으로 시작하고 있다는 점도 주목할 만 하다.

우리는 하나님께 복받은 인생들이다. 자라나는 우리의 자녀들도 하 나님께 복받은 인생들이다. 그러면 무엇이 복된 삶인가? 대략적으로 시 편집의 한 가운데에 위치한 73편은 이러한 복된 삶에 대해 무엇을 알려 주는가?

73편은 한편으로는 탄식시편이라 분류되고, 달리 보면 지혜시편이 라고 분류되기도 한다. 시편 기자가 처한 곤고한 상황에 대한 탄식이 시 편의 배경을 이루고 있다는 점에서 탄식시라고 볼 수 있다. 1-12절까지 가 악을 행하는 이들에 대한 탄식이라면, 13-16절은 시편 기자 자신에 대한 탄식이라고 할 수 있다.

시편의 다른 탄식시들은 시편 기자에게 악을 행하는 이들에 대한 탄 식을 다루는데 비해, 이 시편은 악인들의 일반적인 특징을 다룬다는 점 에서 차이가 있다. 이렇게 악인들의 행동과 그들에게 닥칠 결과에 대해 숙고하고 있다는 점이 이 시를 지혜시로 분류하게 하는 근거가 된다.

이 시편에서는 네 번 '그러나 나는' 이라는 표현이 쓰였다.2,22,23,28 2절에서 거의 넘어질 뻔한 시편 기자의 혼란스러움이 표현되었고, 22절과 23절에서는 악인의 형통함과 대비된 시편기자의 처절한 모습 그럼에도 하나님 앞에 있는 그의 모습이 다루어지며, 마지막 28절에서는 하나님을 가까이 함이 가장 좋은 것이었음이 고백된다. "위대한 그러나great nevertheless"라고 할 수 있는 이것이 시편의 신앙이며, 나아가 성서의 신앙이다. 로마서 8:38-39의 고백도 여기에 있다. 본회퍼가 강조했듯이, 그리스도가 우리와 함께 계시지 않는 곳에는 고난이 없다. 그분은 우리와 함께 고난받으며, 우리와 함께 기도하시며, 우리와 함께 승리하신다.

1절에서 "선"으로 번역된 단어가 마지막 28절에서는 "복"으로 번역되었는데, 히브리말로 "토브good"이다. 결국, 이 시편은 '토브'로 시작해서 '토브'로 끝을 맺는 것이며, 무엇이 좋은 것인지, 무엇이 복인지를 증거하고 있다. 얼핏 보기에 결론은 첫머리와 똑같은 것처럼 보인다. 그러나 그 진행 과정을 고려하면 마음이 정결한 자는 다름아닌 하나님을 가까이 하는 자이고 하나님이 주시는 선으로 만족하는 자이며, 그에게 선은 다름아닌 하나님을 가까이 함 자체임을 알 수 있다. 언뜻 위기에 처한 것처럼 보이던 1절의 명제가 28절에서 재확인되되, 새롭게 견고하게 되었다고 할 수 있다. 그런 점에서 73편은 "순진한 신앙에 대한 공격이다. 이 시편은 고통스럽게 두 번째의, 모든 것을 알면서도 간직한 순진함에 이르른다."W. Brueggemann

시편집의 첫 부분을 차지하는 내용은 거의 대부분 시편 기자가 겪는 곤고와 고난을 노래하는 탄식이다. 그리고 시편의 마지막은 150편에서 볼 수 있듯, 하나님을 향한 찬양이다. 이를 보건대, 시편집은 탄식에서 찬양으로 흐름이 전개되고 있다고 할 수 있다. 유념할 것은 탄식 역시 하나님께 대한 찬양이라는 점을 굳게 붙잡는 것이다.

탄식에서 찬양으로 넘어가는 흐름에서 중간에 위치한 73편은 아주 중요한 역할을 한다. 여전히 시편 기자는 극심한 고난 가운데 있지만, 그는 하나님을 가까이 함이야말로 하나님께서 그 백성에게 주신 복인 것을 깨달은 것이다. 도무지 하나님이 함께 하시지 않는 것 같은 현실이지만, 도리어 이 시편 기자는 그 속에서 하나님의 임재를 발견한 것이다. 그런 점에서 브루거만W. Brueggemann이라는 구약학자는 73편을 가리켜 이르기를 "해체disorientation로부터 새로운 방향정립New orientation으로" 나아가게 한다고 하였다. The Message of the Psalms, 115-21

부재의 현실속에서 시편 기자는 하나님께서 마침내 그를 이끄실 영광을 사모하고 기대한다. 하나님의 사람들이 겪는 고난은 구약의 인물들이 부딪히는 현실이었다. 잠언과 열왕기, 역대기는 야훼를 경외하는 자는 반드시 잘 될 것이며, 그를 떠난 자는 하나님이 꼭 심판하신다는 것을 확고히 전한다. 그러나 이러한 고백을 뒤흔드는 현실들이 있다. 주전 7세기 예언자이던 예레미야에게 있어서도 이는 쉬운 일이 아니었다. 악한 자의 형통은 어찜이며, 자신이 이토록 고난을 당하고 죽음까지 직면하게 되는 까닭은 무엇인지 물을 때에, 하나님의 대답은 "네가 보행자와 함께 달려도 피곤하면 어찌 능히 말과 경주하겠느냐"였다. 렘12:1-5 이러한 질문은 예레미야와 비슷한 시대를 살았던 하박국에게서도 볼 수 있다. 합1:2-4,13 그가 깨달은 대답은 "의인은 그 믿음으로 말미암아 살리라"이며합2:4, "비록 무화과나무가 무성치 못하며 포도나무에 열매가 없으며 감람나무에 소출이 없으며 밭에 식물이 없으며 우리에 양이 없으며 외양간에 소가 없을찌라도 나는 여호와를 인하여 즐거워하며 나의 구원의 하나님을 인하여 기뻐하리로다"합3:17-18 의인의 고난의 문제는 제2성전기 시절에 가면서 더더욱 부각된다. 특히, 헬레니즘의 물결속에서 야훼 신앙의 정체성이 흔들리게 되고, 이 신앙을 지키기 위해 핍박을 받는 상황이 생기게 된 것이 의인의 고난 문제가 전면적으로 등장하게 된 배경을 이룬다. 집회서는 의인이 비록 이 땅에서 고난을 받지만, 그 이름이 영원히 남는 것을 강조한다. 그러나 전도서는 의인의 이름과 악인의 이름이 모두 다 잊혀지고 마는 것을 지적하고 있다. 그런 점에서 전도서는 이 땅에서 야훼를 경외하며 살아가는 삶에 그 중심을 두고 있다. 솔로몬의 지혜서에서는 영생과 내세에 대한 소망이 의인의 고난의 해결책으로 등장하며, 이것은 다니엘서를 비롯한 이 시기 문헌들의 주된 특징이라고 할 수 있다. 신약성경은 이러한 부활에 대한 소망과 기대가 그 중심을 이루고 있으며, 요한계시록은 그 대표적인 예라고 할 것이다. 시편 73편에서 고백하는바, 마침내 하나님께서 이끄실 영광은 그러한 부활에 대한 소망의 씨앗을 담고 있다.

참고문헌

- W. Brueggemann, *The Message of the Psalm*, Minneapolis, Augsburg, 1984

오늘 배운 내용을 정리하며 나누어 봅시다.

1. 탄식은 찬양이요, 체념은 불신앙이라면 어떤 의미일까?

2. 교회가 탄식의 목소리를 잃어버림으로 큰 대가를 치루어야 했다는 표현의 의미는 무엇일까?

26. 예언서 1 - 이사야

예언서의 머리말

구약 예언서들에 가장 기본적인 특징이 있다면, 대체로 첫머리에 예언자와 시대 배경에 대한 간단한 소개가 놓여 있다는 점이다. 렘1:1-3; 겔1:1-3; 호1:1; 암1:1 등; 그 점에서 다니엘서는 다른 예언서들과 구별된다

이러한 소개가 없어도 예언서들에 실린 말씀은 충분히 강력하고 은혜롭고 능력있기에, 우리 대부분은 크게 첫머리의 소개에 개의치 않고 본문을 읽곤 한다. 그렇게 읽어도 아무 문제 없다고 생각된다는 점에서, 거꾸로 예언서들에 배치된 첫머리 소개는 중요한 가치를 지닌다고 할 수 있다.

이 소개의 말씀은 예언의 말씀이 특정한 사람과 시대와 연관되어 있음을 보여준다. 그러므로 예언의 말씀을 볼 때에, 어떤 신비스러운 계시가 갑자기 하늘에서 뚝 떨어진 것으로 생각할 것이 아니라, 피와 살을 지니고 이스라엘의 특정한 한 시기에 살았던 특정한 예언자, 그리고 그 예언자가 살고 사역하던 특정한 시대와 연관하여 제시되고 알려진 말씀으로 읽어야 할 것이다. 그가 살던 시대와 그가 느끼고 깨달았을 것들을 생각하고 상상하며 본문을 읽어갈 때, 우리는 예언자들이 살던 시대와 오늘 우리 시대가 겹쳐지는 것을 경험할 수도 있다. 그리고 예언의 말씀이 어느 시대에나 보편 타당한 진리이지만, 기본적으로는 특정하고 구체적

인 상황 속에 주어졌다는 점을 명심하는 것이 좋다.

하나님의 영원한 진리는 이렇게 구체적이고 특수한 상황의 옷을 입고 사람들에게 나타난다. 그러니, 이 땅의 역사는 덧없고 의미 없는 것이라고 말하면서도, 이 땅의 덧없는 역사야말로 하나님의 놀라운 은혜와 진리의 계시와 능력이 드러나는 현장이기도 함을 우리는 유의해야 할 것이다.

이사야서의 배경

이사야 1장 1절을 읽어보자. 이사야서 말씀은 남왕국 유다왕 웃시야, 요담, 아하스, 히스기야 치세, 주전 8세기 중후반을 배경으로 하고 있다. 웃시야와 요담이 다스렸던 68년간은 유다의 번성기였다. 군사적으로 매우 튼튼하여 외적을 물리치고 정복하기도 하였으며 경제적으로도 농업과 무역이 번성하였던 시기였고, 하나님 보시기에 정직히 행하였던 시기이기도 하였다.

그에 비해, 아하스왕의 시대는 이전과는 확연히 다른 시기였다. 팽창하는 앗수르의 기세로 고대 중동 지역 전체가 그 앞에 굴복하던 때에, 북왕국 이스라엘과 아람은 앗수르에 대항하기로 결정하였다. 이를 위해 유다에도 협력을 제안하지만, 아하스는 이를 거절하였고, 이스라엘과 아람은 먼저 유다를 침공하여 자신들과 뜻을 같이 하는 왕을 세우려고 하였으니, 이 전쟁이 "수리아-에브라임 전쟁"이다. 이사야는 두 왕의 침략에 대해 하나님을 믿고 두려워 말라 권면하지만, 아하스는 앗수르에게 원조를 청하기로 결정한다. 팔레스타인을 침략할 틈을 노리던 앗수르는 즉각 이 지역에 진군하게 되고, 이스라엘과 아람을 멸망시켜 버렸을 뿐 아니라, 유다의 많은 지역까지도 차지한다. 유다는 살아남았지만, 이제 앗수르의 조공국 신세로 전락하게 되었다.

이어지는 히스기야 왕의 시대 역시 앗수르 위협이 계속되었다. 히스기야는 애굽과 바벨론과 뜻을 모아 앗수르로부터 놓여 나기를 시도하지만, 앗수르의 침공 앞에서는 무기력하였다. 그러나 오직 하나님의 도우심을 구하며 히스기야가 기도할 때, 하나님께서는 예루살렘을 보호하셨고, 강력하던 앗수르 군대는 많은 사상자를 남긴 채 본국으로 퇴각하였다.

이사야는 웃시야, 요담의 평화롭고 부유하던 시대를 향해 다가오는 하나님의 심판을 선포하였다. 이 점은 예언자가 바라보는 현실과 겉으로 보이는 현실이 큰 차이가 있음을 알려 준다. 이사야서는 1절에서 전체의 제목을 "이사야가 본 계시"라고 적는데, 직역하면 '이사야가 본 환상'이라고 할 수 있다. 결국, 이사야가 보는 것과 사람들이 보는 것은 달랐던 것이다. 부국강병과 평화의 노래가 울려퍼지지만, 이사야가 보고 듣기에 그 시대는 고통 받는 이들의 부르짖음과 눈물, 억압과 착취가 드세던 시기였다. 그가 시대를 달리 보게 된 것이야말로 그가 하나님의 사역자로 부름 받았다는 것의 의미일 것이다. 그는 하나님께서 보여주시는 대로 보았던 사람이며, 하나님께서 이르신 말씀에 근거하여 시대를 바라보았던 사람이었다.

예언자가 살던 시대는 그야말로 나라의 격동기였으며, 앗수르라는 강력한 열강의 위협 속에 어떻게 나라의 생존을 유지할 수 있는지 문제되던 시기였다. 하나님의 말씀은 개인의 구원과 평화만을 위한 말씀이 아니라, 나라와 민족의 운명과 생존을 결정 짓는 것이기도 하다.

이사야서의 짜임새

1-12장에는 이사야 사역 초기인 웃시야, 요담, 아하스 시대에 선포

된 말씀들이 모여 있으며, 전체적으로 심판에 관한 말씀들1장; 2:6-4:1; 5-8장; 9:8-10장로 이루어져 있지만, 사이 사이에 회복과 구원에 관한 말씀2:1-5; 4:2-6; 9:1-7; 11-12장도 배치되어 있다.

13-23장은 이스라엘을 둘러싸는 열방들에 대한 말씀이다. 열방들이 힘을 내세우겠지만, 결국에는 그들이 하나님께 심판당할 것임이 선포되고 있다. 24장부터 27장은 열방 예언에 이어, 온 세상에 임할 하나님의 궁극적인 심판과 이스라엘의 회복을 다루고 있다. 하늘과 땅 세상 전체에 임할 변화를 다룬다는 점에서, 이 본문은 흔히 "이사야 묵시록"이라고 불리기도 한다.

28장부터 33장은 다시 이사야가 사역하던 구체적인 현실로 돌아와서, 유다의 여러 죄악들에 대한 고발과 그에 따른 심판을 다룬다. 이 본문은 히스기야 시대가 배경인 것으로 여겨진다. 여기서도 심판 말씀이 압도적으로 나타나지만, 32장과 33장 17-24절은 하나님께서 회복하실 날들에 대한 기대가 담겨 있다. 34장과 35장은 온 세상에 임할 심판과 이스라엘의 회복에 관한 말씀이 실려 있으며, 24-27장 말씀과 비슷하다.

36-39장은 히스기야 시대 앗수르의 침공을 배경으로 한다. 히스기야가 하나님만 의지하여 기도함으로 앗수르 군대를 물리친 일, 중병에 걸렸으나 역시 기도를 통하여 십오 년의 생명을 연장받게 된 일들이 실려 있다. 마지막 39장은 히스기야가 그를 찾아온 바벨론 사절단에게 유다의 모든 보물과 무기고를 다 보여준 사건을 다루고 있으며, 이것은 유다의 모든 귀한 것들과 사람들이 바벨론으로 다 끌려가고 말 것을 보여주는 상징적인 사건이었다. 39장과 더불어 앗수르 시대는 끝이 나고, 바벨론 시대로 넘어가게 된다.

39장까지 주로 심판에 관한 말씀이었다면, 40장 이후 55장까지 전적으로 회복과 위로, 구원에 관한 말씀이 선포된다. 39장까지의 말씀에서 죄악에 대한 결과로 포로될 것이 선포되었다면, 40-55장에서는 심판은 이미 이루어졌고, 이제 하나님의 위로와 용서, 은혜로운 회복이 기다리고 있음이 증거된다. 그래서 이 본문은 예루살렘 멸망 이후 바벨론에 끌려가 있는 이들을 향한 위로와 회복의 말씀으로 이해할 수 있다. 오랜 포로 생활 끝에 희망도 소망도 사라지고, 체념하며 바벨론 땅에서 그저 살아가려는 이들을 향해, 하나님께서 출애굽때처럼 친히 임하셔서 그들을 이끌어내실 날이 다가오고 있음이 선포된다.

56장에서 마지막 66장까지는 또 다시 분위기가 바뀌어 있는 것을 볼 수 있다. 이 본문들에서 다시 백성들의 죄악에 대한 강력한 고발과 책망이 나오지만, 그에 대한 심판으로 포로됨이 선포되지는 않는다는 점에서 1-39장까지와는 구별된다. 그러므로 이 본문은 포로에서 돌아온 이후 본토에서 살아가지만, 여전히 똑같은 죄악을 저지르는 백성들을 향한 말씀이라고 생각해볼 수 있다. 좀 더 일반적으로 표현하면, 회복을 경험했으나 변화 없는 삶, 오히려 더 악화된 일상으로 말미암아 희망을 잃은 사람들을 향한 말씀이라고 할 수 있다. 사람들이 죄를 짓는 것은 단지 성품이 악해서이지 않다. 여호와의 약속에 대한 아무런 기대가 없고, 하나님께서 행하실 것이라는 데에 아무런 소망이 없을 때, 이 땅이 온통 불의와 죄악으로 가득 차며, 그 속에서 살아남으려면 자신이 자신을 어떻게든 챙기는 것이 전부라는 판단이 설 때, 그때 사람들은 정의를 버리고 하나님을 두려워 함도 없이 죄악을 행하게 되는 것이다. 56-66장은 이러한 사람들을 향해, 여전히 하나님의 약속이 살아 있으며, 하나님께서 친히 행하실 것이고, 그의 백성들에게 새 하늘과 새 땅이라는 영광의 날을 가져오실 것임을 강력하게 증거하고 있다. 어두움 가운데 머물러 있지 않고, 일어나 빛을 발할 수 있는 삶으로 초대하고 있다.

이상의 내용을 정리하면, 이사야서는 전반부의 심판에 관한 말씀과 후반부의 회복과 구원에 관한 말씀의 큰 두 덩어리로 나뉘어진다. 전반부에도 회복 말씀이 있고, 후반부에도 심판 말씀이 있지만, 전체적으로 심판에서 회복으로 방향 잡혀져 있다. 하나님께서는 그 백성의 죄악으로 말미암아 그들을 심판하실 것이지만, 이것은 그 백성을 진멸하고 없애기 위한 것이 아니라 그들을 고치고 바로잡기 위한 것이다. 하나님께서는 마침내 그들을 회복하실 것이며, 그들을 통해 하나님께서 온 세상의 주관자 되심을 드러내실 것이다. 하나님의 부르심을 따라 하나님을 신뢰하며 살아가는 하나님의 종들은 그가 약속하시고 베푸실 영광의 날들을 누리게 될 것이다.

이사야서의 메시지

1. 공평과 정의

이사야서 5장 1-7절을 읽어보자. 하나님께서 심으신 포도원이요, 포도나무인 이스라엘 백성에게 기대하신 포도 열매는 공평과 정의를 상징한다. 정의가 이웃 혹은 하나님께 마음을 같이 함으로 표현되는 올바른 관계라면, 공평은 외모나 뇌물에 좌우되지 않고 하나님의 말씀에 따라 내려지는 판결이나 재판을 의미한다. 그런 점에서 공평과 정의는 이웃과 함께 살아가는 일상의 삶을 강조하고 있다.

이사야서는 성전 안에서 드려진 예배가 성전 바깥에서의 삶을 정당화시키는 것이 아니라, 성전 바깥의 일상 속에서 행해진 공평과 정의의 삶이 성전 안에서 드려진 예배를 타당한 것으로 만든다는 점을 분명히 하고 있다.사1:10-17 그러나 이스라엘은 공평과 정의의 열매를 맺지는 않고, 더 많은 제사와 더 많은 제물을 통해 하나님께 나아가려고 한다.

그래서 이사야가 선포한 말씀은 이 백성들이 이해하기 어려웠고, 넘쳐나는 제사 속에서 이 백성들은 결국 멸망을 향해 달려가게 된다.

2. 하나님의 통치

공평과 정의는 인간적인 윤리 덕목이 아니라, 하나님께서 세상을 다스리시는 원칙시97:2이라는 점에서, 공평과 정의의 강조는 하나님의 다스리심에 대한 강조와 다르지 않을 것이다. 이사야가 하나님께 부름 받은 곳은 성전이었는데, 그곳에서 본 것은 왕이신 하나님이었다.시6:5 하나님을 거역하는 다윗의 후예들의 나라는 멸망하게 되지만, 온 세상을 다스리시는 참된 왕이신 하나님의 다스리심은 이스라엘의 멸망으로 더욱 빛이 나게 된다. 그래서 이사야서의 곳곳에서는 왕이신 하나님에 대해 증거하고 있다.시33:17-24

예언자의 하나님은 개인의 앞 날을 이끄시는 분일 뿐 아니라, 이스라엘과 열방을 좌우하시고 사용하시는 분이시기도 하다. 아모스로부터 시작되는 문서 예언자들의 중요한 공통점의 하나는 열방을 향한 하나님의 말씀이 담겨 있다는 점이다. 이사야서의 경우 13-23장에 이 부분이 등장한다. 이러한 열방 예언은 열방을 청중으로 하고 있다기보다는, 이스라엘을 청중으로 하여 하나님께서 어떻게 온 세상을 주관하시는지를 보여준다.

아모스 이래 이스라엘은 날로 쇠약해져가면서 결국 멸망 당하게 되는데, 도리어 이러한 예언자들에게서 하나님의 온 세상 다스리심을 선포하는 열방 말씀이 증거된다는 점은 의미심장하다. 이스라엘의 강성함으로 하나님의 세상 주권이 드러나는 것이 아니라, 이스라엘의 약함 속에 하나님의 주권이 강력하게 선포되는 것이다. 이스라엘은 강해서 하나님을 증거하는 백성이 아니라, 그들의 연약함에도 하나님의 능력과 주권을 드러내는 백성이다. 이스라엘은 망하지만 하나님의 세상 통치는 망하지도 쇠하지도 않는다.

바벨론 땅에 포로로 살고 있으며 자신을 버러지와 같다 여기는 야곱의 후예들을 향해 선포된 최고의 기쁜 소식은 하나님의 다스리심이다.

> "좋은 소식을 전하며 평화를 공포하며 복된 좋은 소식을 가져오며 구원을 공포하며 시온을 향하여 이르기를 네 하나님이 통치하신다 하는 자의 산을 넘는 발이 어찌 그리 아름다운가" 사52:7

시온이 특별한 것은 지리적이거나 인종적인 이유이지 않다. 시온이 하나님의 도성, 하나님께서 다스리시는 곳이기에 특별하고 영원한 것이다.

3. 여호와의 종

이사야서 40-55장은 여호와께서 친히 나의 종이라고 부르시는 이를 노래하는 네 개의 본문을 소개하고 있다. 42장 1-4절에서 이 종은 하나님의 선택과 사랑을 입은 자로 소개되는데, 그는 상한 갈대를 꺾지 않고, 꺼져 가는 등불을 끄지 않는 사역을 감당하며, 그를 통해 온 세상에 정의를 세우기에 이른다. 49장 1-6절에 따르면, 어머니의 태중에서부터 선택 받고 잘 훈련된 이 종이 실제 행한 일은 무익하다 싶을 정도로 성과가 없었음을 보여준다. 그럴지라도 이 종은 이스라엘을 돌이킬 뿐 아니라, 열방을 하나님께로 돌이키는 "이방의 빛"으로 부름 받은 자이다. 겉으로는 무익해 보이고 헛수고처럼 여겨지는 사역을 하였지만, 하나님 보시기에 참으로 깊고 놀라운 뜻을 지닌 것이 이 종의 삶과 사역이라고 할 수 있다.

종에 대해 노래하는 세 번째 본문인 50장 4-9절은 이 종이 학자의 혀와 귀를 가졌다고 전한다. 그래서 이 종은 말로 연약한 이들을 도와줄 줄 알며, 하나님 말씀을 잘 깨닫는다. 그를 통해 어떤 어려움이 오고 모욕과 수치를 당한다 할지라도 뒤로 물러가지 않고 체념하지 않는다.

이 종이 겪게 되는 고난은 마지막 네 번째 종의 노래에서 한층 뚜렷하게 나타난다. 52장 13절에서 53장 12절에 실린 네 번째 종의 노래는 종의 극심한 고난을 표현한다. 그는 마른 땅에서 나온 뿌리 같고, 연한 순 같으며, 도무지 흠모할 만한 외양을 갖추지 못한 존재이다. 그 뿐 아니라 그의 삶에는 슬픔과 질병이 끊이질 않았기에, 무슨 죄를 그리도 많이 지어서 삶이 저렇게 참담한가 모두들 생각하였다. 그런데 놀랍게도 이 종의 슬픔과 병은 범죄한 우리가 당해야 하는 슬픔과 병을 대신 짊어진 것이었다. 그가 죽음으로 우리는 살아나고, 그가 맞음으로 우리는 고침을 받았다. 이 종에게 하나님의 팔이 나타났다고 하였는데, 여기서 하나님의 팔은 극심한 고난의 길을 잘 걸어가고 다른 이들을 위한 고난을 잘 감당하는 것으로 드러나고 있다.

여호와의 종은 참으로 영광스러운 존재이지만, 그의 영광은 상한 갈대 꺾지 않고, 무익한 듯 보이는 사역과 조롱과 수치를 당하는 삶, 마침내 죽기까지 하는 삶으로 나타난다. 고레스와 같이 온 세상을 짓밟는 강력한 왕도 하나님이 사용하시는 도구사45:1이지만, 여호와 하나님의 사랑과 깊으신 뜻과 능력 가운데 참으로 하나님의 종으로 살아간 이는 바로 이 고난받는 여호와의 종이었다.

여호와의 종은 신약 교회에 이르러 예수 그리스도를 가리키는 말씀으로 해석되었다. 그 뿐 아니라 이 종은 그리스도를 믿고 따르는 이들을 위한 모범이기도 하다.

"죄가 있어 매를 맞고 참으면 무슨 칭찬이 있으리요 그러나 선을 행함으로 고난을 받고 참으면 이는 하나님 앞에 아름다우니라 이를 위하여 너희가 부르심을 받았으니 그리스도도 너희를 위하여 고난을 받으사 너희에게 본을 끼쳐 그 자취in his steps를 따라 오게 하려 하셨느니라"

벧전2:20-21

4. 새 하늘과 새 땅

이사야서 곳곳에서는 하나님께서 다스리시는 세상이 어떤 모습일지를 보여주고 있으며, 그를 통해 오늘 우리의 현실을 돌아보고 하나님이 행하실 나라를 사모하게 한다.

2장 2-5절은 하나님께서 재판하심으로 말미암아 열방 가운데서 칼이 보습으로, 창이 낫으로 바뀌며 다시는 전쟁을 연습하지 않는 일이 일어나게 될 것이라 예언하고 있다. 열방이 예루살렘으로 모여오는 까닭은 이러한 하나님의 율법이 선포되기 때문이다. 전쟁이 사라지고 보습과 낫으로 상징되는 평화의 왕국이 이루어질 것을 기대하면서, 이 본문은 이미 하나님을 아는 야곱 족속을 향해 이러한 여호와의 빛으로 나아갈 것을 촉구하고 있다. 하나님의 예언은 하나님께서 가져오실 영광스러운 미래이면서, 이 땅을 살아가는 교회가 열심으로 추구하며 만들어가야할 현실이기도 하다.

11장 1-10절은 이새의 줄기에서 나는 싹에 대해 전하고 있다. 다윗의 아버지 이새를 통해 등장하게 될 새로운 다윗은 하나님의 영이 그 위에 임한 존재로, 공의와 성실로 그 백성을 다스리는 자이다. 그의 통치의 결과는 이리와 어린 양이 함께 뛰어노는 세상이며, 이것이 여호와를 아는 지식이 온 세상에 가득하다는 것의 의미이다. 이 나라에서 여자의 후손인 어린 아이가 뱀의 후손인 독사 굴에 손을 넣어도 물리지 않게 되어,

아담 이래 오랜 저주창3:15가 풀리게 된다.

이리와 어린 양이 함께 뛰어노는 세상은 이사야서 마지막 부분인 65장 25절에도 등장하는데, 이 단락은 이러한 세상을 가리켜 "새 하늘과 새 땅"이라고 표현하고 있기도 하다.사65:17 새 하늘과 새 땅은 어떤 다른 공간이나 어떤 다른 시간대라서 특별한 곳이지 않을 것이다. 새 하늘과 새 땅이 특별한 것은 그곳에서 왕이신 하나님의 통치가 온전히 드러나기 때문이다. 새 하늘과 새 땅은 하나님의 약속의 성취이며, 사람에게 두신 풍성하고 즐거운 삶이 현실이 되는 세상을 나타낸다.

오늘 배운 내용을 정리하며 나누어 봅시다.

1. 이사야서와 예레미야서의 참된 저자는 하나님이라고 할 수 있는데, 각각의 예언서의 내용이 서로 다른 까닭은 무엇일까요?

2. 하나님의 나라라는 말의 의미가 무엇일지에 대해 이사야서를 중심으로 이야기해 봅시다.

27. 예언자들 2 - 예레미야

멸망의 시대를 살아간 예언자

예레미야 1장 1-3절을 읽어보자. 그는 아나돗 지방에 거주하던 제사장 가문 출신이었다. 아나돗은 솔로몬 즉위시에 반대파를 지지했던 연고로 솔로몬에 의해 예루살렘에서 축출되었던 제사장 아비아달의 고향이었다.왕상2:26-27 실로 성소의 제사장이던 엘리가 하나님의 뜻을 깨닫지 못하였을 때, 그 가문의 몰락이 예고되었고삼상2:27-36, 이것이 아비아달에게서 성취되었다고 열왕기 기자는 전해주고 있다. 그리고 엘리가 기반을 두었던 실로 성소 역시 그 이후의 어떤 시기에 완전히 파괴되고 버려졌다.렘7:14

예레미야서 첫 머리에 이러한 정보가 서술되어 있다는 것은 예레미야가 중심부 인물이 아니라, 주변부에 존재했던 제사장 가문 출신임을 보여준다. 그리고 예레미야서에만 언급되는 실로 성소의 파괴에 대한 기억은, 예레미야로 하여금 하나님의 뜻을 깨닫고 따르지 않는 가운데 이루어지는 모든 제사와 성소의 무익함을 절실히 이해하게 하였을 것이다. 달리 말해, 본질이 없는 형식은 아무런 소용이 없다고 할 수 있다.

그는 유다 왕 요시야 십삼년주전 626년부터 마지막 시드기야 왕 십일년주전 587년 말, 예루살렘이 함락될 때까지 그에게 임한 하나님의 말씀을 전하였다. 요시야는 말씀에 근거한 개혁적인 임금이었고, 예레미야

역시 그를 일러 가난한 자와 궁핍한 자를 변호하며 공평과 정의를 행하였다고 평가하고 있다. 렘22:15-16 그러나 그의 시대에 이미 하나님을 떠나고 이방 신을 향하며 불의와 불법을 행하는 이스라엘의 모습이 드러나고 있기도 하였다. 렘3:6

　　요시야 이후의 이스라엘은 멸망을 향해 질주하는 기관차와 같다. 요시야의 아들 여호아하스가 왕위에 오르지만, 애굽은 그를 포로로 애굽으로 끌고 가면서, 요시야의 또 다른 아들인 여호야김을 왕위에 세웠다. 애굽과 바벨론은 이 지역의 패권을 두고 겨루게 되었고, 주전 605년 여호야김 4년 되던 해 갈그미스 전투의 승리와 더불어 바벨론이 팔레스타인 전역을 그 영향권 아래에 두게 되었다. 여호야김은 하나님 보시기에 악을 행하는 왕으로, 무죄한 자의 피를 흘려 예루살렘에 가득하게 하였고 왕하24:1-4, 왕궁을 커다랗게 짓는 일에 힘썼기에, 그의 시대는 불의가

넘쳐 나고 가난한 이들의 고통이 극심해지던 시기였다. 렘22:13-14

그의 사후, 아들 여호야긴이 왕위에 올랐다. 주전 597년 팔레스타인의 불안정함을 제압하려고 이 지역에 진군한 바벨론의 느부갓네살은 여호야긴을 포로로 잡아 바벨론으로 끌고가면서, 요시야의 또 다른 아들인 시드기야를 바벨론의 앞잡이로 유다 왕위에 세웠다. 시드기야는 그의 치세 중 주변국가들과 연합하여 바벨론으로부터의 독립을 꿈꾸었던 것으로 보인다. 렘27:1-11 그러나 여호야긴 때보다 훨씬 두려운 결과가 기다리고 있었으니, 느부갓네살이 다시금 진격하여 일 년 반 동안을 예루살렘을 포위 공격한 끝에 마침내 주전 587년 함락시켰다. 시드기야는 장님이 된 채 포로가 되었으며, 그의 아들은 모두 처형당하였고, 성전과 왕궁은 파괴되었으며, 많은 사람들이 여러 번에 걸쳐 포로로 끌려가게 되고 말았다. 바벨론은 이제 새로운 왕을 세우기보다는 바벨론에 협조하는 유다인을 총독으로 세웠는데, 그가 바로 아히감의 아들 그다랴였다. 그다랴 시대에 짧은 평화가 임하지만, 권력의 암투 속에 공동체는 붕괴되고, 남은 이들은 애굽으로 피신하게 된다.

나라가 완전히 기울어가던 시기를 살면서, 예레미야는 이 민족에게 다가올 두렵고도 무서운 심판과 멸망의 날을 선포하였다. 그 시대에도 평화를 전하는 수많은 예언자들이 있었고, 사람들이 정말 듣고 싶었던 것은 그러한 예언이었기에, 심판과 멸망을 전하는 예레미야의 삶은 이미 고난이 예견된 것일 수밖에 없었다. 그는 현실로부터 한 걸음 떨어져서 하나님의 말씀을 전한 이가 아니라, 그가 전한 심판이 임하는 것을 전부 다 몸소 경험하면서 살아갔고, 그가 전한 메시지로 말미암아 극심한 고난을 겪어야 했던 이였다.

예레미야서의 짜임새

예레미야서 3장에는 요시야의 이름이 언급되고, 21장에는 시드기야, 24장에도 여호야긴이 포로로 끌려간 이후인 시드기야 시대가 언급되어 있다. 그러나 25장에 가면 여호야김 4년 느부갓네살 원년의 시간이 언급된다는 점에서 특이하다. 이 해는 갈그미스 전투를 통해 팔레스타인의 패권이 애굽에서 바벨론으로 결정적으로 넘어간 시기였다.렘 46:2 25장은 요시야 시대 이래 그때까지를 불순종의 역사로 규정하면서, 느부갓네살에 의해 나라가 멸망할 것임이 예언된다. 다가올 심판과 70년 후의 바벨론 멸망에 대한 말씀이 책에 기록되고, 그 기록된 내용이 그대로 임하게 될 것이 선포된다.

흘러가던 시간이 다시 여호야김 4년으로 돌아가는 것을 36장에서 볼 수 있는데, 36장 역시 요시야 이래 그때까지의 역사를 언급하면서 회개를 촉구한다. 그리고 예레미야는 바룩을 통해 이 내용을 두루마리 책에 기록하여 모든 백성을 향해 낭독하게 하는데, 여호야김 5년에 이 내용을 들은 왕은 그 책을 갈기갈기 찢어서 불태워버린다.

여호야김 4년은 45장에서도 언급되는데, 그 해에 예레미야가 이른 모든 말씀이 바룩에 의해 책에 기록되었다고 진술된다.

여호야김 4년이 언급된 세 본문은 모두 "책"에 대한 언급도 함께 지니는데, 그 책은 하나님께서 예레미야에게 이르신 말씀을 상징하며, 그 말씀이 성취되리라는 것을 훗날에 그 책이 증거하게 될 것이다. 이렇듯, 예레미야서에서 여호야김 4년이 매우 중요한 역할을 하고 있음을 알 수 있다. 갈그미스 전투 이래 등장한 바벨론이야말로 유다의 운명을 결정짓는 계기이며, 하나님 말씀에 순종하지 않은 채 도리어 그 책을 찢어 불태우는 여호야김은 하나님을 떠난 유다를 상징한다.

46장부터 51장까지는 유다를 둘러싼 열방들에 대한 심판 말씀이 기록되어 있다. 아모스 이래 예언자들의 공통된 특징인 열방 말씀에 대해서는 앞에서 이사야서를 다루면서 간단히 살펴보았었다. 51장 마지막에는 "예레미야의 말이 이에서 끝나니라"고 되어 있어서, 1장 1절에 있던 "예레미야의 말"이라는 표현과 맞물리면서, 예레미야서가 여기까지 한 묶음임을 알려준다.

마지막 52장에는 예레미야가 등장하지 않는다. 52장은 대체로 열왕기하 24:18-25:7에 있는 내용과 대동소이하며, 몇 가지 점에서 차이가 있다. 52장은 일종의 에필로그로서, 예레미야가 예고하고 선포했던 대로 다윗 왕국의 몰락과 성전의 파괴가 이루어졌음을 매우 담담하게 객관적으로 증거하고 있다. 바벨론으로 끌려간 포로들의 숫자에 대한 언급이 있는데, 포로로 끌려간다는 것은 끝을 의미하면서도 이들에 의해 이루어질 새로운 시작을 알리고 있기도 하다. 여호야김의 석방 역시 다가올 회복의 어렴풋한 전조라고 할 수 있다.

이상의 내용을 정리하면 예레미야서는 다음과 같이 부분들을 나누어 볼 수 있다.

> 1-25장 예레미야에게 임한 여호와의 말씀
> 26-45장 여호야김부터 시드기야에 이르는 시대의 상황과
>   그 속에서 사역하는 예레미야
> 46-51장 열방을 향한 말씀
> 52장 후기 예루살렘 멸망과 포로, 여호야긴의 석방

1-25장에는 대체로 예레미야의 설교들과 그의 고백이 실려 있다. 그에 비해 둘째 부분에는 구체적인 현실 상황을 배경으로 예레미야가 선

포한 내용들과 그가 겪는 고난이 묘사되고 있다. 백성들로 회개하라고 외치는 예레미야의 선포는 여호야김 4년을 기점으로 그들에게 다가올 심판에 대한 예고로 변화한다. 그리고 이러한 변화의 근거가 되는 사건이 하나님의 말씀이 담긴 책을 찢어서 불태운 여호야김을 다루는 36장이라고 할 수 있다.

다가올 재앙을 예고하며 회개를 촉구할 때 이를 듣지 않던 유다는 바벨론에 의한 심판이 선포되자, 끊임없이 바벨론으로부터 벗어나려고 시도하면서 다시 하나님의 뜻을 거스른다.

예레미야서의 중심 주제들

1. 뽑고 건설하고

예레미야의 소명을 다루는 1장 4-10절을 읽어보자. 예레미야는 스스로 아이라고 생각하지만, 하나님께서는 그의 어머니의 태중에서부터 그를 열방의 감독자요 예언자로 부르셨다. 하나님께서는 예레미야로 하여금 여러 나라와 왕국을 "뽑고 파괴하며 파멸하고 넘어뜨리며 건설하고 심게" 하셨다.1:10

예레미야가 뽑고 파괴해야 했던 중요한 대상은 바로 예루살렘 성전과 다윗 언약이라는 두 개의 기둥이었다. 사람들은 예루살렘 성전을 가리켜 여호와의 집이라고 부른다.렘7:4 그리고 이 성전을 위해 먼 곳에서 귀한 향품과 유향을 구해 와서 바치기도 하며6:20, 성전에 와서 "나는 무죄하니 그의 진노가 참으로 내게서 떠났다"하고2:35, "우리가 구원을 얻었나이다" 선포하기도 한다.7:10 그러나 이 모든 것과 더불어 그들은 무죄한 자의 피를 흘리고2:34, "다 탐욕을 부리며 … 다 거짓을 행"한다.6:13 이웃을 돌아보는 삶의 변화는 없는 채 탐욕과 욕망은 그대로 살아 있으면서, 성전을 하나님의 집이라 굳게 믿고 귀한 것으로 제사 드리기에 힘쓸 때, 성전은 더는 하나님의 집이 아니다.

예레미야가 맞붙어야 했던 또 다른 것은 다윗 언약이었다. 하나님께서 다윗과 예루살렘을 지키시리라 그들은 굳게 믿고 있지만, 이러한 믿음은 도리어 그들의 삶의 변화를 지연시키고 죄를 반복하게 하는 근거가 된다. 다윗 언약이 의미하는 바는 다윗의 행실을 따르는 삶에 있으며 그 핵심은 공평과 정의의 실천이다. 22장 1–5절을 읽어보자.

예레미야는 그들이 굳게 믿는 성전과 다윗 언약이 무너지고 파괴되고 말 것임을 확실하게 선포하였다. 기존에 든든하다고 여기고 확실하다고 여긴 것들을 부순다는 것은 쉬운 일이 아닐 것이다. 그러나 모든 그릇된 것들이 부수어지고 우리로 착각하게 하는 것들이 파괴될 때에, 비로소 새로운 것이 세워지고 심어질 수 있다. 그러므로 참된 회복은 철저한 파괴 위에 이루어 진다. 예레미야의 말씀은 기독교 신앙이야말로 모든 기존의 확고한 것들을 일거에 부정하고 뒤엎는 사고를 뿌리로 하고 있음을 보여준다. 이 본문은 기존 체제를 어떻게든 보호하고 지탱하려는 시도들을 향해 근본적인 문제 제기를 하고 있다.

나라의 멸망은 멸망이 아니라 다가오는 새로운 시작의 출발이었다. 그날이 되면 하나님께서 새 언약을 맺으실 것이니, 이제 하나님께서는 하나님의 법을 이스라엘의 속과 마음에 기록하실 것이다.31:31–34

어떻게 일개 개인이 여러 나라들을 뽑고 건설할 수 있을까? 예레미야는 그에게 주어진 열방 말씀을 들고 여러 나라들을 돌아다닌 것 같지는 않다. 그는 다만 그가 만난 유다의 청중들을 향해 이 말씀을 선포하였을 따름이다. 그러나 하나님께서는 그가 선포한 말씀대로 열방 가운데 행하셨다. 비록 예레미야는 망해가는 나라의 한 국민이었을 뿐이지만, 하나님의 뜻은 그를 통해 드러났고 이루어진다. 그러므로 예언자의 힘은 오직 그에게 주어진 여호와의 말씀에서 나온다. 보잘것없는 개인이지만, 그의 입을 통해 선포되는 것은 하나님의 말씀이며, 그 말씀의 능력이 일을 이룰 것이다. 말씀이 있으면, 그 말씀의 능력으로 열방을 부술 것이며, 열방을 다시 세울 것이다. 말씀과 함께 나아가자. 참으로 하나님의 말씀이야말로 모든 것을 태우는 불이고렘5:14, 바위를 쳐서 부수어버리는 망치이다. 렘23:29

2. 예레미야의 고백

참으로 예레미야는 긴 세월에 걸쳐 어깨위의 짐을 내려놓아 버리지 않은 채 자신의 사명을 한결같이 감당하였다. 그리고 이 사역의 기간은 한결 같은 고난과 괴로움의 연속이었다. 이미 하나님께서 예레미야를 부르실 때에 "견고한 성읍, 쇠기둥, 놋성벽"이 되게 하실 것이라는 약속을 주셨다는 점1:18은 이스라엘 모든 백성들의 비난과 공격 속에 살아가야 할 예레미야의 삶을 충분히 암시하고 있다. 예레미야는 가는 곳마다 사람들의 미움을 받고 배척을 당하였고, 그의 삶의 많은 순간 그는 감옥과 같은 곳에 갇힌 채 격리되어야 했다. 사람들이 멸망과 파괴를 전하며 기존 체제를 부정하는 예레미야를 싫어하였을 것은 능히 짐작할 수 있다. 하나님은 예레미야를 도우시되, 곤경으로부터 건져 내시는 것이 아니라, 예레미야를 놋성벽처럼 단단하게 하셔서 곤경과 모욕을 견디어내게 하신다.

하나님께서 보호하시고 함께 하시는 삶을 살지만 끊임없는 곤경과 고난 가운데 살아가야 하는 예언자, 그가 예레미야였다. 그렇지만, 그 역시 살과 피를 가진 인간이었기에, 그의 다문 입술을 뚫고 하나님을 향한 처절한 기도와 부르짖음이 터져 나올 수밖에 없었을 것이다. 예레미야서가 담는 두드러진 내용중의 하나는 예레미야의 이러한 처절한 고백들이다.

첫 번째 고백인 11장 18절-12장 6절에서, 그를 죽이려는 아나돗 사람들의 음모 앞에 도살장으로 끌려가는 순한 어린 양 같은 예레미야를 볼 수 있다. 하나님의 도우심으로 건짐 받지만, 예레미야는 왜 악인들이 형통하며 평안한 지 하나님께 묻는다. 하나님의 대답은 우리의 예상과는 거리가 꽤 멀어 보인다.

> "만일 네가 보행자와 함께 달려도 피곤하면 어찌 능히 말과 경주하겠느냐 네가 평안한 땅에서는 무사하려니와 요단 강 물이 넘칠 때에는 어찌하겠느냐" 렘12:5

두 번째 고백은 15장 10-21절이다. 주의 말씀은 기쁨과 즐거움이지만, 하나님의 심판의 말씀을 전하는 예언자는 온 세상의 재앙거리로 여겨진다. 사람들과 어울리지 못한 채 홀로 분노에 사로잡힌 예언자는 하나님을 향해 "물이 말라서 속이는 시내" 같다고 부르짖는다. 15:18 예언자가 겪는 박해속에 그가 할 수 있는 것은 오직 하나님의 도우심을 구하는 것 뿐임을 세 번째 고백 17:14-18에서 보여준다.

네 번째 고백은 18장 18-23절로, 그를 대적하고 죽이려는 원수들을 저주하며 기도하는 예언자를 보여준다. 원수들을 향한 저주 기도는 시편에서도 볼 수 있다. 오늘 우리에게는 낯설어보이지만, 이러한 저주 기도는 어디까지나 기도라는 점을 유념해야 할 것이다. 저주 기도는 원수 갚는 것이 하나님께 있음을 고백하고 있다. 그리고 저주 기도는 하나님께서 반드시 악을 대적하시며 심판하신다는 점, 그리고 우리 바깥에 있는 대적들에 대한 분명한 인식을 통해 지나치게 자신을 학대하거나 멸시하지 말 것을 알려 준다. 마지막으로, 저주 기도는 하나님께서 가난하고 궁핍한 자, 학대받는 자의 편에 서 계심을 알려 준다.

마지막 다섯 번째 고백은 20장 7-18절이다. 예언자는 하나님께서 자신을 꾀어 내시고 강제로 그의 사역자가 되게 하셨으며, 그로 말미암아 자신의 삶은 온종일 치욕과 모욕거리가 되었다고 고백한다. 다섯 번째 고백의 놀라운 점은 마지막이 은혜롭게 마무리되는 것이 아니라, 그의 태어난 날에 대한 저주와 탄식으로 끝맺어지고 있다는 점이다.20:14-18

예레미야는 하나님의 부르심을 따라 예언자가 되었으되, 이것이 자신의 뜻과는 완전히 무관하게 모든 자유를 포기한 채 하나님의 사람이 되었다는 것을 의미하지는 않는다. "그는 그의 모든 고난에도 불구하고 여호와 하나님과 가장 밀접한 만남을 지속하였으니, 그를 향해 의문을 제기하고, 그에 대한 신앙을 고백하기도 하고, 불평하기도 하였다"G. von Rad 하나님의 강권하심을 경험하였으되, 여전히 예레미야는 완전한 자유 가운데 하나님을 향하여 문제를 제기하고 고통을 토로하고 있다. 그래서 예레미야는 예언자의 자유와 하나님의 강권하심을 모두 다 그대로 보여 주고 있다. 하나님을 따라 붙잡힌 삶, 그리고 사람에게 주어진 완전한 자유로 하나님과 더불어 살아가는 삶이 예레미야에게서 드러난다.

3. 참예언자와 거짓예언자

예레미야와는 달리 그 시대의 대부분의 예언자들과 제사장들은 평화를 외치고6:14; 8:11; 14:13, 번성과 부귀를 누렸다.5:27-28 이들은 예레미야를 공격하고 그의 말을 무시하라고 부추기며(18:18) 그를 감옥에 가두기도 하였다.20:2 예레미야와 거짓 예언자들의 대결이 첨예하게 드러난 것은 나라의 회복에 대한 예언이었다.27-28장

예레미야는 여호야긴때에 빼앗긴 성전 기구들이 다시 돌아오지 못하

리라 예고하지만27:19-22, 하나냐는 2년 내로 빼앗겼던 것들이 돌아오고 끌려갔던 포로들도 다시 예루살렘으로 돌아오리라고 여호와의 이름으로 예언한다.28:1-4 두 사람이 하나님의 이름으로 정 반대되는 예언을 한 것이다. 이에 대한 예레미야의 반응을 읽어보자.28:5-9 예레미야의 반응은 어떻게 이해될 수 있을까?

참예언자와 거짓예언자는 예언의 성취 여부에 따라 판정되지만, 그것이 모든 상황을 해결하지는 못한다. 근본적으로 참예언자는 하나님에 의해서만 확인된다고 할 수 있다. 그러나 예레미야는 심판과 멸망을 전하는 예언자가 참예언자라고 이해하고 있었으며, 이 점은 예레미야의 사역을 통해서도 확인된다. 하나님께서 임명하시고 보내시는 참예언자는 자신보다 앞서 살았던 예언자들에 대해 숙고하면서 참예언자에 대한 나름의 합리적인 견해를 가지고 있다. 그 점에서도 다시 한번 하나님의 사역과 사람의 자유가 잘 결합되어 있음을 볼 수 있다.

4. 예레미야 수난기: 고난의 예언자

예레미야의 사역 내내 그의 삶에는 고초가 떠나지 않았다. 26-29장, 36-45장은 예레미야의 극심했던 고난의 흔적들을 전하고 있다는 점에서 "예레미야 수난기"라고 불린다.

시드기야 시대에 예레미야가 주로 있던 곳은 "시위대 뜰"이었다.32:2,12; 33:1; 37:21; 38:13,28; 39:14,15 다른 사람들이 출입할 수 있었다는 점에서 예레미야가 자유로이 이곳에 머물렀다고 여길지 모르지만, "시위대 뜰"에 대한 언급이 대개의 경우 '갇히다', '구류되다'와 같은 동사들과 함께 쓰이고 있다는 점에서, 이 장소는 일종의 감옥이었다고 할 수 있다. 개역개정판의 경우 몇 군데에서 아예 "감옥 뜰"로 옮기기도 하였다. 렘37:21; 38:28; 39:14,15

시드기야 즉위 초에는 자유로이 출입할 수 있었던 것으로 보이나, 기도를 요청하는 시드기야에게 갈대아에 의해 성이 불타리라는 말씀을 전한 후 아나돗으로 가려던 차에 그는 문지기들에 의해 붙잡혀 방백들에게 넘겨진다.37:11-15 줄기차게 바벨론에 항복할 것을 권하고, 바벨론이 승리할 것이라고 말하였으니, 당시 사람들에게 예레미야는 민족을 반역하는 사람, 바벨론의 앞잡이로 여겨졌을 것이 분명하다.37:13 방백들은 예레미야를 때린 후에 요나단의 집에 가두는데, 이 집은 당시 그들에게 반대하는 이들을 구금해두던 장소였던 것으로 여겨진다. 똑같은 장소를, 이어지는 37장 16절에서는 "뚜껑 씌운 웅덩이"라고 표현하는데, 아마도 어두컴컴한 지하실 같은 공간이었던 것으로 여겨진다. 이 공간이 얼마나 견디기 힘들었던지, 나중에 시드기야를 만난 예레미야는 자신을 요나단의 집으로 다시 돌려 보내지 말 것을 탄원한다.37:20 시드기야의 선처로 예레미야는 그나마 풀려나서 시위대 뜰에 머무르게 되었다. 위에서 보았듯이 여기도 감옥이지만, 요나단의 집에 비하면 훨씬 편한 곳이었던 셈이다.

예레미야가 강제로 갇혀 지냈던 곳들 가운데 가장 열악한 곳은 시위대 뜰에 있던 "말기야의 구덩이"였던 것 같다.38:6 예레미야의 또 다른 멸망 선포, 예루살렘 성중 사람들이 칼과 기근과 전염병에 죽게 되지만 바벨론에 항복하는 이들은 살 것이라는 선포를 들은 방백들은 왕에게 아뢰어 예레미야를 붙잡은 후 "말기야의 구덩이"에 던져 넣는다. 이곳은 물이 전혀 없는 진창이었기에, 예레미야는 진흙 속에 빠져 지내야 했다. 그냥 두었으면 얼마 안 되어 죽었을 것이로되, 예레미야를 아낀 에벳멜렉이라는 왕궁 내시의 용기로 말미암아 시드기야의 허락을 얻어 겨우 시위대 뜰로 옮길 수 있었다.38:7-13 결국 시드기야 치세 십 년의 세월 동안 예레미야는 거의 감옥에 갇힌 채로 지내야 했던 것이며, 컴컴한 지하 토굴에 갇히고 깊은 구덩이에 빠져서 먹을 것도 없이 죽을 날만 기다려야 했던 시간들도 있었다. 예레미야가 전한 하나님의 말씀이 예레미야의 삶을 결정하였고, 그의 날들은 고통과 수욕의 연속이었다.

　그는 고난을 선택하기도 한다. 바벨론에 의해 예루살렘이 함락된 후, 바벨론 당국에서는 예레미야에게 자유로이 거처를 선택할 수 있는 기회를 준다. 그는 바벨론 포로들에게 하나님의 회복의 약속이 있음을 알았지만, 그 땅에 남은 자들과 함께 머물기로 결정한다.40:4-6 남은 자들의 공동체는 그다랴의 영도 하에 풍성한 기쁨과 회복을 경험하지만, 권력 다툼에 혈안이 된 세력들로 말미암아 결국 붕괴되고 말았고, 바벨론을 두려워하던 이들은 애굽으로 피신하기로 결정한다. 칼을 피해 다니면 칼에 쫓겨 다니게 된다고 예레미야가 경고하지만42:15-16, 이들은 기어코 애굽으로 내려갈 뿐 아니라 예레미야와 바룩까지 끌고 내려간다.43:4-7 이것이 예레미야의 마지막이니, 참으로 그는 백성들을 향해 심판을 선포하되 그 심판의 현장에 함께 존재하며 함께 심판을 겪어야 했던 예언자였다.

　예레미야의 삶 자체가 민족에게 임할 환난을 보여주고 있고, 그의 삶 자체가 어떻게 하나님께 순종해야 하는지를 보여주고 있기도 하다. 그 점에서 예레미야서는 다른 어떤 예언서보다 예언자 개인의 삶에 대해 많은 것을 보여주고 있다. 그의 삶 자체가 메시지이기 때문일 것이다. 예레미야서의 제목이 "예레미야의 말"이라는 점도 이와 연관될 것이다. 오늘 우리는 예레미야서를 하나님 말씀으로 받지만, 본디 이 책은 예레미야의 말이었다. 예레미야라는 특정한 개인과 특정한 상황에 결부된 말이었기에, 이 글에는 예레미야가 드러나고 부각되어 있다. 여호와 하나님의 부르심을 따라 그 말씀을 전하고 살며 고난을 감수해갔던 한 사람의 삶과 고백, 기록은 훗날 신앙 공동체에 의해 하나님의 말씀으로 고백되었다.

오늘 배운 내용을 정리하며 나누어 봅시다.

1. 하나님의 말씀이 "예레미야의 말"로 표현되고 있다는 점에서, 우리는 하나님의 말씀과 사람의 말의 관계에 대해 어떤 생각을 할 수 있을까?

2. 예레미야서에는 기적이 한 번도 일어나지 않는다. 그렇지만, 이토록 힘겹고 고난 가득찬 예언자의 길을 한 개인이 걸어갔다는 사실이야말로 가장 큰 기적일 수 있다. 기적과 고난에 대해 생각을 나누어보자.

3. 우리는 벌써 하나님을 향해 항의하는 이들을 여럿 만나보았다. 욥, 시편의 탄식시, 그리고 예레미야의 기도는 때로 무엄하다 싶을 정도로 거세게 하나님께 항의하고 있다. 이 점이 우리 신앙에 대해 시사하는 바에 대해 이야기해 보자.

28. 예언자들 3 - 에스겔

이사야와 예레미야가 유다땅에 살면서 다가올 멸망을 예고했던 예언자라면, 에스겔은 포로로 끌려간 바벨론 땅에서 하나님의 부르심을 받은 예언자였다. 이미 시작한 포로 시기를 살면서, 에스겔은 동포들의 허황된 기대를 깨뜨리는 과제와 더불어, 하나님 안에서 끝이 끝이 아니라는 점을 강력하게 전해야 한다는 과제를 그의 사역동안 수행하여야 했다.

에스겔 1장 1-3절을 읽어보자. 에스겔은 제사장이었으며, 여호야긴 왕이 포로로 끌려 갈 때에 함께 끌려 갔을 것이다. 그는 서른째 해 4월 5일 바벨론의 그발 강가에 있던 중 하나님의 부르심을 경험하게 된다. 아마도 "서른 째 해"는 그의 나이를 가리키는 것이라고 여겨진다. 그 해는 여호야긴 왕이 사로잡혀 간 지 오 년 되던 해, 주전 593년이었다. 그 때 에스겔은 "하늘이 열리며 하나님의 모습"이 보이는 엄청난 환상을 경험하게 된다. 갈대아 땅에 살던 에스겔에게 하나님의 말씀이 "특별히" 임하였고, 여호와의 권능이 그의 위에 있었다. "특별히"라는 표현은 히브리어에서 동사를 강조하기 위해 같은 동사의 형태를 바꾸어 겹쳐 표기한 방식을 반영한 것이다. 이러한 강조는 동사의 성격을 한층 두드러지게 표현하는데, '(말씀이) 임하다' 표현이 이렇게 강조되는 것은 구약에서 이곳에서만 볼 수 있다. 하나님의 말씀이 참으로 강력하고 뚜렷하게 에스겔에게 임하였음을 표현하는 것이며, 그의 위에 있는 여호와의 권능 역시 말씀이 강하게 임하였음을 보여준다.

에스겔은 유다 땅이 아니라 포로로 끌려간 갈대아 땅에 거주하고 있지만, 그곳에서도 여호와의 말씀은 나타난다. 유다 땅만이 거룩한 땅이고, 이방에 살아간다는 것은 재앙이요 징벌이라고만 생각했을 수 있으나, 이방 땅에 사는 에스겔에게 하나님의 말씀이 강력하게 임하였다. 그러므로 여호와의 말씀은 장소에 국한되거나 제한되지 않는다. 사람은 포로가 될지언정 하나님의 말씀은 포로가 되지 않는다. 이스라엘이 포로가 되었다 해도, 하나님의 능력이 약화되거나 쇠퇴한 것은 전혀 아닌 것이다.

에스겔서가 지닌 또 다른 특징은 연대 표시이다. 이 연대는 여호야긴 왕이 끌려간 해를 기준으로 제시된다. 끌려간 여호야긴이야말로 이스라엘의 역사가 이어져가고 있다는 점을 보여주는 것이기도 하고, 실제로 다윗의 후예가 포로로 끌려가버린 현실을 적나라하게 보여주는 것이기도 하다. 포로로서의 삶이 에스겔의 사역과 선포 전체에 배어 있으며, 포로임에도 하나님의 강력한 역사는 조금도 물러남도 쇠퇴함도 없었다. 여호야긴 기준 연대는 심판과 희망을 동시에 담고 있다. 에스겔서에 기록되어 있는 연대 표시는 다음과 같다.

1:2 여호야긴의 유배후 5년593 4월 5일 에스겔의 소명

8:1 6년 6월 5일 예루살렘의 우상 숭배에 대한 환상

20:1 7년 5월 10일 질문하는 장로들을 향해 선포된 심판

24:1 9년588 10월 10일 바벨론의 진격

26:1~32:17 11년587-6 어느 달 1일 두로26:1,

　　　　　　 10년 10월 12일 애굽29:1, 27년571,

　　　　　　 1월 1일 애굽29:17, 11년587 1월 17일

애굽의 바로30:20, 11년 3월 1일 애굽의 바로31:1,

12년 12월 1일 애굽의 바로에 대한 말씀32:1,

12년 어느 달 15일 애굽32:17

33:21 12년585 10월 5일 예루살렘에서 도망하여 온 자들이

함락을 알림

40:1 25년573 1월 10일 예루살렘에 대한 환상

열방에 대한 말씀 부분을 제외한다면 에스겔은 시간적인 순서를 따라 배열되어 있음을 알 수 있다. 에스겔의 사역은 주전 593년에 시작되었고, 주전 571년까지 이십 년이 조금 넘는 기간동안 이어졌다.

에스겔의 초반부는 예루살렘을 향한 심판 말씀이 중심을 이루고 있다. 그리고 24장에서 볼 수 있는 에스겔의 아내의 죽음은 예루살렘의 멸망을 상징한다고 볼 수 있을 것이다. 24:25-27에 따르면 예루살렘에서 도피한 자가 나아올 때까지 에스겔의 입이 닫히게 된다. 포로 12년째 되던 해585 예루살렘에서 도피한 자가 에스겔에게 이르러 성이 함락되었음을 알려주었고33:21, 그때부터 에스겔의 입이 다시 열렸다. 이후로부터 예루살렘을 향한 에스겔의 선포는 그들의 회복될 미래에 집중된다. 40장부터 48장은 회복될 예루살렘에 대한 환상을 다루고 있다. 이상의 내용을 중심으로 에스겔서의 기본적인 짜임새를 다음과 같이 정리할 수 있다.

1-24장   유다와 예루살렘에 임할 심판

25-32장   열방에 임할 심판

33-48장   유다와 예루살렘에 대한 축복

33-39장 예루살렘의 멸망과 회복

40-48장 회복될 예루살렘에 관한 환상

에스겔의 소명 1-3장

1장에서 에스겔은 이상한 생물들과 바퀴 달린 전차의 환상을 본다. 이 생물의 머리 위에 보좌의 형상이 있었고 그 보좌에 사람의 모양 같은 형상이 있었다. 이 환상은 여호와 하나님의 임재를 나타내는 환상이라고 할 수 있다. 사방으로 움직이는 전차는 여호와께서 원하시면 어디든 갈 수 있음을 나타내고, 사람이 하나님의 형상으로 지어진 것과 연관하여 보좌에 앉으신 이를 가리켜 사람의 형상이라고 거꾸로 표현하고 있기도 하다. 에스겔을 비롯한 예언자들의 선포는 기본적으로 죄에 대한 고발과 그에 따른 혹독한 심판이지만, 그들의 선포의 근본에는 하나님 형상을 닮은 사람의 존귀함, 하나님 백성으로서 이스라엘의 존귀함과 구별됨이 담겨져 있다.

사방으로 움직이는 전차를 타신 여호와는 두렵기도 하고 은혜롭기도 하다. 언제나 예루살렘에 거하실 줄 알았으나 여호와께서는 예루살렘을 떠나신다. 멀고 먼 이방 땅은 하나님과 관계없을 줄 알았으나, 이방 땅에 있는 에스겔은 하나님의 임재의 영광을 목격하게 된다. 여호와의 영광이 성전을 떠나고껠10장, 그 영광이 다시 예루살렘 성전으로 돌아오는 것껠43:5은 에스겔서의 큰 전환을 반영하고 있다.

에스겔은 이스라엘의 파숫꾼으로 세워졌다. 3:16-21을 읽어보자. 하나님께서 그에게 맡기신 말씀은 고집스럽게 반역하며 거역하는 이스라엘 백성을 향한 심판의 말씀이었고, 이에 대한 상징으로 에스겔은 애가와 애곡과 재앙의 말이 기록된 두루머리를 먹는다.2:8-10

상징적인 행동은 예언자들에게 공통적으로 나타나지만, 에스겔에게는 특별히 빈번하게 나타난다. 예루살렘이 포위될 것을 알리는 행동4:1-3, 왼쪽으로 390일 오른쪽으로 40일 누워 있기4:4-6, 팔을 걷어 올리고 몸을 줄로 묶은 채로 지내기4:7-8, 쇠똥으로 구원 떡을 먹기4:9-17, 수염과 머리털을 깎아 삼분의 일씩 불태우고 칼로 치고 바람에 흩어 버리기 5:1-4, 포로의 행색으로 성벽을 뚫고 나가기12:1-7 등, 에스겔은 하나님의 명령을 따라 매우 특이한 행동을 하였다. 이러한 행동들은 예루살렘에 임할 재앙과 곤경을 적나라하게 보여주는 것이다. 훗날 그의 아내가 죽었을 때에 애곡할 수 없었던 것 역시 하나님께서 명령하신 예언자의 상징적 행위였다. 에스겔은 그 삶 전체가 하나님의 말씀의 도구로 쓰임 받은 자였다.

이스라엘의 죄악상8-11장

이스라엘은 각양 짐승들의 우상을 사방 벽에 그려놓고 그 앞에서 종교적인 행위들을 하였으며, 담무스 신을 예배하고 동쪽을 향해 태양을 예배하기도 하였다.8장 이것은 단지 종교적인 문제만이 아니었다. 이스라엘의 죄악으로 말미암아 "그 땅에 피가 가득하며" 그 성읍에 불법이 가득 찼다.9:9 언제나 우상 숭배과 동물 숭배, 이방 신상 숭배는 일상의 관계 안에서 일어나는 폭력과 피흘림과 결부된다. 여호와 하나님을 올바르게 경외하게 될 때, 하나님께서 지으신 사람에 대한 존중과 하나님께서 보호하시는 나그네에 대한 배려가 일상을 채우게 되지만, 하나님을 떠나 욕심과 욕망, 감각을 따라 우상을 섬길 때, 이웃과의 모든 관계는 파괴되고 마는 것이다.

이스라엘의 죄악의 결과는 하나님께서 예루살렘을 떠나시는 것이었다. 하나님의 영광이 성전을 떠나 문지방에 이르고9:3, 성읍 동쪽 산으로 옮겨간다.11:23 에스겔은 영광을 호송하는 그룹들이 자신이 그발 강가에서 보던 그룹들임을 거듭 이야기하는데10:15,20, 이것은 하나님의 영광이 예루살렘을 떠나 바벨론으로 옮겨가셨음을 의미할 것이다.

죄악을 드러내는 비유들16-24장

에스겔서의 특별한 점들 가운데 하나는 이스라엘의 지난 역사를 생생하게 표현해내는 매우 특별한 비유들이다. 에스겔 4-7장에서는 상징적 행위를 통해 이스라엘에 임할 심판을 보여주었다면, 16장 이후로는 온통 비유를 통해 이스라엘과 하나님의 관계, 그들의 죄악을 보여준다. 이 가운데 16장과 23장은 이스라엘을 여성에 비유하면서, 그를 기르시고 남편이 되신 하나님을 떠나 이방 나라들을 향해 음란을 행하며 쫓아다닌 이스라엘에 임할 비참한 최후를 선고하고 있다. 하나님과 그 백성을 남편과 아내로 비유하는 것은 에스겔, 에레미야, 호세아 등 많은 예언서에서 볼 수 있고, 신약의 바울 서신에서도 볼 수 있다. 바울은 교회를 그리스도의 신부로 표현한다. 엡5:24-27

에스겔 20장은 이스라엘의 지난 역사를 몇 단계로 나누어 정리하고 있기도 하다. 좀 길지만 20:1-32을 함께 읽어보자. 에스겔에게 이스라엘의 과거는 어떠한 시기로 인식되는가? 20:25-26은 어떤 의미일까? 20:33-34는 심판을 의미하는가, 아니면 달리 해석될 수 있는가?

24장에서 에스겔은 가마 안에 양 한 마리를 넣고 완전히 삶고 졸이면서 가마에 붙은 녹까지 다 태우는 상징 행위를 행하도록 명령된다. 이것은 하나님께서 그 백성을 완전히 심판하실 것임을 상징하는 것이며, 이러한 심판은 녹으로 상징되는 백성의 죄악을 정결케 하시는 과정이기도 하다. 그리고 에스겔의 아내가 죽게 된 사건은 예루살렘의 최종적인 멸망을 상징하며, 에스겔의 사역의 중요한 기점을 이루고 있다.

열방 말씀25-32장

이사야, 예레미야와 더불어, 에스겔 역시 열방에 대한 말씀을 담고 있다. 열방 말씀은 모든 나라들이 하나님의 권능 안에 있으며, 여호와께서 온 나라를 그 뜻을 따라 통치하고 계심을 보여주는 역할을 한다. 이러한 본문들은 하나님의 통치를 이스라엘로만 국한시켜서는 안된다는 것을 일러준다.

암몬, 모압, 세일, 에돔, 블레셋, 두로, 애굽등에 대해 심판 말씀이 선포되는데 두로26-28장와 애굽29-32장에 대한 말씀이 중심이라고 할 수 있다. 열방들을 심판하시는 까닭으로 에스겔이 가장 중점적으로 제시하는 것은 그들의 교만이다. 해상 무역으로 번영을 누렸던 두로의 왕은 자신을 신이라 부르고28:2, 하나님의 동산에 머물렀던 이라고까지 표현된다.28:13 그 모든 교만 가운데 두로의 불의가 드러났는데, 그들은 폭력을 행하였고 무역이 불의하였다.28:15-18 그들은 그들이 자랑하던 바다 가운데서 죽게 될 것이다.28:8 애굽은 나일 강을 자신이 만들었다 자랑하는 큰 악어에 견주어지며29:3, 하나님의 에덴 동산의 모든 나무보다 더 아름다운 나무와 같은 존재였다고 표현된다.31:1-9 그로 말미암아 애굽이 교만하였고, 하나님께서 애굽을 심판하실 것이었다. 그렇게 하나님께 심판을 당해 죽은 자들 가운데는 앗수르가 있고, 엘람이 있으며, 메섹과 두발, 에돔과 시돈 사람이 있으며, 애굽의 바로 역시 같은 운명에 처하게 될 것이었다.32:17-32 세상에서 강하다고 자신을 자랑하고 그 힘을 내세우는 모든 열방들은 하나님께서 치실 것이며, 그들로 죽은 자들의 세계에서 다시 만나게 하실 것이다.

비록 유다와 예루살렘은 멸망하는 나라이지만, 하나님의 주권은 이스라엘 안으로 제한되지 않는다. 여전히 여호와께서는 온 세상을 통치하시며 그들에게 주어진 것으로 말미암아 교만하고 오만해진 나라들을 심판하신다.

이스라엘을 회복하시는 하나님 33-48장

예루살렘이 함락되었다는 연락을 받은 이후, 에스겔의 메시지는 심판 받은 백성들을 향한 하나님의 회복하심으로 바뀐다. 망하기 전에는 모든 희망을 버려야 하는 것이 중요하고, 망한 후에는 모든 희망을 간직하는 것이 중요하다. 심판이 끝이라고 생각할 수 있고, 회복되기에 자신들의 상태가 너무 처참하다 여길지 모르지만, 하나님께는 모든 회복과 변화의 능력이 있다. 이 점을 보여주는 것이 37장에 있는 마른 뼈의 환상이다. 37장 1-6절을 읽어보자. 무엇이 뼈들을 살아나게 하는가?

하나님께서 이스라엘을 다시 살리실 때에 하나님과 이스라엘의 관계가 회복된다. 다윗이 그들의 왕이 되어 다스리지만, 다윗과 이스라엘 백성 모두는 한 목자 아래 있을 것이며, 그들은 모두 하나님의 규례와 율례를 따라 살 것이다. 하나님은 그들의 하나님이 되시고 이스라엘은 하나님의 백성이 되며37:23,27, 하나님께서는 다윗을 그들의 지도자로 세우실 것이다.37:25 그러므로 하나님의 회복은 유일한 목자 되신 하나님의 통치 가운데 살아가는 이스라엘로 나타난다.

회복된 이스라엘의 모습이 40-48장에서 에스겔의 환상 가운데 제시된다. 먼저 회복된 성전을 측량한 내용이 소개된다.40-42장 에스겔의 성전은 바깥뜰과 안뜰, 그리고 성소로 이루어져 있다. 안뜰은 오직 제사장들만이 출입할 수 있었고, 예배자들은 바깥뜰 현관으로 들어와 문 입구에서 제사장들이 진행하는 제사를 지켜볼 수 있었다. 그 점에서 에스겔의 제사는 철저히 제사장 중심적이며 제사장에 의해 주도되는 것이었다.라이너 알베르츠, 『이스라엘 종교사』 2권, 122-124 에스겔에 따르면 제사장도 '집을 지키는 제사장'과 '제단을 지키는 제사장'인 사독 계열 제사장으로 구별된다.40:45-46 전자는 레위인들로, 바깥뜰에서 일반 백성의 번제를 주관하였다.44:11 레위기의 제사제도는 이와 두드러지게 차이가 있다. 에스겔의 환상은 현실에 실현하는 원칙이라기보다는 제사장과 평신도의 구별, 그리고 각자가 맡아야 할 역할에 대한 강조에 초점이 있다고 할 수 있다. 이 점은 에스겔 환상 전체가 매우 도식적이고 기계적으로 그려져 있다는 점에서도 볼 수 있다.

이것은 모세를 통해 세워진 성막에 견주어질 만하다. 성전이 회복되고 떠나갔던 하나님의 영광이 동쪽에서부터 다시 오게 되며, 동문을 통해 성전으로 들어가니 영광이 성전에 가득하게 되었다.43:1-5 이어지는 내용들로, 제단, 희생제물, 제사장과 레위인 직분, 성소 봉사자들을 위한 거룩한 땅, 통치자들의 통치 원칙에 대한 지침, 절기 지침 등이 소개된다.43:6-46장 회복된 예루살렘의 지도자들은 히브리말로 '왕'이 아니라 '세워진 자, 지도자'에 해당하는 표현히브리말 "나시"으로 불린다. 그들의 참된 왕은 여호와이시며, 지도자는 그들 가운데 세워진 한 사람일 따름이다. 에스겔에 따르면 제사 제도는 통치자 혹은 국가로부터 완전하게 분리된다. 여기에는 지난 역사에 대한 반성이 있을 것이다.

성전에서 흘러 나오는 물이 바다까지 이르게 되는데, 그 물로 말미암아 모든 생물들이 번성하게 되고 각종 먹을 과실나무가 자라 풍성한 열매를 맺게 된다.47장 성전에서 흘러 나온 물이 동쪽으로 바다에 이른다는 것은 현실의 실제적인 지리가 아니다. 여기서의 성전은 상징적인 위치에 있으며, 세상의 중심에 놓여 있는 것이다. 여호와께서 거하시는 성전으로 말미암아 온 땅에 풍성함이 넘쳐나게 되는 것이다. 하나님과 그 백성의 올바른 관계는 세상 전체에 미치는 번영으로 나타난다고 할 수 있다.

상징적인 지리는 47:13-48:29에 이르는 땅 분배에서도 볼 수 있다. 여호수아 때에 그러하였듯이, 다시 나누어줄 땅을 측량하고, 측량된 땅은 열두 지파에게 분배된다. 단, 아셀, 납달리, 므낫세, 에브라임, 르우벤, 유다에 속한 땅들이 북쪽에서부터 차례로 자리하고, 다음에는 성소와 제사장, 레위인들, 그리고 통치자에게 주어진 땅이 자리한다. 그리고 다음부터 다시 베냐민, 시므온, 잇사갈, 스불론, 갓 지파에게 분배될 땅이 오게 된다. 여기에는 모든 이스라엘의 평등함이 전제되어 있다. 그들의 땅은 통치자에 의해 침범될 수 없는 것이다. 열두 지파에게 분배될 땅의 가운데에는 제사장들의 구역이 있고, "속된 땅"도 있다. 그리고 그 양옆으로는 통치자의 땅이 있다. 48장의 마지막은 이스라엘 가운데 있던 속된 땅인 성읍의 크기를 소개하고 있으며, 그 성읍은 "여호와 삼마"로 불린다. 이 성읍은 이스라엘 열두 지파의 이름을 딴 문을 지니고 있다는 점에서 이스라엘 전체를 상징하고 대표한다.

에스겔의 메시지

1. 하나님의 임재와 초월

예루살렘은 하나님께서 택한 도성이지만, 하나님은 그곳에 묶여 있지 않으시다. 에스겔서에서 볼 수 있는 그룹들을 타고 이동하시는 하나님은 하나님이 특정한 장소에 묶이지 않으시고, 그 뜻을 따라 행하시는 분임을 단적으로 보여주고 있다. 사람들의 그 어떤 것으로도 하나님을 묶거나 제약할 수 없다. 한편 사람들이 어디에 있든지 하나님께서는 그 백성들과 동행하시는 분이시다. 쫓겨난 땅에서도 하나님께서는 그곳에 임재하신다. 에스겔에게 임한 말씀에 대한 강력한 강조 역시 하나님의 초월하심과 임재하심을 동시에 보여준다.

아울러 에스겔은 바벨론 땅에 거주하고 있었지만, 유다 땅에서도 말씀을 전한 것을 볼 수 있다. 하나님께서는 에스겔의 머리털을 붙잡고 그를 끌어올려 예루살렘으로 데려가셔서 그 실상을 보게 하신다.겔8:3 24

장까지의 말씀은 전부 예루살렘에 임할 재앙과 심판에 대한 선포라는 점에서, 바벨론에 살지만 그 땅을 넘어서 심판이 예고된다는 것을 볼 수 있다. 한편 40장 1-2절에서 하나님께서는 그 권능으로 에스겔을 예루살렘으로 데려가셔서 회복될 성읍을 보이신다. 그러므로 하나님께서는 땅을 초월해 계시면서 그 땅에 임할 하나님의 심판과 회복을 보이신다. 하나님은 참으로 사람 사는 땅을 넘어서 초월하신 분이시면서 이 땅 가운데 임재하시는 분이시다.

2. 제의와 일상

흔히 에스겔을 일러 제사 문제에 관심을 지닌 예언자로 표현하곤 하지만, 우상 숭배와 일상의 불순종은 결코 분리될 수 없다. 이 점은 18장에서도 잘 표현된다. 18장은 개인의 죄악과 의로움의 책임에 대해 말하고 있다. 18:5-13을 읽어보자. 여기에서 공평과 정의를 행하는 삶이야말로 하나님께서 그를 살게 하시는 가장 근본적인 사항으로 제시되고 있다. 공평과 정의라는 제목 아래에, 우상숭배하지 않는 것과 제의적인 정결을 지키는 것 그리고 이웃을 학대하거나 이자 받지 않는 것까지 모두 포괄하고 있다는 점은 에스겔에게서 "거룩"을 제의적인 차원과 사회윤리적 차원으로 분리해서는 안된다는 것을 확실히 보여준다. 18장에서 다루었던 내용은 33장 10-33절에서도 반복되어 다시 언급되고 있기도 하다. 아울러 회복된 예루살렘에 관한 규례에서도 다시 등장한다. 45:9-12를 읽어보자.

이스라엘의 행실로 말미암아 땅이 더렵혀진다는 언급36:17; 참고. 레 18:24-30; 20:22-26; 땅의 더러움과 여인의 월경이 함께 언급되는 것도 레위기와 에스겔만이 지니는 공통된 특징이다. 그리고 레위기와 에스겔에서만 볼 수 있는 공평한 저울과 추에 대한 언급레19:36; 겔45:10 등은 제사에 대한 관심과 일상에서의 윤리가 분리되지 않는다는 점을 보여주는 또 다른 증거이다. 언제나 비극은 일상과 제사가 분리되어 버리는 것이다. 이스라엘이 우상을 숭배하면 필연적으로 일상의 삶이 붕괴되고 만다. 거꾸로, 일상의 삶이 붕괴되어 있다면, 이스라엘은 실제로는 우상을 섬기는 것이라고 할 수 있다.

3. 개인의 책임

나라 전체가 멸망에 이르게 되었지만, 그 가운데서도 하나님의 뜻을 따라 공평과 정의를 행하는 이들은 살게 된다. 에스겔은 하나님 앞에 서 있는 한 개인을 부각시키고 있으며, 개인의 책임을 강조하고 있다. 하나님께서 주권적으로 역사를 이끌어 가신다는 점은 개인의 책임과 얼핏 모순되어 보인다. 두 방향은 타협되지 말아야 하며, 각각 좀 더 강조되는 것이 훨씬 중요하다고 할 수 있다.

개인의 중요성을 부각시키는 표현으로 노아, 다니엘, 욥에 대한 언급을 볼 수 있다.14:12-20 이들이 살아 온다 할지라도 그들은 그들의 자녀도 건지지 못하고 오직 자기 생명만 건질 수 있을 뿐이다. 하나님이 행하실 때에 그 누구도 요행을 바라거나 조상들에게 기댈 수 없다. 오직 하나님 앞에 서 있는 한 사람이 있을 뿐이다. 그러므로 이 말씀은 한 사람 한 사람이 하나님 앞에서 가장 중요한 단위임을 보여주고 있고, 그들 앞에 놓여 있는 현실에 대해 정신 차리고 허황된 기대를 버리고 임해야 함을 일러 준다. 에스겔을 통해 전해지는 수많은 상징적 행위와 비유는 조상들에 대한 착각과 미련으로 말미암아 현재 결단하고 순종해야 할 것을 미적거리지 말 것을 촉구하고 있다.

4. 여호와 삼마

에스겔서의 마지막은 "여호와 삼마"로 끝맺는다. '여호와께서 거기 계시다'는 뜻을 지닌 이 표현이 가리키는 곳은 놀랍게도 성전이 아니라 "속된 땅"이라고 불리는 영역이다. 이곳은 이스라엘 열두 지파에서 차출된 사람들이 거하는 곳이며, 이스라엘의 수도라고 할 수 있다. 그런 점에서 이스라엘의 일상 생활을 대표하는 곳이라고 할 수 있다. 그곳이 바로 여호와 삼마이다. 성전은 거룩한 곳이며 누구나 그 안뜰까지 출입할 수 없는 곳이지만, 여호와께서는 이 성읍, 일상의 땅에 거하신다. 에스겔에게서 일상은 여호와께서 거하시는 공간이 된다. 일상의 모든 영역이 하나님의 임재의 현장이 되는 것, 그것이 에스겔이 전하는 회복 환상의 절정이다.

오늘 배운 내용을 정리하며 나누어 봅시다.

1. 하나님께서 역사를 초월해 계시면서 동시에 역사 안에서 행하신다는 말의 의미에 대해 이야기해 보자.

2. 에스겔 마지막에 놓인 "여호와 삼마"의 의미에 대해 이야기해 보자.

29. 예언자들 4 – 다니엘과 12 예언서

바벨론 포로는 하나님의 백성으로 스스로 생각하던 이스라엘에게 큰 충격을 주었던 사건이었다. 다윗도 예루살렘도 안전하지 않다는 것이 명백하게 드러난 것이다. 그러므로 바벨론 포로기는 이스라엘에게 있어서 깊은 신학적 반성의 시기였다. 바벨론 포로를 겪으면서 이전부터 전해지던 말씀들이 이 경험과 연관하여 수집되고 편찬되었다. 구약 성경에 포함되는 대부분의 내용들이 포로기를 지나면서 오늘날과 같은 모양으로 완성되었다고 할 수 있다.

묵시/ 묵시문학

포로에서 돌아온 포로 후기의 시대는 그야말로 여러 꿈과 이상이 존재하던 시기였다. 지난 역사에 대한 반성과 더불어 돌아온 땅에서의 이스라엘 백성들은 하나님께서 행하실 새로운 날들을 기대하고 꿈꾸게 되었다. 그러나 현실의 삶은 만만치 않았고, 때로 여호와를 경외하는 신앙으로 말미암아 도리어 극심한 박해를 겪게 되기도 하였다. 이러한 현상이 두드러지게 드러난 시기는 알렉산더 이후 헬레니즘이 당시의 세계 전역을 휩쓸던 주전 3세기와 2세기였다. 더는 이스라엘 백성들끼리 사는 것이 아니라, 세계의 흐름 속에, 헬레니즘의 물결과 대세 속에 함께 살아야 했던 이스라엘은 변화된 세상에서 여호와를 경외하는 삶이 어떤 것인지 고민하며 모색해야 했다. 그리고 예언자들을 통해 약속된 미래가 어떤 방식으로 그들 가운데 임하게 될 것인가 역시 이 시기를 살던 이들의 고민이면서 소망이었다. 여전히 외세에 종속된 채 살아야 하는 현실, 여호와를 경외함으로 말미암아 그들에게 밀어 닥치는 가혹한 핍박, 그리고 박해 앞에서 연약한 개인과 그로 인한 신앙의 변절과 배교의 증대와 같은 일련의 상황들은 이 시대를 살아가던 이들에게 이전과는 다른 새로운 미래를 바라보게 하였다. 지금 존재하는 세상이 곧 끝에 이르게 되고, 완전히 새로운 세상이 오게 되리라는 기대가 이 시기에 확산되었다. 현실 역사의 파도 속에서 이 역사를 철저히 부인하고 거부하는 사상의 흐름을 담는 것이 바로 묵시문학이다. 이른바 신구약중간기의 후기에 해당하는 이 시기주전 2세기–주후 1세기는 다니엘서로 대표되는 묵시문학의 전성기라 할 수 있다.

"묵시란 일종의 계시문학이다. 그것은 어떤 초현실적인 존재가 특정 인간을 수령자로 하여 전하는 계시를 이야기 형식으로 기록하는 글이다. 묵시는 시간적, 공간적 차원의 초월적인 실체를 은밀히 보도한다. 종말론적 구원을 애타게 기다리고 있다는 점에서 시간적이고, 저 세상 혹은 다른 초자연적인 세계를 희구하고 있다는 점에서 공간적인 차원을 지닌 초월적 실체의 계시가 그것이다."J.J.Collins

묵시문학에서 여러 방편을 통해 하늘의 뜻이 사람에게 알려진다. 꿈이나 환상중에 천사들이 나타나 저자를 계시의 수령인으로 하여 전달하기도 하고 또 그와 이야기를 나누기도 한다. 묵시문학의 저자는 하나님이 우주 전체를 자신의 뜻 아래에 두고 계시다는 믿음을 지니고 있다. 땅 위에서 엄청난 혼란이 벌어지고 있지만 하나님은 이 세상을 그의 뜻과 계획 가운데에서 진행하고 있다는 것이다. 이제 정해진 때가 되면묵시문학의 저자들이 보기에 이때는 아주 임박하다 하나님은 온 세계역사를 절정으로 이끌어가실 것이다. 저자가 다른 차원으로의 여행이나 환상에서 본 심판과 보상이 실제로 일어나게 될 것이다.

묵시 문학은 대개 이제까지와 앞으로의 역사를 몇 단계의 시대로 구분하는 '역사 단계 풀이'를 지니고 있다. 이런 형태의 묵시들은 보통 저세상 같은 공간적인 요소보다 역사의 끝 같은 시간적인 요소에 더 비중을 두고 있다. 다시 말해 종말론적인 예고를 전하는 데 관심이 있다. 그래서 묵시문학의 중요한 특징의 하나로 흔히 역사적 결정론이라는 용어를 사용한다. 역사가 이미 처음부터 순서대로 결정되어 있다는 것이다.

예언자들이 선포하는 "그 날" 역시 하나님께서 행하실 결정적인 날과 시대를 가리킨다는 점에서 '종말론적'이라고 할 수 있다. 그러나 예언자적 종말론은 우리가 사는 이 땅위의 역사 한 복판에서 이스라엘의 회복과 하나님의 심판이 이루어질 것을 예견한다. 즉, 역사 안에 성취될 마지막을 기대한다. 그러나 역사안에서 무엇이 이루어질 것이라는 이러한 소망과 신념들이 현실에서의 극심한 장벽과 핍박에 부닥치면서 묵시 문학의 종말론이 태동한다. 그래서 묵시문학은 포로기 이후 유대인 공동체에 의해 태동된 초기 예언에 대한 종말론적 재해석이라고 볼 수도 있다. 이제 하나님은 초자연적인 방법을 통해 하나님의 계획을 성취하신다. 그래서 묵시문학의 종말론은 궁극적 희망을 미래에 둔다. 혹독한 현실 앞에서 역사를 주관하시는 여호와 하나님께 대한 신뢰가 약하여지지 않되, 역사를 넘어 이 역사를 끝내고 새로운 시대를 가져오실 것을 기대하게 된 것이다. 그런 점에서 예언자의 종말론이든 묵시의 종말론이든 그 본질에는 여호와 하나님의 신실하심에 대한 견고한 신뢰가 내재하고 있다.

묵시의 종말론은 현 세계의 파멸과 아울러 죽음 이후에 맞는 응분의 보상에 관심이 있다. 묵시문학은 청중들이 살아가는 현실이 역사의 마지막 단계 직전임을 강력하게 증거한다. 이제 조금만 참고 견디면 완전히 새로운 순간이 임하게 된다는 것이다. 그 점에서 묵시문학이 증거하는 가장 핵심적인 가르침은 '믿음으로 인내하라' 라고 할 수 있다.

다니엘서

다니엘서는 언어적으로 두 개의 본문으로 이루어진다. 1:1-2:4a, 8-12장은 히브리어로 쓰여 있고, 2:4b-7장은 아람어로 쓰여 있다. 1-6장은 '이야기' 로 이루어지고, 7-12장은 '환상' 을 고백하는 것이다. 전자는 다니엘이 3인칭으로 나오고, 후자에서는 일인칭으로 나타난다. 전반부에서 다니엘은 꿈과 상징을 잘 풀이하는 사람으로 등장한다. 그리고 이러한 지혜는 하나님께 대한 다니엘의 충성에서 비롯된 것이다. 왕의 음식1장, 꿈풀이느부갓네살-네 재료로 된 신상, 2장, 왕의 신상3장, 꿈풀이느부갓네살-커다란 나무, 4장, 잔치석상의 글씨5장, 예루살렘을 향한 기도6장등으로 이루어진 내용은 주인공이 신앙으로 말미암아 겪게 되는 시련과 주인공을 해치려는 세력들과의 다툼과 경쟁 모티브를 소재로 삼고

사자굴의 다니엘-루벤스

있다. 이를 통해 낯선 땅에서라도 여호와를 경외하는 이를 하나님께서 보호하시며, 열방조차도 이를 목격하게 된다는 점을 보여준다. 그 점에서 다니엘은 요셉과 에스더와 함께 어떻게 이방 땅에서 여호와의 백성으로 살아갈 것인가라는 같은 주제를 반영한다.

후반부는 환상과 계시를 집중적으로 다룬다. 네 짐승7장, 뿔에 관한 환상8장, 다니엘의 중보기도와 천사가 전한 응답9장, 천사의 전한 말10장, 왕들의 전쟁11장, 천사의 마지막 당부가 그 내용이다.12장

다니엘서는 히브리어 성경에서는 세 번째 부분인 성문서에 놓여 있고, 헬라어로 된 칠십인경 전통을 따르는 현대 성서에서는 예언서에 포함되어 있다. 다니엘서가 성문서안에 놓여 있다는 점을 숙고하면, 다니엘서는 앞날에 다가올 일에 대한 예고에 초점이 놓여 있는 것이 아님을 깨닫게 된다. 성문서는 삶에 관한 교육, 인생에 관한 가르침, 그리고 여호와를 경외하며 살아가는 삶이 그 특징이라 할 것이다. 대표적인 것으로 지혜와 시편을 들 수 있을 것이다. 그렇다면, 다니엘서가 성문서안에 놓여 있다는 점은 다니엘서를 여호와를 경외하며 살아가는 삶에 대한 묵상과 가르침으로 볼 수 있게 한다. 끝날에 이루어질 일들이라는 소재를 통해, 다니엘서는 위기에 처한 하나님의 백성이 어떻게 살아가야 할지를 알려주는 책이다. 그에 따르면 이방 땅에서도 시련과 시험 속에서도 토라에 순종하며 살아가는 다니엘의 삶이야말로 하나님 백성의 삶의 모범이다.

다니엘서 7장 이후의 종말에 대한 말씀이 다루는 중심적인 내용은 주전 2세기 중반 안티오커스 에피파네스에 의한 극심한 박해이다. 여호와를 경외하는 백성들에게 임하는 극심한 박해라는 고난의 상황에 대해 다니엘서는 이러한 박해가 이미 하나님께서 예고하신 것이며, 하나님의 뜻 안에 있는 사건임을 분명히 하고 있다. 다니엘서가 실제로는 주전 6

세기가 아니라 이 박해 이후의 시기에 기록되었고, 이미 일어난 사건을 앞으로 일어날 사건으로 예고하는 "사후事後 예언"의 형식을 띠고 있다는 데에 동의하는 학자들이 많다. 사후 예언이 성경의 특별함을 부정하고 기적과 앞날 예고의 가능성을 부정하는 것이라고 치부될 수는 없을 것이다. 사후 예언은 이미 일어난 사건을 하나님의 손길과 뜻을 따른 행하심으로 해석하는 노력이기 때문이다. 그 점에서 다니엘서 7-12장은 이루어진 역사를 하나님의 특별한 계획 가운데 진행되는 역사, 그렇게 진행될 역사 예고로 풀이하면서, 현재를 살아가는 고난 중의 신앙 공동체를 격려한다.

비록 지금의 세상을 지배하는 세력이 강성하고 극악하다 할지라도, 하나님은 이러한 때마저도 미리 정해두셨고 그 정한 순서를 따라 흐르는 과정에 놓여 있을 것이다. 이때는 곧 지나간다. 그렇다면, 이 시기를 어떻게 보내야 할지는 분명할 것이다. 다니엘서 12장 1-3절을 읽어보자.

그러므로 다니엘서에 나타난 시대구분과 시간 계산은 근본적으로 하나님께서 역사를 주관하신다는 것을 보여주는 것이라고 말할 수 있다. 하나님의 정하신 뜻을 미리 보임을 통해, 땅위에 사는 성도들로 하여금 현재의 환난과 시련을 견디게 하려는 목적을 지닌 것이다. 모든 것은 끝이 있다. 아무리 어두운 시대라 할지라도 반드시 끝이 있다는 것이 하나님이 정한 원리인 것이다. 또한, 끝은 새로운 시작이다. 묵시문학은 끝을 기대하고 하나님의 새로운 시작을 기대하며 사는 삶을 알려준다. 그래서 묵시문학은 기다리는 책이며, 이것은 구약 전체의 메시아에 대한 대망, 하나님의 임재에 대한 소망과 연관된다. 그리고 그러한 기다림 속에 하나님의 '끝'인 예수 그리스도의 탄생이 이루어진다.

기독교 성경에서 이사야와 예레미야, 에스겔의 뒤를 이어 놓여 있는 다니엘서는 예언자들이 전하는 다가올 새로운 미래에 대한 기대의 책이라는 맥락을 지니게 된다. 히브리 성경에서의 배열과 기독교 성경에서의 배열에 차이가 있지만, "기대와 소망"이라는 주제가 다니엘서의 자리의 의미를 밝혀준다고 할 수 있다.

12 예언서

구약 성경의 마지막에 놓인 12권의 예언서들은 주전 2세기 이래 마치 한 권의 책인 것처럼 오늘날까지 전해져왔다. 각각 서로 다른 시대를 배경으로 하여 서로 다른 예언자들의 예언 말씀을 다루고 있지만, 12권의 배열과 그 순서에도 충분한 의미가 담겨 있으리라는 기대는 어쩌면 당연한 것이라고 할 수 있다.

호세아

호세아는 주전 8세기 북왕국 여로보암 시대에 활동한 예언자이다. 당시는 북왕국이 매우 부강하고 번영을 누리던 시기였는데, 그와 더불어 사회 전반에 불의가 가득하였고, 이러한 풍요로움이 바알에게서 왔다고 여기며 바알 숭배가 극성을 이루던 시기이기도 하였다.

호세아는 이러한 시대를 향한 상징으로 고멜이라는 음란한 여인과 결혼하게 되는데, 이를 통해 끊임없이 하나님을 떠나는 이스라엘을 향한 하나님의 책망과 사랑을 표현한다. 이스라엘이 바알을 섬긴다 하지만 여전히 그들은 여호와도 섬긴다. 그로 말미암아 자신들이 무엇을 잘못하는지 제대로 이해하지 못하였고, 때로 하나님을 알겠다며 종교적인 말을 하기도 한다. 호세아 6장 1-6절을 읽어보고 이스라엘의 거짓 회개와 하나님께서 참으로 원하시는 것이 무엇인지 이야기해보자.

요엘

요엘서가 어떤 시대를 배경으로 하는지는 확정적으로 말하기 어렵다. 요엘서의 핵심적인 소재는 메뚜기떼의 습격이다. 농사를 중심으로 하는 상황에 어마어마한 메뚜기떼들이 습격함으로 말미암아 산천초목 전체가 황폐하게 되는 일이 발생하였고, 요엘은 이러한 자연 현상을 하나님께서 그의 군대를 보내신 것으로 증거한다. 그래서 요엘은 그 백성을 향해 회개를 촉구한다. "여호와의 말씀에 너희는 이제라도 금식하고 울며 애통하고 마음을 다하여 내게로 돌아오라 하셨나니 너희는 옷을 찢지 말고 마음을 찢고 너희 하나님 여호와께로 돌아올지어다 그는 은혜로우시며 자비로우시며 노하기를 더디하시며 인애가 크시사 뜻을 돌이켜 재앙을 내리지 아니하시나니"욜2:12-13

요엘서는 하나님께서 그 백성을 회복하시는 날에 대한 기대와 소망도 함께 전하고 있다. 하나님께서 영을 부어 주시면 사람들은 하나님이 역사하실 그날을 사모하게 된다. 요엘 2:28-32를 읽어보자. 그날에 하나님께서 "심판의 골짜기"에서 온 세상을 심판하실 것이며 피흘림 당하였던 예루살렘은 영원히 있을 것이다.욜3:14-21 하나님의 마지막 재판은 신약 성경에서 매우 중요한 소재인데, 요엘서에서 이에 대한 생생한 이미지를 발견할 수 있으며, 이러한 재판은 피흘림 당한 이들을 회복하시는 하나님의 역사와 연결되어 있다. 그러므로 성령의 부으심은 하나님께서 행하실 날에 대한 강력한 소망과 기대로 나타난다고 할 수 있다.

아모스

아모스는 호세아와 비슷하게 주전 8세기 북왕국의 전성기가 배경이다. 호세아처럼 아모스 역시 이 시기에 가득한 죄악들을 통렬하게 고발하는데, 당시 사회의 썩고 부패한 모습을 적나라하게 드러내며 고발한다. 그에 따르면 그 시대는 예배는 무성한데, 이웃을 향한 정의는 찾아볼 수 없는 시대였다. 아모스 5:4-15; 5:21-24를 읽어보자. 만일 그 백성들이 하나님 보시기에 합당하게 살지 않는다면 이스라엘의 출애굽은 그저 다른 민족들의 이런 저런 움직임과 아무런 차이 없는 민족 이동에 불과하게 된다. 암9:7

시대와 민족을 향한 심판의 말씀이 가득하지만 아모스 역시 하나님께서 회복하실 그날에 대한 기대를 함께 전하고 있다. 암9:11-15 그날에 하나님께서 다윗의 무너진 장막을 일으키고 그 허물어진 것을 옛적과 같이 다시 세우실 것을 전한다.

오바댜

오바댜서는 예루살렘이 바벨론 때문에 공격과 재앙을 당하게 되었을 때 이를 기뻐하고 고소해하며 도리어 이스라엘에게 폭력을 행했던 에돔에 대한 심판 말씀을 전하고 있다. 이스라엘의 불행을 기뻐하며 그 불행을 이용해서 욕심을 채우던 에돔은 황폐하게 될 것이되, 이스라엘 자손은 시온으로 다시 돌아오게 되며, 나라가 여호와께 속하게 될 것을 예언한다.

요나

요나는 북왕국 여로보암 2세 시대의 예언자로 여겨진다. 왕하14:25 그러나 그의 이름으로 전하는 요나서는 그 시대와 그리 연관되지 않는다. 요나서가 다루는 내용은 앗수르의 니느웨에 임하게 되리라 예고된 하나님의 심판과 그에 대한 요나의 대응이다. 하나님의 선하심과 인자하심을 알고 있었던 요나는 하나님의 심판 명령을 니느웨에 전하기를 싫어하였다. 물고기 뱃속에 들어가는 놀라운 경험을 거쳐 요나가 니느웨에 이르러 삼 일간 걸어야 하는 성읍에서 단 하루 동안 다니며 니느웨의 멸망을 선포하였을 때, 니느웨의 왕으로부터 동물에 이르기까지 모두 베옷을 입고 회개하였으며 하나님께서는 니느웨에 임할 심판을 거두셨다.

니느웨로 상징되는 포악한 이방 백성들이 하나님의 말씀에 어떻게 즉각 응답하는지는 하나님이 선택한 백성 이스라엘이 이제까지 어떻게 그 말씀에 거역하고 불순종하며 다른 신들에게 절을 하는지와 극적으로 대조된다. 그런 점에서 요나서는 이스라엘의 편협하고 완고하고 고집스러우며 불순종하는 모습을 폭로하고 고발한다. 이를 통해 속히 하나님께로 돌이킬 것, 언제라도 그분의 예언자들을 통한 인자하신 부르심에 응할 것을 전하고 있다고 할 것이다.

미가

미가는 이사야와 거의 동시대에 사역한 예언자이다. 이사야와 동일하게 그 시대에 가득한 불의와 하나님 떠난 현실을 고발하였다. 이 시대의 핵심적인 죄악은 가난한 백성의 가죽을 벗기고 살을 뜯어 먹는 사회적 불의이다.2:1-2; 3:1-4 이러한 현실을 향해 미가는 하나님께서 참으로 원하시는 것이 무엇인지를 명료하고 간결하게 선포한다. 6:6-8을 읽어보고 이스라엘이 하나님께 나아가려고 생각하는 것과 하나님께서 그들에게 원하시는 것이 어떻게 다른지 이야기해 보자.

미가서의 마지막은 비록 엎드러졌더라도 다시 하나님을 바라보리라는 고백, 그리고 마침내 광명에 이르게 하시어 하나님의 공의를 보게 하실 하나님께 대한 찬송이 놓여 있다. 이 모든 것이 "주와 같은 신이 어디 있으리이까"로 모아지는데, 이것은 "미가"라는 이름의 의미이기도 하다.

나훔

나훔서는 니느웨에 대한 심판을 전하는 예언서이다. 니느웨는 '폭력이 가득한 제국이고, 거짓말과 약탈이 가득하고, 다른 이들을 희생시키며 짓밟는 일들을 일삼던 곳'이다.나3:1 하나님께서 강력하던 앗수르를 패망케 하시고 메뚜기떼가 날려가듯 다 날려가 버리게 하실 것을 전하고 있다.

니느웨는 요나서에서 하나님의 말씀에 즉각적으로 순종하는 백성의 표본으로 쓰였는가 하면, 여기서는 폭력과 힘을 자랑하며 다른 이를 짓밟아 마침내 패망에 이르게 되는 강한 민족의 표본으로 쓰이기도 하였다. 그런 점에서 어떤 사람이나 사물의 속성은 그저 고정된 것이지 않다고 할 수 있다. 누구라도 회개하고 그 길을 돌이키면 하나님께서 회복하시거니와, 제 아무리 강하더라도 그 힘을 믿고 상대를 억압하고 짓밟는다면 반드시 하나님께서 심판하실 것이다.

하박국

하박국은 바벨론이 등장하여 세상을 장악하게 되는 시기를 배경으로 한다는 점에서, 예레미야와 비슷한 시대에 사역했던 예언자라고 볼 수 있다. 하박국서의 핵심적인 쟁점은 의인과 악인의 문제이다. 겁탈과 강포가 세상을 채우고 악인이 의인을 에워싸고 정의가 굽어져 버린 현실로 말미암아 하박국은 탄식하며 하나님께 부르짖는다.합1:2-4 거짓된 자를 방관하시고 악인이 자기보다 의로운 이들을 삼키는데도 하나님께서 잠잠하신 것 같은 현실을 괴로워하며 예언자는 하나님의 대답을 기다리며 찾는다.

하박국에게 주신 하나님의 대답은 꽤 유명하다. 2:1-4를 읽어보자. 그리고 이러한 응답에 대한 하박국의 고백적인 찬양인 3:1-19 가운데

3:17-19를 읽어보자. 의인은 믿음으로 말미암아 살리라는 말씀의 의미는 무엇일까?

스바냐

스바냐서는 요시야 시대를 배경으로 한다. 이스라엘 백성들은 하나님께서 기다리시는 것을 경홀히 여기며 죄악을 일삼고 성소를 더럽히며 율법을 범한다. 그러나 하나님께서는 의로우사 불의를 행하지 아니하시고 아침마다 빠짐없이 자기의 공의를 비추신다.습3:5 백성들이 살 길은 "여호와를 찾으며 공의와 겸손을 구하라 너희가 혹시 여호와의 분노의 날에 숨김을 얻으리라"는 권면습2:3을 따르는 것이다.

그 날에 하나님께서 그의 곤고하고 가난한 백성을 남기실 것이며, 그 날에 남은 백성은 여호와를 찬송할 것이다. "너의 하나님 여호와가 너의 가운데에 계시니 그는 구원을 베푸실 전능자이시라 그가 너로 말미암아 기쁨을 이기지 못하시며 너를 잠잠히 사랑하시며 너로 말미암아 즐거이 부르며 기뻐하시리라 하리라"습3:17

학개

학개와 스가랴, 말라기는 바벨론 포로에서 돌아온 이후에 사역한 예언자들이다. 학개와 스가랴는 귀환한 공동체로 하여금 새로운 성전을 짓도록 격려하고 고무하였던 예언자들이었다.

포로 귀환 직후 성전 재건 노력이 주변 민족들의 방해로 중단된 후, 거의 20년의 세월이 흐른 이후의 시대가 학개의 배경이다. 체념과 포기, 현실의 각박함에 주저앉아버린 백성들을 향해 학개는 지금이야말로 하나님의 성전을 지을 때임을 강력하게 선포한다. 성전이 겉으로는 초라해 보여도 하나님의 임재가 머무르는 곳이며, 성전 재건과 더불어 하나

님의 영광스러운 역사가 온 세상을 뒤흔들 것을 선포한다. 학2:20-24

스가랴

스가랴 1-8장도 성전 재건을 둘러싼 시기를 배경으로 한다. 이 안에
는 여덟 가지의 환상이 전해지는데, 이러한 환상들은 보이지 않는 영역
에서 하나님께서 그 백성들을 위해 일하고 계심을 증거하고 있으며, 백
성들의 죄를 정결케 하시고 회복하시는 하나님을 증거한다. 환상은 눈
에 보이는 힘겹고 어려운 현실 이면의 보이지 않는 영역에서 하나님께서
어떻게 이스라엘과 열방을 향해 행하고 계시는지를 보여준다. 환상을
본다는 것은 비현실적인 일을 목격한다는 것을 의미하지 않는다. 환상
을 통한 계시는 보이는 세상이 다가 아니고 보이지 않는 하나님의 행하
심이 도리어 보이는 세상을 이해하고 살아가는 힘이 됨을 알려준다. 이
점은 스가랴 9-14장에서도 잘 드러난다. 포로에서 돌아온 백성들의 삶
은 쉽지 않았지만, 하나님께서는 온 세상을 향해 그 뜻을 진행하신다. 스
가랴 14:9-11을 읽어보자.

하나님이 행하실 일을 기대한다면 이스라엘이 행할 일은 오직 여호
와께로 돌아가는 것이며, 여호와께로 돌아간다는 것은 여호와께서 찾
으시고 기뻐하시는 일이 무엇인지 지난 역사에서 배우고 이해하는 것
을 뜻한다. 지난 시기 예언자들의 선포를 간략하게 요약하는 스가랴 7장
9-10절의 의미를 생각해보자.

말라기의 시대적 배경은 정확히 알 수 없지만, 포로 귀환 후 두 번째
성전이 세워진 이후 시기라는 점은 말할 수 있다. "말라기"라는 히브리
말의 의미는 '나의 사자'이다. 그런 점에서 이 이름이 특정한 예언자를

가리키는지, 아니면 어떤 익명의 예언자를 가리키는지 명확하지 않다. 이러한 이름의 예언서가 구약의 마지막에 존재한다는 것은 의미심장하다. '하나님의 사자'에 의해 선포되는 마지막 말씀이라는 점에서, 말라기는 구약 예언 전체를 종합하고 있으며, 구약 전체를 마무리하고 있다고 할 수 있다.

말라기는 제사가 해이해지고 십일조가 붕괴되었으며 성전 예배가 형식이 되어 버린 시대를 배경으로 한다. 구약에서 그렇게 강조되었던 질서가 다 무너져 버린 것 같은 현실이며, 그로 말미암아 하나님께서는 제사장들의 얼굴에 똥을 발라버리고, 성전의 문을 닫아 버렸으면 좋겠다고 선언하신다. 말1:10; 2:3

정성스러운 십일조와 제물을 드리는 것이 말라기가 제시하는 해결책인 것처럼 종종 이해되지만, 말라기는 단순히 정성 없는 예배, 마음 없이 드리는 예배에 초점이 있지 않다. 문제의 핵심은 하나님이 행하실 역사와 미래에 대한 기대의 상실이다. 하나님께 대한 기대와 신뢰가 사라지니, 예배가 겉치레에 머물게 된다. 십일조 역시 정성의 문제가 아니라 하나님이 행하실 날에 대한 기대의 상실과 현실에서의 변화에 대한 체념과 패배주의에서 비롯된 문제이다. 그렇기에 이 시대는 당연히 이웃을 학대하고 거짓 맹세하며 품꾼의 삶을 억울하게 하고 과부, 고아를 압제하며 나그네를 억울하게 하는 시대였다. 말2:16; 3:5 정의가 사라졌다고 불평하며 포기하는 시대였다. 말3:13-15

구약의 마지막인 말라기 4:1-6을 읽어보자. 이 본문은 이 시대를 향해 용광로 불 같은 날이 임하게 되며, 하나님의 공의로운 해가 떠오르는 날이 올 것임을 선포한다. 하나님께서 모세를 통해 명하신 율례와 법도는 헛것이 아니며 이제도 여전히 하나님께서 명하시는바 그 백성이 따르고 걸어가야 할 길임도 선포된다. 그러므로 말라기는 12예언서의 마지막에, 예언서의 마지막에, 구약 전체의 마지막에 놓인 채, 하나님의 약속과 규례가 여전히 살아있으며, 하나님께서 행하실 영광의 날이 반드시 임할 것임을 확인하며 선포한다.

결론적으로, 12예언서가 전하는 핵심적인 메시지는 "돌아오라"라고 할 수 있다. 그리고 그렇게 권면하는 데에는 임박한 "여호와의 날"에 대한 선포가 근거로 놓여 있다. 평안하면 평안한 대로, 힘겨우면 힘겨운 대로, 이제 곧 임하게 될 여호와의 날이 있으니, 이제까지의 삶에서 돌이켜 하나님께로 돌아오라고 권면한다. 하나님께로 돌아간다는 것은 어떤 새로운 형태의 삶을 사는 것이 아니라, 이미 하나님께서 계속 조상들에게 예언자들을 통해 이르신 대로, 마음을 찢는 것이며, 공평과 정의의 삶을 행하는 것이다. 하나님께로 돌이키는 이들에게 하나님이 약속하시는 영광의 그날이 임할 것이다.

오늘 배운 내용을 정리하며 나누어 봅시다.

1. 다니엘서가 당대의 사람들에게 어떤 의미를 지녔을지 이야기해 보자. 그리고 그것은 오늘 우리에게 무엇을 의미하는가?

2. 예언서들의 공통된 메시지라고 할 수 있는 "돌아오라"는 말의 의미는 무엇일까?

30. 구약 성경과 기대

　구약의 말씀들이 하나님을 의지하고 살아가는 이스라엘 백성들의 모습을 담고 있듯이, 또한 구약은 오늘날 예수 그리스도를 통해 구원을 경험한 영적 이스라엘의 삶을 담고 있기도 하다. 신약 성경이 비교적 짧은 역사안에 이루어진 일을 다루고, 또 그 가운데 많은 부분이 전도에 중심이 있고, 마지막 시기를 살아가는 신자의 삶에 초점이 있는 데 비해, 구약의 말씀들은 이 땅위에 두 발 딛고 서서 일상적이고 구체적인 삶을 살아가는 하나님 백성의 모습을 많이 담고 있다. 그리고 보다 압축적인 신약에 비해, 구약의 방대한 양은 우리의 실제의 생활에 대한 본보기들이 된다고 할 수 있다.

　구약이 기독교의 정경이라는 것은 구약의 말씀을 예수 그리스도의 빛안에서 보아야 한다는 것을 의미한다. 이것은 구약의 모든 말씀이 예수 그리스도를 믿는 믿음에 입각한 삶을 가리키는 말씀으로 이해되어야 한다는 것을 의미한다. 그런 점에서 신약의 말씀이나 구약의 말씀은 동일하게 하나님의 말씀이요, 신자의 삶의 규례와 법도이다. 신약의 신앙인들은 구약의 말씀을 통해 자신들의 신앙을 키워 나갔고, 오늘의 우리는 구약성경과 신약성경 두 권의 경전을 통해 하나님을 의지하는 신앙을 키워 나간다.

히브리말 성경에서 처음 다섯 권의 책인 율법서의 권위는 절대적이며, 구약의 나머지 책들은 이 율법에 근거하여 해석된다. 그러나 기독교의 구약 성경의 마지막에 예언서가 놓이면서, 예언서들이 전하는 미래에 대한 기대야말로 구약을 이해하는 핵심적인 부분으로 여겨지게 된다. 율법서에서 증거하는 율법은 예언자들이 전하는 미래로 통합된다. 율법서는 하나님의 백성으로 살아가는 일상이 무엇인지를 일러주고 있으며, 역사서와 시와 지혜는 일상 속에서 그 말씀을 따라 살아간 사람들의 삶의 흔적과 내용들을 기록하고 있다. 그에 비해 예언서는 그 말씀대로 살지 못하였던 이스라엘에 대한 하나님의 심판, 그리고 그 심판 이후에 이루어질 이스라엘의 회복을 전한다. 예언서가 구약의 마지막이라는 것은 하나님의 회복하심에 대한 기대가 구약의 마지막에 놓이게 되었음을 의미한다.

예언자들의 기대가 신약 예수 그리스도에게 이어지고 완성된다. 그러면 구약 예언자들이 전하고 기다리는 기대와 소망은 무엇인가? 그것은 "네 하나님께서 통치하신다", 즉 이 땅에 임하는 하나님의 통치, 하나님의 나라이다. 비록 이스라엘이 초라하지만 하나님께서 온 세상을 주관하시니 삶이 어렵고 각박하더라도 체념하지 말고 포기하지 말고, 그 나라의 다가 옴을 사모하고 기대하라.

임박한 하나님의 나라를 기대하고 사모한다면, 지금 이스라엘에게 요구되는 것은 그 가던 길을 하나님께로 돌이키며 하나님을 신뢰하는 것이다. 하나님께로 돌이켜 그를 신뢰한다는 것은 어떤 특별한 것이지 않다. 구약의 마지막 책인 말라기는 모세 율법을 다시 회복한다. 모세를 통해 주어진 율례와 규례를 지키는 삶의 회복이야말로 하나님께로 돌아가는 삶의 근본이라는 것이다. 모세 율법의 핵심은 하나님 나라 백성의 삶, 그에 합당한 삶, 거룩한 삶이다. 그리고 그 삶의 근본 원리는 공평과 정의의 삶이다. 그러니 하나님을 신뢰하며 공평과 정의를 삶의 모든 영역에서 행하며 하나님 나라의 백성으로 살아가는 것이야말로 하나님의 나라를 기대하는 백성의 삶의 내용일 것이다. 그리고 이것이야말로 신약의 세례 요한과 예수께서 전파하신 '때가 찼고 하나님 나라가 가까웠으니 회개하고 복음을 믿으라'는 선포의 의미일 것이다.

다니엘서의 마지막 단락은 악인은 이 모든 일을 알지 못하되, 지혜로운 자는 깨달으리라 전하고 있고단12:10, 12소선지서의 첫머리인 호세아서의 마지막 역시 죄인은 넘어지되 지혜와 총명을 지닌 의인은 깨달으리라 전하고 있다.호14:9 다니엘서와 호세아서가 다루는 소재와 내용은 다르지만, 궁극적으로 두 책 모두 하나님께서 행하실 일을 전하고 있으며, 그를 옳게 분별하고 이해하는 지혜를 촉구한다. 말라기에서도 의인과 악인을 분별하게 될 것이라는 말씀을 찾아볼 수 있다.말3:18 한편 다니엘서 12장은 그날에 책에 기록된 이가 구원 받을 것을 말하고 있고단12:1, 말라기 역시 여호와를 경외하는 자의 이름이 책에 기록되었음을 말한다.말3:16 그러므로 구약의 마지막 책들로서 다니엘서와 12 예언서는 하나님의 뜻을 분별하고 하나님께서 행하실 미래를 기대하며 현재를 살아가는 삶에 주의할 것을 권면하고 있다고 할 수 있다.

그리스도인으로서 구약을 읽는다는 것은 한마디로 하나님께서 행하시는 미래, 하나님 나라에 대한 기대를 가득 품게 된다는 것을 의미한다고 할 수 있다. 구약을 넘겨 신약 마태복음을 읽을 때에, 우리는 그러한 기대가 이 땅에서 이루어지고 성취되는 구체적인 현실을 목격하게 될 것이니, 그것이 바로 예수 그리스도의 세상이다.